CALL FROM
ORIGINAL DESIRE

LAW & LITERATURE

刘春园 —— 著

法学与文学公开课
来自原欲的呼唤

北京大学出版社
PEKING UNIVERSITY PRESS

序

陈兴良*

刘春园在其博士论文基础上撰写而成的《法学与文学公开课》（共三辑）系列图书，即将由北京大学出版社出版。受邀为本书作序，感到十分荣幸。

刘春园于2012年毕业于中国人民大学法学院刑法专业，获得博士学位，其导师是黄京平教授。刘春园的博士论文题目是《西方文学与刑法思想关系研究——以历史变迁为视域》，该篇博士论文选题新颖，资料丰富，论述流畅，观点前沿，颇获好评，并获得中国法学会刑法学研究会首届"全国刑法学优秀博士学位论文"二等奖。我主编的《刑事法评论》为此专门开设"刑法与文学"专栏，刊载过刘春园博士论文中的三个篇章：《神秘、冰冷而邪恶的异己力量——漫谈卡夫卡文学作品中的司法异化现象》（载《刑事法评论》第34卷，北京大学出版社2014年版）；《"亲密敌人"与"快乐伴侣"——文学作为刑法学研究工具之可能性探讨》（载《刑事法评论》第35卷，北京大学出版社2015年版）；《查理斯·狄更斯文学作品中的法学情缘——以〈雾都孤儿〉〈荒凉山庄〉〈双城记〉〈游美札记〉为分析样本》（载《刑事法评论》第37卷，北京大学出版社2016年版）。刘春园的博士论文通过以后，2014年获得国家社科基金后期资助，并于2016年在中国人民大学出版社出版。相比较之下，本书可以说是博士论文的通俗版，对于普及法学与文学知识具有重要价值。

法学与文学是一个跨学科的研究领域，热衷于法学与文学研究的一般并不是文学家而是法学家。因此，法学与文学是法学的一个十分独特的分支。法学与文

---

* 北京大学博雅讲席教授、博士生导师。

学的运动起源于美国,根据苏力教授的介绍,美国的法学与文学运动,可以分为四个分支:一是作为文学的法律,即将法律文本甚或司法实践都当作文学文本来予以研究;二是文学中的法律,研究文学作品所反映出来的法律;三是有关文学的法律,研究各种规制文学艺术产品的法律;四是通过文学的法律,以文学的手段讲述、讨论和表达法律问题。[1]应该说,在以上四种法学与文学研究的进路中,最为常见也最能代表法学与文学运动特色的是第二种进路,即研究文学中的法律。因为法律是一种社会现象,而文学作品的内容是社会生活的镜像,通过古代文学作品,可以窥探法律在当时的社会生活中留下的痕迹,以此作为对法律史文本研究的一种必要补充。

我国虽然没有类似于美国的法学与文学运动,然而对文学中的法律进行研究这种方法在我国亦具有一定的影响。换言之,我国学者采用从文学作品中研究古代法律的研究进路,并取得了一定的成果。例如我国学者徐忠明教授的《法学与文学之间》一书,根据作者自述,这本文集取名《法学与文学之间》,用意在于里面收录的内容分为两个部分:一是研究中国古典文学作品中的法律问题,这是命名的基本理由;二是检讨中国古今法律中的一些问题,可以归入法学这个名目。[2]由此可见,该书的第一部分才是真正意义上的法学与文学的研究,其编名为"古典文学与法律文学"。其中的古典文学主要是中国古典文学,例如元杂剧、明清小说等文本中的中国古代法律文化。个别篇章也论及西方古典文学,例如古代希腊著名悲剧《安提戈涅》中的古代希腊法律文化。这些研究虽然并不系统,而是以论文的形式呈现出来,但其在我国法学与文学研究中具有开拓性。

较为系统地进行法学与文学研究的是苏力教授,其《法律与文学:以中国传统戏剧为材料》一书是我国法学与文学研究领域的扛鼎之作。该书的主要内容是通过对中国传统戏剧文本的分析,揭示其所反映的法学主题,例如复仇、冤案、清官、严格责任、正义等。不仅如此,在该书中,苏力教授还对法学与文学的一般理论进行了论述,包括历史、方法与进路等。正如苏力教授所言:"本书的基

---

1 参见苏力:《法律与文学:以中国传统戏剧为材料》,生活·读书·新知三联书店2006年版,第9页。
2 参见徐忠明:《法学与文学之间》,中国政法大学出版社2000年版,自序,第1页。

本追求不是运用具有历史意味的文学材料来印证法律的历史,甚至也不是运用文学材料来注释或宣传某些当代的法律理念;而是力求在由文学文本建构的具体语境中以及建构这些文本的历史语境中冷静地考察法律的、特别是中国法律的一些可能具有一般意义的理论问题,希翼对一般的法律理论问题的研究和理解有所贡献。"[1] 由此可见苏力教授的双重追求:不仅通过戏剧文本了解中国古代法律,而且通过戏剧文本理解法律一般理论。

如果说,徐忠明和苏力两位教授的研究,主要以中国古代文学,尤其是戏剧为素材,开启了我国法学与文学的研究之路;那么,刘春园就是以西方文学为素材,探讨西方刑法思想的起源与进化。因此,刘春园的研究具有两个特点:一是西方法学与文学的研究对于一位中国学者来说,无疑具有更大的挑战性,它要求研究者不仅对西方法律有深刻的理解,而且需要具备扎实的西方文学知识。二是这是一种体系性的研究,描述了西方法律思想的历史演变,具有历史的视野。本次在北京大学出版社出版的《法学与文学公开课》系列,以公开课的方式展示了刘春园在法学与文学领域取得的学术成果,这是具有创意的一种文本形式。本系列共分为三辑:第一辑"来自原欲的呼唤",介绍"古希腊—古罗马文明"分支下的文学作品与罪刑思想。第二辑"来自原罪的规训",介绍"希伯来—基督教文明"分支下的文学作品与罪刑思想。第三辑"岁月中定格的救赎影像",希冀从影视作品之角度对西方刑事司法效果进行镜像化呈现。这些结合文学或者影视作品,对西方刑法思想的叙述,通过透视文学或者影视作品,使得西方刑法思想得以生动呈现,将鲜活的文学形象与冰冷的法律理念嫁接起来,如同冰与火的共存,对读者产生了意想不到的震撼力与穿透力。这种阅读快感是单纯阅读法学作品或者文学作品所无法获取的,因而也是令人难忘的。

应该说,西方文学作品本身就具有大量以法律或者司法为主题的经典之作,因为这些作者本身就有在法学院就读的经历。例如,美国学者博西格诺等著的 *Before the Law:An Introduction to the Legal Process* 一书,书名中的"Before the

---

[1] 苏力:《法律与文学:以中国传统戏剧为材料》,生活·读书·新知三联书店 2006 年版,第 3 页。

Law",直译就是"法的门前",亦可译为"法律之门"。这里的"法的门前"是卡夫卡的小说《审判》中的一则寓言。寓言的内容是讲一个人站在法的门前,这个人带着对法的厚望而来,他本以为法应该是任何人在任何时候都可以接近的。然而,守门人挡在了入口,阻碍了这个公民实现求见法的愿望。[1]通过卡夫卡小说中的这则寓言,可以了解到在卡夫卡那个时代,法律不是广为人知的,它们被贵族小集团隐藏和把持。他们要让我们相信,这些古老的法律被一丝不苟地实施着。因此,法学与文学的结缘,对于法科学生是一种幸运。从本书中,我们既可以读到文学作品,又可以从这些文学作品中读到法律。这也正是法学与文学的魅力之所在,本书的价值之所在。

北京大学出版社2019年出版的周光权教授的《刑法公开课》(第1卷)一书,深受读者欢迎。在该书中,周光权教授在总序中指出:"本书的主体内容来自教学活动(尤其是刑法学硕士生、博士生课程)或与教学密切关联的科研活动,在正式出版时,遂命名为《刑法公开课》。"[2]由此可见,"公开课"这个书名背后隐含着将范围较小的课堂授课内容公之于众,向社会开放的意思。这是将学术成果转化为公共知识的一种途径,它可以克服学术的高冷,将之转变为亲近读者,并能够为读者带来阅读快感的作品,从而使那些高深的法学知识得以更加广泛地传播。对于这一编辑出版规划,我深以为然。刘春园教授的《法学与文学公开课》的出版,使公开课从专业课拓展到专业基础课,这是值得嘉许的。我相信,北京大学出版社出版的"公开课"还会扩展到其他专业,使之成为法学成果的转化之道。

是为序。

谨识于北京海淀锦秋知春寓所
2020年11月26日

---

[1] 引自〔美〕博西格诺等:《法律之门》(第六版),邓子滨译,华夏出版社2002年版,引言,第7页。
[2] 周光权:《刑法公开课》(第1卷),北京大学出版社2019年版,总序,第1页。

陈兴良教授（左一）和本书作者
（2016年互联网刑事法治高峰论坛，北京）

目录
CONTENTS

引　言 / 001

与神共舞——蕴藏于希罗神话中的法律之光 / 005

时代背景 / 006

第一讲　古爱琴文明孕育的浪漫神话 / 007

　　暴力创造秩序：两代神祇弑父篡权案 / 009

　　违法性与正当性：普罗米修斯盗圣火案 / 013

　　君权神授：帕里斯裁断金苹果案 / 017

　　结果责任与过错责任：赫拉克勒斯误杀利诺斯案 / 020

　　复仇规则之形成：《荷马史诗》之《伊利亚特》/ 023

　　由"耻感文明"到"罪感文明"：俄瑞斯忒斯的审判 / 030

第二讲　古罗马铁蹄催生的希罗悲剧 / 041

　　宿命下的叹息：《俄狄浦斯王》/ 042

　　由"自然正义"到"法律正义"：《安提戈涅》/ 048

深度阅读 / 055

彼岸诱惑——从上帝手中赎回自我 / 067

时代背景 / 068

第三讲　冲破藩篱后欢快释放的人性：文艺复兴前期作品 / 073

　　彼岸欲望的诱惑：乔万尼·薄伽丘与《十日谈》/ 074

　　由人欲走向人智：弗朗索瓦·拉伯雷与《巨人传》/ 083

第四讲　浸润原欲中迷失沉沦的人性：文艺复兴后期作品 / 091

　　人类社会的永恒梦境：托马斯·莫尔与《乌托邦》/ 092

　　残阳下的回眸：塞万提斯·萨维德拉与《堂·吉诃德》/ 101

　　威廉·莎士比亚戏剧中的罪与罚 / 107

　　　　模糊的正义：《威尼斯商人》/ 108

　　　　教唆之恶：《麦克白》/ 114

　　　　"诗歌谱就的遗嘱"：《暴风雨》/ 118

深度阅读 / 121

如释重负——来自内心深处的温柔呼唤 / 125

时代背景 / 126

第五讲　狂飙突进之高歌：魔幻主义与纯真童话之合奏 / 129

　　恩斯特·霍夫曼的魔幻主义作品 / 130

　　　　精神异化者的自白：《丝蔻黛莉小姐》/ 131

　　　　人格分裂者的忏悔：《魔鬼的万灵药水》/ 132

正义犹如空气般存在：格林兄弟与《格林童话》/ 133

第六讲　浪漫主义双子：从湖畔诗人到沙场勇士 / 139

乔治·戈登·拜伦的浪漫主义作品 / 140
　　意志独立、精神自足的"拜伦式英雄"：《曼弗雷德》/ 143
　　质疑权威、挑战宿命的"自由之子"：《该隐》/ 145
珀西·比希·雪莱的浪漫主义作品 / 149
　　"哲学日历中最高尚的殉道者"：《解放了的普罗米修斯》/ 150
　　别无选择：《钦契一家》/ 153
自然法则下的罪罚观：塞缪尔·泰勒·柯勒律治与《古舟子咏》/ 156

第七讲　大笔如椽、长风空谷：启蒙运动的延长线 / 161

维克多·雨果的浪漫主义作品 / 162
　　真、美、善——生死不离：《巴黎圣母院》/ 163
　　刻录伟大人性的辉煌画卷：《悲惨世界》/ 170
　　被雕刻出的笑容：《笑面人》/ 184
　　"击碎皇冠，但请留下头颅"：《九三年》/ 188
"复仇的钢钻"：亚历山大·仲马与《基督山伯爵》/ 194

第八讲　意气风发的拓殖者：库柏、霍桑与麦尔维尔的故事 / 197

灭族罪证：库柏与《最后的莫希干人》/ 198
赎罪心理的罗曼史：纳撒尼尔·霍桑与《红字》/ 204
沉默的羔羊：赫尔曼·麦尔维尔与《水手比利·巴德》/ 210

深度阅读 / 217

等待戈多——多元文明的冲撞与融合 / 229

时代背景 / 230

第九讲　太阳照常升起：批判现实主义文学 / 233

　　社会异己者：让·热内与《小偷日记》/ 236
　　乔治·奥威尔的批判现实主义作品 / 241
　　　　从每一个毛孔中体验恐惧：《行刑》/ 242
　　　　公平的蜕变：《动物农场》/ 243
　　杰克·伦敦的批判现实主义作品 / 247
　　　　适者生存：《野性的呼唤》/ 248
　　　　反抗与规训：《白牙》/ 251
　　品格证据：西奥多·德莱塞与《美国悲剧》/ 252
　　美国制造：理查德·赖特与《土生子》/ 258
　　你为谁辩护：赫尔曼·沃克与《凯恩舰哗变》/ 261

第十讲　这里的黎明静悄悄：战争题材作品 / 269

　　平庸之恶：威廉·戈尔丁与《蝇王》/ 270
　　"德意志的良心"：埃里希·玛利亚·雷马克与《西线无战事》/ 277
　　冷酷的预言者：赫尔曼·黑塞与《荒原狼》/ 280
　　当死亡滚滚而至：海因里希·伯尔与《列车正点到达》/ 282
　　直面罪愆的爱与救赎：本哈德·施林克与《朗读者》/ 284

深度阅读 / 295

第十一讲　驶向拜占庭：现代主义文学 / 307

　　☆**象征主义文学** / 310
　　　　圣杯传奇：艾略特与《荒原》/ 310

☆**表现主义文学** / 315

尤金·奥尼尔的表现主义作品 / 316

被白色文明荼毒的黑色灵魂：《琼斯王》/ 317

无路可逃：《毛猿》/ 319

弗兰茨·卡夫卡的表现主义作品 / 321

法之虚妄：《审判》/ 323

"规训与惩罚"：《城堡》/ 332

死刑的盛宴：《在流刑营》/ 336

第十二讲　局外人：后现代主义文学 / 345

☆**存在主义文学** / 348

"他人即地狱"：萨特与《禁闭》/ 350

阿尔贝·加缪的存在主义作品 / 352

囚徒的幸福：《西绪福斯神话》/ 354

无可奉告：《局外人》/ 355

☆**黑色幽默文学** / 362

制度化的疯狂：约瑟夫·海勒与《第22条军规》/ 364

弗里德里希·迪伦马特的黑色幽默作品 / 368

一桩预先张扬的谋杀案：《老妇还乡》/ 368

来自上帝的玩笑：《诺言》/ 371

死亡游戏：《抛锚》/ 372

深度阅读 / 377

行走着的歌——文学对刑法思想发展脉络的完美诠释 / 391

引 言

西方文学史与刑法思想史均来自两大源头：其一是古希腊—古罗马文明，其二为希伯来—基督教文明，二者习惯上被称作两希文明。

古希腊—古罗马文明萌生于原始社会，取向于个体本位，呈现出较为强烈的张扬个性、放纵原欲、肯定个体生命价值的人文特征，其中蕴含着根深蒂固的世俗人本意识；希伯来—基督教文明则鼎盛于西方中世纪，主要强调群体本位，提倡抑制原欲、肯定超越现实生命价值的宗教人本思想；文艺复兴是西方文化模式的关键性重组时期，新的价值取向与精神内蕴使得西方社会的人文传统既吸纳了古希腊—古罗马文明的世俗人本意识，也囊括了希伯来—基督教文明之宗教人本思想，继而完成了"放纵原欲—禁锢人性—释放人性—原欲泛滥—理性回拨"之嬗变。至此，西方文明完整意义上的"人文主义"观念积淀成型，并指引着其后数百年社会价值观的变迁与演化。

西方刑法思想的发展、进化与上述两条脉络基本吻合。首先来观察希伯来—基督教文明对刑法思想的影响。纵观刑法思想发展史，教会刑法向来为启蒙思想时期的法学家所诟病，后者也正是扛着反对"黑暗的中世纪"之旗帜对其进行批判与解构，继而勾勒出刑事古典学派的理论基石。然而，不可忽视的是，基于希伯来—基督教文明在西方文明发展史中所特具的母题地位，刑事古典学派在其理论萌芽与发展过程中亦被基督教文明强大的价值旨归反影响、同归化，乃至二者最终呈现出相互交融的图景。例如，刑事古典学派建立于自然法基础之上，往往以"上帝视角"来评判世间罪罚,其理论设立的逻辑原点之一即是人类具有其自由意志。从该理论产生的文化土壤考察,可以追溯至基督教文明。《圣经·创世纪》记载,亚当与夏娃面对撒旦的诱惑时,均拥有作出选择善恶的自由意志,最终他们决定铤而走险、铸成大错,也就自然面临着被逐出伊甸园的严厉惩罚,这是其在意志自由状态下实施了违背戒律的行为之后所应承担的不利后果。故而,在上帝面前,人类生而平等地具有原罪,其基于可选择的意志自由而实施的特定行为,如果被已经确定的世俗律法确认为非法,那么被赋予承担特定的责任便具有当然的合理性。可以看到,就某种程度而言,希伯来—基督教文明与刑事古典学派不仅分享着共同的逻辑原点,而且其中已然包蕴着罪刑法定、适用平等、罪刑均衡等近现代刑事法基本原则之雏形。再来观察西方文明的另一支母题,古希腊—古罗马文明。与上述希伯来—基督教文明所采用的"上帝视角"不同,古希腊—古罗马文明为西方刑法思想的发展注入了汩汩"平民意识",其中以生命意识、自由意识为代表的人文关怀,更侧重于对罚之缘由、罪之救赎的终极拷问,带有显著的人本主义色彩。考察西方文明的童年时期、文艺复兴时期、浪漫主义时期乃至20世纪以来的刑法思想,我们可以从中捕获大量被打上人文主义烙印的样本,痕迹鲜明。

事实上,西方刑法思想正是在上述二元价值的反复冲撞、融合、互补、转化的过程中渐趋成熟,对"古希腊—古罗马文明"与"希伯来—基督教文明"所包蕴元素的不同组合模式,奠定了当今刑法理论不同派别的理论根基。19世纪以来,西方刑法思想的发展,亦始终在以"人权保障与社会防卫""个体权利与公民义务"为纵横轴所搭建的坐标系间波动,一定时期侧重于对犯罪者人权的保障、一定时期倾向于对社会群体秩序的保护;一定时期强调个体权利的尊重,一定时期提倡公民义务的履行。根据上述客观发展的脉络,西方大部分国家于不同社会背景下选择相应的刑事政策,其理论依据无非是针对"人之原欲与理性控制"之间关系的分析与权衡,不同国家根据族群性文化习惯与公共政策,对两种文明的价值取向进行干预、调整与适用。其理论之支撑点，究其根源，仍可追溯至西方文明的二重性。

由此，本系列作品《法学与文学公开课》将从三个方面完成对上述话题的阐释与演绎。

第一辑"来自原欲的呼唤"，介绍"古希腊—古罗马文明"分支下的文学作品与罪刑思想。概略而言，这是一种彰显个体生命价值、追求现世幸福的世俗人本价值观，肯定人之原欲的合理性，以强调人之主体性与意志自由为逻辑原点。借用自然时间序列为线索，该部分划分为四个递进层次，分别是古希腊神话与古罗马悲剧中孕育的刑法学思想、文艺复兴时期的文学作品与刑法学思想、浪漫主义时期的文学作品与刑法学思想、20世纪的文学作品与刑法学思想。上述四个时期人文社会的发展轨迹，均与"古希腊—古罗马文明"一脉相承，呈现出较为鲜明的原欲情结与人本意识，无论是文学作品还是法学思想，均传递着张扬个性、放纵原欲、肯定个体生命价值的理念，刑法学思想侧重于对个体权利的保障。

第二辑"来自原罪的规训"，介绍"希伯来—基督教文明"分支下的文学作品与罪刑思想。大致而言，这是一种重视群体责任、追求来世幸福的宗教人本价值观，强调个体对规则与秩序的绝对服从，以理性抑制人之肉体欲望、虚化人之主体性、强调意志的被决定性。其中包括四个层次，分别是中世纪文学作品与刑法学思想、理性主义时期文学作品与刑法学思想、启蒙思想时期文学作品与刑法学思想、实证主义时期文学作品与刑法学思想。上述四个时期人文社会的进化图谱，均与基督教文明一脉相承，强调对生命原欲的抑制，倡导群体本位思想，突出规则与秩序在人类社会进化中的显著作用，刑法思想侧重于对社会群体秩序的保护以及公民义务的履行。

第三辑"岁月中定格的救赎影像"，希冀从影视作品之角度对西方刑事司法效果进行镜像化呈现。数据时代的到来，逐步颠覆着传统的阅读习惯与信息获取方式，有着深厚历史底蕴的纸质文化在一定程度、一定层面上被影像文化所取代。几乎所有在世界范围内引起关注的法律影视作品，均以真实案例为原型，其中积淀着刑事司法制度在世俗社会得以运行的心理基础，反映着公众对刑法实然运行状态的检视，也涵盖了公众对司法实践各个层面的预期性回应，是刑法专业理论与民众朴素观点激烈碰撞、正面交锋的重要平台。涉法影视作品特具的强大的叙事能力、监督能力与批判能力，能够轻而易举地获取民众共鸣，激发、引导、干预其同情心与同理心的运作方向，继而支持或者质疑法学理论与司法实践，使得法学研究的逻辑原点与司法实践的操作惯例在大众法律文化观的影响下得以调整、反拨与进化。其中包括两个部分，分别是涉法电影与涉法剧集。

本书为第一辑，介绍"古希腊—古罗马文明"下的文学作品以及各时期文学作品演绎下的罪刑观。

与神共舞

——蕴藏于希罗神话中的法律之光

克洛诺斯伏在母亲肚脐处，等待乌拉诺斯与母亲交合时，右手挥动镰刀……乌拉诺斯在被阉割的瞬间发出痛苦的低吼，与地母盖娅轰然分离、腾空而起，从此永远固定在世界最高处。从他体内流出的血中产生了复仇三女神；从他的性器在海里溅起的泡沫中诞生了性爱之神阿芙洛狄忒。克洛诺斯顺理成章地做了第二任神祇之王，史称"镰刀夺位"。

——【古希腊】赫西俄德《神谱》

阿喀琉斯跨上战车，挥舞着赫克托耳金光闪闪的盔甲，扬鞭驱策健马飞一般地奔驰。赫克托耳赤身裸体，双脚从脚跟到脚踝的筋腱被割开，穿进系在战车上的皮带上，浓密褐色的卷发飘洒向两边，俊美的脑袋沾满了厚厚的尘土。

——【古希腊】荷马《荷马史诗·伊利亚特》

时代背景

近现代西方刑法思想的"源头"在何处？法学教科书通常会引导我们追溯至古希腊、古罗马时期。作为西方文明的发祥地，古希腊、古罗马在文学、哲学、律法、艺术、数学、天文等领域取得的卓越成就，几乎渗透至西方文化的每个角落，其中既包蕴着近现代西方价值体系的雏形，也奠定了西方文化模式的进化基调，同时深刻地影响着西方文明的发展进程。面对辉煌灿烂的古希罗文化，恩格斯曾言："没有希腊文化和罗马帝国所奠定的基础，就没有现代欧洲的一切。"[1] 德国哲学家黑格尔则将希腊喻为灵魂深处的永恒圣境："一提到希腊这个名字，在有教养的欧洲人心中，尤其在我们德国人心中，自然会引起一种家园之感。"[2] 英国诗人雪莱的情感表达更为浓烈奔放："我们都是希腊人！我们的文学，我们的宗教，我们的艺术全部植根于希腊！"今天，若希望触摸西方法律文化积淀之遗韵、追踪西方刑法思想演变之轨迹，我们首先应当将目光投向这片广袤的星空。

---

[1] 中共中央马克思恩格斯列宁斯大林著作编译局：《马克思恩格斯全集·反杜林论》(第二十卷)，人民文学出版社2003年版，第196页。

[2] 〔德〕黑格尔：《哲学史讲演录(第一卷)》(第二版)，贺麟、王太庆译，商务印书馆1960年版，第156页。

第一讲
古爱琴文明孕育的浪漫神话

讨论文本

- 两代神祇弑父篡权案
- 帕里斯裁断金苹果案
- 《荷马史诗》之《伊利亚特》
- 普罗米修斯盗圣火案
- 赫拉克勒斯误杀利诺斯案
- 俄瑞斯忒斯的审判

导言

　　位于地中海流域的希腊半岛，日照充沛、海洋资源丰厚、海岸线绵延宽缓，为孕育人类早期文明之天赐港湾。古希腊人最早生活于此，得天独厚的地理位置、温和湿润的海洋性气候，赋予了古希腊人自由奔放、蓬勃向上的民族气质。一方面，处于童年时期的古希腊人与自然环境直面嬉戏，其体内的原始欲望永不枯竭，因而保持着旺盛的源于生命伊始状态的开拓精神，他们勇于冒险，对力量与智慧倍加推崇；另一方面，囿于早期人类对客观规律认知的局限性，神秘莫测、威力无穷的自然现象给古希腊人带来困惑与惊恐的同时，亦孕育出其追求现世生命体验、注重个体荣耀的文化价值观。

　　古希腊神话[1]源于古老的爱琴文明。公元前11世纪至7世纪间，古希腊被称为"神话时代"。该时期形成的神话，亦称"希腊圣经"，大体分为"众神故事"

---

[1] "古希腊神话"是关于希腊之神、英雄、宇宙的神话，这些集体创造的神话故事，经由时间淬炼，被统称为"古希腊神话"。神话最初均为口耳相传，直至公元前8世纪，才由吟游诗人荷马统整记录于《荷马史诗》，其系列还包括赫西俄德的《工作与时日》和《神谱》，奥维德的《变形记》，埃斯库罗斯、索福克勒斯和欧里庇得斯的戏剧。

与"英雄传说"两部分。神的故事涉及宇宙起源、造人传说、神的降临及其谱系等内容,神祇掌管着自然与生活的各种现象,组成以宙斯为中心的奥林波斯神统,暗含着古希腊人对自然力的俯首称臣;英雄传说则起源于古希腊人对祖先的崇敬与怀念,主人公大多是神与人的后代、半神半人的英雄,是古代民众集体力量与智慧的化身,体现了人类早期征服自然的豪迈气概与顽强意志。这个时期的神话故事之素材多取自古希腊民间口头文学,以艺术与哲理的方式向后世展现了希腊社会生活最为真实的面貌,充分展现了原始人性的活泼与美丽,描绘了自由、乐观的人类童年时期之图景,处处蕴涵着古希腊人对个体正义的追求与个性自由的向往,表达了初民社会中民众渴望与自然和谐一致、同生共存的美好愿景。

与伊壁鸠鲁学派[1]所倡导的快乐主义相契合,古希腊神话中,无论是人还是神,均具有强烈的个体本位意识。他们以独立不羁的姿态享受着人生、日夜狂欢取乐;面对危险与困境,却又表现出百折不挠、英勇无畏的精神。正是在与大自然的不断抗争中,激发出他们蓬勃旺盛的生命意识,充分展现了人类对现世价值的认可与追逐。古希腊神话中的神祇特点鲜明,上自权柄在握、英俊孔武的帝王宙斯,下至卑微乖戾、丑陋残疾的神匠赫淮斯托斯,再到半人半神、骁勇善战的阿喀琉斯,无不以及时纵欲享乐为人生真谛。与东方神话传说中"神化的人"迥然不同,他们是一群"人化的神",除了拥有肉身不亡之特权,他们对人类拥有的七情六欲趋之若鹜:贪享美食、耽迷美色、心胸狭隘、易被激怒、工于心计、睚眦必报甚至动辄置仇家于死地……凡人所固有的一切劣根性,在众神身上均可寻觅到踪迹。因此,

---

[1] 伊壁鸠鲁(Epicurus,公元前341年—公元前270年),雅典人,其学说中心是快乐主义,相信自保与追求个人幸福是人生目的;承认自然规律性,要求人同自然和谐一致地生活。在幸福内容与获得方法上,伊壁鸠鲁学派与斯多葛学派大相径庭,否认斯多葛学派的理性论、宿命论与禁欲主义,提倡个人快乐与功利主义,认为快乐是人的自然本性,是最高的美德与善;快乐不仅限于抽象意义,还必须有功利要素,即以肉体的实际感受为标准,又以不放荡与服从理性为限度;国家、社会、法律都应该建立在个人主义基础上,否则就没有价值。伊壁鸠鲁提出"个人优先于国家"之观点,推翻了亚里士多德"国家优先于个人"之命题。参见吕世伦主编:《西方法律思潮源流论》(第二版),中国人民大学出版社2008年版,第33页。

古希腊神话充分彰显出西方人童年时期的原欲型文化模式，其中所裹挟的浓郁的生命意识、强烈的人本意识以及绝对的自由观念，逐渐发展为西方人文价值的二元母题之一。

本讲将为大家介绍古希腊神话中的六个故事，关涉人类社会秩序构建之演变模式、行为正当性与违法性发生冲突时之取舍规则、公权力介入纠纷裁断之范式雏形、结果责任向过错责任的演变过程、私力复仇向公力救济之过渡历程、自然正义与法律正义的首次剥离。从生物学角度考察，人类文明早期，对侵害者的惩罚大多源于受害者及其血亲的应激性反应，亦即生物学意义上的护种本能。奥地利精神分析学家西格蒙德·弗洛伊德（Sigmund Freud）认为：人类的本能包括两类，一类是生之本能，一类是死亡本能。生之本能包括性欲本能与生存本能，其目的是保持自然个体的生存与种族繁衍；死亡本能则派生出攻击、仇恨、谋杀、破坏、战争等一切毁灭行为。当生之本能遭受侵害或者威胁时，死亡本能即得以激发。[1]古希腊神话对这一观点进行了精确阐述，无论是原始神统秩序之建立，还是长达十年的"特洛伊战争"，再到著名的"俄瑞斯忒斯审判"，无一不隐喻着西方文明对犯罪与刑罚现象进行思考与探索的萌芽。神话故事为我们生动描述了如此图景：城邦司法制度产生之前，私力复仇作为朴素报应观的本能性反应，是人们所唯一奉行的解决纠纷、消灭仇恨的通行法则——神祇与神祇之间、神祇与凡人之间、凡人与凡人之间，出自生物性本能的攻击与复仇主题得到丰富而持久的彰显。

暴力创造秩序：两代神祇弑父篡权案

古希腊神话中，原始天神卡厄斯（Chaos，意即"混乱"）[2]是存在于宇宙形成之前的一片黑暗空间。彼时未有光，卡厄斯之状亦不可描述。卡厄斯通过自体

---

1 参见〔奥地利〕西格蒙德·弗洛伊德：《精神分析引论》，高觉敷译，商务印书馆1984年版，第37—39页。
2 参见〔古希腊〕赫西俄德：《工作与时日·神谱》，张竹明、蒋平译，商务印书馆1991年版，第30页。

繁殖产生了古希腊神话中第一代神祇,包括盖娅(Gaea,意即大地)[1]、塔尔塔罗斯(Tartarus,意即大地底层囚禁犯人之处)、厄洛斯(Eros,意即性欲)、尼克斯(Nyx,意即黑夜)、厄瑞玻斯(Erebus,意即黑暗)。后来,尼克斯女神(黑夜)与厄瑞玻斯(黑暗)结合,至阴之极产生至明之光——埃忒耳(Aether,意即光明)与赫墨拉(Hemera,意即白昼)诞生了。

  我们的故事仅涉及盖娅这一支脉络。盖娅为大地之神,是奥林波斯神统之王宙斯的祖母。与父亲卡厄斯一样,盖娅生产后代的方式亦属于自体繁殖;而比父亲厉害的是,在繁衍后代之前,盖娅首先为自己制造出一个丈夫——她从自己的拇指指端产生乌拉诺斯(Uranos,意即天空),并与其结合,产下六男六女十二提坦、三个独眼巨人及三个百臂巨神。这便是整个世界的开始。此处,我们可以注意到一个十分有趣的细节,与《圣经》所讲述的故事(上帝用亚当的肋骨创造了夏娃)不同,古希腊神话中,男人是从女人指端产生的;不仅如此,如果处于附属地位的男人恣意妄为,当女人意识到自己的自由空间被迫限缩,会毫不犹豫地拆取肋骨制成利器,对背叛者施以严厉惩罚。例如,盖娅产生乌拉诺斯后,乌拉诺斯覆盖于盖娅身上,二者完全叠合。乌拉诺斯代表阳性的天空,盖娅则是阴性的大地,前者不停地在后者怀抱中发泄淫威、享受性爱。不仅如此,乌拉诺斯非常贪恋权力,生怕子嗣侵夺其王位,因此将其与盖娅生产的孩子全部捆缚于盖娅体内。盖娅再也无法忍受下去,她要求腹中的孩子进行反抗。听闻母亲的要求,其他十一个小提坦大惊失色、纷纷蜷缩后退,只有最小的儿子克洛诺斯(Cronus)冷静应对,答应帮助母亲摆脱父亲的禁锢。于是,盖娅拆取自己体内的一根肋骨,精心打磨了一把镰刀,递到小儿子手中。小克洛诺斯伏在母亲肚脐处,静待乌拉诺斯与母亲交合时,挥动镰刀割下父亲的生殖器、抛向大海。乌拉诺斯在被去势的瞬间发出痛苦的吼声,轰然与盖娅分离、腾空而起,从此永远被固定在世界的最高处。从乌拉诺斯体内迸溅而出的鲜血中,产生了"复

---

[1] 参见〔古希腊〕赫西俄德:《工作与时日·神谱》,张竹明、蒋平译,商务印书馆1991年版,第30—31页。

图 1–1 《维纳斯的诞生》，〔意〕桑德罗·波提切利（Sandro Botticelli）

仇三女神"；其生殖器被弃于大海，在溅起的泡沫中诞生了性爱之神阿芙洛狄忒（Aphrodite）。侵夺父亲的王位后，克洛诺斯从母亲体内释放十一个兄弟姐妹，顺理成章地做了第二任神祇之王，史称"镰刀夺位"。[1]

　　克洛诺斯在众多手足中娶瑞亚（Rhea）[2]为妻，生了六个孩子，分别是丰产女神德墨忒尔（Demeter）、婚姻与家庭女神赫拉（Hera）、灶神赫斯堤亚（Hestia）、冥王哈迪斯（Hades）、海神波塞冬（Poseidon）与主神宙斯（Zeus）。如前所述，乌拉诺斯在被去势的瞬间，曾经愤怒地对其子克洛诺斯进行诅咒——后者的统治地位亦将被自己的子女推翻。忌惮于父亲的预言，克洛诺斯作出了一个残忍的决定——与其父将自己与另外十一个兄弟姐妹束缚于母亲体内不同，克洛诺斯采取了更为决绝的方法，将瑞亚生产出的所有孩子一个不漏地

---

[1] 参见〔古希腊〕赫西俄德：《工作与时日·神谱》，张竹明、蒋平译，商务印书馆1991年版，第33页。
[2] 参见〔古希腊〕赫西俄德：《工作与时日·神谱》，张竹明、蒋平译，商务印书馆1991年版，第42页。

图1-2 宙斯头像

吞入腹中。也许是父亲的前车之鉴警告克洛诺斯,将孩子吃进自己的肚子,总比放在妻子的腹中更为妥当。克洛诺斯没有想到,第六个孩子出生时,他正在酣睡,于是瑞亚以襁褓裹石哄骗其吞之,而将婴儿暗中送往克里特的迪克特山牧人处抚养。这个与石头调包而幸存下来的孩子,就是宙斯[1]。成年之后,宙斯毫不犹豫地阉割其父克洛诺斯,并救出另外五个兄弟姐妹、合力推翻十一提坦。登上王位之后,宙斯严守承诺,与手足论功行赏,成为第三代万神之王,始创奥林波斯神统之原始秩序。[2]

从希腊神话第二代、第三代神祇继位的故事中,可以清晰地看到,奥林波斯神统之原始秩序,建立于家族循环复仇的基础之上,而"杀戮""去势"这一极端的复仇模式,亦在弑父篡位的过程中屡试不爽。克洛诺斯在母亲的引导与鼓励下,通过阉割其父乌拉诺斯篡位成功,因此被手足推举为第二代神祇之王;其子宙斯侥幸生还后,采取同种方法,毅然推翻其统治,成为第三代万神之王。第一代与第二代神祇的统治遭遇后嗣挑战与覆灭性的打击,可以归咎于其亲手所设置的集权模式与恐怖环境,因此,在摧毁了以父亲克洛诺斯为代表的旧神系后,宙斯不愿再重蹈祖父与父亲之覆辙,采取了较为开明的统治策略,既保持绝对的主宰地位与主神权威,同时注重对诸神的授权,慷慨大度地与兄弟姐妹约法三章,为立功者分配荣誉与地位。至此,每个神祇与英雄均被安排于维持奥林波斯神统秩序的确定位置上,执掌权力、履行职责。另

---

[1] 宙斯(Zeus),古希腊神话第三任神王,奥林波斯山统治者。宙斯同女神和凡间女子生育了大量子女,他们或为天神,或为半人半神的英雄,因此宙斯又被称为天神和凡人之父。参见〔古希腊〕赫西俄德:《工作与时日·神谱》,张竹明、蒋平译,商务印书馆1991年版,第42页。

[2] 参见〔古希腊〕赫西俄德:《工作与时日·神谱》,张竹明、蒋平译,商务印书馆1991年版,第43页。

一方面，绝对地位才可产生绝对权威，宙斯首先通过弑父获取王位，继而在权力的保障下，通过与兄弟姐妹签订"契约"之形式建立起统辖领域内的秩序，此时，维护秩序的"契约"即权力的产物，这亦是"强权即正义"的原始表述。

成为最高统治者后，宙斯自然希望维持权力范围内的井然秩序，对各种纠纷的调解、对各类案件的裁判亦被纳入日常政务。在此过程中，宙斯扮演的角色大致可以分为三种类型，分别是裁判者、授权者与监督者。

违法性与正当性：普罗米修斯盗圣火案

普罗米修斯盗火案中，宙斯扮演着独立的裁判者角色，铁面维护统治秩序，严厉惩戒胆敢违抗圣谕者。

普罗米修斯（Prometheus）[1]，乃提坦神伊阿佩托斯（Iapetus）与正义女神忒弥斯（Themis）之子。依据神谱，普罗米修斯应当算是宙斯的堂兄，其名含义为"先知"与"预见"。与中国神话中的"女娲造人"、基督教文学中的"上帝造人"不同，古希腊神话中，人类的父亲是普罗米修斯。作为庇护者，普罗米修斯不仅是人类追求幸福生活的导师，同时也是人类利益的坚定维护者。宙斯天生贪玩，凭借其聪慧与强力，喜欢与人类打各种赌，而人类在普罗米修斯的指点下，屡次破解宙斯的圈套，宙斯一次便宜也未能占到。屡遭戏弄的宙斯终于恼羞成怒，拒绝赐予人类"火种"——这一迈向文明社会最为关键的自然力。普罗米修斯对人类充满怜悯，也对宙斯的背信弃义深感无奈，于是捡了一根长长的茴香枝，埋伏在太阳神巡游的必经之路，将其探入火车中偷取火种、撒向人间。人间的熊熊烈焰升入天际，宙斯睹之大发雷霆，决定给背叛者普罗米修斯最严厉的惩

---

[1] 为了表现人类从自然取得了火种之胜利，同时也为了表明该过程的艰巨与壮烈，古希腊人创造了普罗米修斯的伟岸形象，标志着希腊人从原始阶段向文明时期的过渡。古希腊首位悲剧大家埃斯库罗斯为了让世人永远纪念这位英雄，创作了《被缚的普罗米修斯》，歌颂其不畏强暴、牺牲自己、造福人类的光辉形象；英国诗人雪莱也创作了诗剧《解放了的普罗米修斯》；马克思曾高度评价普罗米修斯为"哲学史上最崇高的圣者与殉道者"。参见〔德〕古斯塔夫·施瓦布：《古希腊神话与传说》，高中甫、关慧文译，中国书籍出版社 2005 年版。

图1-3 《普罗米修斯受刑》,〔德〕彼德·保罗·鲁本斯(Peter Paul Rubens)

罚。诸神出面劝阻,均遭宙斯断然拒绝。火神赫淮斯托斯(Hephaestus)[1]对普罗米修斯的义举暗自钦佩,自愿出面调解宙斯与普罗米修斯之间的矛盾,前提条件是普罗米修斯向宙斯归还火种并公开道歉。人类历经坎坷而获取的利益面临着再次被剥夺的险境,这是普罗米修斯断难容忍的,于是他斩钉截铁地拒绝了赫淮斯托斯的好意。无视最高圣谕并不思悔过的普罗米修斯终于引发宙斯的雷霆之怒,他大笔一挥,判决剥夺其三万年自由,并用一条铁链将其缚于高加索山的陡峭悬崖上。普罗米修斯自此遭受着永远无法入睡、双腿亦无法弯曲的痛苦折磨;此外,一只秃鹫奉宙斯旨意,每天会准时降落至普罗米修斯的胸口,啄食其肝脏,而转瞬

---

[1] 赫淮斯托斯,火神,宙斯与赫拉之子,性爱之神阿芙洛狄忒之夫。他相貌奇丑,却心地善良,锻造手艺精湛,非常受人敬重。参见〔古希腊〕赫西俄德:《工作与时日·神谱》,张竹明、蒋平译,商务印书馆1991年版,第45页。

间肝脏又会恢复如初,普罗米修斯因此不得不承受着永无止境、撕心裂肺的痛楚。[1]

严惩背叛者与盗火者后,宙斯的怒火并未息止,他开始迁怒于人类——火种的受益者。为了抵消火种给人类带来的好处,宙斯处心积虑制造出美丽少女,诱惑普罗米修斯之弟埃庇米修斯(Epimetheus)与之结合[2],希望通过联姻将灾难、罪恶与痛苦撒向人间。宙斯首先命令火神赫淮斯托斯将水土混合做出一个女性胎坯,再命令爱神阿芙洛狄忒赋予其媚态、智慧女神雅典娜(Athena)赋予她聪慧、神的使者赫尔墨斯(Hermes)传授她言语的技能。面对这位可爱的女性,诸神宠爱有加,为她命名"潘多拉"(Pandora),意即"具备一切天赋的女人"。宙斯将潘多拉送给埃庇米修斯做妻子,埃庇米修斯忘记了普罗米修斯的警告,

图1-4 《潘多拉》
〔英〕约翰·沃特豪斯(John Waterhouse)

快乐地接受了宙斯的赠礼。新婚之夜,潘多拉遵照宙斯授意,将宙斯的礼物——潘多拉之盒呈现给丈夫,打开盒盖后,所有的灾难、瘟疫和祸害迅疾飞出,人类从此饱受折磨。潘多拉出嫁之前,智慧女神雅典娜为了挽救人类命运,曾经悄悄地将一样最美好的物品——"希望"置于盒子底部,希望能够给人类带来好运,然而潘多拉谨遵宙斯的告诫,趁它还未飞出,便赶紧关闭盖子,因而"希望"也就永远被禁锢于盒内了。[3]

---

1 参见〔古希腊〕赫西俄德:《工作与时日·神谱》,张竹明、蒋平译,商务印书馆1991年版,第44页。
2 埃庇米修斯,伊阿佩托斯(Iapetus)与海洋女神克吕墨涅(Clymene)之子,普罗米修斯之弟,美女潘多拉之夫。其名字之意即"后见之明",代表着人类的"愚昧、贪婪与好色"。
3 参见〔德〕古斯塔夫·施瓦布:《古希腊神话与传说》,高中甫、关惠文译,中国书籍出版社2005年版,第3—4页。

普罗米修斯盗火一案，叙述了三条线索。其一是普罗米修斯的盗火行径，其二是主神宙斯对盗火者的惩罚，其三是诸神对这桩公案的评判。为了给人类争取福祉，普罗米修斯毅然挑衅宙斯的无上权威。盛怒中的宙斯并不关注普罗米修斯盗火行为的动机与目的，亦毫不顾及诸神劝阻，坚持对违抗圣谕的普罗米修斯施以最严酷的刑罚，甚至在普罗米修斯被大力神赫拉克勒斯（Heracules）解救后[1]，宙斯仍然要求他永久佩戴镶有高加索石子的脚环，以示羞辱与告诫——这与当今文明国家针对刑事犯罪人适用"案底保留制度"颇为相似。以赫淮斯托斯为代表的诸神对普罗米修斯深表同情，却又慑于宙斯的威望，因而扮演着温和的调解者的角色。普罗米修斯与宙斯之间的冲突至白热化时，赫淮斯托斯曾企图说服前者归还火种并以真诚的悔罪来消弭宙斯的怒火与冷酷，遗憾的是他的努力并未能缓解犯罪者与审判者之间紧张对峙的气氛。接着，余怒未尽的宙斯开始追索涉案"赃物"；努力无果后不惜利用美人计对人类进行祸害，借以抵消"火种带给人类的好处"。

该则神话集中反映了古希腊哲学家普遍认可的"恶法亦法"之观点，认为神法具有绝对的先验性与正确性，人们必须无条件遵守；同时揭示了当时社会对犯罪者进行刑事追究是依据绝对的"违法性"，无论其行为实质是否正当，只要违背律法，必将招致严刑处罚。宙斯圣谕于前，普罗米修斯违反在后，如果单纯考虑违法性，后者被施以刑罚处罚，不冤；然而，如果深入探究普罗米修斯之行为动机与目的，评价该行为造成的后果，则完全具有利他性。火种的使用是人类社会得以进化的关键，宙斯以火种垄断作为与人类进行交易的筹码，希望借此要挟人类，盘剥人类辛苦耕猎所获取的财富，原本具有非正当性，且整桩案件是由宙斯悍然食言、未履行与人类的契约引起的，宙斯过错在先，因此对案件之评价结论理应迥异。当然，该案亦可从刑事案件与民事案件之交叉角度进行考察，概括表述为另一个受害人违反民事契约在先，行为人不择手段强行履行契约、最终触犯刑律的故事。无论从何种角度进行评判，首先需要明确的前提是，该案中的受

---

[1] 约3000年后，宙斯之子大力神赫拉克勒斯砸断铁链，解救了普罗米修斯。参见〔德〕古斯塔夫·施瓦布：《古希腊神话与传说》，高中甫、关惠文译，中国书籍出版社2005年版。

害人与裁判者身份重叠，如此说来，普罗米修斯的结局亦应在预料之中。另外，故事亦刻画了首位刑事案件的调解者角色，当腿有残疾的赫淮斯托斯往返斡旋于加害人与受害人之间时，其善良、忠厚的形象给血腥残酷的故事增添了一抹温情的色彩。虽然调停者最终未能促成受害人与加害人之间的谅解，却仍然向我们提供了十分宝贵的讯息：刑事案件并非自始具备绝对的涉公性，如果诉讼两造能够化干戈为玉帛，还是存在国家公权退出裁决，由加害人与受害人自行解决纠纷、化解恩怨的余地。

追根溯底，整个案件起源于宙斯的贪婪与私利——他曾经多次尝试利用人类的愚钝与蒙昧与其签订显失公平的契约，却在普罗米修斯的干预下屡遭失败，最终不得不以自身对自然力的垄断作为杀手锏迫使人类屈服。当普罗米修斯再次挫败他的计划后，宙斯将其全部宿怨借助刑罚权施行于前者；不仅如此，他还设计出"潘多拉之盒"，借此对与普罗米修斯利益攸关的人类施以报复、株连摧残。至此，这位"万神之王"被彻底剥离了神性光环，其集贪婪、狡黠、暴虐、心胸狭窄于一身的性格特质与凡人无异，也从另一个角度揭示了古希腊人对"恶法亦法""违法必然不当"等刑法思想的质疑与反思。

君权神授：帕里斯裁断金苹果案

帕里斯（Paris）[1]裁断金苹果案中，宙斯因具有特殊身份而主动回避，授权与案件无利害冲突者对案件进行裁夺。

希腊英雄珀琉斯（Peleus）为迎娶海洋女神忒提丝（Tethys），在琣利翁山大宴宾客。奥林波斯山众神均受到邀请，唯独遗漏了"争执女神"厄里斯（Eris）。厄里斯是黑夜女神尼克斯之女，性格怪异，最喜欢游走于神祇之间挑起争端与不

---

1 帕里斯，特洛伊王子，与斯巴达王后海伦私奔，继而引起"特洛伊战争"，为兄复仇射杀希腊英雄阿喀琉斯。特洛伊城被攻陷前，帕里斯被杀。参见〔古希腊〕荷马：《荷马史诗·伊利亚特》，罗念生、王焕生译，人民文学出版社1994年版，第70页。

和。由于这次婚宴未被邀请,厄里斯恼羞成怒,遂施展全部魅力,以一只金苹果的代价挑起了一场骇人听闻的联军之战——"特洛伊战争"(后文将详述)。厄里斯笑脸盈盈地降临婚宴,众目睽睽之下,抛出一只金苹果,上面刻着闪闪发光的几个字——"给最美丽的女神"。其他女性屏息凝神之际,早已有三位女神宣称自己应当是苹果的主人,她们是天后赫拉、战神与智慧女神雅典娜、性爱女神阿芙洛狄忒。三位女神均大有来头。赫拉为奥林波斯山十二主神之一,主司婚姻与家庭,是克洛诺斯与瑞亚之长女、宙斯的胞姐兼妻子、战神阿瑞斯(Ares)和火神赫淮斯托斯及青春女神赫柏(Hebe)之母。[1]雅典娜为宙斯之女。宙斯与初代智慧女神墨提斯(Metis)幽会后,有神祇预言,宙斯的统治地位将会被所出之子推翻。面对同样的预言、同样的恐惧,宙斯毅然升级了祖父和父亲的应对版本来巩固地位——祖父乌拉诺斯将孩子禁锢于母亲腹内,父亲克洛诺斯将孩子吞入腹中,宙斯则直接将情人墨提斯吞入腹中,因此得了严重的头痛症。火神赫淮斯托斯用神斧劈开宙斯的头颅,一位披坚执锐的女神从裂开的头颅中跳了出来,光彩照人、仪态万方,她就是智慧与力量的完美结合——战神雅典娜,亦被称作智慧女神。阿芙洛狄忒我们之前已经介绍过,其名字在古希腊文中意即"出水",是性爱与美之女神,当年乌拉诺斯被去势后,其生殖器落入水中、溅起泡沫,阿芙洛狄忒由此诞生。[2]

那么,金苹果究竟应当归谁?谁才是天下最美的女神?裁断本应由主神宙斯做出,但宙斯既怕得罪妻子,又怕惹怒女儿,同时亦不愿打击貌美儿媳,故而不断征求其他男神的意见。男神们更是噤若寒蝉——大家都知道,得罪三位女神中的任何一个,均会为自己招致无法预知的厄运。面对诸神的沉默,宙斯垂目思索,最终感叹道:"看来,只有人类才能看到女神的不完美之处。"说罢,他向人间望去。此刻,人间美男子帕里斯因为被预言将会导致特洛伊的灭亡,被父兄赶到伊达山脉,正在放羊。于是,这个烫手的山芋就被抛给了特洛伊王子帕里

---

[1] 参见〔古希腊〕赫西俄德:《工作与时日·神谱》,张竹明、蒋平译,商务印书馆1991年版,第27页。
[2] 参见〔古希腊〕赫西俄德:《工作与时日·神谱》,张竹明、蒋平译,商务印书馆1991年版,第33—34页。

图1-5 《帕里斯的裁判》,〔德〕彼德·保罗·鲁本斯(Peter Paul Rubens)

斯。[1] 群神降临伊达山脉看热闹,为了争得天下最美的称号,面对人间裁判官,三位女神使出浑身解数:赫拉向其许诺权力与财富,雅典娜的礼物是智慧与军事才能,阿芙洛狄忒则答应赠予其人间第一美女。面对赤裸裸的贿赂,帕里斯立刻决定以权谋私,如同世间所有男人,他毫不犹豫地决定用苹果换取美女,也因而得罪了另外两位女神,以至于在后来的特洛伊战争中,天后赫拉与战神雅典娜均心怀不可抑制的嫉妒与怨恨为希腊联军站台。[2]

帕里斯裁断金苹果一案,某种程度上揭示了当代法官与仲裁人的产生过程。作为人间的首位"裁判者",帕里斯的权力名副其实属于从天而降——宙斯随意

---

1 参见〔古希腊〕赫西俄德:《工作与时日·神谱》,张竹明、蒋平译,商务印书馆1991年版,第40页。
2 参见〔古希腊〕赫西俄德:《工作与时日·神谱》,张竹明、蒋平译,商务印书馆1991年版,第42页。

一瞥，权杖即被递交到帕里斯手中。有了合法的授权，即便卑微如人间牧羊人，也拥有对神祇间纠纷进行裁决的权威，这与远古社会中裁判权的正当性来源于"神祇授予"之惯例恰好吻合。人类社会早期已经产生了原始裁判机构，主宰者无论为族长还是酋长，纠纷的解决方式均在不同程度上借助了神祇的权威性，才能够使其具有不可置疑性与强制执行性。换句话说，有了合法的授权，才会获取公认的权威；而有了公认的权威，才有资格作出令人信服的裁断；令人信服的裁断是命令得以被完整执行的前提。因而，无论远古社会还是现代社会，合法授权是法官或仲裁人的裁判行为具有正当性的唯一来源。

同时，在此案中，我们可以窥视到司法审判回避制度的萌芽。宙斯之所以将这件棘手案件授权给牧羊人裁判，是因为他与当事人之间存在着姻亲关系——或是自己的妻子，或是自己的女儿，或是自己的儿媳；其他诸神亦与纠纷当事人之间存在着或近或疏的姻亲关系，因而纷纷拒绝，不愿自陷麻烦。该种情形下，为了避免可能出现的难堪与混乱，为了让裁判更具有说服力，无论狡黠的宙斯之初衷是推诿责任，还是真正具有卓越的公平、公正意识，其所提议的回避制度毫无疑问是睿智且进步的。

有趣的是，从对帕里斯的最终裁决产生决定性影响的因素来看，当今司法体系中屡见不鲜的暗箱交易，亦可以从数千年前的裁判案例中觅到踪影。金苹果一案较为全面地概括了许诺获取非法利益所包含的类型：由赫拉提供的财富、由雅典娜提供的权力以及由阿芙洛狄忒提供的美色。时至今日，诸如此类诱惑，依然在各类公权力的履行过程中散发着令每一位裁判者难以抵御的魔力——无论是对神，还是对人。

结果责任与过错责任：赫拉克勒斯误杀利诺斯案

赫拉克勒斯（Heracules）误杀利诺斯（Linus）案，是人类自行审理纠纷事务的典型。当今法学界通常认为，西方最早的世俗审判发生在战神山上，由雅典娜组织十二长老对"俄瑞斯忒斯弑母案"进行裁判,其实不然,这仅是陪审团参与案件审判的最早故事。我们可以从希腊神话中追溯至一场更为久远的审判——"赫拉克勒斯误杀利诺斯案",此为宙斯向人类法官授以裁判权的典型案例。

赫拉克勒斯,又被译作海格力斯,是宙斯诱奸底比斯国王安菲特律翁(Amphitryon)之妻阿尔克墨涅(Alcmene)后,与安菲特律翁的儿子伊菲克勒斯同时诞生的双胞胎兄弟。[1] 赫拉克勒斯力大无穷、胸怀正义,完成了十二件英雄壮举,并解救了普罗米修斯,因此,其是希腊神话中最伟大的半人半神男性,以至于罗马皇帝均以赫拉克勒斯的后代自居。赫拉克勒斯名义上的父亲是底比斯国王安菲特律翁,当安菲特律翁由神意得知,这个儿子将获得巨大的荣光时,便开始对赫拉克勒斯施以精英

图1-6 赫拉克勒斯与九头蛇

教育——不仅注重对赫拉克勒斯身体的锻炼,更注重对其智力的培养,精心请来各路英雄教授其读书、写字、抚琴、唱歌。尽管小赫拉克勒斯在各处均显示出卓越的才能,但他在知识与音乐方面的水平远远比不上摔跤、射箭和搏斗能力。赫拉克勒斯的音乐教师——白发苍苍的利诺斯,才华横溢却缺乏耐心,有时甚至会严厉地体罚赫拉克勒斯。一次,小赫拉克勒斯不愿学习音乐,并与利诺斯顶嘴,利诺斯动手打了他,赫拉克勒斯顺手抓起齐特尔琴朝利诺斯的脑袋打去。赫拉克勒斯虽然年幼,但由于喝过天后赫拉的乳汁,因而具有比成人大得多的力量。利诺斯被砸倒地,顷刻身亡。小赫拉克勒斯未曾料想自己的力量竟如此之大,十分后悔,跪在尸体前痛哭不已。国王安菲特律翁匍匐于阿波罗神殿前,乞请神谕。阿波罗立刻

---

1 参见〔德〕古斯塔夫·施瓦布:《古希腊神话与传说》,高中甫、关惠文译,中国书籍出版社2005年版,第107—108页。

与宙斯商议此案。最终，在宙斯的允可下，阿波罗暗示国王可以将案件交给人间法庭审理。赫拉克勒斯因杀人罪被传唤到法庭，并对自己的行为进行辩护。

法官拉达曼提斯（Rhadamanthus）为人正直、知识渊博，被指定审理该案。拉达曼提斯是宙斯与腓尼基公主欧罗巴的私生子，具有半神身份，是希腊神话中最为公正无私的审判人间案件的裁断者，死后与弥诺斯（Minos）和埃俄罗斯（Aeolus）一起，成为冥界三法官——拉达曼提斯负责审判东方人，埃俄罗斯负责审判西方人，弥诺斯则拥有决定性的一票。[1]详细了解案情后，拉达曼提斯宣布杀人者无罪，理由包括两点。其一，赫拉克勒斯并非故意杀害自己的老师；其二，利诺斯对赫拉克勒斯的责打行为失当。随后，拉达曼提斯颁布了一条新律法——出于自我保护目的而致人死亡者，无罪。赫拉克勒斯虽免一死，却被父亲驱逐至山区牧羊，并责令其从此不得返回城邦，以示惩戒。[2]

这是希腊神话中关于世俗刑事审判的最早记载。首先在此案中，我们可以由拉达曼提斯的身份推断出他的裁判是公正的，并未受到世俗王权的影响与限制，所以无必要故意减轻赫拉克勒斯之罪行以谄媚君主。另外，我们可以看到，早在数千年前，希腊人即借拉达曼提斯之口，在定罪过程中对犯罪人的主观罪过加以评价——赫拉克勒斯的行为虽然导致利诺斯惨死的结果，但是其并不具有杀人的故意，因此不能定性为故意杀人，此项判决预示着当时对刑事案件的审判由"结果责任"向"过错责任"的转变。第三，本案首次将被害人过错以及防卫情形规定为出罪条件，认为赫拉克勒斯之所以拿起琴具砸向老师，是因为老师首先动手对其实施侵害，事出有因。该案中，拉达曼提斯并未考虑防卫过当的问题，因此也未斟酌加害者是否应当受到处罚，而是大笔一挥，宣判无罪释放。以拉达曼提斯的智慧、公正与严谨，很明显，他在这桩案件中是打了马虎眼的，其原因我们不得而知，也许是忌惮赫拉克勒斯本身的威力，也许是预见到赫拉克勒斯即将肩负的历史使命，也许仅为了向主神宙斯与欧罗巴女神示好。不管如何，这桩案件

---

1 参见〔德〕古斯塔夫·施瓦布：《古希腊神话与传说》，高中甫、关惠文译，中国书籍出版社2005年版，第79页。
2 参见〔古希腊〕赫西俄德：《工作与时日·神谱》，张竹明、蒋平译，商务印书馆1991年版，第50页。

为日后防卫性刑事案件的评估提供了价值取向。需要注意的是，赫拉克勒斯虽然没有受到来自法庭的惩罚，却难逃家法约束，国王安菲特律翁盛怒之下将其流放至底比斯山区，并令其"终身不得返回"，这种惩罚可能是西方刑罚体系中"流放刑"的最早记载。王子犯法与庶民同罪，以赫拉克勒斯终受家法惩处作为故事的结局，从另一个层面平衡了罪责与惩罚之间的必然联系。

应该指出，在奥林波斯神统秩序中，虽然出现了权力者执掌裁判制度的萌芽，但由于没有统一的律令羁束，并且神祇之间、人类之间、神祇与人类之间的纠纷和冲突过于频繁，绝大多数冲突仍然是通过私力救济——血腥复仇来解决的。即使如此，也不可否认，西方司法制度的萌芽与上述纠纷、裁判、复仇故事在客观上存在着较多融合之处，而这种融合关系在下文中将以更为明朗的图景呈现。

复仇规则之形成：《荷马史诗》之《伊利亚特》

血亲复仇源自人性护种之本能。随着人类智商的进化与群居习性的养成，维系族间稳定关系的血亲复仇行为愈演愈烈，逐渐发展为大规模族群性厮杀，激烈程度不断升级、对象循环往复，往往导致家族甚至族群的灭绝。《荷马史诗》（公元前8世纪）中著名的"特洛伊战争"[1]即为典型代表，其根源可以追溯至上文所述"帕里斯裁判金苹果案"。

如愿以偿得到金苹果后，阿芙洛狄忒果真向帕里斯履行了诺言。在阿芙洛狄忒的筹划下，特洛伊王子帕里斯成为斯巴达国王墨涅拉厄斯（Menelaus）与王后海伦[2]的座上客。海伦（Helen），即阿芙洛狄忒口中人间第一美女，其人间之父是斯巴达国王廷达瑞俄斯（Tyndareus）。海伦成年后，求婚者遍及希腊所有王国的年轻才俊，养父廷达瑞俄斯不得不抽签决定海伦的丈夫。为了缓解英雄们之间的紧张气氛，廷达瑞俄斯事先要求在场英雄盟誓，一旦中签者因为海伦而陷入麻

---

[1] 参见〔古希腊〕荷马：《荷马史诗·伊利亚特》，罗念生、王焕生译，人民文学出版社1994年版，第69—77页。
[2] 参见〔古希腊〕荷马：《荷马史诗·伊利亚特》，罗念生、王焕生译，人民文学出版社1994年版，第67页。

烦，在场之人一律有义务随时为海伦发兵援助，这亦是特洛伊战争前夕希腊能如此迅速地集结兵力的原因之一。最终，迈锡尼王子墨涅拉厄斯中签，后即位成为斯巴达国王。在阿芙洛狄忒的帮助下，帕里斯如愿以偿，拐跑了人间最美丽的女人，二人携手私奔至特洛伊。希腊人为了捍卫自己的尊严，不得不跨海远征，组成以斯巴达国王墨涅拉厄斯（海伦之夫）与其兄阿伽门农（Agamemnon）为首的希腊联军，进攻以帕里斯与赫克托耳（Hector，特洛伊王子，帕里斯之兄）为首的特洛伊城，发动了长达十余年的特洛伊战争。[1]

图1-7 《海伦与帕里斯》，[法]雅克－路易·大卫（Jacques-Louis David）

---

1 参见〔古希腊〕荷马：《荷马史诗·伊利亚特》，罗念生、王焕生译，人民文学出版社1994年版，第64页。

"帕里斯诱拐海伦"一案中，海伦已届成年，其智商与精神状况并无缺陷；帕里斯虽然引诱海伦，却并未违背其意志，二人两情相悦，强奸与诱奸罪是算不上的，最多属于"通奸"行为，虽然在当时通奸行为也是一项重罪，当事人可以直接假以私力救济。但是，该案中，帕里斯不仅拐诱了王后，而且还煽动士兵将王城珍宝与女奴扫荡一空，这引起了希腊人的愤慨。但是即便如此，按照当时同态复仇之例，斯巴达国王墨涅拉厄斯仅拥有对帕里斯与海伦的惩罚权，以及对被盗窃财产（包括女奴）的追索权；如果还不解恨，墨涅拉厄斯甚至可以将帕里斯的妻子与女奴也一并虏获到斯巴达，这桩公案可以就此了结。不幸的是，由于婚前协议，海伦是"全希腊男人的海伦"，代表着所有希腊男人的尊严，因此，本该由国王一人承担的个体复仇，遂升级为氏族仇恨，其后更是演变为一场历时十余载、骇人听闻的跨国战争。正是这场战争，使得原始自然复仇模式演绎至巅峰状态；同时，私力救济之局限亦端倪初露。《荷马史诗·伊利亚特》以"阿喀琉斯的愤怒"开篇，生动地描述了希腊大英雄阿喀琉斯（Achilles）[1]与希腊联军统帅阿伽门农[2]之间的争执与仇恨。围城第十年，迈锡尼国王阿伽门农抢占希腊大英雄阿喀琉斯的女奴布利塞斯，阿喀琉斯索要未果，愤而离营。其后，希腊联军无人能敌特洛伊王子赫克托耳[3]之勇猛，屡战屡败。阿喀琉斯的挚友帕特罗克洛斯（Patroclus）[4]看到己方士兵死伤惨重，遂穿上阿喀琉斯的铠甲，假扮其模样出

---

[1] 阿喀琉斯，希腊第一勇士，是凡人英雄珀琉斯与海洋女神忒提斯之子，所有半人半神英雄之中最耀眼的一位，历来以其勇气、俊美与体力著称。参见〔古希腊〕赫西俄德：《工作与时日·神谱》，张竹明、蒋平译，商务印书馆1991年版，第52页。

[2] 阿伽门农，迈锡尼国王，希腊诸王之王，特洛伊战争的集结者与统帅。有史料认为特洛伊战争的发动是因为他想称霸爱琴海，而其弟墨涅拉厄斯的妻子海伦被特洛伊的王子帕里斯拐走只是导火线。参见〔古希腊〕埃斯库罗斯：《埃斯库罗斯悲剧集——阿伽门农》，陈中梅译，辽宁教育出版社1999年版，第58页。

[3] 赫克托耳，特洛伊王子，帕里斯胞兄，特洛伊第一勇士，为人正直、品格高尚，是古希腊传说与文学作品中非常高大的人类英雄形象。在《伊利亚特》中，他先是怒斥海伦的无耻行径，坚决反对城邦为了帕里斯的私事向希腊军队应战。战争爆发后，他又义无反顾地率领特洛伊人与希腊大军作战，最后英勇战死在阿喀琉斯枪下。参见〔古希腊〕荷马：《荷马史诗·伊利亚特》，罗念生、王焕生译，人民文学出版社2008年版，第1—26页。

[4] 帕特罗克洛斯，阿喀琉斯最亲密的朋友，也有史料分析二人是同性恋人。参见〔古希腊〕荷马：《荷马史诗·伊利亚特》，罗念生、王焕生译，人民文学出版社2008年版，第1—26页。

战,被特洛伊王子赫克托耳斩于马下。阿喀琉斯闻讯哀痛不已、怒火冲天,指名与赫克托耳决斗,最后将赫克托耳刺死在枪下。[1]

图1-8 《安德洛玛克阻止赫克托耳出门应战》,〔意〕费尔南多·卡斯特利(Fernando Castelli)

图1-9 《阿喀琉斯凯旋》,〔奥地利〕弗朗茨·马慈(Franz Matsch)

---

1 参见〔古希腊〕荷马:《荷马史诗·伊利亚特》,罗念生、王焕生译,人民文学出版社2008年版,第1—26页。

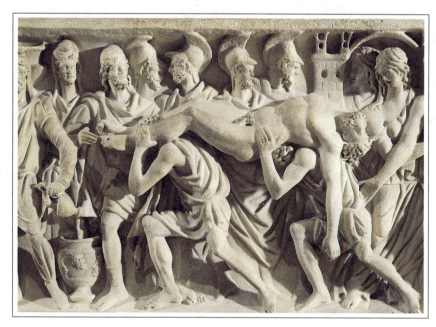

图 1-10 《赎回赫克托耳的尸体》

阿喀琉斯身为希腊第一勇士顾全大局,忍痛将心爱女奴让与统帅阿伽门农;之后,面对好友惨死,他又秉持复仇规则,忠诚地为挚友复仇,赢得了所有人的尊敬。然而,紧随其后发生的一幕情景却变得骇人听闻了。也许是对帕特罗克洛斯的感情太过深厚,也许英雄心中早已窝着一团无名之火,阿喀琉斯在杀死特洛伊王子赫克托耳之后,其复仇烈焰并未熄灭,竟然在两军对垒、众目睽睽之下实施了令人发指的虐尸行为:阿喀琉斯跨上战车,挥舞着赫克托耳金闪闪的盔甲,扬鞭驱策健马飞一般奔驰。赫克托耳赤身裸体,双脚从脚跟到脚踝的筋腱被割开,穿到系在战车上的皮带上,褐色的卷发散落两边,俊美的脑袋沾满厚厚的尘土。[1]

阿喀琉斯不仅虐待赫克托耳的尸体,甚至不允许其入土为安,扬言要将其

---

[1] 参见〔古希腊〕荷马:《荷马史诗·伊利亚特》,罗念生、王焕生译,人民文学出版社2008年版,第515页。

图 1-11 《忒提斯将喀琉斯浸入冥河》,[法] 安托方·博雷尔 (Antoine Borel)

葬身狗腹。这在当时风俗之下,是犯了大忌,自然引起了众人的惊骇,也激起了神祇的愤怒。太阳神阿波罗劝诫阿喀琉斯,立刻将赫克托耳的尸体归还特洛伊安葬,却被后者拒绝。随后宙斯不得不亲自出面,安排特洛伊老国王重金赎回儿子尸体,举行了隆重的葬礼;而阿喀琉斯亦由于过激的报复行为冲破规则之限度,引起人神共愤,最终导致灾难降临——特洛伊王子帕里斯在太阳神阿波罗的指点下,知晓了阿喀琉斯的罩门,一箭射中其脚踵,为哥哥赫克托耳报了仇。[1]原来,阿喀琉斯出生后,其母海洋女神忒提斯曾提着他的脚踝将其浸泡在冥河中,希望他全身刀枪不入,唯有脚踝(因被忒提斯手握着,未能浸入冥河)成为他的致命之处,最终被帕里斯一箭射中脚踝身亡。此即西谚"阿喀琉斯之踵"的来源。[2]

---

[1] 参见〔古希腊〕荷马:《荷马史诗·伊利亚特》,罗念生、王焕生译,人民文学出版社 2008 年版,第 515 页。
[2] 参见〔德〕古斯塔夫·施瓦布:《古希腊神话与传说》,高中甫、关惠文译,中国书籍出版社 2005 年版,第 176 页。

需要说明的是,《荷马史诗》(公元前8世纪)是承载古希腊"荷马时代"[1]的唯一文字史料,也是考察该时期刑法思想的重要来源。囿于人类初民社会发展的滞缓性,上古时代的历史往往以口耳相传的形式在先民部落的记忆中保留,然后行吟诗人将其编为歌曲在民众间传唱,这就是民族史诗的雏形。民族史诗并非严格意义上的史学著作,其中却折射出不同时期的历史事件在民众记忆中的镜像,因而具备了史料的价值与功能。[2]与古希腊浪漫神话一脉相承,整部《荷马史诗》亦处处洋溢着追求自我价值、释放自我欲望的"人神同性"之人文价值观,这体现在史诗中诸多人物对神祇意志的违抗与挑衅行为之中。史诗中,各路英雄的性格均随心所欲而又粗犷拙稚,血液中潜藏的原始野性随时会给他们带来种种原欲冲动——永无止境地征服、残酷凶蛮地掠夺、肆无忌惮地杀戮、刻骨持续的恨以及热烈灼烫的爱,野性乃至兽性成为力与美的象征,体现着古希腊人对个人意志的主宰与生命欲望的放纵。这些人物包括早已从母亲口中得知自己将毙命于疆场、却依然果断出征的希腊英雄阿喀琉斯;明知己方力量薄弱,仍然披坚执锐、吻别爱妻幼子、毅然踏上不归路的特洛伊王子赫克托耳;等等。无论是人,还是神,《荷马史诗》中的主人公均具有鲜明的自我意志并勇敢地将其付诸行动,个人荣誉与生命意义维系甚密。

"阿喀琉斯的复仇"在整个《荷马史诗》中占据着显赫地位——它生动地刻画出同态复仇习俗的残酷与野蛮,并向我们揭示,此时期的原始罪罚观念中,私力复仇之手段由复仇者自主选择逐渐过渡到区分合理与暴虐的阶段。阿喀琉斯的虐尸行为突破了人们心中的复仇底线,引起人类对私力复仇手段与程度予以必要限制进行反思,"合法复仇"的观念开始形成——即使是复仇,也必须以自然正义为必要限度,不能恣意妄为、无所羁束,更不能突破行为当时所承载的文化

---

[1] 前 11 世纪至前 9 世纪。

[2] 波斯纳在谈论《荷马史诗》时,曾惊叹道:"尽管在文化层面上这些作品离我们如此遥远,尽管缺乏系统的论辩或者证据,但它们确实应该改变我们有关复仇在刑事司法制度、全球政治或者日常生活中的适当作用的观点。"〔美〕理查德·A.波斯纳:《作为公共知识分子的文学评论家》,徐昕译,载《公共知识分子》,中国政法大学出版社 2002 年版。

风俗，引起民众的普遍惊惧与不安。阿喀琉斯虐尸案中，我们可以发现"公权力"，包括阿波罗、宙斯等"神祇的力量"对私人领域的介入。实际上，这种介入是被动的、不得已而为之的。当私力复仇的结果产生了行为主体无法预见、无法控制的倾向时，公权力不得不被动介入以保证调适社会心理达到整体平衡。由此可见，各种律令与规则的产生均扎根于统治者对社会控制的客观需要，并且萌芽于社会冲突发生、激化与解决的自然过程，正如复仇规则的产生与复仇行为的无序升级密切相关。

《荷马史诗》对古希腊神话的超越之处在于，它在充分肯定了人之尊严、价值与力量的同时，亦隐含着人类对个体命运无法预知、难以控制的深切悲哀与恐惧。当时的希腊人已经意识到，自然界并非仅是被人类征服的驯服者，在人类主动控制范围之外，还存在着人力所难以企及的未知空间，冥冥之中，似乎确有一种力量在左右着个人乃至城邦的命运——人们惊恐地发现，无论是肉胎凡体的赫克托耳，还是半人半神的阿喀琉斯，一旦背叛神祇的意志、挑战至高无上的自然法则，或者过度放纵自己的欲望、滥杀无辜、倒行逆施，均会导致天谴与惩罚。虽然希腊神话中人类的原始野性充满着勃勃生机，随时伺机冲破"度"的限制，但假"神意"出现的"规则意识"也逐渐渗透至人们思维之中，制约着野性，使它难以恣意妄为。囿于人类童年时期思想的幼稚与局限，希腊人将这种潜意识中对理性与秩序的渴望归结于无所不能的、神秘的"自然法则"，并进一步演绎为无法预知、无法抗拒的宿命，刑法思想之"意志决定论"得以萌芽。

由"耻感文明"到"罪感文明"：俄瑞斯忒斯[1]的审判

在私力救济盛行的"众神时期与英雄时代"，仇恨与复仇的故事贯穿于神与神、人与神、人与人之间。换句话说，血亲复仇是当时每个部族成员生而担负

---

1 俄瑞斯忒斯，阿伽门农之子，成年后手刃其母及其情夫为父复仇。参见〔古希腊〕埃斯库罗斯：《埃斯库罗斯悲剧集——阿伽门农》，陈中梅译，辽宁教育出版社1999年版，第321页。

的荣耀使命。正是这种同态复仇观,很大程度上强固了部族成员的群体意识与责任感,演变为原始部族的复仇伦理。考察同时期文学作品,其中产生的复仇女神的形象,其外形特征亦被赋予强烈的报应色彩,代表着原始社会对血亲复仇制度的崇尚与认可。复仇三女神欧墨涅德斯(Eumenides),诞生于乌拉诺斯被儿子克洛诺斯阉割后流出的血液中,希腊文中的复数神祇,名字分别为提希丰(Tisiphone,意为"向凶手复仇")、阿耳刻托(Arcato,意为"永无止境")和美嘉拉(Megaera,意为"记恨")。欧墨涅德斯性格残暴、身材高大、双眼血红,一手执着火把,一手握着浸淬着怨恨的匕首,口中发出索命之音,执着地追查着每一桩凶恶残暴的案件,令罪人陷入无穷无尽的悔恨当中、癫狂不治。欧墨涅德斯执掌着管教人类、维护伦理秩序的神鞭,具有极其崇高的地位与权力;她们无往不胜,尤其对各种破坏亲族秩序的行为严惩不贷;她们无处不在,无人能够逃脱三姐妹织就的惩罚之网。更为重要的一点是,与奥林波斯神祇不同,欧墨涅德斯是古老的第二代神祇,与宙斯的父亲克洛诺斯具有相同的辈分与尊严,即使万神之王宙斯,也不能为了保护罪人而得罪她们。[1]

在关于欧墨涅德斯的神话中,最著名的是对"俄瑞斯忒斯案"的审判,该案也是智慧女神雅典娜在希腊神话中出演的一场重头戏。

俄瑞斯忒斯(Orestes)是特洛伊战争中希腊联军的领袖阿伽门农之子,犯下弑母重罪。案由如下:阿伽门农杀害了迈锡尼国王堤厄斯忒斯(Thyestes)后,夺得王权,并且俘虏了堂弟埃癸斯托斯王子(Aegisthus)[2]及其克吕泰涅斯特拉(Clytemnestra)。克吕泰涅斯特拉,乃海伦之胞姐,容貌丰艳,阿伽门农杀害克吕泰涅斯特拉的丈夫及新生儿后,娶她为妻。随后的特洛伊战争中,阿伽门农不

---

1 参见〔古希腊〕赫西俄德:《工作与时日·神谱》,张竹明、蒋平译,商务印书馆1991年版,第34页。
2 埃癸斯托斯,阿伽门农的叔伯兄弟。迈锡尼国王阿特柔斯因其胞弟堤厄斯忒斯诱奸妻子并骗取金羊毛,杀死了堤厄斯忒斯的两个儿子坦塔罗斯和普勒斯忒堤斯。之后堤厄斯忒斯的小儿子埃癸斯托斯将阿特柔斯杀死,堤厄斯忒斯篡夺了兄长的王位。阿特柔斯的儿子阿伽门农长大后回到迈锡尼,杀死堤厄斯忒斯称王,埃癸斯托斯获得赦免。参见〔德〕古斯塔夫·施瓦布:《古希腊神话与传说:第二十六章——坦塔罗斯的后裔》,高中甫、关惠文译,中国书籍出版社2005年版,第35页。

图1-12 《伊菲革涅亚的献祭》（马赛克）

惜杀死亲生女儿伊菲革涅亚（Ifigenia），向狩猎女神阿耳忒弥斯献祭，因而触怒了复仇女神欧墨涅德斯，诅咒阿伽门农将大祸临头。灾祸果然接二连三地降临阿伽门农家族。阿伽门农杀死妻子克吕泰涅斯特拉的前夫与新生儿并将自己与克吕泰涅斯特拉的亲生女儿伊菲革涅亚献祭后，克吕泰涅斯特拉对他充满仇恨。在阿伽门农率军攻打特洛伊期间，克吕泰涅斯特拉与阶下囚——情夫埃葵斯托斯共同执掌迈锡尼政权；阿伽门农胜利归来后，克吕泰涅斯特拉伙同埃葵斯托斯在浴缸中杀害了他，为前夫、儿子与女儿复仇。阿伽门农与克吕泰涅斯特拉的儿子俄瑞

图 1-13 《复仇三女神见证俄瑞斯忒斯弑母》
(意)博纳迪诺·梅 (Bernardino Mei)

图 1-14 《复仇三女神追索俄瑞斯忒斯》
(法)威廉-阿道夫·布罗格 (William-Adolphe Bouguereau)

斯忒斯目睹了这一幕,长大成人后,俄瑞斯忒斯亲手杀死了母亲及其情夫,为父报仇。[1]

而按照当时"血亲复仇"之规则,俄瑞斯忒斯必须向杀死其生母的凶手,也就是他自己本人进行复仇,私力复仇由此走向不可调和的尴尬境地。杀害母亲及其情夫之后,复仇女神欧墨涅德斯的索命之音日夜伴随在俄瑞斯忒斯身后,令其发疯。俄瑞斯忒斯不得不离开自己的王国,寻求阿波罗的庇护。阿波罗深知,借助自己的力量,根本无法与复仇女神抗衡,唯一解救俄瑞斯忒斯的方法是彻底为他洗脱罪名,名正言顺地对抗复仇女神的追索,于是,他吩咐俄瑞斯忒斯去雅典祈求雅典娜的公正裁决。俄瑞斯忒斯疯狂奔跑,与复仇女神同时到达雅典,站在帕特农神庙前,请求雅典娜作出最后裁决。聆听完毕这桩离奇的人间弑母案,雅典娜兴致盎然,决定亲自进行审判,并警告复仇女神,不得再对俄瑞斯忒斯进行追索,判决形成之前,俄瑞斯忒斯将处于自己的保护之下。

审判在战神山进行,雅典娜召集雅典十二位长老组成法庭。审判过程中,复仇女神与俄瑞斯忒斯及其庇护者阿波罗爆发了激烈的争论。俄瑞斯忒斯为自己辩护道,其母克吕泰涅斯特拉犯有杀夫重罪,他杀害母亲时,是将她视作弑父仇人,而非血亲。复仇女神反诘道,根据惯例,血亲复仇只限于母系之间,而妻子与丈夫并无血缘之关系,与妻子杀害丈夫相比,俄瑞斯忒斯的弑母行为才是不可饶恕的更大罪过。阿波罗则充当了辩护人与证人的双重角色,承认俄瑞斯忒斯是在他的指引下弑母,而这一切均得到宙斯的认可;阿波罗还提出如下观点:父亲比母亲更重要,父亲是真正的播种者,一个人可以没有母亲,但绝不可以没有父亲。[2] 不得不提的是,阿波罗在此运用了辩护策略,投法官雅典娜所好,向法庭提交论据,其中蕴藏着宙斯吞吃情人后,雅典娜是从宙斯头颅中产生的典故。

---

1 参见〔古希腊〕埃斯库罗斯:《埃斯库罗斯悲剧集——阿伽门农》,陈中梅译,辽宁教育出版社1999年版,第340页。
2 关于阿波罗的这一观点,苏格拉底颇为赞同。参见〔希腊〕墨奈劳斯·斯蒂芬尼德斯编著:《帕拉斯·雅典娜》,邹海伦、陈中梅译,中国对外翻译出版公司2005年版,第一章"雅典娜的诞生"。

辩论完毕，雅典娜起立，向处于她庇护之下的公民发出庄严的宣告，此乃世界文学史上对人类法庭应当承载的基本功能的经典描述："今天，你们开始了第一场法庭审判；今后，你们将永远保留这种法庭；将来，这里就是审判谋杀亲人罪的庄严法庭。法庭由城里最公正廉洁的人组成，他们不应受贿赂，他们廉正、严明，全力保护所有的人民。你们都应维护它的尊严，把它当作全城的支柱。"根据雅典娜设计的裁判表决模式，在一个小钵子内投入一堆石子，黑色代表有罪，白色代表无罪，投票后，由另一批推选出来的居民担任计票人，结果竟然是黑白石子数目同样多。众目睽睽之下，雅典娜略作思忖，投出了具有决定意义的一票——宣判俄瑞斯忒斯无罪。[1]

复仇女神对判决结果表示不可接受，并且愤懑地诅咒整个雅典城，认为正是他们的愚蠢践踏了古老的律则。雅典娜则耐心地安抚复仇女神，告诉她们，白色与黑色石子数目相等，代表判决是宙斯的神意；如果有任何疑问与不满，她们应当去找神祇进行申诉，而不可向法官与民众施加危害。看到复仇女神领首思忖、陷入沉默，雅典娜又以显赫的地位与永久的荣誉对三人进行诱惑，请她们放弃向宙斯申诉的权利——如果复仇女神认可这次裁判，雅典城邦将会把她们敬奉为"庄严女神"来祭祀、膜拜。最终，复仇女神对雅典娜的建议欣然接受，保证不再对雅典城进行诅咒，亦放弃了对案件的申诉。此案之前，复仇女神是母系亲族的保护神，致力于维护母系血缘关系，严厉打击杀害母系亲属的罪人。如今，欧墨涅德斯的性质却发生了微妙的变化，她们从维护母权制度的神祇变为捍卫法庭判决的神祇，因而人们也将"复仇三女神"改名为"庄严三女神"。[2]

埃斯库罗斯的作品《俄瑞斯忒斯》，是西方文明史上里程碑式的作品。我们可以将其所包含的文明变迁过程描述为从"耻感文化"（shame culture）到"罪感文化"（guilt culture）的过渡。[3] 在此文化背景下，刑法思想也开始了从"生物性

---

1 参见〔德〕古斯塔夫·施瓦布：《古希腊神话与传说》，高中甫、关惠文译，中国书籍出版社2005年版，第40页。
2 参见〔古希腊〕埃斯库罗斯：《埃斯库罗斯悲剧集——阿伽门农》，陈中梅译，辽宁教育出版社1999年版，第345页。
3 See E.R.Dodds, *The Greeks and Tne Irrational*, University of California Press, 1971, pp. 28–63.

报复"至"规则性复仇""结果责任"再至"过错责任"的演变。本案中,俄瑞斯忒斯接受的观念是血缘复仇,他向母亲施加的杀害行为,是为了死去的父亲阿伽门农能够获得灵魂的安息。但是,我们还应该记得,埃葵斯托斯之所以与克吕泰涅斯特拉密谋杀死阿伽门农,也是为了血亲复仇——其父即为阿伽门农所杀害;而克吕泰涅斯特拉对阿伽门农的痛恨,则基于三重血亲复仇的基础之上——阿伽门农将自己的亲生女儿杀死祭神、杀死了自己的丈夫与襁褓中的幼子。根据复仇规则,谋杀案一般应当交由受害人的亲族来处理,因此这种血缘同态复仇极可能导致的后果是冤冤相报、永无尽头。该种状态如同西方古典刑法学派所设想的原始自然状态,虽然"血亲报复"的复仇规则、"以牙还牙"的复仇程度体现了自然正义的本色内涵,却导致了循环复仇的恶果,人类社会的基本秩序将丧失殆尽。为了避免这种私力救济模式带来的毁灭性后果,必须寻找某种公权力,或者借助某种集体权威来实现基本正义、维持基本秩序。雅典娜组织十二长老审理弑母案,即凸显了这种替代救济模式出现的及时性与必然性。

当然,如果忽略该案裁判结果与实质正义的差距,我们会惊喜地发现,在对阿伽门农家族内部血腥冲突的事务处理过程中包蕴着近现代西方刑事审判的某种雏形。

故事中出现了颇具专业色彩的司法者角色。雅典娜扮演着不偏不倚的法官角色,价值中立、优雅沉稳、及时迅速地为陪审团提供专业指导;十二长老则组成了事实上的陪审团,其成员皆为雅典城邦公认的善良、博学、公正、素有威望之人,执掌对被告的生杀予夺之权;俄瑞斯忒斯为刑事被告;复仇女神担任检察官,对被告的犯罪事实进行指控;阿波罗则兼任证人与辩护人。裁判过程中,被告人与控诉者交替呈交证据、相互辩论质证,最后由十二长老投票决定被告人是否构成犯罪……与目前西方刑事案件陪审团审判的程序基本吻合。

庭审前,雅典娜将俄瑞斯忒斯从复仇女神的索命之音中解救出来,并且安置在自己享受祭祀的帕特农庙堂之内。不仅如此,雅典娜还向复仇女神宣布了对俄瑞斯忒斯的保护令,声明审判结束前禁止任何人对被保护者施以私刑,确立了

"任何人未经合法审判,不得推定有罪"之原则。另一方面,阿波罗扮演着证人与辩护人的双重角色,他积极参与审判、陈述事实、阐述观点,并引经据典,与案件的追诉者复仇女神进行激烈对抗,充分展现了旨在减轻或免除被告人刑事责任的辩护技巧。上述程序均包蕴着保障刑事被告基本人权的先进刑事司法理念。

当复仇女神对审判结果表示不满并对整个城邦进行诅咒时,雅典娜对复仇女神的告诫充分阐述了刑事法庭、刑事法官与陪审团的独立性与权威性。雅典娜认为,法官、陪审团与案件本身没有任何利益关系,他们完全遵照法定程序,认真履行了自己的义务。因此,任何刑事案件的参与人均不得对判决的公正性产生怀疑,更禁止其对裁判者产生报复心理。雅典娜严词强调审判结果的严肃性与唯一性,宣告司法公信力不可亵渎。

该案中,当由无利害关系的第三人(十二长老)切断复仇链条之际,来自远古的原始正义就演变为通过法庭实现的程序正义,私力复仇的行为最终被规训,原始复仇制度土崩瓦解,西方文学作品最早描述的民主法庭就此诞生。这种由第三方参与的审判制度的出现,将血亲之间私力救济的复仇模式引入并行而驰的平行轨道,将人类从无穷无尽的世代杀戮中解脱出来。从此,规则的力量遏制了原始冲动,公力救济时代已然开始。

另外,透过该案我们可以看到,在刑事责任的确定中,被告行为的合法性与正当性之间产生了不可调和的冲突。很明显,俄瑞斯忒斯并不强调自己的弑母行为具有正当性,杀死母亲,他也心存内疚;他请求雅典娜裁判的仅是该种事实行为的合法性,只有被判定为合法,才能摆脱复仇女神的追缉。俄瑞斯忒斯辩护理由十分简单——母亲联合情人杀死了父亲,他杀死弑父凶手为父复仇。他认为父亲的地位要高于母亲,因此才作出了该种选择。从文献考察,这一行为与当时的伦理观、道德观是相符合的[1]，而雅典娜的判决亦最终肯定了该行为的合法性，认为这种行为虽然是谋杀，却因其具有社会相当性而被免除刑事责任。对俄瑞斯忒斯弑母案的判决，揭示了当时的刑法思想已经开始由自然正义向法律正义过渡。

关于性别歧视伦理观对当时司法裁判的影响与渗透，我们还可以从俄瑞斯忒斯的辩护与雅典娜的裁判中得以窥视。如上文所述，地母盖娅怂恿并策划了儿子克洛诺斯对其夫乌拉诺斯的血腥阉割事件，这可以说是西方文学作品中所刻画的女性对男性控制权的首次反抗；复仇女神由第一代神祇之王乌拉诺斯被妻儿暗算后汩汩流出的血液凝聚而成，因此对亲缘间的杀戮行为深恶痛绝。该时期正是母系社会上升阶段，神话故事遵循现实，真实描述了乌拉诺斯对妻子的控制权被推翻、对世界的统治权被篡夺的过程。斗转星移，随着母系社会的分裂瓦解，自幼没有母亲，"直接从父亲脑袋中蹦出来"的雅典娜在战神山上主持了人类第一次审判，该案的判决结果，今天看来显然是偏袒了弑母凶手俄瑞斯忒斯；而"复仇女神"亦屈从于雅典娜之淫威与利诱，领受"庄严女神"的名号，不再为母系亲缘间的杀戮行为复仇，转而向人间法庭效力。这是复仇女神所代表的"自然正义"与雅典娜所创设的"法律正义"的首次分离，同时亦暗示着西方社会中男性之强势地位得以恢复的过程。

---

1 当时社会的共同生育观为：父亲是子女唯一的生育者，给予子女生命、灵魂与理性，而母亲仅起着"容器"的作用。例如，柏拉图认为"只有男人的身体才具有生殖力，他们到女人那儿去生孩子。他们的后代，会如他们所希望的，将来把他们铭记在心，让他们愉快，使他们不朽"。亚里士多德也持同样看法，他认为"男子占有生殖和运动，女子仅仅与那件事有关"。See Diana H.Coole, Women in Political Theory: from Ancient Misogyny to Contemporary Feminism, Lecturer in Politics University of Leeds, Sussex: Wheatsheaf Books ltd., 1988, p.18, 19, 29. 转引自汪树民：《试论古希腊社会的妇女观》，载《河池师范高等专科学校学报（社会科学版）》2000年第3期。

图 1-15 帕特农神庙

第二讲
古罗马铁蹄催生的希罗悲剧

讨论文本

· 《俄狄浦斯王》　　　　　　· 《安提戈涅》

导言

　　古罗马铁蹄下,希腊文明遭遇重创,理想化的生活图谱转瞬支离破碎,民众颠沛流离、饱受战乱之苦。此背景下,一系列悲剧作品交替而生,与希腊悲剧一起,忠实地记载着同时期民众的心理变迁轨迹。古希罗悲剧早于喜剧的产生,起源于祭祀酒神狄奥尼索斯的庆典活动,这种原始的祭祀活动逐渐发展为一种有合唱队伴奏、有演员表演并依靠幕布、背景、面具等塑造环境的艺术模式,即西方戏剧之雏形。古希罗悲剧大多取材于神话、英雄传说和史诗,所以题材非常严肃。亚里士多德曾在《诗学》中专门探讨悲剧的含义,认为古希罗悲剧主要不是写悲,而在于表现崇高壮烈的英雄主义,它的生发与该民族的心理承受力相适应。当苦难的警钟开始敲响时,人对神祇的、命运的、自身局限的挑战也拉开了序幕。

　　刑事古典学派认为,人类个体意志自由也是刑法思想中道义责任论产生的逻辑原点。古希罗悲剧[1]却演绎出相反的命题——命运变化诡谲,人们难以预测,更无法主宰。如前文所述,《荷马史诗》对《古希腊神话》的超越之处在于,它在

1　参见罗念生:《罗念生全集（第一卷）》,世纪出版集团、上海人民出版社2004年版,前言。

充分肯定了人之尊严、价值与力量的同时，亦隐含着人类对个体命运无法预知、难以控制的深切悲哀与恐惧。囿于人类童年时期思想的幼稚与局限，希腊人将这种潜意识中对理性与秩序的渴望归结于无所不能的、神秘的"自然法则"，并进一步演绎为无法预知、无法抗拒的宿命，刑法思想之"意志决定论"得以萌芽。

本讲将要为大家介绍两部著名的古希罗悲剧，分别是《俄狄浦斯王》与《安提戈涅》。二者叙述视角不同，却分享着"意志决定论"的相同主题。前一节中，我们看到古希腊神话与史诗中折射出童年时期的人类的自信与乐观，其中饱含着初民社会中特有的天真、自信的盲目与幼稚，这种盲目与幼稚在随之而来的惩罚与灾难中得到印证——自然界存在着一种令他们无法解释、无法预见的支配命运的神秘力量，它比任何一位神祇都更令人敬畏。这种神秘力量当然包括来自人之力无法企及的自然力，同时还有因人类本身难以名状的蒙昧与野性冲动而付出的代价，这是西方文明史上人与命运之争的重要主题，亦饱浸着处于此历史阶段的西方人对"罪"与"罚"之悖谬关系的初始质疑与苦涩探索。

宿命下的叹息：《俄狄浦斯王》

素有"戏剧界的荷马"之称的索福克勒斯[1]，是雅典民主全盛时期的文学家。他的悲剧通常被称作"命运悲剧"，往往表现为出于自由意志的行为与不可抗拒的命运之间难以调和的冲突，其目的是引发观众对剧中角色的怜悯、对无常命运的敬畏。索福克勒斯悲剧中的主人公，往往具有世间英雄的一切美德与气概，却在与命运的抗争中屡遭挫败，他们与千年之后出现在英国文学家拜伦笔下的"拜伦式英

---

1 索福克勒斯（Sophocles，公元前496年—公元前406年），出生于雅典，早年受过良好教育，伯利克里时代的著名作家。公元前443年出任以雅典为盟主的财政总管，后又两次担任将军职务；公元前440年，索福克勒斯当选雅典十大将军之一，进入雅典最高统治层；公元前413年，进入雅典的"十人委员会"。政治上索福克勒斯是温和的民主派，在希腊各城邦中都享有极高的声誉。他去世时，正逢雅典与斯巴达战争期间，斯巴达将军闻讯，下令暂停战争，等待索福克勒斯遗体归葬故里。参见罗念生：《罗念生全集（第二卷）——埃斯库罗斯悲剧三种、索福克勒斯悲剧四种》，世纪出版集团、上海人民出版社2004年版，卷首语。

雄"分享着相同的精神气质。政治上属于温和民主派的索福克勒斯，饱经世间变故，既哀叹人类命运多舛，亦感叹个体行动的盲目性与毁灭性，因此，其作品饱浸忧伤、充满着穿越时代的张力，代表作《俄狄浦斯王》（约公元前430年——公元前426年首演）标志着希腊悲剧艺术的最高成就。它以倒叙的方式，讲述了俄狄浦斯王全力缉捕弑父凶手，最终却发现自己即为"弑父娶母"之罪魁祸首的一幕惨剧。

忒拜国国王拉伊俄斯（Laius）年轻时犯下罪过，诱拐他人子嗣，导致被拐者身亡。因此，拉伊俄斯之子俄狄浦斯（Oedipus）出生时，神谕暗示他将被儿子所弑。为逃避命运的惩罚，拉伊俄斯刺穿新生儿俄狄浦斯的脚踝，令人将其丢弃野外。奉命执行者心生怜悯，偷偷将婴儿转送科任托斯国王，后者对俄狄浦斯视如己出，俄狄浦斯亦对养父母感情深厚。长大后，俄狄浦斯去德尔斐神庙玩耍，神谕预言他将弑父娶母。当时，俄狄浦斯并不知道科任托斯国王与王后并非自己亲生父母，为了避免预言成真，俄狄浦斯毅然离开科任托斯，浪迹天涯。流浪到忒拜国附近时，俄狄浦斯在岔路上与一群陌生人发生冲突，失手杀人，其中正包括生父拉伊俄斯。此时，忒拜城被狮身人面兽斯芬克斯所困，斯芬克斯抓住每个路过的人，提出著名的谜题，如果对方无法解答他出的谜题，便将对方撕裂吞食。忒拜城宣布，谁能从斯芬克斯口中拯救城邦，便可继承王位，并娶国王美丽的遗孀伊俄卡斯忒为妻。俄狄浦斯轻而易举解开斯芬克斯谜题，解救了忒拜城，因而被拥戴登基，并娶

图 2-1　《俄狄浦斯王与斯芬克斯》
〔法〕古斯塔夫·莫罗（Gustave Moreau）

图 2-2 俄狄浦斯王自戳双目、行乞涤罪

了伊俄卡斯忒——自己的亲生母亲。俄狄浦斯子嗣繁多,包括两个女儿安提戈涅和伊斯墨涅、两个儿子波吕尼刻斯与厄忒俄克勒斯。

不久,忒拜城再遭厄运,庄稼歉收、牲畜瘟死、妇人流产,城邦在血红的波浪里颠簸不定。神谕指示,必须惩罚杀害老国王的凶手,才能挽救濒于毁灭的忒拜城,先知却预言俄狄浦斯就是杀人凶手。争执中,王后伊俄卡斯忒挺身为俄狄浦斯辩护——当年先王曾得神示,他将死于其子手中,但事实证明先王在三岔路口被强盗所杀,而非死于其子之手,由此可见,神谕不可尽信。俄狄浦斯闻言大惊,详细向伊俄卡斯忒询问先王相貌、被杀地点与出行人数。恰在此时,科任托斯国报信人带来科任托斯国王死亡的消息,请俄狄浦斯回国继位。为了安慰俄狄浦斯,报信人吐露秘密:俄狄浦斯并非科任托斯国王亲生,他幼时被抱到宫殿,两只脚踝被铁钉钉在一起。一切都应验了。王后伊俄卡斯忒闻言面容惨白,绝望地冲出宫去。俄狄浦斯找到伊俄卡斯忒时,却发现她已悬梁自尽。俄狄浦斯从伊俄卡斯忒尸体上摘下两支金别针,诅咒命运,刺瞎自己的双眼,自我驱逐出忒拜城、行乞涤罪。[1]

在这部被浓厚的宿命论所笼罩的悲剧中,命运固然不可战胜,俄狄浦斯亦不是消极地等待,而是展开了悲壮的反抗,其高贵品德彰显于不惜代价寻求真相的决心与行动中。戏剧中,俄狄浦斯并非有意杀父娶母,其本人非但无罪,反而是一个为民除害的英雄、受人拥戴的君王。在命运面前,俄狄浦斯不是俯首帖耳或者苦苦哀求,而是奋起抗争、设法逃离"神示"预言;继而,他以智慧破除女妖谜题,为民除害;最后,为了帮助人民摆脱灾难,他不顾一切追查杀害前王的凶手;一旦真相大白,他又勇于承担责任,刺瞎双目后主动请求放逐城外行乞涤罪。这样一个为民众、为城邦殚精竭虑、居功至伟的英雄,却遭受厄运,剧作家深感愤慨,继而控诉命运的不公与残酷,发出了对"神之正义"的高声质疑。

然而,作为刑法学分析的脚本,我们不能完全沉浸于索福克勒斯赋予俄狄浦斯王的炫目光环之中。以法学视角分析俄狄浦斯的行为、责任与受到的惩罚,有三个细节应当引起注意:

第一,俄狄浦斯的父亲——忒拜国国王拉伊俄斯年轻时犯下的重罪。因为无子,拉伊俄斯曾经诱拐了皮沙国国王佩洛普斯英俊的儿子克吕西波斯,导致克吕西波斯抑郁自尽。佩洛普斯向主神宙斯祈祷降祸于拉伊俄斯,当拉伊俄斯祈求神恩赐他一个儿子的时候,神一边答应他的请求,一边预言他的儿子将杀父娶母。这是故事发生的前因。因此,俄狄浦斯所遭受的苦难直接来源于其父的罪过,二者具有直接因果关系。如此看来,神祇的安排并不荒谬,这是远古时期父债子偿古朴思想的具体体现。

第二,俄狄浦斯在忒拜城郊外岔路口杀害父亲及随从的行径。当时忒拜国国

---

[1] 梗概及本节所有引文来源于罗念生:《罗念生全集(第二卷)——埃斯库罗斯悲剧三种、索福克勒斯悲剧四种》,世纪出版集团、上海人民出版社 2004 年版。

王拉伊俄斯身着便服、带着侍从匆忙赶往德尔斐神庙，求神谕来破除狮身人面兽带给城邦的灾难。三岔路口狭窄，为争夺优先通过权，强健的俄狄浦斯夺过父亲手中挥舞的权杖，将父亲击毙。如果说俄狄浦斯造成老父惨死是因为年轻气盛导致的过失后果，其后，俄狄浦斯索性将父亲随从全部杀害的行为（只有一个随从得以幸免，在俄狄浦斯即位后隐名逃匿）则无论如何逃脱不出杀人的犯罪故意。因此，岔路口通行事件中，俄狄浦斯身负数命、重罪在身，必须对一个过失杀人与若干故意杀人的行径答责。

第三，"刑罚确定"思想的萌芽。由于战胜斯芬克斯，俄狄浦斯获得忒拜城民众推崇，因而继承王位、迎娶母亲，并生下两儿两女，尽掌国权、安享天伦，却只字不提多年前犯下的命案，也丝毫未在内心深处对自己的莽撞行为稍加忏悔。国泰民安的平和景象下，这场忤逆乱伦惨剧愈演愈烈，最终连神祇也看不过去，遂降下灾难，逼迫俄狄浦斯自曝潜藏于荣耀下的罪恶人性。从此层面分析，假神祇之意对俄狄浦斯因弑父而施以惩罚，代表了"刑罚确定"的古朴思想在古希腊罪罚观中的萌芽——俄狄浦斯具有罪过与罪行，却了无悔罪之心，在此前提下，向民众昭示"刑罚确定"思想的重要性不言而喻。正如贝卡利亚在《论犯罪与刑罚》中所述，对犯罪最强有力的约束力量不是刑罚的严酷性，而是刑罚的确定性，因为，即便是最小的惩罚，一旦成为确定，就总令人心悸。刑罚的威慑力不在于刑罚的严酷性，而在于其不可避免性。

从意志自由之角度考察，《俄狄浦斯王》是西方文学史上最早揭示人性无穷魅力之作品，其中包蕴着古希腊人对罪恶与惩罚之悖谬关系的叹息与恐惧。现在我们来作出判断，俄狄浦斯是否具有意志自由？他竭力逃避神谕所示之命运，而这种逃避本身恰恰在实践着神谕；他的每一次抗争，都是在一步步接近命运设计的缜密残酷之圈套，其悲剧感染力使人震撼。某种意义而言，俄狄浦斯是无辜的罪者，他的命运在出生之前已经确定，根本没有自由选择的机会，甚至比莎士比亚剧中的丹麦王子更为令人怜悯：哈姆雷特的利剑可以直指弑父娶母的叔父，俄狄浦斯挥剑狂舞的结局却将自己刺得遍体鳞伤。俄狄浦斯的悲剧还在于自己身份的混乱、交叉与冲突：他既是忒拜国高贵的王子，又是被刺穿脚踝的弃婴；他既是科任托斯国王的养子，又是被人嫉恨、遭人辱骂的继承人；他既是母亲的儿子，又是母亲的丈夫；他既是儿女的兄长，又是他们的父亲；他既是拯救忒拜城百姓于水火之中的英明国王，又是弑父娶母万死不辞的罪人；在追凶惩恶的过程中，他既是原告，又是被告，还是最终的裁判者、执刑人与受刑者。俄狄浦斯多重身份所交结的种种冲突、对立与交叉状态，恰好述说着人类永恒的谜题。

俄狄浦斯王的悲剧为我们深刻揭示了人的复杂性，一个追求正义的人，可能正是罪恶的制造者；高尚与卑鄙、正义与邪恶、天使与魔鬼往往互为真幻。俄狄浦斯猜中了斯芬克斯的谜题——"人"，却未能洞悉自己命运之莫测与世间情

图 2-3　《俄狄浦斯王的倾诉》，〔法〕让·安托万·吉鲁斯特（Jean Antoine Giroust）

第二讲　古罗马铁蹄催生的希罗悲剧

状之多变。也许，这正是太阳神阿波罗神殿上镌刻着"认识你自己"之箴言的原因，也同时记载了该时期的希腊人逐渐褪除了盲目自信与生命野性，转而俯首于神秘、残酷的自然法则的过程。

由"自然正义"到"法律正义"：《安提戈涅》

《安提戈涅》（公元前441年上演）是索福克勒斯"忒拜三部曲"之最后一部，剧情承接《俄狄浦斯王》，描述了俄狄浦斯家族后嗣之间自相残杀的悲剧。

如前所述，安提戈涅是俄狄浦斯与其母伊俄卡斯忒所生，就血缘关系而言，安提戈涅同时是其父之妹，其母之孙。与她命运相仿者，还有胞兄厄忒俄克勒

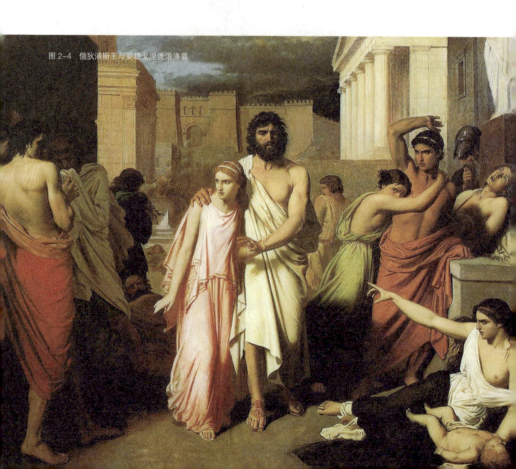

图 2-4　俄狄浦斯王与安提戈涅流浪涤罪

斯、波吕尼克斯和胞妹伊斯墨涅。当俄狄浦斯因弑父娶母自我放逐时，安提戈涅始终陪伴父亲身边照顾父亲，直到俄狄浦斯在克罗诺斯郊外死去。安葬父亲后，安提戈涅返回忒拜城。不久，俄狄浦斯王长子波吕尼克斯与次子厄忒俄克勒斯为争夺忒拜统治权发生冲突。波吕尼克斯被厄忒俄克勒斯从忒拜逐出，来到阿耳戈斯，成为国王阿德拉斯托斯的女婿。阿耳戈斯国王阿德拉斯托斯、波吕尼克斯与其他五人率领七支军队远征底比斯，以帮助波吕尼克斯夺回王位。这就是希腊神话中著名的"七将攻忒拜"事件。最终，波吕尼克斯与厄忒俄克勒斯决定单独决斗。厄忒俄克勒斯一剑刺中波吕尼克斯腹部，认为自己取得了胜利，在弯腰捡拾兄长武器时被垂死的波吕尼克斯一剑刺死。至此，俄狄浦斯家族几乎全部毁灭。[1] 战争结束后，安提戈涅的舅父克瑞翁继承王位，为守卫忒拜城的厄忒俄克勒斯

图 2-5 《安堤戈涅埋葬胞兄》

---

[1] 参见罗念生：《罗念生全集（第二卷）——埃斯库罗斯悲剧三种、索福克勒斯悲剧四种》，世纪出版集团、上海人民出版社 2007 年版。

举行隆重葬礼，同时宣布，攻打忒拜城的波吕尼克斯是城邦叛徒，禁止任何人葬他，否则将处以"被乱石打死"的极刑。安提戈涅无视禁令，两次出城在哥哥的尸体上覆盖沙土、祭奠清酒，完成埋葬仪式。面对安提戈涅对律令的公然违抗，国王克瑞翁处境尴尬——安提戈涅既是其姐与姐夫的托孤对象，同时也是自己未来的儿媳。但为了城邦律令被遵守、自己的口谕被尊重，他还是下令将安提戈涅砌入地墓。安提戈涅在墓中自尽，她的未婚夫海蒙（克瑞翁之子）得知死讯后，于安提戈涅身旁殉情，克瑞翁之妻悲恸之下亦服毒身亡。[1]

《安提戈涅》是古希罗悲剧的经典之作。从历史阶段考察，安提戈涅公然违背克瑞翁之禁令，以抔土盖尸、杯酒祭奠叛国者的惊世骇俗之行为，发生在自然风俗与城邦立法产生激烈冲突的图景下，而安提戈涅与克瑞翁之间的尖锐冲突以及二者言行所彰显的价值理念，亦留给后人无尽的探讨空间。从黑格尔开始，"自然法"与"人定法"的效力高低之辩即成为各个法学流派之永恒话题；更令人迷惑的是，不同时期的歌剧、话剧版本基于各种目的，从不同角度对原始剧作进行着解读——封建社会初期、中期、末期，资本主义初期、垄断时期、纳粹时期、"二战"后时期至冷战时期，各个国家的执政者均将其作为有效的宣传脚本，并从中抽绎出大量支持己方统治政策的观点。由此可见，《安提戈涅》所呈现的旺盛包容力着实令人惊讶。

刑法思想研究领域，安提戈涅已经演绎为一个符号，代表着更高层次的自然法对国家实证法的颠覆。剧中有一段安提戈涅与克瑞翁辩论时的辩词，已然成为刑事古典学派与规范学派之间论战的经典："向我宣布这法令的不是宙斯，正义之神也没有为凡人制定这样的法令；我不认为你，一个凡人下的一道命令竟敢僭越天神制定的、永恒不衰的不成文律条，它的存在不限于今日和昨日，而是永久，没有人知道它在时间上的起源！"

客观而言，此时克瑞翁代表着城邦利益，肩负着维持战争后社会秩序的重

---

[1] 梗概及本节所有引文来源于罗念生：《罗念生全集（第二卷）——埃斯库罗斯悲剧三种、索福克勒斯悲剧四种》，世纪出版集团、上海人民出版社2007年版。

任,他的禁葬令即为国法,任何人不得违反;安提戈涅遵守神律,冒死履行血亲必尽的义务,目的是让兄长早日进入冥界、抵达最后归宿,她所维护的是自然法的效力。剧中的冲突围绕氏族社会遗留下来的宗教信仰、习惯法与城邦社会的制定法之间的权威与效力展开。20世纪之前,法学家大都从自然法效力高于人定法的角度,阐述了恶法非法、民众可以违背甚至有权推翻的观点。进入20世纪,越来越多的法学家却认为制定法相习惯法而言具有历史进步性,从罪刑法定之角度肯定克瑞翁对法律的忠诚与坚守,并对其因恪守律法而遭遇妻离子散之家庭悲剧深表同情,赞誉其是制定法战胜习惯法过程中的殉难者,而安提戈涅则是蒙昧宗教与狭隘伦理观念下的牺牲品。

　　但是,如果移去法学滤镜,我们看到索福克勒斯本人在剧本中并未强调自然法与制定法之对立关系,也未对冲突关系的某一方表达出倾向性同情,他所坚持的观点恰恰为"世间无人是美德与正义的独占者",并且该观点在剧本中借助立体场景进行了多次表述。例如,伊斯墨涅曾尖锐地讽刺姐姐安提戈涅不顾苛律、执意埋尸之行为的动机,是因为"你并不爱哥哥,你爱的是你自己所谓正义的姿态,你希望借这种姿态赢得不朽!"从伊斯墨涅独特、细腻的女性视角出发,她对安提戈涅犯罪动机的洞察应该是较为准确的——与俄狄浦斯所遭遇的身份认知障碍相似,安提戈涅此时生活在一个坐标系完全紊乱、令人颓丧的世界中。如前文所述,安提戈涅贵为忒拜城公主,却一夜之间成为世人耻笑的对象,家庭乱伦引发的悲剧使幼小的安提戈涅饱受惊吓,难以适应眼前的一切:是其母亲又是其祖母的伊俄卡斯忒自尽身亡,是其父亲又是其兄长的俄狄浦斯王刺瞎双目自行放逐,剩下四个兄弟姐妹相依为命,其中两个哥哥却自相残杀死于非命,唯一一个妹妹伊斯墨涅少不更事、噤若寒蝉。面对接踵而来的家庭惨剧,安提戈涅认为自己的生存意义几近消失,引以为豪的高贵血统转眼被证实为人间耻辱,此时的安提戈涅很可能具有主动请死之心,为了最大限度地恢复家族荣誉,她必须采取一些惊世骇俗的行为。

　　同时,安提戈涅的反抗行为并不意味着对制定法的蔑视与对自然法的尊崇,相反，她认为正是自然法毁了她一生的幸福，既然希望在死亡中得到解脱，克瑞翁的律令便是她寻求洗刷"家庭耻辱"的最好借口。事后，面对克瑞翁的严厉追问，安提戈涅傲然回答："像我这样生活在无尽的羞耻与灾难中的人，死了反而是件幸事。"安提戈涅对克瑞翁的犹豫态度极为不满，催促克瑞翁对其立即执行死刑："我无法得到更大的荣誉，除了我因埋葬自己的哥哥而领受死亡。那时，所有人将会对我交口称赞。"由此可见，某种意义上安提戈涅确实希望通过获罪取得冥界的通行证，以摆脱世间无穷的羞辱与烦恼。进一步说，安提戈涅对自然法的态度并非是崇敬与热爱，恰恰相反，她对自然法发出了诅咒——正是自然法给她的家族蒙上奇耻大辱，正是自然法剥夺了她幸福的未来，正是自然法将她内心的伦理坐标系搅得天翻地覆，令她生不如死。她的一生被自然法残忍地毁灭，她的荣誉也必将通过自然法来重新获取。对于前者，安提戈涅无法主宰，只能归咎于宿命；后者却是她可以选择与控制的。因此，高傲、纯洁、勇敢的安提戈涅选择了死亡，选择了以主动请死之极端方式来涤荡家族耻辱。

再来看克瑞翁，依照当时处境而言，他确是一个执法为公、尽职尽责的国王。即位之初，他曾在大殿对所有长老慷慨陈词："一个人的品德、智慧与魄力来自他立法与执法的实践。这种实践可以看出这个人是否顾及私情，将个人的利益置于国家之上。而法律的基本功能就是臧否褒贬、赏善罚恶。"这段话充分展示了克瑞翁推崇"族群优于个体""城邦利益高于一切"之观点，并高度赞美了立法者与执法者的应有品格。如果克瑞翁强硬到底，严格遵照自己的谕令法办安提戈涅，也不失一国政权执掌者的威严与声望；遗憾的是，念及安提戈涅的身份，克瑞翁并未按照规定对安提戈涅执行"石刑"，而是将她幽闭在一座阴冷黑暗的墓穴之中。克瑞翁并未预料到，自己的怜悯之举触犯了神界与世间的双重大忌——命令将死人留在世间不准入土（波吕尼克斯王子被曝尸原野），却将活人囚禁于墓穴之中（安提戈涅公主被囚禁墓室），因而引起了人神共愤。

因此，该剧从一个侧面展现了"民众认可"在制定法实施过程中的重要作用。冲突漩涡的中心是禁葬令，然而，从古希腊人传统宗教观点来看，禁葬令不但违反风俗,更将祸及人民。荷马时代风俗规定,战役胜利之后,必须让敌方埋葬他们战士的尸首:马拉松之役胜利后,雅典人将波斯人的尸首埋葬了;阿基纽西之役(公元前406年)胜利后,因为风浪过大,无法打捞战士的尸首,雅典人竟把战胜的将领们处死。由此可见,公元前5世纪的希腊人依然很重视埋葬的礼仪。这是死者亲人必尽的义务,因为古希腊人相信,人死以后必须入土,否则他的魂魄无法得以安息,将会殃及城邦。[1] 这一点克瑞翁并未加以考虑,在他眼中,波吕尼克斯是城邦的叛徒,下令使其露尸于野是维护社会秩序的必要手段;而在民众眼中,无论波吕尼克斯是否罪恶深重,既然人已死亡,就必须入土为安。因此,克瑞翁维护城邦的举动在民众眼中却是危害社稷。如此看来,克瑞翁的禁葬令既触犯神律、违反风俗,又将祸及人民,殃及城邦;安提戈涅冒死葬兄的行径则获得城邦民众的交口赞赏,因而成为忒拜城民众眼中克瑞翁暴政下的牺牲者。由此可见,一部刑律,无论其内容如何先进合理,一旦超越特定时期民众的伦理观念与认知水平,便无法获得普遍认同,实施效果亦会大打折扣。

---

[1] 参见罗念生:《罗念生全集(第二卷)——埃斯库罗斯悲剧三种、索福克勒斯悲剧四种》,上海人民出版社2007年版,第285页。

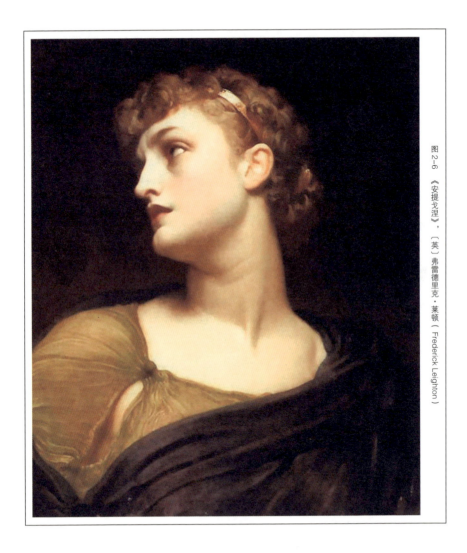

图 2-6 《安提戈涅》·〔英〕弗雷德里克·莱顿（Frederick Leighton）

深度阅读

循着古希腊神话、《荷马史诗》、古希罗悲剧中惩罚模式的源起、鼎盛与衰落,我们可以清晰地透视公力救济与司法裁判制度萌芽、发展、成熟的脉络。至公元前6世纪,古希腊刑罚思想的内涵开始逾越单纯的生物本能,注入理性因素,并以生存繁衍需要、心理秩序维持等客观理由来求证刑罚的正当性,人类社会悄然由荒蛮时代步入文明社会。以毕达哥拉斯、赫拉克利特、苏格拉底、普罗塔格拉、德谟克利特、柏拉图、亚里士多德为代表的古希腊哲学家引导人类迈出了这伟大一步。他们以朴素、直视的观点来考察犯罪与惩罚现象,认为罪与罚若江河湖海、飞禽走兽般均属于自然现象,鼓励人们将其视作大自然的一部分或者在大自然的延长线上加以把握,引导人们"与自然一致"地工作与生活。[1]

毕达哥拉斯(Pythagoras,约公元前580年—公元前500年)认为,人类生活离不开"秩序",而"秩序"即"数的协调、均衡或者和谐"[2]。自然伦理道德、风俗习惯都是自然赋予

毕达哥拉斯[3]

---

1 参见吕世伦主编:《西方法律思潮源流论》(第二版),中国人民大学出版社2008年,第4页。
2 吕世伦主编:《西方法律思潮源流论》(第二版),中国人民大学出版社2008年,第4页。
3 本部分深度阅读的大理石头像雕塑图片均为刘春园老师在美国大都会艺术博物馆实地拍摄。

的，无论神祇还是凡人只能服从，不能改变。

赫拉克利特（Herakleitos，约公元前540年—公元前480年与470年之间）认为，神法随心所欲地支配一切、超过一切，是绝对正确的。"普罗米修斯盗圣火案"充分说明了这一点。宙斯所制定的法律至高无上，即使普罗米修斯盗窃火种是为了整个人类利益，也难辞其咎，必须按照神的法律予以惩罚。在此观点上，赫拉克利特与智者学派代表苏格拉底的观点一致。

苏格拉底

苏格拉底（Sokrates，公元前469年—公元前399年）声称，国家起源与人类"生而合群"的本性相互一致，他否定国家与每个人的意志具有任何关系，认为法律也是自然法与神意的表现，特别强调守法的绝对性，并提出"恶法亦法"的著名论题。[1]《安提戈涅》一剧中，克瑞翁与安提戈涅之间产生的关于"自然法"与"制定法"效力孰高之争议，即代表着该段时期制定法对自然法地位的强烈冲击。

普罗塔格拉（Protagoras，公元前481年—公元前411年）从"三代神祇政权更迭"的神话故事出发，以个人的、技术的、功利的角度，为国家与刑法的产生涂上了契约色彩，这是世俗社

---

[1] 参见吕世伦主编：《西方法律思潮源流论》（第二版），中国人民大学出版社2008年，第12页。

会最早的关于契约精神的表述。[1]

德谟克利特（Demokritos，约公元前460年—公元前370年）则强调，赤贫与豪富均会破坏伦理、骚扰灵魂，唆使人们犯罪，因而刑法作用堪比国家暴力，均是为了实现世间伦理秩序；对于破坏法律之人必须科以严刑峻法，赦免罪犯是不义的表现。该观点可以在古希腊神话中得到验证——无论神祇之间还是凡人之间的复仇，一旦启动，必将进行到底，很少因怜悯与宽恕之情而终止。另外，德谟克利特首次提出正当防卫的概念，认为人之本能不应受到刑罚惩罚，这与"赫拉克勒斯误杀利诺斯案"中法官拉达曼提斯对赫拉克勒斯行为的性质评价也是相符的。[2]

柏拉图（Plato，公元前427年—公元前347年）认为，"节制就是正义"，奥林波斯山上众神的

德谟克利特

柏拉图

---

1 参见吕世伦主编：《西方法律思潮源流论》（第二版），中国人民大学出版社2008年，第7页。
2 参见吕世伦主编：《西方法律思潮源流论》（第二版），中国人民大学出版社2008年，第9页。

深度阅读 | **057**

混战，肇始于诸神对欲望的放纵，而长达十年、牺牲无数希腊英雄的"特洛伊战争"也仅仅由一枚诱发虚荣心的"金苹果"引起。柏拉图在鼓励人性得到自然释放的同时，指出兽性必须得到抑制，应当通过节制欲望来控制犯罪。只有"智慧的拥有者（治国者、哲学王）""勇气的拥有者（卫国者、武士）""节制的拥有者（被统治者、农民与手工业者）"各守其位、各司其职，才能构成理想社会的正义与美德。他还指出，人类的一切纷争均起源于私利，这在古希腊神话中得到淋漓尽致的体现——所有争端均因私利而引发、所有纠纷皆因私情而升级，因而提出"共产、共妻、共子"的原始命题。柏拉图认为，既然连神话中的神祇也难以避免人性的弱点，因而刑法必须建立在人性基础之上，立法者必须考虑人之趋乐避苦的自然本性。与赫拉克利特、苏格拉底观点相左，柏拉图认为刑法就是正义，当它不义的时候，即非真正的法律，人民不必承认与执行。例如普罗米修斯公然违抗宙斯之命，为人间盗取火种，其行为虽然违法却具有正义性，因此并不应遭受被绑缚于高加索山脉、遭受烈日暴晒、鹰啄肝脏之酷刑。柏拉图还指出，犯罪的原因在于对美好事物的无知，因而首次提出教育刑与预防刑相结合的思想，认为刑罚的主要意义在于改善而非威吓，在于预防而非补救；对于任何犯罪，社会都必须承担责任，该观点颇具刑法社会学派思想之雏形。

亚里士多德（Aristotle，公元前384年—公元前322年）继承并发展了苏格拉底关于国家起源的观点，认为人类天生具有群居之天性。与《伊利亚特》《奥德赛》以及《安提戈涅》所展现的价值归属一致。亚里士多德认为，城邦利益理所当然优先于个人、家庭、村落的利益，由此开创了国家利益至上论；而人作为城邦动物，必须具有善、美德、正义的秉性。《荷马史诗》中，敌对双方主角，无论是特洛伊城王子赫克托耳，还是希腊城邦主将阿喀琉斯，均以可歌可泣的英雄行为践行了上述价值旨归。

亚里士多德

与柏拉图观点相仿，亚里士多德亦认为法律的优劣以是否符合正义为标准。法律必须具有毫无偏私的中道权衡，法律就是正义，它绝不可制造出新的不平等。正义分为"普遍正义"与"个别正义"，个别正义又包括"平均正义"（基于人的等价性，亦即交换物品价值相等）、"分配正义"（基于人的天然永恒的不平等性，亦即比例相称）与"矫正正义"（是一种平均正义，指对违法与犯罪的惩罚）。关于法之效力，亚里士多德认为自然法永恒普遍，具有最高效力；人定法必须符合自然法，当人定法与自然法相左时，必须予以更正。《安提戈涅》的悲剧充分验证了亚里士多德该项结论的实践基础。对于犯罪原因，亚里士多德则秉持"人性本恶"的观点，认为即便柏拉图所提倡的"共产、共妻、共子"之理想状态也无法消除犯罪,因为财富、名位、荣誉均会引起犯罪。在亚里士多德笔下,犯罪原因可以分为三类:第一是缺衣少食型犯罪(追寻物欲),第二是温饱之余受肉欲驱使型犯罪(追寻情欲),第三是追求权威恣意妄为型犯罪(追寻权力欲)。因此,相应的预防犯罪与矫正措施为:第一是给予其相当资财与职业,第二是培养其"克己复礼"之品性,第三是教育感化使其知晓满足。[1]

希腊化时期[2],马其顿帝国击溃希腊城邦,君主制摧毁希腊民主制,市民参与国家管理权利消失,维系整体利益的观念逐渐消隐,思想理论中心由城邦转移到个人,如何获得"个人幸福"成为重要课题。此时产生了与个人幸福和利益攸关的斯多葛学派(禁欲学派)与伊壁鸠鲁学派(快乐学派)。

斯多葛学派,又称"禁欲学派",其创始人芝诺(Zenon,公元前336年—公元前264年)深受犬儒思想影响,认为自然法即普遍理性,顺从自然法就是顺从人的本性,个人对自己享有绝对自主和裁决之权,仅服从自己的理性,彰显绝对的个人主义。按

---

[1] 参见吕世伦主编:《西方法律思潮源流论》(第二版),中国人民大学出版社2008年版,第28页。
[2] 希腊化时期始于亚历山大大帝征服波斯帝国之后,通常认为,始于公元前323年亚历山大大帝逝世、结束于公元前146年罗马共和国征服希腊本土(公元前334年至公元前1世纪,马其顿亚历山大大帝征服了中亚、西亚、希腊城邦与北非)。这段时期战争频发、俘房奴隶数目激增,文化由希腊向周边的单向输出转变为双向融合,文明中心由地中海迁移到欧亚大陆交界处和两河流域,地中海世界的文明也走向整个西方。希腊文明被后来的罗马帝国继承,而当今西方文明则是在罗马帝国文明的基础上建立的。

照自然法要求，善恶根源在于能否做到适应外部环境、遵循理性原则来抑制自己的原始欲望，与自然协调一致地生活；而刑法的唯一作用是强制丧失理性之人，使之服从自然法。关于刑罚，斯多葛学派认为，一切人均是神的儿子，彼此是绝对平等的兄弟，世间依靠人类之爱与普遍理性维系，而不需要依靠政治的刑法与物理的刑罚来维持。

伊壁鸠鲁学派，又称"快乐学派"，创始人伊壁鸠鲁（Epikouros，公元前341年—公元前270年），其伦理学中心是快乐主义。与斯多葛学派一样，伊壁鸠鲁学派承认自然规律性，要求人类同自然协调一致地生活，相信"自我保存"与"追求个人幸福"是人生目的，但在幸福内容与获得方法上与斯多葛学派大相径庭。伊壁鸠鲁学派否认斯多葛学派主张的神的理性论、宿命论

伊壁鸠鲁

与禁欲主义，提倡个人快乐与功利主义，认为快乐即人的自然本性，是最高的美德与善。伊壁鸠鲁学派眼中的快乐不仅限于抽象心灵上的感受，还必须含有功利要素，即以肉体的实际感受为标准，又要以不放荡与服从理性为限度。在这种快乐观的基础上，国家、社会、法律必须以"个人主义"为架构，否则即无价值。很明显，伊壁鸠鲁学派推翻了亚里士多德"国家优先于个人"的

命题，提出个人权利应当优先于国家。另外，该学派还将普罗塔格拉之"契约论"大大推进了一步，首次明确提出了国家起源于人们相互间的契约这一命题——国家是一个"自然的公正物"，是引导人们建立避免彼此伤害的互利约定；公正没有独立存在的空间，而是由互相约定而来，即国家是一个社会互利的约定——契约的产物；社会、国家、法律因人们追求个人幸福与功利的冲动逐渐形成。[1]对于公平、正义与律法的关系，伊壁鸠鲁学派认为，公平与正义在具体适用时，对于某些人是"恶法"，但它们一旦被宣布为法律，就变成了"真正的正义"[2]。可以看出，伊壁鸠鲁学派赞同"恶法亦法"的观念，但又超越了苏格拉底的思想，提出正义与非正义之间的辩证关系，在这一点上，伊壁鸠鲁学派同汉斯·凯尔森关于纯粹法学的观点一致。

斯多葛学派与伊壁鸠鲁学派的影响颇大，向前基本涵盖了整个古希腊时期的哲学思想成就，向后辐射至若干世纪后的西方刑法思想，并直接促成功利主义刑法理论体系的建构。

综上所述，远古西方文学所演绎的价值内蕴与同时期刑法思想史丝丝相扣，是初民社会对自由意志与个体意识观念的世俗化表述。无论是文学作品还是刑法学思想，皆蕴含着根深蒂固的世俗人本意识。古希腊神话中，人的欲望潜藏在神的性格与气质中，神之形象就是人类理想的图腾。无论是神祇，还是半神半人

---

[1] 参见吕世伦主编：《西方法律思潮源流论》（第二版），中国人民大学出版社2008年，第35页。
[2] 吕世伦主编：《西方法律思潮源流论》（第二版），中国人民大学出版社2008年，第35页。

的英雄，他们恣意放纵的文化心理与行为模式均隐喻着远古时期人类对实现原始欲望的潜在冲动，彰显着浓郁的个人本位伦理观。《荷马史诗》中，集体观念开始萌芽，出现了对集体正义与个人正义之关系的探讨，暗示着城邦律法对自然人欲的制约。而"古希罗悲剧"则将自然法进一步神化，以自然法的最高效力对抗当时具有旺盛生命力、处于萌芽状态的制定法，甚至陷入宿命论的窠臼。总体而言，远古时期刑法思想建立在与自然法则充分和谐的原则之上，包蕴着肯定个体意志自由、认可本能报复行为、追求自然公正等刑罚观的基本理念，蕴含着张扬个性、崇尚人智、放纵原欲、肯定个体荣耀的价值旨归。

(左)《雅典学院》,〔意〕拉斐尔(Raffuello Santi)

(右上)《雅典学院》(局部),书写者为毕达哥拉斯

(右下)《雅典学院》(局部),柏拉图与亚里士多德

彼岸诱惑

——从上帝手中赎回自我

"戒绝这些害人的东西吧!……除非你们医治这些弊病,光是夸口你们如何执法惩办盗窃犯,那是无用的。这样的执法,表面好看,实则不公正、不收效……你们始而迫民为盗,继而充当办盗的人,你们干的事不正是这样的事吗!?"

——〔英〕托马斯·莫尔《乌托邦》

"我又不干错事,怕什么刑罚?你们将大量奴隶当作驴狗骡马一样看待,叫他们做种种卑贱的工作,因为他们是你们出钱买来的。我可不可以对你们说,让他们自由,叫他们跟你们的子女结婚,让他们的床铺得跟你们的床同样柔软,让他们的舌头也尝尝你们所吃的美味吧。你们会回答说:'绝对不可,这些奴隶是我们所有的。'所以我也可以回答你们:我向他要求的这一磅肉,是我出了很大的代价买来的;它是属于我的,我一定要把它拿到手里。您要是拒绝了我,那么让你们的法律去见鬼吧!威尼斯城的法令等于一纸空文。"

——〔英〕莎士比亚《威尼斯商人》

时代背景

　　由希腊化时期至古罗马时代，跨越了罗马王政时期、共和国时期与帝国时期三个阶段。习惯于以武力征服获取荣耀的古罗马人，其文化底蕴却相对贫瘠。征服古希腊后，面对希腊人强调个体本位的原欲型文化内核，罗马人感到无比新鲜与刺激，很快将其演绎为对肉欲与物欲的放纵。这种直白、浅显的文化解读，直接诱发了罗马帝国末期贵族阶层的侈靡颓废，并导致整个社会陷入对原欲的狂热追逐之中。

　　欧洲人立于古罗马的废墟上发出感慨，认为罗马帝国的毁灭，从文化层面考察，应归咎于古罗马人对原欲型文化的过度推崇与沉溺，导致了群体理性的湮没与个人原欲的泛滥。欧洲人在惊惧与哀伤中开始反思，逐渐意识到人类内心原欲的邪恶，渴望以理性来与它抗衡，试图寻找救赎自我的途径。在罗马帝国轰然崩塌的惨痛教训面前，希伯来文化关于人之"原欲"即"原罪"的警告具有无比雄辩的说服力，他们充满虔诚地将上帝迎入灵魂的圣殿，希望以上帝的慧目来监管内心的邪恶，加重人性天平上的理性砝码，遏制原欲的涌动。发展至后来，世俗教会歪曲教义原旨、将基督教精神推向极端，上帝成为人的异己力量，人的主体性迅速萎缩凋落，"原罪加身"——这一沉重的十字架使得人类个体与自我本质完全割裂，其生命冲动与肉体本能等合理需求受到变态抑制。

　　当中世纪主流文化——基督教文化被教会所把持，利用对教义之独占解释权塑造出一个理性、专制的上帝，强迫人们机械地服从他、追随他时,世俗文化本身却无时无刻不在轻轻地呼唤着沉睡于西方人心底的那个"人"。在这种暧昧、模糊的意识深处,涌动着对"酒神精神"[1]的渴望以及对原始生命力的向往。《悲剧的诞生》中,尼采创造了"日神精神"与"酒神精神"两个术语,用以解释古希腊文明发展的独特性。太阳神阿波罗的处事原则是理性与秩序,酒神狄奥尼索斯的处事原则却与狂热、过度与不稳定联系紧密。尼采认为,社会历史似乎总是受制于两种基本的冲动:一是风风火火走向世界的物质性渴望,即"日神精神";一是清清爽爽回归内心的精神性追求,即"酒神精神"。这两种冲动代表着理性与感性两种基本人生哲学观。

公元1453年,土耳其人的铁蹄终于踏入拜占庭,引发了东罗马学者的逃亡浪潮,他们携带着古希腊文学、古罗马雕塑、绘画以及朴素唯物主义哲学理论流亡至欧洲。面对这些古罗马废墟中挖掘出的精美绝伦的艺术品,西方人眼前倏然一亮,极度震惊之下,迸发出欢呼,一种难以言喻的心理默契将他们与远古祖先紧密连接在一起——原来这样一种"人"之生活方式古已有之,他们内心深处企盼已久的"人",就存在于古希腊与古罗马被尘封已久的记忆中。随着"酒神之魂"汩汩注入被钳制、压抑千年之

---

[1] 尼采借用酒神和日神来象征两种基本心理经验,自称为"酒神哲学家"。在他看来,酒神精神更为原始。在酒神的影响下,人们尽情释放人类的原始本能,与同伴们一起纵情欢乐,狂歌狂舞,寻求性欲的满足;人与人之间的一切界限完全打破,人重新与自然合为一体,融入那神秘的原始时代的统一体中。参见尼采:《悲剧的诞生》,周国平译,上海人民出版社2009年版,序言。

久的西方人的心灵，他们枯竭贫瘠的自然欲望于沉睡中被温柔地唤醒；古希腊神话与古罗马雕塑中亮丽、张扬的"人"之生活图景，与当时阴晦、压抑的"神"之专制氛围形成鲜明对比，西方人渴望从上帝手中赎回自我的激情呼之欲出。然而，基督教的形成与发展跨越千余年，庞大、严密的逻辑体系盘根错节，遍布从政治司法到文化生活的每个角落，若没有更为强大坚韧的理论与之抗衡，人们对自然生活的渴望仅是一种幻想。在寻找到这种新兴理论之前，内涵丰富、逻辑严密的古希罗文化，恰好成为该时期背叛精神的有效填补。

　　上述对远古精神的复原与张扬的路径选择具有深刻的历史背景。经济政治层面，中世纪晚期，资本主义制度已经开始萌芽，一些工商业者（多数犹太商人）凭借着自己的智慧、勇敢与辛勤劳作首先发家。但他们在基督教盛行的社会氛围中一直扮演着撒旦的角色，受尽歧视。以历史视角评价，正是这群乐观进取、精力旺盛、具有无限欲望的暴发户们，代表着新生力量的发展方向。因此，当他们发现古希罗文化印证着自己的生活哲学时，欣喜若狂，自然竭力宣扬该种文明，用作他们刺穿世俗阶层壁垒的有力武器。在自然科学领域，基督教不仅禁锢着人类的感性欲望，同时抑制着人类的知性意识。蒙昧主义与上帝至上的思想弥漫于整个中世纪的文化精神中，人类的理性与原欲均处于沉睡状态。既然基督教宣称人类今生不过是对来世的准备，人们自然对今生的外部环境不甚关注，对自然科学知识的追求欲望亦被窒息。中世纪晚期，自然科学领域的成就对人们的刺激逐渐加强——哥白尼提出了日心说、哥伦布发现了新大陆、布鲁诺创造了自然宇宙观，西方人穿透宗教的迷雾，看到了宇宙的真实面目。另外，自然科学成就在现实社会的逐步应用，亦大大改善了人们的物质生活状态，从另一个角度诱发了人们对上帝以外的世界的探索热情。人们逐渐看到自身所蕴含的无穷的潜力——人类具有智识能力，完全可以主宰自我，并不需要匍匐于上帝脚下，对其戒谕亦步亦趋。

此种背景下，古希腊的"酒神精神"唤醒了西方人沉睡千年的主体意识，回应了崇尚自然科学的社会需要；它犹如一道强心剂，使得西方人的人性得以舒展、原欲得以释放，继而发掘出一个崭新的自我。这个伟大的时代被后世称作"文艺复兴"（Renaissance）。[1] 作为西方文明基本内核的"人文主义"，亦在新旧文明板块的剧烈撞击中逐渐成形。

---

[1] 文艺复兴，是指13世纪末叶从意大利扩展到西欧各国，于16世纪在欧洲盛行的一场思想文化运动，揭开了近代欧洲历史的序幕，被认为是中古时代和近代的分界，是西欧近代三大思想解放运动（文艺复兴、宗教改革与启蒙运动）之一。

第三讲
冲破藩篱后欢快释放的人性：
文艺复兴前期作品

讨论文本

· 《十日谈》　　　　　　　　· 《巨人传》

导言

　　文艺复兴"人"的发现，核心意义上是对人之"感性"或"原欲"的发现，而感性与原欲的最敏感的载体就是"性"。亚当、夏娃是吃了苹果而获得智慧、知晓风情、继而获得原罪，因此基督教教义将男女欢爱视作万恶之源；文艺复兴初期的人文主义者则针锋相对，以对男女情爱的热烈赞美为序曲，敲响了反叛的钟声。其代表人物是文艺复兴"佛罗伦萨三杰"——彼得拉克、但丁与薄伽丘。

　　谈到"佛罗伦萨三杰"，最早出现在历史舞台上的人物，即弗朗西斯科·彼得拉克（Francesco Petrarca, 1304—1374年）[1]，其为意大利文艺复兴运动的奠基者，代表作《歌集》，由366首感情炙烈的情诗组成，在当时的欧洲确实惊世骇俗。当彼得拉克冲破基督教禁锢原欲的沉闷气息，喊出"我爱她的灵魂，亦爱她的肉体"时[2]，石破天惊之语是如此大胆而真诚地表露出其对性爱的渴慕与赞美。

1　弗朗西斯科·彼得拉克，出生于意大利佛罗伦萨的名门望族，政治上属于白党。黑党依靠教皇与法国军队夺取佛罗伦萨政权后，老彼得拉克遭流放，同时被流放的还有诗人但丁。彼得拉克少年时喜爱古典作品，古罗马维吉尔的诗歌、西塞罗的讲演都强烈地吸引着他。但其父亲作为一名律师，却希望其成为一名法学家。因此，从1316年起，彼得拉克先后在法国的蒙彼利埃和意大利的博洛尼亚大学学习法律。1320年父亲去世，彼得拉克放弃法学，投入缪斯的怀抱。
2　出自彼得拉克《歌集》。彼得拉克首创十四行诗。23岁时，彼得拉克于阿维尼翁教堂遇到一位19岁的法国少妇劳拉，由此对其展开长达20年的追求，并写下366首情诗献给劳拉，后被编辑为《歌集》广为传颂。

另一方面，作为人文主义前期的拓荒者，彼得拉克作品的思想中自始包含着双重矛盾：一方面，他宣扬古希罗以原欲合理为主题的感性文明；另一方面，他又肯定并推崇希腊化时期斯多葛学派的禁欲主义，希望将自然感性与宗教理性紧密结合在一起。在他为情人劳拉所作的诗歌中，彼得拉克对基督教文化基本秉持认可态度。即便如此，在西方文化史上具有重要意义的是，彼得拉克在诗歌中表达了对"属于人的光荣"的肯定，坦言其并不希望获得永恒的、来世的幸福，他心甘情愿地做一名凡人，并渴望凡人所能获取的一切幸福与喜悦，他的诗句"我要求凡人的幸福"，最终成为人文主义者的座右铭。[1]

本讲为大家介绍的两部作品，分别来自文艺复兴前期"佛罗伦萨三杰"之一的薄伽丘以及约一百年后法国启蒙主义代表人物拉伯雷。前者的作品创作于文艺复兴曙光期，意图从上帝手中夺回人之自主性，侧重于"对人性的发现"，集中火力对禁锢人性的宗教藩篱进行猛烈攻击，其中蕴含着大量亲切、朴实的平民刑法观；后者的作品完成于文艺复兴成熟期，着重于透过人的本能激发对理性与秩序的追寻，侧重于"对人智的发掘"，代表了西方人文主义观念在刑法思想领域的发展与深化。古朴原欲与高贵理性之结合，代表了文艺复兴时期人文主义的完整内涵，并萌芽于欧洲大陆、渐成燎原之势。

彼岸欲望的诱惑：乔万尼·薄伽丘与《十日谈》

如果说彼得拉克的思想还笼罩着圣母玛利亚的羞涩面纱，其挚友乔万尼·薄伽丘（Giovanni Boccaccio，1313—1375年）则干脆扯掉这最后一块遮羞布，公然宣称人欲的合理性，主张"幸福在人间"，热情鼓励民众召回失落已久的人性。

---

[1] 参见北京大学西语系资料组编：《从文艺复兴到十九世纪资产阶级文学家艺术家有关人道主义人性论言论选辑》，商务印书馆1971年版，第11页。

> **知识链接**
>
> 乔万尼·薄伽丘，佛罗伦萨商人与法国女人的私生子，幼年时生母去世，随父亲来到佛罗伦萨。不久，父亲再婚，他在严父和后母的虐待中度过了童年。后来奉父命学习法律与宗教，但均无法激起他的兴趣。同诸多人文主义诗人、神学家、法学家的广泛交游丰富了薄伽丘的生活阅历，扩大了他的艺术视野，继而创作出流传后世的《十日谈》。

自然本性中，性爱代表着蓬勃生机，是生命活力的重要象征，亦是个体生命得以延续的天赋力量。中世纪晚期，人们的自然欲望在基督教长期的禁锢下奔突流动，薄伽丘的《十日谈》（1350年）[1]横空出世，引导、推动着这股烈焰的喷涌与蔓延。

作为文艺复兴前期的标志性著作，《十日谈》在西方文学史上占据着显赫地位，影响深远，意大利文学评论界甚至将其与但丁之《神曲》相媲美，称之为"人曲"。在这部作品中，薄伽丘不仅笔锋犀利，而且胆识过人，批判直指天主教会与宗教神学，毫不留情地揭开教会神圣的面纱，将僧侣们奢侈逸乐、敲诈聚敛、买卖圣职、镇压异端等种种不规范行为暴露于光天化日之下，以戏谑笑骂之口吻对教会中"教士不教、修女不修"的腐败堕落现象进行嘲讽。从刑法思想角度考察，《十日谈》更是一部惊世之作，故事中蕴含着大量亲切、朴实的平民刑法观念，字里行间散发着两个世纪后才登上历史舞台的启蒙思想家所宣扬的"自由、平等、天赋人权"之浓郁气息。

1348年，佛罗伦萨黑死病盛行，十名贵族青年男女逃离佛罗伦萨这座正在走向死亡的城市，前往郊外山区别墅避难。远离奢华生活的贵族青年们难以忍受寂寥枯燥的岁月，因此相约，每人每天讲一个故事来打发最令人难熬的时间，十人

---

[1] 梗概及本节所有引文来源于〔意〕卜伽丘：《十日谈》，方平、王科一译，上海译文出版社2006年版。

图 3-1 《十日谈》,〔意〕弗朗切斯科·波德斯蒂（Francesco Podesti）

十天共计讲述了一百个故事,薄伽丘将其记录归总成集,命名为《十日谈》。下面,我们选择其中的几个故事,从刑法思想视角进行有趣剖析。

第二天第八个故事:犹太商人贝纳朴与安勃洛乔以贝纳朴之妻西克朗的贞操打赌。安勃洛乔盗取了贝纳朴妻子西克朗的贴身物件,并设计窥视到西克朗私处特征,作为西克朗背叛丈夫、与己通奸的证据。贝纳朴羞愤交加,输掉5000金币给安勃洛乔后,派仆人杀死"失贞"的妻子西克朗。西克朗死里逃生,历尽艰险搜取证据,最终恢复了自己的声誉。[1] 故事向我们描绘出14世纪意大利刑事法庭的全景。刑事审判在国王面前进行,御前法庭主持整个审判过程。审判中,无论是控方的发言权,还是被告的辩护权,均获得了充分的保障,国王反而退居次要角色,在一旁沉默聆听。在整个审判过程中,御前法庭并未对任何一方施以刑讯,

---

[1] 莎士比亚的晚期喜剧《辛白林》即根据这一题材写成。

最终，被告在与原告的交叉质证中自愿认罪服法。这一幕带有浓厚对抗制色彩的英美法系司法程序出现在14世纪的意大利，不得不令人感到惊讶。与欧洲宗教裁判所的司法惯例相比，该种审判模式显得尤为可贵，也为我们进一步探讨英美法系与大陆法系司法程序的融合与分裂挖掘出重要信息，并开辟了新的思考空间。但是，令人迷惑不解的是，故事中，御前法庭并未对贝纳朴谋害妻子的行为作出评价；而面对曾经置自己于死地的丈夫，西克朗亦丝毫未有怨怒之情，其在法庭上的侃侃而谈，仅是针对安勃洛乔对自己的陷害行径作出控诉，并未涉及对丈夫的谴责。结局自然是冤情洗净，夫妻重修旧好。同样属于犯罪行为，一人玷污了受害者的名誉、一人意图谋取受害者性命，前者被判处死刑，后者却重新抱得美人归，显然，法庭的裁判并未显现完全的正义与公平，不得不令人感慨。另一个可以获取的信息是，在14世纪的意大利，女性的贞操价值确实重于性命，对于失贞的女性，丈夫具有任意处置包括夺其性命的权利。故事末尾细致描述了安勃洛乔的受刑经过，这是一百个故事中唯一一处对刑罚执行过程的详细描述，在发出"害人者害己"的警言的同时，也揭露了中世纪意大利刑罚的残虐性，读来令人不寒而栗——"安勃洛乔当天就被绑上刑柱，遍体涂满蜜糖，任苍蝇来舔、牛虻来叮、黄蜂来刺。这些虫子在这个国家里本来是再多不过的，所以一霎时就爬满了全身，这痛苦真是比死还难受。他死的时候，血肉都给虫子啃光了，只剩下一副骨骼。他的白骨串在几根筋上，高挂起来，使过往的行人知晓，这就是恶人的下场。"寥寥数语，生动勾勒出当时的行刑场景。我们至今无法给安勃洛乔承受的奇特刑罚选择一个合适的刑种名称，抛开受刑者死前遭受的巨大肉体痛苦与精神折磨不谈，行刑后其尸体被悬挂示众、无法入土为安，该种处罚在中世纪的欧洲应当被视作受刑者本人乃至整个家族的巨大耻辱，故而较清晰地向公众展现了刑罚所特有的威慑效果。

第四天第一个故事：唐克莱亲王怨恨女儿与平民私通，以莫须有罪名将其平民情人打入死牢，将之杀害后，唐克莱亲王将其心脏盛在金杯中送给女儿。公主忧愤交加，将毒液注入情人心脏，含泪饮下身亡。中世纪的意大利，在教会刑法的控制下，阶层等级森严，皇室成员私通平民是不可饶恕之罪。父亲的行径是残酷与变态的，女儿以同等荒谬的方式以死相抗，故事中的一幕幕场景读来令人感到惊悚。不得不指出的是，透过表面剧情的跌宕起伏，公主在为自己的情人争取自由时，曾勇敢地斥责父亲因人而异适用律法，质问中抒发了对平等精神的渴望之情："……人类的血肉之躯取自同样的物质，人类的灵魂蒙主赐予，具有同等的德性。人类天生一律平等……但这条最基本的神的法律，被世俗的律法所掩蔽了！"这句话于此刻的我们而言是如此熟悉，在古希罗悲剧《安提戈涅》中，面对国王克瑞翁所颁布与施行的违背自然法则的禁葬令，安提戈涅也曾发出如此强烈而凛然的质疑之音；如果说"人生而平等"是启蒙思想时期的一面旗帜，如果说刑事古典学派的整个理论建立于"法律适用、人人平等"的基石之上，那么，薄伽丘在其经典之作《十日谈》中，已经奏响了人权平等思想的最强音，昭示着崭新时代的到来。

第四天第六个故事：安德莱乌拉的情人忽然死在她怀里，她因此被公署拘捕，最后却被无罪开释。这个故事为我们提供的刑法学层面的知识集中体现于刑事证据的提取、固定与评价。安德莱乌拉抱着情人尸体，不知所措，被巡警遇见，故事是这样描述的："那班巡警把她们主仆两个以及加勃里奥托的尸体带到公署。知事听得报告，立即起身，把她传进内室，盘问她经过情形。他听了她的陈述，就召唤了几个医生来，请他们检验尸体是否有毒死和谋杀等情形。医生检验以后，一致认为死者心脏附近生着一个脓疡，因突然破裂导致其窒息而死。"上述细节为我们提供的重要信息是，在14世纪的意大利，法医学已经成为一门显学，并且具有指导案件侦查、审判的重要功能。我们不知道安德莱乌拉的情人在死亡之前遭遇了什么，但可以肯定的是，他并非是被谋杀的，关键性的证据是死者心脏附近生有脓疡，故而不排除因其突然破裂而死的可能。正是医生验尸的结论帮助安德莱乌拉洗清罪名，重获自由。这也为四个世纪后在意大利兴起、影响整个西方刑法界的"刑事人类学派"的理论奠定了扎实、深厚的自然科学基础。

第五天第十个故事：富翁彼得酷爱男色，妻子寂寞难耐，趁机把情人招至家中寻欢作乐，事情败露后，彼得由于己身不正，只得与妻子言归于好，并与妻子一起分享他们共同的情人。这着实是一个令人匪夷所思的故事，即使放到当今世界文坛上，也会招致众多争议。其中清晰阐述了作者对同性恋所秉持的双重态度。一方面，谴责其行为具有反自然性，正如彼得之妻的怨恨之词："这个下贱的东西，他撇下了我去干那种事，这是旱地行舟走歪路；我何不另求新欢、济渡别的男人呢？都只怪他的不是，我是完全说得过去的。我只不过触犯了法律，而他不光是犯法，而且违犯了天理。"这段话指出了人间律法与自然法则之间的关系，认为妻子的通奸行为仅是与世俗之法不符，亦即触犯了法律，而丈夫的癖好却悖逆天理与自然。另一方面，与彼得之妻论断相反，薄伽丘本人对于同性性爱的态度比较暧昧，他似乎并不十分反对这种纯粹由自然选择主宰的情感状态，有文为证："吃过晚饭后，彼得想出什么办法叫他们三个人都满意称心，我可忘了。只记得第二天早上，那个青年走出去的时候，简直记不清前一天夜里是跟彼得睡在一起的次数多，还是跟他老婆睡在一起的次数多。"不难想象，该种毫无遮掩的白描性叙事手法，在14世纪的意大利乃至整个欧洲均是惊世骇俗的。由此，我们不得不惊叹于薄伽丘之《十日谈》对宗教禁欲思想进行攻击的尺度之大、用力之猛。

第六天第七个故事：从前，在普拉托有一条地方法律，凡是妇女与情人通奸被丈夫捉住的，其罪与有夫之妇为贪图金钱而卖身者同，一律活焚。美貌多情的菲莉芭因为与人通奸被判火刑。审判席上的菲莉芭从容无惧，对该条法律进行指责与批判，由犯罪人变为控诉者："我不愿意否认这件事实，但法律应该一视同仁，无论男女；而法律的规定也必得到奉行法律的人的同意；这条法律完全是针对我们可怜的女人，并未征求女人的意见，也未取得女人的同意。所以，这条法律可以说是一点也不公平的。"最终，菲莉芭不但逃过了刑罚，且使得那条残酷的法律从此作了修改："……这件风流案子，牵涉到这样一位出名的漂亮的夫人，轰动了全普拉托的人，大家几乎都挤到法庭上来旁听。大家听到她竟会提出这样一个新鲜有趣的问题，发出满堂的笑声，并且大声支持菲莉芭的见解。法官先生征得旁听民众的同意后,当下取出羽毛笔,修改了这条既不平等又无效力的法律。规定改为只对贪图金钱而不忠于丈夫的女人,才适用活焚的惩罚。"法庭上的菲莉芭的辩护词简明扼要,矛头直指立法弊端——首先,这条法律没有体现男女平等,显然是为了歧视、欺侮女性而制定,因而是不义的;其次,作为全体社会公民必须遵守的契约,律法的制定必须得到适用者的首肯,既然这条法律根本没有征求适用者的意见,那么它显然是无效的。菲莉芭以寥寥数语点明了启蒙思想时期刑法学者的两大论题——法律订立时的"契约论"与法律适用时的"平等论"。另外,故事中法官所扮演的角色,不再仅是消极地依照法典定罪判刑,而是平添了主动造法的职能,当他听到被告辩护颇有道理,且一旁观审民众交口称赞,居然大笔一挥,即刻更改律令、当即生效,完全省略了法律制定与修改的提交、讨论、批准程序。此处薄伽丘对意大利刑事法庭判案情境的描述与英美法系的传统再次产生交融。另一方面,薄伽丘的笔下,这场审判的刑事法庭宗教色彩虚化,"人性法庭"的色彩增强,恰好与18世纪启蒙主义者的"理性法庭"相媲美。也只有在这样一个彰显人性的法庭里,违背"宗教教义"与"世俗伦理"双重标准的菲莉芭才能坦然以天然欲望的满足为由取得胜诉。

　　第十天第八个故事:吉西帕斯将未婚妻让与好友第图斯,二者双双回到罗马。后来吉西帕斯潦倒,流亡罗马,误以为第图斯瞧不起他,气愤之下,但求一死,便将一件命案拉到自己头上。第图斯为了救他,与他争相供认杀人罪,后来真凶自首,案情大白。故事中有一段对真凶自首的描述:忽然走进来一个青年,他是个臭名昭彰的恶棍,全罗马没有哪个人不知道他。他眼见这两人平白无故地代他受过,不禁天良发现,就对执政官说道:"执政官,这回我是命里注定要来排解这两个人的争端,我也不知道是哪一个神明在鞭策着我的良心,要我非到你这里来投案不可。你们听着:他们两个人争着认罪,其实谁都没有罪。今天破晓时分死的那个人是我杀的。所以我请求你赶快释放了他们,按照法律来判我的刑。"故事中,真凶认罪赎恶的行为,说明了恶人也有改过自新的可能性,薄伽丘对其义举大加赞赏,因此专门在故事中设计屋大维出场,以特赦之权力开释了两个无辜的朋友，同时也赦免了另外一个向善之人。屋大维的理由十分简单——"他能爱护那两个好人，说明已经悔过，不再是坏人。"借屋大维之口，薄伽丘表达了对"以眼还眼、以牙还牙"报复刑思想的质疑，充满了对犯罪人悔罪向善的期待之情，这一点与启蒙时期刑法学家教育刑、目的刑的观念完美契合。

诚然，以当今眼光评价，薄伽丘之《十日谈》对人性的理解过于单一、狭隘，将"两性欢爱"视作人生追求的终极快乐，并意图以此对教会文明进行全面批判。在一百个故事中，对于超越性爱的其他主题，薄伽丘并没有花费过多笔墨加以阐述，因此，整部《十日谈》初看难免令人感觉庸俗低级，甚至含有纵欲主义倾向，隐藏着文艺复兴后期道德失范的危险。但是，我们必须意识到作品的产生背景——距今六百多年前的14世纪中叶，教堂、宗教法庭、异教裁判所等像一张编织严密的网络，触角探入每一个角落，对民众实行无孔不入的精神统治，《十日谈》瞄准宗教的禁欲主义，集中火力进行抨击，即使矫枉过正，亦瑕不掩瑜，无损其具有的重

图3-2 《〈十日谈〉叙事场景》，〔意〕乔瓦尼·博卡乔（Salvatore Postiglione）

大的文化价值与历史意义。[1]正因如此，罗马教会视薄伽丘为洪水猛兽，对其生前横加迫害、构陷入狱，死后竟毁其坟墓、弃其墓碑，令人发指。

我们也可以比照人文主义后期的文坛巨匠莎士比亚，对薄伽丘文学作品的历史地位作进一步分析。与薄伽丘不同，莎士比亚生活在两个半世纪以后的英国，中央集权在新兴资产阶级的支持下已经进入巩固时期，经济繁荣、国力强盛，他的文学创作是对人文精神的歌颂、巩固与捍卫；而薄伽丘处于文艺复兴早期，其肩负的任务是呐喊、摧坚、冲锋陷阵。另外，从薄伽丘的作品中可以看出，其对文学理论的探索也发展到了新的境界。与官方所主宰与垄断的宗教文学不同，薄伽丘尝试着以通俗文学的形式担负起唤醒民众精神、涤荡教会罪恶的使命，这种主动躬身民众、反叛主流权贵的精神令人倾叹。从某种意义而言，薄伽丘与莎士比亚，这两位具有鲜明特点的人文主义文学家，一位拉开了人文主义文学的序幕，一位演绎了人文主义文学的谢幕，他们的作品所担负的历史使命并不完全相同，《十日谈》所表现出来的颠覆性、叛逆性色彩显然要强烈得多。

对于刑法学研究者而言，这部具有重大历史价值的文学作品，蕴含着强烈的人文主义刑法观，一百个市井故事娓娓道来，其中饱含着对"身份刑""罪刑擅断""严刑酷法"等司法制度的嘲笑与抨击，对"适用平等""罪刑法定""刑罚人道主义"精神的强烈诉求。个别故事中，薄伽丘甚至提出了"立法契约论""刑罚适用个体化""社会责任论""目的刑罚观"等先进的刑法思想。诚然，上述思想在其作品中发出的光芒也许十分微弱，却足以点燃一个世纪之后欧洲大陆文艺复兴之熊熊烈火，照亮四个世纪之后启蒙刑法学者追求的正义平等之道路。

---

[1] 《十日谈》对16、17世纪西欧现实主义文学的发展影响颇大，在西方文学史上占有重要地位。乔叟的名著《坎特伯雷故事集》（1387—1400年）在全书的艺术构思上受《十日谈》的启发，其中有三个故事（管家的故事、学者的故事、商人的故事）取材于《十日谈》。法国玛格利特·德·那伐尔的《七日谈》（1559年）更是在格局上完全模仿《十日谈》的一部故事集。莎士比亚写于17世纪早期的两个喜剧《辛白林》和《善始善终》的故事情节也来源于《十日谈》。莫里哀根据《十日谈》第七天第四个故事创作了喜剧《受气丈夫》（1668年）。德国启蒙时期的莱辛将《十日谈》中"三个戒指"的故事改编为诗剧《智者纳旦》（1779年）。此外，西班牙文艺复兴时期剧作家维加的喜剧、法国的寓言诗人拉封丹所著的《寓言诗》，以及英国的诗人锡德尼、德莱顿、济慈、丁尼生，美国的诗人朗费罗等都曾从《十日谈》中获取作品灵感。

由人欲走向人智：弗朗索瓦·拉伯雷与《巨人传》

通过一部《十日谈》，薄伽丘向罗马教会索要失落的人性，主要是侧重于自然欲望的实现，体现了文艺复兴初期"对人的发现"；而完整人性的回归，除了原欲的满足，还需要高贵理性的伴随。继薄伽丘约一百年后，法国作家弗朗索瓦·拉伯雷（François Rabelais，1493—1553年）致力于完成薄伽丘未竟的事业，将人性从"原欲层次"提升到"智识层次"。在其代表作《巨人传》（1532年）中，主人公庞大固埃一生的成长、成熟并非完全依靠自然欲望的推动，起决定意义的还是人类智识的牵引。

> **知识链接**
>
> 弗朗索瓦·拉伯雷，出生在法国中部都兰省的希农城，父亲为皇家律师，后成为法官。拉伯雷很小就熟谙各种法律用语与司法程序。十几岁后，他被迫接受宗教教育，并于1520年进修道院做了修士。1523—1527年，拉伯雷随德斯狄沙克在布瓦杜教会巡视，结识了宗教界、司法界许多知名人物。1534—1549年，拉伯雷跟随大主教出使文艺复兴运动的发祥地意大利，研习宗教、哲学、法律、医学等学科。《巨人传》出版不久，就被巴黎法院宣布为禁书。1535年，法王弗朗索瓦一世改变了在新旧两教之间的平衡政策，完全倒向天主教，公开镇压新教。拉伯雷被判处绞刑，但因为他处世机敏，加上教会朋友的暗中庇护，终于逃脱。（参见［法］弗朗索瓦·拉伯雷：《巨人传》，鲍文蔚译，人民文学出版社2004年版，序）

拉伯雷诞生时，正逢法国文艺复兴酝酿之时，当他进入《巨人传》的创作时，文艺复兴在法国已成燎原之势。作为一个成熟的人文主义者，拉伯雷将自己的全部思想倾注于笔端宣传人文主义。1524年，拉伯雷的好友让·布歇担任普瓦蒂埃（16世纪的普瓦蒂埃以市民好诉传统闻名于全法）法庭公诉员，拉伯雷通过布歇的引荐，他接触到司法核心层人员，包括法官、法官顾问、法官助理、律师、执行吏等,这些人物后来均成为《巨人传》主要角色的生活原型。为了更近距离地观察社会,1527年,拉伯雷完成了跨越半个法国的游历,期间对法国各地法庭与大学进行了考察。这次游历令拉伯雷收获颇丰,初步完成了《巨人传》之主题酝酿与素材积累。今天重读《巨人传》,其情节的荒诞性也许会令我们哑然失笑,却无法否认该部作品所承载的深厚的现实基础。透过生动离奇的故事,我们可以捕捉到文艺复兴飓风下法兰西司法脉搏的跳动。

如前所述,通过长达五年之久的环法巡视与游历,加上时任普瓦蒂埃法庭公诉员布歇的鼎力相助,拉伯雷挖掘出大量关涉司法制度的第一手资料。作品中,拉伯雷对整个国家的司法制度进行了多角度、多层次的揭示与评价。

拉伯雷出身于官宦世家,其父为皇家律师与大法官,因此自幼就熟谙各种法律用语与司法程序,对在法庭辩论阶段律师长篇大论地引经据典、脱离主题且不着边际的行径十分厌恶。他首先将矛头指向精致繁冗的法学著作:巨人庞大固埃受到家族重视,被派往知名法学院研修律法,因此接触到不同时代的法学著作,最终却发出了如下感叹:"这些书就像一袭袭华美绚烂的丝绸编织的睡袍,抖开一看,里面却爬满了跳蚤。"对于彼时被奉为经典的意大利著名法学家阿库修斯的著作《通用注释》,庞大固埃以嘲讽的口吻评论道:"世界上再也没有比《学说汇纂》的文字更美丽、更考究、更文雅的著作了,但是添加在上面的东西,也就是阿库修斯的注释[1],却又脏又臭,是令人恶心的垃圾与污垢。"可以看到,拉伯雷对于《学说汇纂》的整体价值是赞赏有加的,他所竭力嘲讽与反对的是法学学者对汇纂的解释与剖析,认为其将个人见解强加于学说本身,同时借助自己在学术领域的威望与声誉传递自己的观点,而对于这种专业话语权的垄断行径,拉伯雷是无论如何不能够忍受的,遂作出如上犀利评论。

为了进一步揭示法学著作给审判实务带来的混乱与无序,拉伯雷借巨人之口讲述了一个幽默而荒诞的法庭故事:庞大固埃凭借在法学院所学知识,解决了两

---

[1] 阿库修斯(Accursius,约1182—1260年),意大利前期注释法学派的代表人物,于1240年完成的《通用注释》(Glossa Ordinaria)成为前期注释法学派与后期注释法学派的分水岭。参见李中原:《罗马法在中世纪的成长》,载《环球法律评论》2006年第1期。

图 3-3　婴儿时期的庞大固埃
〔英〕威廉·鲁宾逊（William Robinson）

图 3-4　庞大固埃在法庭上
〔法〕古斯塔夫·多雷（Gustave Doré）

位贵族间的一场"重要"官司。这个官司已经在法国高等法院审理了十一个月，同时聘请了法国、意大利、英格兰最为知名的法学家及大学教授组成论证团进行探讨，却依然没有结论。庞大固埃受理该案后，首先将专家学者奚落一番，指出意大利注释法学派所作出的荒谬论断与愚蠢意见，正是该案久拖难决的罪魁祸首。接着，庞大固埃命令衙役，将堆积如山的法学论著用布袋清理出法庭，转身要求原被告双方用自己的语言进行辩论，却发现二者语言疯疯癫癫、驴唇不对马嘴，似乎已经忘记了最初案由。最后，庞大固埃当庭拟就判决状，文书语言完全符合《学说汇纂》之风格——法律术语晦涩难懂、推理逻辑颠三倒四，当事人与旁听者仅听懂了最后两句判词——"令双方握手言和结案，免除案件审理费"。原被告对判决表示满意，律师、法学家与法学教授们也对判决所引用的华丽辞藻佩服得五体投地。判决被誊录在精致的麋鹿皮上，盖上国王的印章传颂世界各地，并作为司法判决的经典载入史册。在这个故事中,拉伯雷以戏谑夸张的口吻,再一次对《学说汇纂》的语言风格与逻辑模式给予尽情嘲弄,认为他们篡改了罗马法的自然面目,批判了意大利注释法学派与评注法学派的狭隘、琐碎与固执。

> **知识链接**
>
> 公元 11 世纪末,中世纪第一所大学博洛尼亚大学建立。约 1087 年,中世纪第一位罗马法学家伊尔内留斯在博洛尼亚大学法学院执教罗马法,并奠定了注释法学派的基础。伊尔内留斯是一位教授语法与逻辑的文科教师,他通过注释的方法对《学说汇纂》进行考证和说明,旨在使人们全面了解《学说汇纂》的本来面目。自此以后直到 16 世纪,罗马法在中世纪的欧洲进入了一个持续发展时期。在这一时期就法学研究而言,真正有影响的法学派,除了教会法学,就是注释法学派。注释法学派又分为前期注释法学派和后期注释法学派。前期注释法学派的代表人物继伊尔内留斯之后,有号称"四博士"的巴尔加鲁斯(Bulgarus de Bulgarinis)、马丁鲁斯(martinus Gosia)、雅各布斯(Jacobus)和雨果(Hugo),此后最有影响的是阿佐(Azo,约 1150—1230 年)和阿库修斯。阿库修斯于公元 1240 年完成的《通用注释》成为前期注释法学派与后期注释法学派的分水岭。后期注释法学派又称评注法学派,其对罗马法的研究开始转向更多的实践应用,在方法上也不再固守单纯的注释,而更加注重辩证法在法律分析中的应用。评注法学派的代表人物首推三位一脉相承的师徒:西努斯(Cinus de Pistoia/Cino de Pistoia,1270—1336 年)、巴尔多鲁斯(Bartolus,1314—1357 年)和巴尔都斯(Baldus,1327—1400 年)。(转引自李中原:《罗马法在中世纪的成长》,载《环球法律评论》2006 年第 1 期)

另外,拉伯雷对当时的司法代言人也进行了细致刻画。第四卷中,庞大固埃周游世界各地时,来到一个叫作"好讼"的地方。这里民众普遍好讼,法院执行吏养家糊口的唯一方式就是"找打":当某个坏了心肠的教士、律师、高利贷者、通奸者希望构陷一位无辜的正派人时,就会花钱雇佣一位法院执行吏到这位正派人的面前大肆谩骂。与所有正常人的反应一样,正派人必然会将执行吏暴打一顿；然后这位"找打"的执行吏就会从他的雇主手中获得若干个月的生活费，法院则会立刻下达文书、要求这个正派人偿付高额赔偿金；如果这个正派人不履行赔偿，等待他的将是监禁刑或流放刑。拉伯雷借此故事向世人历数依附于司法体系上的社会寄生虫，揭露其以吸血为生的变态谋生手段。多层铺垫之后，拉伯雷最终将批判矛头直指"神圣"的法律本身，将法律形象地比作"蜘蛛网"，仅网罗欺凌比自己弱小的生物，而对于那些"牛虻"——封建贵族和上层僧侣们——则无可奈何，无论这些人如何作恶多端，也总是逍遥法外。在这样的法律制度下，世间一切皆被颠倒，"把弊病叫作道德，把邪恶叫作善良，把叛逆名为忠贞，把偷窃称为慷慨；劫夺就是它们的座右铭"。

也许是幼年生活的环境与经历所致，拉伯雷对司法官员的职业素养与私人道德的抨击最为猛烈，将法官比作"穿皮袍的猫"，讽刺他们像猫一般贪婪而愚蠢，对审理案子一窍不通，对勒索贿赂却精通在行。"穿皮袍的猫"，这一比喻至今在西方文学作品中屡见不鲜。作品对法官最肆无忌惮的戏谑出现在第三卷，主人公布瑞多依是一位有着优秀业绩的老法官，从业四十多年，经手的四千多桩案件中，没有一件被上诉法院改判或者驳回。庞大固埃作为布瑞多依的好友，在上诉法庭旁听了一桩审理税收征稽员的案件。面对百余名上诉法院法官的质询，布瑞多依显得从容自信。他承认因自己年龄而导致视力减退，将骰子上的点数看错了，误判了案件。首席大法官闻言大惊，当庭询问"何为骰子"，布瑞多依耐心解释道，他经手的四千多桩案件均是通过掷骰子的方法进行判决，因为根据所有的法谚来看，"正义具有不确定性"。听众席上一片哗然，法官不得不要求布瑞多依详细阐述这种奇妙方法的运用程序。布瑞多依的解释亦具有强烈的喜剧色彩："首先，我必须对包括原被告双方的诉状、答辩状在内的所有诉讼程序中产生的文件与证据反复阅读、反复誊录、反复规整、反复消化。"大法官反问道："既然是掷骰子决定案件，为何还要研读诉讼文件？"布瑞多依解释："其一，许多法学名著上均强调，程序正义是实体正义的首要保障；其二，大量的体力劳动能够保障法官的身体健康；其三，繁冗的程序会使得案件拖延很长的时间，这样的判决结果就显得审慎而庄重。"在布瑞多依眼中，之所以将案件的判决不断延迟，目的是为了让最后的判决因时日久远而显得更加自然，使得争议双方对掷骰子产生的结果不会感到太突兀而难以接受。面对瞠目结舌的上诉法院法官，布瑞多依对这种程序发出由衷的赞美："最初的案子，因为诉讼文书的稀少，显得单薄且不成形，只有诉讼文书一捆捆、一扎扎、一袋袋地增多，案子才开始变得胖嘟嘟的惹人喜爱。"上述故事中，拉伯雷借庞大固埃之口道出了自己的观点，他确实认为布瑞多依是一个称职的法官。当上诉法院请庞大固埃对布瑞多依的渎职行为进行判决时，庞大固埃提醒法庭，不仅应当看到布瑞多依掷骰子时的纯真无邪，更应当强调他从业四十年来保持的清白无误的审判记录。布瑞多依深知自己的学识浅薄，也明了案件的扑朔迷离，更洞悉法典、敕令、条令、解释间的自相矛盾，因而智慧地选择了由上帝来做最后的定夺——借掷骰子这种看似荒诞不经的手段来承载神圣上帝的旨意。因此，布瑞多依以掷骰子产生的判决，绝不会比那些"沾满鲜血、包藏祸心、黑白颠倒"的案件判决更为不公正。谈及问题的解决之道，拉伯雷再次将矛头对准了法典的编撰者与解释者，认为正是他们破坏了自然法的整体性，将众所周知的法律肢解得支离破碎，而这样做的唯一目的，就是防止普通民众读懂法典、知晓法典的整体精神，这样，他们就可以"尽情地将法律出卖给权势者"。

16世纪，西方自然科学取得长足进步，人类在崭新层面发现了自我，惊喜地审视、体验着自身的高贵与伟大，试图从上帝的神性之外发掘人智。这是一个需要巨人也是一个产生巨人的时代。拉伯雷本身就是一个百科全书式的人物，对一切自然知识与人文科学怀有浓厚的兴趣，对科学与理性的崇尚，促使拉伯雷的世界观早已超越了基督教之价值体系。从上述分析可以看到，拉伯雷在《巨人传》中体现的人文主义法学思想，代表了西方人文主义观念在刑法思想领域的发展与深化，将实务领域等级森严的司法官吏制度、理论领域编撰精美的法学巨著向平民化、简洁化推进。千百年来，人类卑微、怯懦地匍匐于上帝的光环之下，时刻仰视着伟大的上帝，而拉伯雷笔下的巨人却集中代表了人的自豪与乐观，祖孙三代巨人均拥有惊人的食量、健硕的体魄、澎湃的激情，他们善于追逐享乐，亦代表着人类自然体格上的健全，这与薄伽丘表述的人文主义思想一致。但是，人类的完善关键在于对自身智慧的发掘，从卷首卡冈都亚喊着"喝呀，喝呀"呱呱落地，到卷末神瓶对庞大固埃发出"喝吧，喝吧"的热情启谕，强烈地表达着拉伯雷对"畅饮知识、畅饮真理、畅饮爱情"的渴望，以及将人性内涵由"人欲"提升至"人智"的向往。

第四讲
浸润原欲中迷失沉沦的人性：
文艺复兴后期作品

讨论文本

- 《乌托邦》
- 《威尼斯商人》
- 《暴风雨》
- 《堂·吉诃德》
- 《麦克白》

导言

　　文艺复兴前期的人文主义，始终与古希罗文明一脉相承，标志着"原欲型"文化的苏醒与复兴，对盘踞千年之久的希伯来—基督教价值体系形成强烈冲击，西方人逐渐陷入打碎上帝的镣铐、发掘自我、释放原欲的狂欢之中，社会范围内再次涌起道德伦理之失范危机。发展至15世纪末期，欧洲大陆出现了三位文学巨匠，逐渐将这股摧毁一切旧有信仰的狂潮引入缓冲地带，并在此涡旋、积淀，对文艺复兴前期的激情与纵欲主义进行回拨。他们分别是英国文学家托马斯·莫尔、莎士比亚以及西班牙文学家塞万提斯。本讲将为大家介绍上述人文主义作家的五部著作。托马斯·莫尔是英国著名的人文主义者，在文学、哲学、法律、宗教等方面均具有独特的体系化见解，代表作《乌托邦》的思想与内容均具有极其鲜明的前瞻性，其中包蕴着诸多理性、进步的刑法理念，直到进入20世纪才逐渐被各个文明国家所认可。《堂·吉诃德》中，塞万提斯通过塑造中世纪的典型骑士形象，悲哀地宣告了信仰主义在欧洲的终结——这一点恰好反映了旧的信仰解体、新的信仰尚未提出的断裂时期的社会心态。威廉·莎士比亚的三部经典戏剧，属于莎翁中后期的作品，其中饱含着抑郁的悲剧色彩，说明此时的莎翁已经抛弃早期作品欢快明朗的底色，逐渐意识到理想与现实之间所存在的难以调和的矛盾。《威尼斯商人》讲述了一个恪守法律、追求公正却饱受不公平待遇的犹太商人的故事；《麦克白》作为一部典型的犯罪心理剧，刻画了一群从中世纪的禁锢与蒙昧中苏醒的文艺复兴前期代表性人物，他们沐浴在古希腊个体本位的文明中，追寻着生机勃勃的生活，渴求实现英雄的抱负与梦想，却又无法克服本性的局限，最终或是丧生于残酷功利的外部环境，或是溺毙于幽深难测的内心欲望；《暴风雨》属于莎士比亚创作晚期的作品，开始向传奇剧演化，不仅追寻罪与罚之间的必然因果，更是在宽恕与救赎之间搭起一道温馨的桥梁，淡化了前期作品明亮欢快的色彩，亦弱化了中期悲剧、阴郁、愤懑的情怀，却平添了浓郁热烈的浪漫主义情调。

人类社会的永恒梦境：托马斯·莫尔与《乌托邦》

托马斯·莫尔（St. Thomas More，1478—1535年），是英国著名的人文主义者，在文学、哲学、法律、宗教等方面均具有独特的体系化见解。14世纪末期，英国出现了资本主义萌芽；15世纪开始的"圈地运动"导致农民流离失所、茫然无助，因此提出"宁可要秩序也不愿要自由"的口号来支持王权，希望能够依靠王权重新获取被圈去的土地。错综复杂的社会现实带给莫尔深刻的危机感，其不朽名作《乌托邦》（1515—1516年）[1]即是该种思考与探索的结晶。全书分上下两部，叙述了航海家拉斐尔在奇乡异国乌托邦的旅行见闻：上部对当时的社会制度进行了嘲讽，下部则描述了理想社会的曼妙图景，就作品所蕴含的刑法思想而言，无论是深度、广度还是理论性与系统性，均远远超越文艺复兴前期的《十日谈》与《巨人传》。莫尔借主人公拉斐尔之口，提出自己的法治思想与政治主张，预见性地提出了直至启蒙思想时期才发展成熟的诸多理论与见解，系统性地

---

[1] 《乌托邦》，全名为《关于最完美的国家制度和乌托邦新岛的既有益又有趣的金书》。

阐述了刑事古典学派、刑事社会学派的思想精髓。

> **知识链接**
>
> 　　托马斯·莫尔，出生于伦敦，幼年丧母，父亲约翰·莫尔曾担任皇家高等法院法官。托马斯·莫尔毕业于牛津大学，曾当过律师、国会议员、财政副大臣、国会下院议长、大法官。后来被构陷入狱，因叛国罪获刑。国王将其肢解刑改判为斩首刑。1535年7月6日，莫尔走上断头台，之后头被悬挂在伦敦桥上示众。1886年，莫尔被罗马天主教教皇册封为圣人。

图 4-1 《托马斯·莫尔爵士》，〔德〕小汉斯·荷尔拜因（Hans Holbein the Younger）

关于立法的本质，莫尔认为，其不过是"少数人为了保护自己在无序状态下已然获取的利益，制定出规则，然后要求大家必须遵守"[1]，一针见血地指出了法律的工具性本质，其根本目的是对已占据利益者基本权利的维护，而非公民之间平等订立的契约。

关于英国当时施行的严刑峻法，在莫尔眼中的景象是"死刑遍地存在着"，且被执行绞刑的人数令人惊骇——"死刑到处被执行，送上绞刑台的有时一次达二十人之多！"[2]而针对当时人们普遍认可的死刑制度，莫尔亦提出自己独特的观点："你们英国和世界上大多数地方一样，很类似误人子弟的教书匠，宁可鞭挞学生而不去教育学生！你们对一个盗窃犯颁布了可怕的严刑，其实更好的办法是给他们谋生之道，使任何人不至于冒因盗窃而被处死的危险！"[3]莫尔强调，就刑罚而言，一个国家首先应当重视对国民良好习性的培养，而非对他们施以重罚；对因生活所迫而犯罪的人施以严刑，远远不如赋予百姓以谋生之道更为合理。莫尔借助作品人物之口，对当时英国死刑滥用的司法状况进行了谴责，同时为我们呈现出一幅15世纪英国刑律的概略图景，明确提出了预防犯罪比惩罚犯罪更为科学的刑罚功能论，指出刑罚的教育功能应当重于惩罚功能。

关于犯罪现象与国家政策的紧密关联，莫尔利用当时进行得如火如荼的"圈地运动"进行了生动阐述，不无嘲讽地提出了"羊吃人"的著名论断。其对"圈地运动"的详细描写，成为马克思在《资本论》中叙述资本主义原始积累时所引用的生动素材："你们的羊一向是那么驯服、那么容易喂饱。据说现在变得很贪婪、很凶蛮、甚至吃人，并把你们的田地、家园和城市蹂躏成废墟！"[4]莫尔认为，从国家治理角度而言，"圈地运动"正是造成层出不穷犯罪现象的深刻根源："佃农或者从地上被撵走，或者在欺诈和暴力手段下被剥夺自己所有，或者

---

1 〔英〕托马斯·莫尔：《乌托邦》，戴镏龄译，商务印书馆2008年版，第13页。
2 〔英〕托马斯·莫尔：《乌托邦》，戴镏龄译，商务印书馆2008年版，第17页。
3 〔英〕托马斯·莫尔：《乌托邦》，戴镏龄译，商务印书馆2008年版，第17页。
4 〔英〕托马斯·莫尔：《乌托邦》，戴镏龄译，商务印书馆2008年版，第20页。

受尽冤屈而不得不卖掉本人的一切。男人、女人、丈夫、妻子、孤儿、寡妇、携带儿童的父母,他们离开所熟悉的家乡,却找不到安身之处。他们的全部家当本来值钱无多,既然被迫出走,于是就半文一钱地将其脱手。在流浪途中花完这半文一钱后,除去从事盗窃以致受绞刑外('这是罪有应得',你会说),或者除去沿途讨饭为生外,还有什么别的办法?何况,即使讨饭为生,他们也被当作到处浪荡、不务正业的游民抓进监狱受尽酷刑。而他们非常想就业,却找不到雇主;他们是对种田素有专长的,可是找不到种田的活;一度需要多人耕作才产粮食的地,现在开始用于牧羊,只要一个牧人就够了。"[1] 该时期,赖以定居生存的土地与牧场被连抢带骗地夺走,世代以农牧为生的民众被驱逐出家园,面对陌生而动荡的环境,这些毫无生存技能与发展资本的普通民众被"逼良为娼"。可悲的是,对于普通民众而言,即使是做恶棍,也仅有两种选择——乞讨与盗窃,共同点是或者被吊上绞刑架,或者被投入监狱,皆为不归路,这种社会制度的本身即为病态与暴戾。可以看出,莫尔创作此组文学作品时,已经敏锐地把握住过渡期资本主义社会的脉搏,矛头直指资本原始积累的血腥过程,对造成大批民众犯罪的社会根源猛烈抨击,其中隐含着非常宝贵的刑事社会学派之理论核心。

  知其然,还应指出解决该种状况的方法。借拉斐尔之口,莫尔道出解决犯罪现象的唯一途径:"戒绝这些害人的东西吧!用法律规定,少养活些好吃懒做的人,安插一大批有用的但闲置的人手,他们或是迄今被贫穷驱使成为盗窃犯,或是目前的流浪者与帮闲者,终究都会沦为盗窃犯。毫无疑问,除非你们医治这些弊病,光是夸口你们如何执法惩办盗窃犯,那是无用的。这样的执法,表面好看,实则不公正、不收效!你们让青年人受不良的熏染,甚至从小就一天天堕落下去,待到他们成长后,犯下他们儿童时代起就总是表现出将会犯的罪恶。你们始而迫民为盗,继而充当办盗的人,你们干的事不正是这样吗?"[2] 这段评论中,莫尔进一步将矛头直指社会政策与犯罪率所具有的密切联系,并试图从社会政策

---

1 〔英〕托马斯·莫尔:《乌托邦》,戴镏龄译,商务印书馆2008年版,第21页。
2 〔英〕托马斯·莫尔:《乌托邦》,戴镏龄译,商务印书馆2008年版,第23页。

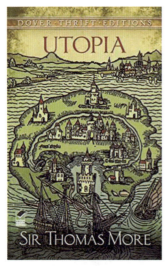

图 4-2 《乌托邦》拉丁文版首版（1516 年）封面

角度寻求控制犯罪的方法。犯罪是一种社会疾病，控制犯罪所应倚仗的是全面而系统的社会政策，而非科以严刑重罚。减少犯罪的根本出路是关注民生、安排就业，满足人们自食其力的要求；"迫民为盗、继而办盗"则是一种最为愚蠢、最令人憎恶的社会政策，只会激发出更多的反社会人格，对控制犯罪、净化社会毫无作用。最终，莫尔以犀利的口吻指出，所谓的"盗窃类犯罪"正是不公平社会制度的产物，因此，整个英国社会是"制造罪犯"的罪魁祸首，揭示了英国刑律"不教而诛"之弊端。

尤为值得一提的是，作为具有独立而卓越人文思想的先驱者，莫尔立于历史发展的高度，提出"废除死刑"的建议，在当时的英国引起轩然大波。作品中，红衣主教问道："亲爱的拉斐尔，何以你认为对盗窃罪不应处以极刑？现在即使规定了死刑，依然盗窃成风。一旦盗窃犯知道绝不会被处死刑，还有什么力量、什么畏惧，能制止罪犯？"莫尔借拉斐尔之口表述了自己对该类问题的观点。拉斐尔回答道："一个人使别人丧财就得使自己丧命，这是很不公道的。我认为，全部财富都比不上人的性命的宝贵；假如人们说，对这样的罪之所以如此用刑，是由于其犯法违禁，而不是由于金钱被盗，那么，大可以把这样极端的执法描绘成为不合法。因为我们既不赞成曼利阿斯的法律准则，对于轻微的犯法就要立即拔刀用刑；也反对斯多葛派的条令，把一切罪等量齐观，杀人和抢钱竟被看成毫无区别。最后，摩西立法虽然严酷，但是对盗窃也只是科以罚金，不用死刑。而且，一个国家对盗窃犯和杀人犯用同样的刑罚，任何人都看得出这是多么荒谬甚至危险的。当盗窃犯发现仅仅对于盗窃判刑竟如同对于杀人同样的可怕，这个简单的考虑就促使他把本来只想抢劫的那人索性杀掉。他要是被人拿获，本不致冒更大的危险,何况杀人灭口,更可望掩盖罪行!对他说来反而较为安全了。这样,我们虽然用酷刑威吓盗窃犯,却也同时怂恿他消灭良好的公民。"[1]

上述对话中包蕴着莫尔所秉持的诸多理性、进步的刑法理念,而这些理念直到进入20世纪才逐渐被各个文明国家所认可。首先,莫尔认为,重刑对于威慑犯罪无效。面对红衣主教重刑止盗的提议,莫尔以客观事实为依据在书中写道:在重刑威慑的环境下,盗窃犯依旧被一批批押解向绞刑架,犯罪行为没有丝毫因畏惧绞刑而有所收敛,说明重刑对于犯罪的威慑作用微乎其微。其次,莫尔提出了罪刑均衡的量刑原则,指出如果一部刑事法律在制定刑罚时没有考虑到罪刑均衡的原则,或者明显违背了该原则,那么这部法律就存在瑕疵,是一部不公正、不公平,无法有效履行基本指引、评估、预测职能的法律。值得我们注意的是,在作品中,莫尔甚至谈到了社会危害性与违法性之概念的关联——如果有人认为,盗窃者被判处死刑并非出于"盗窃金钱的社会危害性与被剥夺生命的实害结果相等",而是由于"盗窃者触犯了法律"因而满足了犯罪构成中的违法性要件,那么这种法律的制定本身就不具有合法性。再次,莫尔列举三个国家的刑律设置作为例证来说明自己的观点。其中包括两个反例,曼利阿斯的法律准则导致重刑滥用;斯多葛派的条令则将一切价值等同化、虚无化,通通包含于一个"罪"之内涵;正例则为摩西律法,虽然严苛,但对盗窃罪仅判处罚金刑,较为科学合理。最后,对于犯罪实施者而言,刑罚处罚规则具有"阶梯型价目表"的指引作用与预测作用,莫尔再次强调了坚持罪刑均衡原则对于整体社会而言利大于弊,尤其是站在受害者之角度进行考虑。

既然死刑弊端如此之多,对于那些非判死刑不可的罪犯又该如何处理?拉斐尔向红衣主教建议了"死刑缓期执行"之行刑方法[2],颇具浓郁的人道主义教育刑之色彩——"要猜测这个制度行之有利或有害,是一件难事,因为完全没有实施过。宣判死刑后,英王下令暂缓执行,我们试行这个制度,实践有效的话,把这

---

1 〔英〕托马斯·莫尔:《乌托邦》,戴镏龄译,商务印书馆2008年版,第23—25页。
2 参见〔英〕托马斯·莫尔:《乌托邦》,戴镏龄译,商务印书馆2008年版,第29页。

个制度当成法律就是正当的。倘若行之不利,然后将已判处死刑的人立即执行,比起现在就执行,会一样有利于公众,而且一样公正。同时,这种试行并不带来危险。"值得一提的是,该部作品的发表时间是16世纪前叶,这应该是死刑缓期执行制度在西方文学作品中首次被明确、理论性地表述。

可以看到,莫尔借拉斐尔与红衣主教的一系列对话,表达了"恶法非法""罪刑均衡""刑法谦抑性""慎用死刑""刑罚人道主义""刑罚个别化"以及"预防因立法失误导致的严重犯罪"等刑法思想,并指出"死刑缓期执行"的实践基础,而这些思想与启蒙刑法学家的类似观点相比,提前了约二百五十年。

涉及更为科学的刑罚制度体系的探讨时,在书中拉斐尔列举了他在一个叫作波利来赖塔的国家所看到的刑罚执行制度,堪称经典。"在这个国家,盗窃犯定罪后须将赃物交还失主,而非送给国王。他们认为,国王和盗窃犯都没有取得该物的权利。如原物已失,则按价从盗窃犯的财产中赔偿,多余的钱全部还与犯人的妻子儿女。犯人本身则被罚令服苦役。如罪行不严重,犯人不至于坐牢,也免于上脚镣,在身体自由的情况下被派去为公众服劳役。拒绝劳动或劳动态度差的犯人不但被加上锁链,而且受到鞭笞,进行强迫劳动。他们若是做工勤快,绝不会受到侮辱和伤害。""他们的伙食很好、由公库开支、替公家做工。关于这方面的办法各地不一样。在某些地区用于他们身上的开支来自筹集救济金,这个办法虽不稳定,然而波利来赖塔人非常乐善好施,所以其他任何办法所得都不比这个办法更能供应充裕,满足需要。在另一些地区,拨出固定的公共税收以支付此项费用,其余地区则按人口抽特定的税充当这笔经费。还有若干地区的犯人无须为公众服劳役,任何公民需要帮工,可到市场雇用他们,按日发给固定的工资,略低于雇用自由的公民。因此,犯人不愁无工可做,不但赚钱养活自己,还每天为国库增加收入。"[1] 上文中从两个方面表述了合理的刑罚制度应当包含的基本因素。其一是对受害者的补偿,重视被犯罪行为破坏的社会秩序的恢复与完善;其

---

1 〔英〕托马斯·莫尔:《乌托邦》,戴镏龄译,商务印书馆2008年版,第26—27页。

二是针对犯罪者的惩罚与矫正，通过思想矫正与职业培训，以助其顺利回归社会作为惩罚与矫正的最终目标。从中，我们可以清晰地看到莫尔所主张的行刑制度的人道性与科学性，并预示着四百多年后欧美国家"社区劳动""罚金刑"等非监禁刑处遇措施的萌芽与发展。其中的一些建议，包括对囚犯服刑的财政支出来源，已经设计得非常细致与完美，在有效减轻国家与纳税人负担的同时，亦保证了犯罪人始终处于"社会化"的过程之中，不会因监禁孤立而产生与社会的隔阂与陌生，即便在今天看来，这亦应是最为理想的刑罚目的与服刑模式。

当论及当今西方社会普遍推崇的"司法独立性"时，莫尔对法官针对刑法所做的"恣意解释"表示出强烈愤慨。"还有廷臣劝说国王将法官约束起来，听从他的节制。这样，法官判决每一案件，都将有利于国王。而且他须召法官到王宫，要他们当他的面辩论有关他的事务。国王所作所为尽管显然不正当，法官对此或是存心反驳别人，或是羞于雷同于其他意见，或是一意邀宠，总可以在法律条文中找到漏洞，加以曲解。当各个法官意见参差不一时，本来很清楚的一个问题却引起争议，真理成为可疑。国王正好借此亲自解释法律条文，以便符合他本人的利益。站在国王一边作判决，总不怕找不到借口，只要或是说国王公正，或是死抠法律条文的字眼，或是歪曲书面文字的意义，或是举出无可争议的国王特权——最后这一条，对于有责任心的法官是高出一切法律之上的。"[1] 借拉斐尔之口，莫尔对于所谓的"御前法庭"之实质产生怀疑，一针见血地指出，作为国家政权的执掌者，国王与其他官员不应过问、干涉司法，司法必须保持在遵循法律前提下的独立运作。对于法律的解释功能，莫尔显然亦持否定态度，认为所谓的刑法解释不过是任意歪曲法典之原始、自然意义，以迎合权势者欢心的政治需要，这就对英国法庭所谓的条文解释进行了辛辣的解构。

在《乌托邦》下部中，莫尔为我们描述了理想世界中"安乐死"的合法性以及实施的可能性。"如果病症不但无从治好，而且痛苦连绵，那么教士和官长都来劝告病人，不要在死亡前犹豫，他可以自愿地容许别人解脱他。他们相信，经过这样

---

1 〔英〕托马斯·莫尔：《乌托邦》，戴镏龄译，商务印书馆2008年版，第38页。

劝告的死是荣誉的。听了上述道理而接受劝告的人,或是绝食而死或是在睡眠中解脱而无死亡的感觉。但乌托邦人绝不在病人自己不愿意的情况下夺去他的生命,也绝不因此对他的护理有丝毫的松懈。"[1] 莫尔认为,首先,安乐死契合人类在自然状态下的趋利性选择,可以有效保障人格的独立与尊严,与人类文明的发展具有同向性;其次,安乐死合法性的理论基础建立于人之意志自由。作为自然人,应当对自己的生命拥有完全处分权,一旦生存状态已经蜕变,活着已经成为一种丧失尊严感与幸福感的折磨,当事人有权对自己的生命作出处分,当然,适用前提是当事人充分且必要地自愿思考与抉择。五百年后的今天,安乐死问题依然是西方乃至世界刑事法领域中备受争议的话题,回顾15世纪末王室大法官莫尔的文学作品,其中饱含人道主义的创新精神与卓远见识,不得不令我们惊叹与崇敬。

《乌托邦》是一部承载着诸多进步思想与远见卓识的伟大作品,其创作者在人文艺术领域造诣颇深。许多人并不知道,托马斯·莫尔的官方身份为王室大法官,在公开场合以国王代言人的身份出现。即便如此,莫尔却对英国政治与司法制度颇为不满,反省并构思一个理想化的清明政治环境,这种情绪与态度在其著作《乌托邦》中表现得淋漓尽致。可悲的是,《乌托邦》并没有赢得当时英国社会的普遍认可,其中所猛烈抨击的司法制度,在很长一段时间内仍然未得到明显改进。更令人惋惜的是,莫尔本人即命丧于该种野蛮刑事司法体制之下,从对莫尔构陷入狱到对其进行审判、裁决乃至执行的整个刑事司法过程,验证了《乌托邦》内容的真实性与残酷性。莫尔之死有三个原因:首先,莫尔主张天主教内部改良,用教会代表会议来限制教皇权力,并认为欧洲应当由一个统一的教会来维系,以减少战祸,这种观点与当时的国王亨利八世希望以皇权凌驾教权的意见相左。其次,1533年,亨利八世与王后凯瑟琳离婚后迎娶宫女安妮·博琳,由于凯瑟琳是教皇指定之皇后,因而莫尔拒绝参加新皇后安妮·博琳的加冕典礼,触怒了新皇后,也惹恼了亨利八世。第三,1534年,英国议会通过《至尊法案》,宣布亨利八世为英国教会的最高首领,全国臣民宣誓效忠亨利八世,莫尔却拒绝宣誓。以第三个事件为导火索,莫

---

1 〔英〕托马斯·莫尔:《乌托邦》,戴镏龄译,商务印书馆2008年版,第90页。

尔被关进伦敦塔。狱中,莫尔曾与朋友诺福克有一段经典对话,彰显了莫尔忠贞于真理、信仰与自由的铮铮风骨,读来令人动容。[1]莫尔与亨利八世之间因政见不同产生的龃龉逐渐升级,使得后者对莫尔极其厌恶。很快,亨利八世的检察官作伪证,诬告莫尔曾经发言"议会无权宣布亨利八世为教会最高首领",构陷莫尔构成叛国罪。贵为王室大法官,但此刻身陷囹圄,莫尔不得不借助熟谙的法律条文与司法程序据理抗辩,然而,陪审团依然一致裁决他"叛国罪"成立,应处肢解刑。值得一提的是,该案陪审团成员包括新王后安妮之父亲、哥哥与叔叔。行刑前,国王亨利八世念及旧情,将莫尔的肢解刑从轻改判为斩首刑。1535年7月6日,莫尔走上断头台,临刑前不忘微笑着安慰精神过于紧张的刽子手。第二天,莫尔的头颅被悬挂在伦敦桥上示众。

残阳下的回眸:塞万提斯·萨维德拉与《堂·吉诃德》

与托马斯·莫尔敏锐的政治头脑、严谨的论证体系、犀利的文笔风格迥异,16世纪末西班牙作家米格尔·德·塞万提斯·萨维德拉(Miguel de Cervantes Saavedra,1547—1616年)所著长篇小说《奇情异想的绅士堂·吉诃德》(1605年),以诙谐幽默的笔锋塑造了著名的"堂·吉诃德"形象。与文艺复兴前期文学作品相比,这部历险游记所包蕴的理想与情怀已然发生了微妙变化。

> **知识链接**
>
> 塞万提斯·萨维德拉,西班牙作家、戏剧家和诗人。出身于马德里近郊一个潦倒的外科医生家庭。只上过中学,曾当过红衣主教的随从,参军抗击土耳其军队时左手残废,后又被海盗俘虏;在任军需员和税吏时曾数次被诬入狱,就连不朽的《堂·吉诃德》也有一部分是在监狱里构思、写作的。1616年,塞万提斯在贫病交加中去世。
> (参见〔西班牙〕塞万提斯:《堂·吉诃德》,杨绛译,人民文学出版社1987年版,序)

---

1 诺福克道:"在英国,谁不服从国王,就没有好结果。"莫尔回复:"我已再三思索,但是,我不能违背自己的良心。"诺福克再道:"托马斯,我怕你将要付出很高的代价。"莫尔回复:"自由的代价的确很高。然而,即使最低级的奴隶,如果他肯付出代价,也能享有自由。"〔英〕托马斯·莫尔:《乌托邦》,戴镏龄译,商务印书馆2008年版,序。

图4-3 堂·吉诃德踏上骑士征途
〔法〕古斯塔夫·多雷（Gustave Doré）
〔法〕萨尔瓦多·格拉纳（Salvador Graner）

图4-4 堂·吉诃德月下授勋
〔法〕古斯塔夫·多雷（Gustave Doré）
〔法〕萨尔瓦多·格拉纳（Salvador Graner）

没落贵族堂·吉诃德迷恋中世纪骑士小说,用破甲驽马装扮自己,他找到一柄生锈长矛,戴着破旧头盔,并以邻村村姑作为心目中的贵妇,雇了农民桑丘做侍从,以未受正式封号的骑士身份,三次出发展开冒险事业,希望创建扶弱锄强的骑士业绩。[1]这部近百万字的作品,塑造了不同阶级的七百多个人物形象,全面再现了16世纪末、17世纪初西班牙政治、法律、道德、宗教、文学、艺术等各方面的风貌。整个故事充满了令人难以置信的荒诞感,读来仿佛置身于另一个世界。主人公堂·吉诃德是老牌骑士的代表,他的日常生活完全脱离了现实存在的客观环境,沉入漫无边际的幻想中,企图以理想化的原则处理一切事物,因此闯祸、吃亏、闹出许多笑话,正如塞万提斯在序言中所做的申明,"这部书不过是对于骑士文学的一种讽刺",目的在于"把骑士文学的地盘完全摧毁"。事实上,这部作品所承载的社会意义远远超过了作者的最初意图。一般人们多以人文主义前期思想来衡量堂·吉诃德的行为,将其定性为迂腐、固执、执迷不悟;但是,仔细读来,在含着泪水的笑声中,却饱含着塞万提斯对堂·吉诃德言行模式的深切同情与热烈赞美。正是从此角度出发,拜伦对作品作出如下评价:"《堂·吉诃德》是一个令人伤感的故事,它越是令人发笑,就越使人感到难过。这位英雄是主持正义的,制服坏人是他的唯一目标,正是那些美德,使他发了疯。"[2]拜伦的评价理性且中肯,堂·吉诃德的心目中,骑士精神盛行的社会是一种理想的社会,那里没有倚强凌弱、弱肉强食,只有自由、公道与正义,他情愿为之赴汤蹈火、在所不辞。似乎可以这样做出比较,堂·吉诃德事实上代表着古希腊戏剧中崇高的悲剧精神,撇开其所幻想的理想社会的实现可能性,仅就其追寻价值的合理性与正义性来考察,堂·吉诃德俨然是一位不屈不挠,为正义、为理想献身的英勇斗士。

堂·吉诃德的形象是塞万提斯矛盾思想的鲜活载体,通过角色设计,将愚蠢与博学、荒唐与正直、无能与勇敢、失败与顽强等因素矛盾地融合在一起,塑造

---

1 参见〔西班牙〕塞万提斯:《堂吉诃德》,杨绛译,人民文学出版社1987年版。
2 〔西班牙〕塞万提斯:《堂吉诃德》,杨绛译,人民文学出版社1987年版,序。

图4-5 堂·吉诃德大战风车,〔法〕古斯塔夫·多雷(Gustave Doré)、〔法〕萨尔瓦多·格拉纳(Salvador Graner)

图4-6 堂·吉诃德解救男孩,〔法〕古斯塔夫·多雷(Gustave Doré)、〔法〕萨尔瓦多·格拉纳(Salvador Graner)

出一个可笑但并不可恶,甚至是相当可爱可敬的骑士形象。堂·吉诃德性格所具有的双重性毋庸置疑:一方面他神志不清、疯狂可笑,另一方面却又悲天悯人、深沉智慧,他的身上集聚着无畏、英勇、对正义的坚持以及对爱情的忠贞等高尚的道德准则;他的音容形象是可笑的,但谁也无法否认他是人类理想主义的化身;他越是疯疯癫癫,所造成的灾难也越大,几乎任何人碰上他都会遭遇一场灾难,而他的优秀品德亦越发显得鲜明。作品中,同村好友桑丘本来是为了实现做"总督"的梦想而追随堂·吉诃德,后来梦想破灭,却仍不舍得弃他而去,也正是被堂·吉诃德的该种性格魅力所感动。对于被压迫者和弱小者,堂·吉诃德寄予无限同情,热情地歌颂自由、反对人奴役人的风俗与法律,而他的所言所为却受到社会无情的嘲笑与欺侮。正是通过这一典型的塑造,塞万提斯悲哀地宣告了信仰主义在欧洲的终结——这一点恰好反映了旧的信仰已经解体、新的信仰尚未出现的断裂时期的社会心态。

以法律视角解读脚本,在桑丘即将赴任做总督时,堂·吉诃德对他的谆谆教海，彰显出哲人般智慧与宽厚仁慈的胸怀。

关于如何做一名断案公道的法官，堂·吉诃德提醒桑丘，判决应当以案件的客观事实为基础，目光要紧盯案件本身而非案件当事人，不要被当事人的身份与自己的主观感受所影响，不要被当事人之间与案件无关的琐碎恩怨所蒙蔽，不要被当事人许诺的额外钱财所打动，更不要被当事人所乞求的怜悯、主动奉上的暧昧之情所诱惑，上述遭遇是每一个执法者均会面对的，却对公正、客观地办理案件毫无益处——"无论是富人许诺或馈赠，还是穷人流泪或纠缠，你都要注意查明真相。""如果你审理某个冤家对头的案子，一定要排除个人感情，实事求是地判案。""如果有漂亮的女人请你办案，你一定不要被她的眼泪和哭声蒙蔽，要仔细研究她所要求的内容，免得让她的哭泣影响你的理智，让她的唉声叹气动摇了你的心。"

关于刑罚适用与裁量，堂·吉诃德建议桑丘以宽恕为本，反对残酷刑罚，并坚持认为应当以人道主义精神对待犯罪人，反对刑讯逼供。堂·吉诃德从宗教角度来支持自己的此项观点，将犯罪行为看作人性之弱点，是人类无法避免的原罪，只有上帝才有权力进行最后的裁判。因此，宽容、仁爱与公正而非严厉才应当是世俗法官的首要价值取向——"只要能宽恕，就不要严酷苛刻，严厉法官的名声毕竟不如好心肠法官的名声。""对于那些必须动刑的人不要再恶语相向。他受了刑本来就很不幸，就不要再辱骂了。""把你处分的罪人看成是本性未改的可怜虫，尤其是从你这方面不要伤害他，要对他宽容。虽然仁爱和公正同样是上帝的品德，但我们总觉得宽容比严厉更可取。"

堂·吉诃德还一再提醒桑丘，作为一名法官，一定要秉公执法，不要因徇私情、私利而导致冤案与错案的发生，并向其警示冤错案件将会带来的多重不可挽回的损失——对于受害者而言，无法获取应得的正义，也不能有效平复精神创伤；对于社会整体而言，伦理与道德体系遭受次生伤害，无法恢复已然失衡的法律秩序；对于被冤枉者而言，因冤错案件失去了自由甚至生命，这种代价以任何方式均无法弥补、无力挽回；对于裁判者而言，冤错案件造成的阴影将是终其职业生涯所伴随的罪恶与耻辱。因此，堂·吉诃德语重心长地警示桑丘，"你不要徇私枉法，案子判错往往无法补救，即使能够补救，也会损害自己的名誉"[1]。

上文中，堂·吉诃德以寥寥数语点破了"刑罚贵在宽缓"的真谛，同时承载着对桑丘断案时"理智战胜感情""客观抑制主观"的希冀，某种程度上，堂·吉诃德的思想象征着文艺复兴后期人们对理性抑制原欲思想的再次回应。

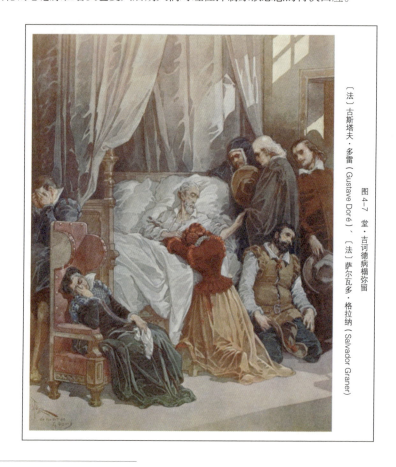

图 4-7 堂·吉诃德病榻弥留 〔法〕古斯塔夫·多雷（Gustave Doré）、〔法〕萨尔瓦多·格拉纳（Salvador Graner）

---

1 〔西班牙〕塞万提斯：《堂吉诃德》，杨绛译，人民文学出版社 1987 年版，第 32 章。

作品中的另一个角色桑丘，是作为堂·吉诃德的对立面塑造的，在本质上代表着与理想社会相对的现实社会。这就形成了二者之间一幻一真、一虚一实、一愚一智、一个理想主义一个现实主义、一个信仰主义一个功利主义的尖锐对立。桑丘固然不认可堂·吉诃德的思想与行为，却又为后者百折不挠的精神、崇高的理想所深深打动，坚持伴随着堂·吉诃德侠游到底。如此说来，塞万提斯对文艺复兴后期欧洲普遍道德危机与社会矛盾有着清醒认识，后世将其作品创作的初衷仅归为"扫除骑士小说"，也未免太委屈了其所包蕴的深邃内涵。从这部小说中，我们可以发现，塞万提斯对现实社会的危机所作的深层思考，甚至某种程度上蕴含着对文艺复兴发展结果与意义的冷静批判。在物欲与情欲的刺激下，社会信仰缺失、道德失范、享乐主义盛行，这无疑是前期人文主义思想极端化的表现。中世纪的禁欲主义固然应当突破，但极端膨胀的纵欲主义又会将整个欧洲推向何方？塞万提斯矛盾重重，难以像人文主义前期的同行们那样乐观向上、激情澎湃；当他无法越过现实、眺望更远的未来时，只好回顾往昔、沉湎于中世纪文明的一轮残阳——骑士制度，并从中孕育出堂·吉诃德这一伟大而不朽的形象，旨在对放纵原欲、个性膨胀的人文观念作出善意批判。这种矛盾思想在塞万提斯的另一部小说《惩恶扬善故事集》[1]中得到了同质性回应。

威廉·莎士比亚戏剧中的罪与罚

威廉·莎士比亚（William Shakespeare，1564—1616年）[2]作品的诞生，标志着西方文艺复兴运动被推向高潮，同时也预示着这场横扫欧洲大陆的戏剧即将落下帷幕。如果说文艺复兴时期是一个"人性被发现"的时代，那么，只有在莎士

---

[1] 又名《警世典范小说集》，是一部以现实主义手法描写西班牙封建社会各阶层生活的短篇小说集，大致分为两类：第一类以历史或现实生活为依据，描写爱情故事与冒险经历；第二类偏于揭露讽刺现实，宣扬高尚道德，反对封建思想，赞颂个性解放。塞万提斯称这部小说集为"社会的变形"。
[2] 威廉·莎士比亚，英国文艺复兴时期伟大的剧作家、诗人，欧洲文艺复兴时期人文主义文学的集大成者。

比亚的作品中，人性被体现得最为全面、最为深刻，人文主义的内涵才得以完整展现。莎士比亚不仅对中世纪文化有着深刻的认同感，而且对文艺复兴运动所创造的价值取向与现实生活之距离作了深刻的剖析与反思，因而他的作品具有其他时期作品难以企及的包容性。在这一点上，莎士比亚与中世纪文明的总结性人物但丁非常相像。不同之处是，但丁从基督教文化的基点出发前瞻人文主义的曙光，莎士比亚则立于人文主义的基点反观基督教文化的余晖，两个文化巨人衬托着承前启后的两个时代，前后呼应。

莎士比亚创作早期（1590—1600年），又被称为历史剧、喜剧时期，英国在伊丽莎白女王的统治下进入鼎盛时期，莎士比亚对人文主义理想的实现充满信心。此时期的"九部历史剧"均以君王名号命名，以英国百年动乱史实为背景，以反面君主映照英明君主的形象，表达了莎翁反对分裂、拥护集权、谴责暴君，建立人文主义政治、法律、道德、伦理秩序的理想。"十部喜剧"[1]则以爱情、友谊、婚姻为主题，创作风格具有乐观、明朗的基本色调，尝试着以人文主义来解决作品中的一切矛盾。即使在悲剧《罗密欧与朱丽叶》的结尾，也洋溢着乐观而理想化的纯真情结——主人翁虽然殉情，却换来了世仇两家的和解。同时，我们也应看到，此创作时段晚期，较为成熟的喜剧《威尼斯商人》（1596年）中饱含着抑郁的悲剧色彩，反映了基督教社会中弱肉强食、种族歧视等现象，说明此时的莎翁已经逐渐意识到理想与现实之间所存在的难以调和的矛盾。

模糊的正义：《威尼斯商人》

《威尼斯商人》讲述了一个恪守法律、追求公正却饱受不公平待遇的犹太商人的故事。

为了成全好友巴萨尼奥的婚事，威尼斯富商安东尼奥向犹太商人夏洛克借高利贷。安东尼奥与夏洛克素有罅隙，前者曾经在公开场合侮辱、唾骂后者放债

---

[1] 包括《错误的喜剧》《驯悍记》《维洛那二绅士》《爱的徒劳》《仲夏夜之梦》《威尼斯商人》《温莎的风流娘儿们》《无事生非》《皆大欢喜》和《第十二夜》。

营利的行径,夏洛克因此怀恨在心,与安东尼奥约定,以安东尼奥胸口上的一磅肉为代价,承担还贷不能的违约责任。后来,安东尼奥的船队失事,无法按时返航。夏洛克坚持要求安东尼奥依约履行义务。巴萨尼奥的未婚妻鲍西娅假扮律师出庭,支持夏洛克的要求,却又指出必须严格依照合同规定,夏洛克所割的一磅肉必须十分精确,不能多也不能少,更不准流一滴安东尼奥的血,否则将以命偿命。夏洛克因无法履行这道判决而必须承担败诉结果。[1]

犹太商人、放高利贷者夏洛克是故事中的主角,爱财如命、复仇心强。在与安东尼奥的债务纠纷中,夏洛克的主观恶性十分明显,他执意要求在被告胸口割取一磅肉,目的就是为了置安东尼奥于死地。当他咄咄逼人地坚持要求严格按照法律履行协议、对公爵的仁慈规劝与善意调解充耳不闻时,读者对他的厌恶与愤恨亦达到极点,他在这场官司中的完败亦是意料中的结局。然而,如果从另一个视角考虑,当夏洛克断然拒绝来自多方的调解建议时,很可能脑海中闪现的是安东尼奥于大庭广众之下对其侮辱、唾骂的挑衅行为,作为一位尊严尽失的男人,面对可以向加害者进行报复的任何机会,并且掌握着一种于法有据的正当性报复手段时,夏洛克的选择又应该是可以被我们所理解与宽容的。

另一方面,夏洛克是一位严守法律的生意人,犹太裔却带给他无尽的痛苦与烦恼,尤其是在威尼斯这样一个痛恨、歧视犹太人的基督教环境中。当夏洛克试图以法律作为武器讨回公道时,却发现威尼斯的法律并非公平——在一个具有高度偏见的法庭上,在鲍西娅的精彩表演与操纵下,民事案件的原告不仅自身权益无法受到保障,反而戏剧化地转变为刑事案件的被告,被剥夺财产,更蒙受被迫更改宗教信仰之奇耻大辱。莎翁安排的剧情线索颇具匠心,鲍西娅先是借伸张正义为噱头、后又以严掌法律为借口,轻易在民事与刑事案件中倏忽穿梭,玩弄夏洛克于股掌之间;而公爵与旁听者对鲍西娅的行径或是颔首默许,或是欢呼支持,却无人顾及契约意义上的真实违法者与维权人,这一切均凸显了种族歧视背

---

[1] 参见〔英〕威廉·莎士比亚:《莎士比亚喜剧悲剧集——威尼斯商人》,朱生豪译,译林出版社2010年版。

景下法律与正义间的悖论。客观上说，夏洛克虽然冷血无情，却是严格依照契约争取自己权利，他的诉讼请求于情不容却于法有据。我们注意到，他在法庭上一次次强调着"法律"——"我站在这里是为了法律""我诚恳地请求法律""我要求依据法律作出判决"，却从来不敢轻言"正义"二字，恰因这两个字带有太多的风险与不确定性，他并不知道基督徒手中掌握的所谓"正义"究竟长着怎样的面庞。夏洛克的谨慎与担忧不无道理，很快，鲍西娅就撕掉了伪善的面具，对着夏洛克嚣张大笑："好吧，既然你要求正义，我就给你正义，无论这种正义是否是你想要的正义！"由此可见，法律是严格的，无法轻易操纵，正义却是柔性的，可以由执法者进行解释——夏洛克显然没有得到他所希望得到的正义，所有的非正义判决都落到了这个没有任何违法行为者的身上。

夏洛克的遭遇，展现了威尼斯——这一当时号称欧洲最强大、自由的资本主义城市对犹太人的歧视、排斥甚至迫害的一段历史。依据当时的法律规定，犹太人被迫居住在古老厂房或者贫民窟内，周遭有围墙进行隔离。太阳落山后，全城的犹太人被赶进聚居区，禁止自由出入，并由基督徒负责看守。白天，犹太人只要离开聚居区，就必须随时戴一顶表明身份的"红色帽子"，成为他们的身份烙印。因为被

图 4-8 《威尼斯商人》审判现场，〔美〕托马斯·希尔（Thomas Hill）

禁止拥有任何有形财产，为了规避法律的惩罚，犹太人只有将钱财借给他人，通过收取利息维持生活，而这种放债收息的行为，却是基督教戒律最难以容忍的罪孽，这也正是夏洛克与安东尼奥之间矛盾萌发、仇恨升级的根本原因所在。

另外，夏洛克们还时时承受着类似安东尼奥等宗教狂热主义者的侮辱与袭击的风险。某种意义而言，夏洛克的变态人格正是整体社会歧视氛围的创造物，他虽然贪婪、冷血、狡黠、睚眦必报，但他远非罪人，真正的罪人是当时反犹、屠犹的社会文化。莎士比亚在作品中所赋予的夏洛克的形象，恰恰承载了当时犹太人对所受迫害的呐喊与反抗，对所谓基督徒丑恶行径的讥讽与嘲笑。诸如，在法庭辩论时，当公爵谴责夏洛克没有慈悲之心、恐怕不会有好下场时，夏洛克以当时的奴隶制作为靶子，揭示了法律的本质，酣畅呵斥了公爵的伪善与凶残，表达了对整个不公平社会的强烈谴责："我又不干错事，怕什么刑罚？你们将大量奴隶当作驴、狗、骡马一样看待，叫他们做种种卑贱的工作，因为他们是你们出钱买来的。我可不可以对你们说，让他们自由，叫他们跟你们的子女结婚。为什么他们要在重担之下流着血汗？让他们的床铺得跟你们的床同样柔软，让他们的舌头也尝尝你们所吃的东西吧。你们会回答说：'绝对不可，这些奴隶是我们所有的。'所以我也可以回答你们：我向他要求的这一磅肉，是我出了很大的代价买来的；它是属于我的，我一定要把它拿到手里。您要是拒绝了我，那么你们的法律去见鬼吧！威尼斯城的法令等于一纸空文。"

更为有趣的是，在《威尼斯商人》的剧本中，莎士比亚对夏洛克的形象设计暗埋伏笔，令人读来忍俊不禁：夏洛克一只手握着锋利的匕首，另一只手高举着精致的天平，目光犀利、面容坚定，于法庭之上义正辞严、侃侃而谈，渴望通过法律来获取公平与正义——这恰好勾勒出活脱脱的"正义女神"的形象，其对法律的忠贞、恪守之情与鲍西娅将玩弄律法之态形成鲜明对比。莎翁到底是企图借夏洛克之形象嘲讽人造正义对自然法则的亵渎，还是希冀借鲍西娅之形象重塑自然正义的内蕴，我们无法得出确切结论，但是可以肯定的是，21世纪的今天，我们依然在辨别正义的容颜、追寻正义的步履之路上踯躅前行。

莎士比亚的第二个创作时期是悲剧时期（1601—1607年）。17世纪初，英国政权更迭、社会矛盾突出，此时是莎翁思想与艺术创造的成熟期，人文主义的美好理想与冰冷残酷的社会现实发生龃龉，莎翁从幻想中惊醒，为我们描绘了一幕幕恶欲践踏良知、卑贱取代高贵的逼真图画。这一时期的代表作品包括"四大悲剧"，其中寄托着莎翁对社会、时代与人性的深刻思考。"这是一个脱榫的时代，这是一个颠倒混乱的时代，这是一个失落了上帝的时代。"四大悲剧的主人公从中世纪的禁锢与蒙昧中苏醒，沐浴在古希腊个体本位的文明中；他们追寻着生机勃勃的生活，渴求实现英雄的抱负与梦想，却又无法克服本性的局限，最终或是丧生于残酷功利的外部环境，或是溺毙于幽深难测的内心欲望。理想的君主成为哈姆雷特梦境中模糊出现的冤魂；克劳迪斯与麦克白之流攫取了现实社会中的至尊席位。克劳迪斯杀兄霸嫂、杀人灭口、权势倾天；哈姆雷特意图担当重整乾坤之重任，却空怀大志无力回天；李尔王偏信谗言、不辨忠奸，被利欲熏心的女儿逐出宫门，游荡野外，沦为半人半鬼。麦克白本是有功英雄，却无法抵御妇人的蛊惑与权势的刺激，用谋杀手段夺取政权、以屠戮巩固皇位，被野心与情欲推入永世地狱；奥赛罗正直淳朴却又愚蠢鲁莽，在妇人摆布下杀害忠贞美丽的妻子，悔恨万分中自戕赎罪。莎翁的悲剧中既有人与人间的外部冲突，也有人物内心正义与邪恶力量的冲突，故事情节在内外两重矛盾冲突中发展变化，最后善与恶同归于尽。莎翁笔下，所有的人物性格，无不揭示着文艺复兴后期原欲泛滥、利己主义萌发的社会现实，早期作品中轻松愉快的色彩被悲愤忧郁的情调所代替。对于颠倒混乱的社会现实，莎翁表现出深刻忧虑，对人性的评价亦日益低落，认为在原欲中放纵的人类必须依靠理性控制来拯救，因而呼唤秩序与崭新的道德理想、社会理想。

《哈姆雷特》被誉为莎士比亚的巅峰之作。作品取材于12世纪丹麦王子阿姆莱斯为父复仇的史实。剧本中，丹麦王子哈姆雷特的叔父克劳迪斯杀害其父、霸

图 4-9 戏剧《哈姆雷特》第一幕第四场,哈姆雷特之父的鬼魂在召唤哈姆雷特
〔英〕约翰·菲斯利 (Henry Fuseli)

占其母,其父化作冤魂指示哈姆雷特为其复仇。最后哈姆雷特与仇敌同归于尽。[1]

《奥赛罗》之主角奥赛罗是威尼斯公国一员勇将,身居高位,众人羡慕。奥赛罗与元老的女儿苔丝狄蒙娜相爱,但由于他是黑人,婚事未被允许,两人只好私奔。奥赛罗手下有一个阴险的旗官名叫伊阿古,一心想除掉奥赛罗,占据其位。伊阿古挑拨奥赛罗与苔丝狄蒙娜的感情,并伪造了各种苔丝狄蒙娜与人偷情的证据。奥赛罗信以为真,在愤怒中掐死熟睡中的妻子。当他得知真相后,悔恨之余拔剑自刎,倒在苔丝狄蒙娜身边。

《李尔王》中年事已高的李尔王意欲把国土分给三个女儿,口蜜腹剑的大

---

[1] 梗概及本节所有引文来源于〔英〕威廉·莎士比亚:《莎士比亚喜剧悲剧集》,朱生豪译,译林出版社 2010 年版。

图 4-10 李尔王的大女儿高纳里尔、二女儿里根、小女儿考狄利娅,〔英〕古斯塔夫·波普(Gustav Pope)

女儿高纳里尔和二女儿里根赢其宠信而瓜分国土,小女儿考狄利娅却因不愿阿谀奉承父亲最终一无所得。考狄利娅被剥夺继承权后,前来求婚的法兰西国王慧眼识珠,迎娶她为皇后。李尔王退位后,大女儿和二女儿将其扫地出门,老国王漂泊荒郊野外,痛不欲生。考狄利娅得知讯息后,为父复仇率军攻入城门,父女团圆。但因战事不利,考狄利娅被囚禁后杀害,李尔王守着心爱的小女儿的尸体亦悲痛地死去。

教唆之恶:《麦克白》

《麦克白》是莎士比亚四大悲剧之一。苏格兰国王邓肯的表弟麦克白,为国平定叛乱、立功凯旋,路遇三个女巫,预言其将进爵为王。麦克白在夫人的怂恿下谋杀邓肯、篡夺王位。为掩盖罪行,他嫁祸于人、继而杀人灭口;为防止老臣班柯及皇族麦克德夫产生疑心,他害死了班柯以及麦克德夫的妻儿。麦克德夫侥幸出逃,与邓肯之子一起去英格兰搬救兵。在众叛亲离的情况下,麦克白夫人精神失常自杀,麦克白也被邓肯之子、麦克德夫与英格兰援军俘获,终被枭首。

《麦克白》是一部心理描写佳作,堪称西方第一部犯罪心理剧。作品通过对麦克白由英雄蜕变为罪人的过程的描述,批判了人类原欲对理性与良知的侵蚀。在女巫与夫人的蛊惑下,麦克白的雄心逐渐发展为野心,而首次罪行的完美实施又导致了一系列新的罪恶产生,麦克白欲罢不能,一步步滑向深渊。在迷信、罪恶、恐怖的氛围里,莎翁剖析罪人心理,以白描手法记录了麦克白犯罪意图的萌生、罪行的实施、良知的反省与忏悔过程,其中麦克白夫妇弑君前后的心理变化层次分明。因此,本剧具有适合犯罪心理学分析的脚本特质。

麦克白罪恶的一生似乎与周围环境的影响紧密相连,其自由意志被逐层剥离。在实施犯罪的整个过程中,麦克白先是俯首于宿命,其后又对其妻之言亦步亦趋,完全失去自我评估与判断,最终铸成大错。作品中,女巫的预言唤醒了麦克白内心深处潜伏的强烈权力欲,但尚存的良知却又使麦克白对弑君罪行有所忌惮。两难之时,麦克白夫人的鼓励与教唆起到至关重要的作用。她深谙其夫的弱点,以勇气当作诱饵刺激丈夫,"你宁愿像一头畏首畏尾的猫儿,顾全你所认为生命的装饰品的名誉,不惜让你在自己眼中成为一个懦夫,让'我不敢'永远跟随在'我想要'的后面吗?"为了说服丈夫行凶篡位、达到立竿见影的效果,麦克白夫人进一步以险恶毒辣的妇人心理进行教唆,"我曾经哺乳过婴孩,知道一个母亲是怎样怜爱那吮吸她乳汁的幼儿;可是,我会在他望着我的脸微笑的时候,从他那柔软的嫩嘴里摘下我的乳头,把他的脑袋砸碎——要是我也像你一样,曾经发誓做某件事的话"。看见丈夫动了杀心,却又担心行刺失败,仍然犹豫不决,麦克白夫人又为丈夫献计、嫁祸于人,"我去陪他那两个侍卫饮酒作乐,等他们烂醉如泥、像死猪一样睡去以后,我们不就可以把那毫无

图 4-11 《麦克白的幻觉》
〔英〕亨利·富塞利（Henry Fuseli）

防卫的邓肯随意摆布了吗？我们不是可以把这一件重大的谋杀罪案，推在他的酒醉的侍卫身上吗？"麦克白夫人以鼓动性言辞消除了丈夫的后顾之忧，坚定了他杀害国王的决心；但在动手之前，"杀人的恶念"使得麦克白看到异象，突然激发出麦克白善良的一面。面对善恶抉择，麦克白再次退缩。麦克白的夫人随之奚落、嘲笑丈夫的畏首畏尾，"倘不是我看他睡着的样子活像我的父亲，我早就自己动手了。我的丈夫，快动手吧！"杀害邓肯后，麦克白失魂落魄地回到夫人身边，精神恍惚中握着滴血的杀人匕首。麦克白夫人见状，命令他立即按照原先计划，将匕首放到国王侍卫的身边，栽赃嫁祸于人，麦克白断然拒绝，承认自己无法面对已经造成的罪恶。此时麦克白夫人挺身而出，帮助胆怯懦弱却又一丝良知尚存的丈夫毁灭证据……可以说，麦克白夫人是文学作品中第一个教唆犯的形象——首先是她引起了麦克白的犯意，继而坚定其犯罪意图，接着打消其后顾之忧，竭力阻挡其犯罪中止并实施了对证据的湮灭及嫁祸于人等善后行为。总之，凶杀过程中，莎翁将麦克白塑造为一具被显赫权势与无上地位冲昏头脑的行尸走肉，其灵魂被女巫所控制，所有罪恶均是在麦克白夫人的策划与授意下进行的，就某种意义而言，麦克白仅是麦克白夫人实施犯罪的工具。

谋杀国王之后，事情进展异常顺利，国王侍卫做了替罪羊，被麦克白当场灭口，班柯等大臣也做了刀下鬼，麦克白顺利登上权力之巅，成为苏格兰国王。但这位新王并没有获得想象中的幸福，罪恶感使得他难以享有内心的宁静，恐惧和猜忌使得他统治国家的手段越来越血腥冷酷。莎翁不惜重墨，运用大量旁白、梦幻等技巧描写登基后麦克白夫妇的内心世界，将全剧推向高潮。麦克白夫妇辗转挣扎于风暴中心，无力主宰自己的命运，作为骁勇一世的英雄，微弱的外界力量根本无法与其气势相匹配，因而与外界力量的冲突不具备动人心魄的震撼力；只有麦克白内心世界的善与恶、权欲与理性的冲突才具有动人的魅力。与一般犯罪人不同，麦克白在整个犯罪过程中时刻清醒地意识到自己行为的邪恶性与非正义性，甚至经常摇摆于天堂与地狱之间。他不乏善良的本性，他也具有辨别正义与邪恶的智慧，之所以一步步执着前行，是内心的天然欲望太过强烈并且不断受到外在力量的催化与刺激的结果。就在这种犯罪与忏悔、嗜杀与悔悟的分裂人格状态中，麦克白走向了断头台。事实上，早在麦克白杀害邓肯时，就已经为自己宣判了死刑，他一直在期待着甚至渴望着最后的审判。

莎士比亚的创作晚期（1608—1613年），其作品开始向传奇剧演化。[1]我们应当能够较为深刻地理解莎翁该段时期的心路历程。此时，莎翁对人文主义的实现不再抱有原始的热情，却又不愿放弃美好的人文理想，因而将笔触伸进魔幻世界，作品风格亦由批判现实主义悲剧转向浪漫多彩的传奇剧；题材仍然涉及罪恶与复仇、失散与团聚，其中的现实主义冲突却不再锐利激烈，理想与现实之间矛盾的解决，往往凭借着一系列的机缘巧合，其中超自然的力量发挥了决定性的作用，作品往往以宣扬宽恕、容忍、妥协、和解告终。概略而言，莎士比亚后期作品，淡化了前期喜剧明亮欢快的色彩、弱化了中期悲剧阴郁愤懑的情怀，却平添了浓郁热烈的浪漫主义情调。《暴风雨》是最能体现该时期莎翁创作风格的代表作。

---

1 主要作品是四部悲喜剧或传奇剧《泰尔亲王佩力克里斯》《辛白林》《冬天的故事》《暴风雨》。

"诗歌谱就的遗嘱":《暴风雨》

书中讲述了意大利米兰城公爵普洛斯彼洛被胞弟安东尼奥和那不勒斯国王合谋陷害、篡夺爵位,但他最终借助自然之力成功复仇的故事。政变后,普洛斯彼洛与三岁的女儿被流放,历尽艰险,漂流到一座荒岛,在那里苦苦煎熬十三年。其间,普洛斯彼洛潜心修研魔法,获得成功,运用魔法将岛上的精灵、妖怪治得服服帖帖,对他俯首听命。一次,安东尼奥、那不勒斯国王及王子航海远游,普洛斯彼洛得知消息后,施展魔法,使得航船遭遇暴风雨,撞碎在普洛斯彼洛居住岛屿的礁石上,那不勒斯王子被淹死。安东尼奥和那不勒斯国王在面临暴风雨即将给他们带来的死亡面前,在饱尝失去自己的骨肉的巨大悲伤面前,方才醒悟,发现生命中有远比金钱和权力更重要的东西,故而对自己以往的罪过深感悔恨,发誓痛改前非,重新做人。此时普洛斯彼洛出现,安东尼奥向哥哥表示了忏悔之情,兄弟俩及众人乘船重返米兰。

显然,这部作品中,莎士比亚弱化了前期、中期作品角色间冲突的尖锐性,不再设计正义与邪恶、善良与丑陋之间不共戴天的紧张关系,转而走向调和、宽恕、忏悔、容忍。与哈姆雷特等剧作不同,该部作品中,主人翁普洛斯彼洛的复仇行径已经被祛除了强烈的现实感,转而寄希望于魔法与异技,借助暴风雨、礁石、精灵与妖怪将罪者引入特定场域,并在其走投无路的情况下促使其自萌悔意,通过救赎获得新生。莎翁对剧情进行如此设计,实属无奈之举,其中亦体现了其对现实社会的深切失望、无所适从与妥协,令人感慨。莎翁认为,人既有源自本性的作恶倾向,又具有天然向善的优良秉性,消灭罪恶并非毁灭造恶者的躯体,因为这种斗争的结局往往是正义与邪恶同归于尽(正如《哈姆雷特》《李尔王》),消除罪恶的模式应当在人性与精神的广阔空间中探索与把握。为了避免悲剧再次重演,唯一可行的途径是利用善的力量去感化恶意、消弭恶行,用宽恕与耐心对待罪者,促使其自我忏悔,最终弃恶从善,作品基调再次向基督教宽恕与博爱之教旨倾斜。可以看到,莎翁作品所包蕴精神内涵的演变轨迹，完美诠释了西方人在文艺复兴时期向理性主义时期过渡的精神状态，《暴风雨》中闪烁着真挚的人道主义精神与教育刑观点，暗含着莎翁对自己创作早期抱有的单一报应刑观点的温和批判与纠正，因此被称作是莎翁"以诗篇谱就的遗嘱"。

图 4-12 《暴风雨》插图（一）
〔英〕瓦尔特·克兰（Walter Crane）

图 4-13 《暴风雨》插图（二）
〔英〕瓦尔特·克兰（Walter Crane）

深度阅读

人文主义前期的文学作品，无论是《歌集》《十日谈》，还是《巨人传》，均生动地勾勒出冲破藩篱后欢快释放的人性图景，提倡以人欲反对禁欲、以人权反对神权、以理性反对蒙昧，追求自由精神的舒展与自然欲望的宣泄。从刑法学层面考察，集中彰显了人类意志自由、地位平等的精神，其中包蕴着契约论、罪刑法定、人道主义、刑罚个别化、目的刑主义等宝贵思想之萌芽，历经17世纪理性主义时期的酝酿，终于绚烂绽放于启蒙思想时代。

文艺复兴后期，对人性自然欲望的歌颂与肯定给希伯来—基督教的文化伦理观带来了强烈、持续的冲击；由原欲合理发展而成的个人本位价值观在相当大的程度上导致了纵欲主义与享乐主义的泛滥。[1]首先，人们普遍以古希腊、罗马英雄为榜样，以其"瑕不掩瑜"的放纵生活态度为准则，整个社会的道德伦理逐渐走向失范状态。其次，16世纪与17世纪交叠时期，随着航海科学的发达，欧洲人的目光第一次覆盖整个地球，在产生强烈好奇心的同时，也激发了他们的勃勃野心。在旧信仰解体、新信仰尚未形成之时，面对如此丰富多彩的物质世界的诱惑，人们无限膨胀的欲望必然导致整个社会的道德失范与邪恶滋生。在道德糜烂、原欲横溢的现实面前，人文主义对基督教宗教文化的凯歌高奏逐渐低落下来，人文主义后期的思想家们开始修正人文主义早期的

1　See John P. Mckay, Bennett D. Hill, *John Buckler : A History of Western Society*, Volume 1, Boston ,1987,p.490.

思想与理念，甚至不惜回归基督教文明去寻找治疗病痛的良药。

面对人性善与恶的交织共存、面对社会现实与理想状态间难以弥合的深壑，莎士比亚终其一生在作品中探索思考着。莎翁认为，人应当具有"高贵的理性"，它负责看护灵魂，使其不受原欲侵蚀，从而沦为冲动恶欲的奴隶。莎翁的悲剧中，善的力量每每处于劣势，被恶的势力所击败，最理想的结局不过是善与恶同归于尽，这正说明欲望的放纵带给人类自身的毁灭性灾难。最终，莎翁放弃了以恶抗恶、以暴止暴的对抗邪恶的方法（《哈姆雷特》《麦克白》等），而是走向了仁慈、宽恕的消弭仇恨、化解罪恶的道路（《冬天的故事》[1]《暴风雨》）。当然，我们无法以肯定的口吻认定莎翁戏剧中的罪罚观对当时英国及至欧洲的刑事思想、刑事政策产生了如何深远、重大的影响；但我们不应忽略这样一种客观事实：莎翁作品的忠实崇拜者，上至王侯将相（包括伊丽莎白女王一世以及詹姆士一世），下至细民百姓，他们在剧场包厢中、看台下如痴如醉地与剧中角色同喜共悲——戏剧所演绎的自由、理性、宽恕、博爱之精神，对公众价值观的影响恰如和风细雨般潜移默化，却又根深蒂固。

从文艺复兴前期薄伽丘的《十日谈》，到文艺复兴中期托马斯·莫尔的《乌托邦》，直至文艺复兴末期塞万提斯的《堂·吉

---

[1] 西西里国王莱昂特斯怀疑波西米亚国王波利克塞尼斯与妻子通奸，遂毒害波利克塞尼斯，以通奸和谋杀罪逮捕、杀害王后，但二者均未丧命。后波利克塞尼斯以宽大的胸怀宽恕了莱昂特斯，化解了多年的怨仇。

诃德》与莎士比亚的悲喜剧集，从文学的角度折射出西方文明的转轨期：文艺复兴时期的思想史，就是一部古希腊—古罗马文明与希伯来—基督教文明大规模产生冲撞、互补、融合的历史，西方社会基础价值观面临着重新选择与再次缔造。一方面，西方人的人性与人智被唤醒，全面复兴了古希腊—古罗马时期的人本主义精神，人们从上帝手中赎回人的个体价值与主体精神，人类真正成为"宇宙之精华、万物之灵长"；另一方面，西方社会又承袭了希伯来—基督教文明中的博爱精神与群体责任意识，将理性控制、平等观念与宽恕精神融入人文主义。最终，融古希腊—古罗马文明与希伯来—基督教文明于一体的人文主义价值观在西方社会基本确立。它将指引着西方文明穿越理性主义时代、迎接启蒙思想的洗礼。

如释重负
——来自内心深处的温柔呼唤

我从深渊里来……我所看见的第一件东西是法律,以一个嘎嘎作响的绞刑架和一具风干晃荡的海盗尸体的形式出现;我所看见的第二件东西是母爱,以一个跪在雪堆中紧紧抱着婴孩死去的贫穷女人的形式出现;我所看见的第三件东西是未来,以一个在死去母亲的怀中寻找乳头的垂死婴孩的形式出现;我所看见的第四件东西是善良、真理与正义,它们闪烁在一个贫苦的流浪汉和一只忠心的流浪狗的身上。

——〔法〕维克多·雨果:《笑面人》

为了掩盖代表着耻辱的红字,白兰亲手为珠儿缝制了红色的天鹅绒裙,小姑娘穿在身上奔跑嬉戏,像一团跳跃的火焰在燃烧。清教徒社会中,珠儿是奇耻大辱的象征,但也只有她才是鲜亮生动的,与母亲的昭然罪行一起闪耀在世人面前。

——〔美〕霍桑:《红字》

时代背景

　　历经了理性主义时期对政治规则的顶礼膜拜，以及启蒙思想时期工具理性观念的传播与弥漫，唯理论逐渐成为西方思想文化的主流，人们动辄将宗教、自然、政治制度、法律制度等置于"理性"的法庭面前，衡量其合理与否。启蒙理性将人从宗教之上帝与人间的皇权中解放出来，指导人们开启智识、祛除蒙昧，抵达肉体与精神的双重自由。然而，对客观理性的过分强调，遮蔽了人们对感性自我的关注，人类灵魂与客观世界间逐渐疏离，情感与理性之间的矛盾日益积累；在凸显理性人之同一性与稳定性的同时，亦掩藏了感性人的差异性与多变性。

　　自然科学领域，英国的工业革命使人类进一步掌握了自然与科技的奥秘，认为人类可以征服客观世界、主宰自我命运，因而与宗教信仰、感性世界渐行渐远。由于理性对神的否定与对自然的征服，将人从万物中剥离出来，世界成为自我之外客观现象的综合，一切均化作明晰的图景呈现于人类眼前。世界没有了神秘感，人与人、人与自然之间丧失了亲缘性；功利思想的盛行，理性文学的发展，让人性变得庸俗自私，社会充满尔虞我诈；人的精神与心灵在理性和物质的束缚下，日益变得苍白、枯萎。

　　哲学领域，唯心主义哲学产生。德国古典哲学代表人物乔治·威廉·弗里德里希·黑格尔（Georg Wilhelm Friedrich Hegel, 1770—1831年）与伊曼努尔·康德（Immanuel Kant, 1724—1804年）提出了唯心主义、神秘主义的原则，主旨是突出自我、放纵感情、宣扬主体的能动性。同时，空想社会主义代表者克劳德-昂利·圣西门（Claude-Henri Saint-Simon, 1760—1825年）、夏尔·傅立叶（Charles Fourier, 1772—1837年）与罗伯特·欧文（Robert Owen, 1771—1858年）于此时期提出了消灭阶级、建立更优秀制度的思想。

政治领域，法国大革命所展示的民主自由前景给人们以新生的希望。然而，严峻的现实却与启蒙先贤的理想规划、理性预期具有极大反差。大革命衍生的一系列后果令许多人无所适从——旧政权崩溃后恐怖政策延续着，纷乱的派别权力斗争与新的集权制度交替建立，民无宁日；封建贵族失去了原有的等级制宗法社会的庇护，小资产者与下层民众同样被革命的景象所震撼，深感畏惧。这一切，均使得西方社会各阶层对现实社会的畸形发展倍感困惑，理性王国逐渐失去昔日色彩，失望与落寞的情绪在18世纪末19世纪初的西方弥漫开来。

这一切均交织成一幅复杂的时代横剖面，引导着西方人对所谓的"科学理性""物质主义"带来的精神异化现象进行彻底的检视，继而以强烈的反叛精神颠覆旧有价值理性。面对动荡不安的世界，人们逐渐意识到，自然科学仅是达到目的的工具，与目的之合理性并不具有必然联系，理性并不必然会给人类带来幸福。人们对启蒙运动所主张的理性的质疑，导致了社会群体心理对"回归自然"的向往——现代文明历经了人类的第一次强烈的反抗。于是，主张回归自然与内心宇宙的浪漫主义思潮应运而生。它发现了理性主义在现实生活中的局限与虚幻，企图寻找另一条通往自由的道路。故而，浪漫主义者最大的特点是对人类感情的热烈歌颂，将人类的主观精神放到首位，对个人理想的追求超过对社会共同理想的追求。这是人类对自我认知的再一次深化，他们所塑造的是一种超验、自由、飞越理性束缚的理想人，在更广阔的精神领域中遨游徜徉。

  在政治背景、科学进步与哲学思潮的共同影响下，西方刑法思想也发生了明显的内倾化。该时期以费尔巴哈和黑格尔理论为代表的西方刑法思想，被渲染上极强的主观色彩，无论是费尔巴哈的以心理强制说为基础的罪刑法定论、犯罪原因论、权利侵害说、刑法本质论、刑罚目的论，还是黑格尔的整个唯心主义法哲学体系，均将目光由客观世界转向人的内心宇宙，理论根基深植于人类的主观存在，在精神、意志、思维的观念世界中寻找着自由与正义。

第五讲
狂飙突进之高歌：
魔幻主义与纯真童话之合奏

讨论文本

- 《丝寇黛莉小姐》
- 《格林童话》
- 《魔鬼的万灵药水》

导言

  与以往对西方哲学思潮秉持保守观望的传统态度不同，德国一跃成为浪漫主义思潮的发源地，孕育着西方浪漫主义文学的萌芽与发展。这是法国资产阶级大革命直接影响的结果，同时也与德国政治上的分裂状态、德国古典哲学思想以及文学中的浪漫传统有着十分密切的关系。19世纪初，神圣罗马帝国统治下的德国结构松散，由297个小国组成，还保存着农奴制，在政治经济上明显处于劣势，国土也被法国占领着一部分。强烈的民族自尊心，使得德国将法国的启蒙运动视作文化霸权，因而坚决抵制法兰西横扫欧洲的理性思想在自己的民族文化领域恣意拓殖。正是由于此种矛盾与苦闷的心理，德国人在总体上趋于向内心世界退守，最终祭出与启蒙理性截然相反的"感性"文化，在压抑、恐惧、迷惘、无奈中寻找精神的自由。1806年，拿破仑瓦解了神圣罗马帝国，亦激起德意志民族意识的觉醒，大批知识分子投入民族解放运动中。然而，他们随之又面临着一个具有本土特色的尴尬状态——各个公国与自由城市之间，存在包括语言、文化等在内的各色差异汇聚为统一民族精神的障碍。为了消除这一文化上的阻碍，部分知识分子开始宣扬文化民族主义，他们将眼光转向民间文化传统领域，从搜集研究民间文艺作品入手，试图借助于传统民歌、民谣和童话故事来构建统一的民族精神。本讲为大家介绍的，是德国魔幻主义作家恩斯特·霍夫曼与法学家兼文学家格林兄弟的三部作品。在《丝蔻黛莉小姐》与《魔鬼的万灵药水》中,霍夫曼通过夸张、异化的文学手法,对人类性恶一面进行了揭露与批判,通过对主人公行为模式与心理进程的细腻刻画,揭示人性的复杂性与矛盾性,非理性的欲望被还原为人性之恶的源头,彻底推翻了启蒙思想家"人类拥有自由意志"的神话,并且作出结论——人类永远是被决定的,人类永远无法控制自己的欲念、主宰自己的命运。《格林童话》中,故事情节涉及诸多法律元素,包括"生命、健康、自由、财产"四大法益为重点的刑法保障对象,彰显着浓郁的报应刑与教育刑相结合的刑罚观。

恩斯特·霍夫曼的魔幻主义作品

恩斯特·霍夫曼(Ernst Hoffmann,1776—1822年),是德国浪漫派运动中最重要的小说家,同时也是一位颇具正义感的法官。霍夫曼的文学创作受浪漫派影响,散发着典型的神秘怪诞色彩,他通过夸张、异化的文学手法对人类性恶一面进行揭露与批判。霍夫曼作品中的人物,经常受到某种神秘力量的支配,因而无法主宰自己的行为。通过对主人公行为模式与心理进程的细腻刻画,人性的复杂性与矛盾性被揭示出来,非理性的欲望被还原为人性之恶的源头。

知识链接

霍夫曼出生于柯尼斯堡(今俄罗斯加里宁格勒)的一个律师家庭,1792年进入柯尼斯堡大学攻读法律。1796—1798年在格洛高法院当见习陪审员,此后在柏林和波兹南司法机关任职。1802年因画漫画讽刺普鲁士军官受到处罚,1804年因拒绝向占领华沙的法国军队宣誓效忠被革职。自1808年起,先后担任乐队指挥、舞台美术、作曲、音乐教师、音乐评论等职。1816年任柏林高等法院顾问。1819年被任命为"叛国集团及其他危险活动调查委员会"委员,负责审讯德国"体操之父"雅恩。在这场审判中,霍夫曼力主正义,反对当局捏造罪名,为所谓的"煽动分子"雅恩辩护,结果于1820年受审,翌年辞去职务。后又被任命为柏林高等法院上诉判决院委员。

精神异化者的自白:《丝蔻黛莉小姐》

《丝蔻黛莉小姐》(1819年)是篇历史小说,由霍夫曼依据某位威尼斯鞋匠的真实案例改编而成,后来被收入其著作《谢拉皮翁弟兄》小说集之第三卷。

故事讲述了在1680年的一个深夜,有人匿名给法国小说家冯·丝蔻黛莉小姐送来一只神秘的银匣子,里面装着两件价值连城的首饰。经多方查访,丝蔻黛莉小姐知晓此首饰出自巴黎名匠雷纳·卡迪拉克之手,金匠对丝蔻黛莉小姐慕名已久,因而送给小姐作礼物。丝蔻黛莉小姐即刻送还首饰,但金匠执意不收。忽然又有一名青年送来便条,叮嘱丝蔻黛莉小姐立刻将首饰送还金匠,否则性命难保。丝蔻黛莉小姐惊慌中将首饰再次送还金匠,却听说金匠已经被刺身亡。案子牵涉到金匠的小伙计奥利弗,金匠之女深恋着奥利弗,为恋人鸣冤叫屈。后来丝蔻黛莉小姐亲自调查该案,真相大白于天下。[1]

小说巧妙地采用心理外化之手法,对主人公金匠卡迪拉克之心理与言行进行细致描绘,揭示了犯罪人人性的扭曲与人格的分裂。经常为朝廷官吏与豪门贵族加工名贵首饰的卡迪拉克,素以忠诚老实、技艺高超而著称,但人们并不知晓,作为一个技艺超群的工匠,他沉溺于自己作品的精致与魅力,逐渐产生了强烈的占有欲,常常被一种无法控制的强烈欲望驱使,会像梦游一般从刚刚取走首饰的顾客那里夺回自己的作品。卡迪拉克并非有意作恶,而且他亦深知,自己的邪恶品质一旦爆发便无可抑制;作为平衡,他总是拒绝为自己敬重的人服务,唯一目的是使其免遭毒手。卡迪拉克会极其诚恳地请求善良的主顾免除其加工首饰的工作,而一旦接受订货,也总是以各种理由来搪塞主顾,一周复一周、一月复一月地拖延下去。等到不得不交出产品时,他会显现出极其烦恼的样子,甚至流露出一种阻遏不住的、在内心燃烧着的愤怒。主顾走后,他会不安、绝望,以至于失去睡眠、健康和生活的勇气。于是,他盗窃、杀人,直到首饰重新回到自己手

---

[1] 梗概及本节所有引文来源于〔德〕E.T.A.霍夫曼:《丝蔻黛莉小姐——霍夫曼小说选》,张威廉、韩世钟等译,上海译文出版社2010年版。

中，才会逐渐平静下来。

西方文学中，该部作品首次勾勒出病态犯罪人的肖像，霍夫曼将卡迪拉克的犯罪行为描写为超自然力量心理支配的结果，他根本无法控制自己的欲念，并且在欲念的直接干预之下，杀人、毁尸、灭迹，一系列犯罪行为具有完全的不可控性，并非受卡迪拉克的主观意志所驱使，故而使得整部作品散发着浓郁的神秘气息。很明显，作品所描述的典型犯罪人形象，是对启蒙主义理性精神的反叛，而对卡迪拉克言行举止、心理活动的分析，则彻底推翻了启蒙思想家"人类拥有自由意志"的神话。霍夫曼作出结论，正如卡迪拉克的遭遇，人类具有欲念，而欲念如此难以捉摸、无法控制，因此，意志自由仅是一种并不存在的理想状态，现实生活中，人类永远具有被决定性，无法主宰自己的命运。

人格分裂者的忏悔：《魔鬼的万灵药水》

发表于1816年的魔幻小说《魔鬼的万灵药水》，是霍夫曼最为著名的作品，也是在西方哲学与人类学针对人性分析的评论中被引用最多的脚本。与《丝蔻黛莉小姐》相同，作品以魔幻手法叙述了一位精神异化的犯罪人的伦理故事。

主人公梅达杜斯是修道院的僧侣，禁不住诱惑喝了修道院珍藏多年的魔鬼万灵药水，从此具有双重天性，变得纵情享乐、充满邪恶。因为受到魔鬼控制，梅达杜斯陷入无可抑制的情欲与嗜杀状态中，辗转于理性与感性的双重人格之间，为了满足感官刺激，不惜杀人灭口，犯下多宗命案。案发后，梅达杜斯入监待刑，但在被处决前却峰回路转——一个与他长相酷似的疯癫修道士出来，代替他承认了一切罪行。在梅达杜斯与心爱的女人举行婚礼之际，他一眼瞥见替他服刑的疯癫修道士坐于死囚车内，梅达杜斯的良心瞬间被唤醒，在最后一次作恶后（杀死未婚妻），回到修道院，在忏悔中终其一生。[1]

该部小说情节之怪诞，开创了"梦幻现实主义"先河。霍夫曼笔下，主人

---

[1] 参见〔德〕E.T.A. 霍夫曼：《魔鬼的万灵药水——霍夫曼小说选》，张威廉、韩世钟等译，上海译文出版社2010年版。

公梅达杜斯分裂为四个形象：一是梅达杜斯同父异母的兄弟，二是梅达杜斯的父亲，二者均与梅达杜斯的长相一模一样，是他的同貌人与肉体的化身；另外两个人物——画家与疯癫修道士，则分别代表着主人公的两种"离魂"，虽然与梅达杜斯容貌不同，但是性格极为近似。以上四个形象中，每个形象皆为梅达杜斯"自我"映射的一部分，均代表着其特定的行为与心理特征；不仅如此，更令人毛骨悚然的是，梅达杜斯的每一个自我均能够敏锐地感受到另一个自我的威胁，彼此间互相争斗而痛苦难捱。正是采用这种"离魂法"，或者说是"分身术"，霍夫曼将主人公的犯罪心理非常形象化地揭示出来，充分证实了浪漫派小说家对自我扩张、性格分裂和人格多重化等艺术形象的情有独钟。

当代文学评论界始终认为，霍夫曼的作品是"人格分裂"主题小说的鼻祖，正是他将充沛、诡谲、多变的人之感性世界推上了文学舞台。如前所述，18世纪的启蒙理性将人从宗教之上帝与人间的皇权中解放出来，指导人们开启智识、祛除蒙昧，抵达肉体与精神的双重自由。然而，对客观理性的过分强调，遮蔽了人们对感性自我的关注，人类灵魂与客观世界间的返照逐渐疏离，情感与理性之间的矛盾日益积累；在凸显理性人之同一性与稳定性的同时，亦掩藏了感性人的差异性与多变性。霍夫曼的上述作品所涉及之主题，恰是启蒙思想家所忽略的感性人、多变人与非理性人的客观存在，这是对启蒙理性极端发展的一种有力回拨。霍夫曼作品的诞生，是对该时期刑法思想由纯粹客观主义向主观主义转化、由仅关注行为人外部行为向行为人内心世界的探索演进过程的鲜明脚注。

正义犹如空气般存在：格林兄弟与《格林童话》

德国兄弟雅各布·格林（Jacob Grimm，1785—1863年）与威廉·格林（Wilhelm Grimm，1786—1859年）以《格林童话》享誉世界文学界，而他们作为法学家的身份却鲜为人知。

知识链接

格林兄弟出生于德国黑森州的哈瑙,其父菲利普·威廉·格林从事律师工作,曾担任哈瑙公国城市和地方秘书及斯泰诺裁判官,中年因病去世。出于对父亲及其职业的景仰,格林兄弟于1802年开始在马尔堡大学学习法律,系统学习了自然法、国家法、私法、刑法、司法方法论、继承法、债法、罗马法等课程,并与弗里德里希·卡尔·冯·萨维尼这位未来的法学巨子接触和交往。上述经历,对兄弟俩日后的生活、文学创作和法学研究产生了巨大的影响。

我们先来了解一下作为法学家的格林兄弟。早年时,格林兄弟曾在法学院学习,与德国历史法学派大师萨维尼交往甚密。萨维尼的巨著《中世纪罗马法史》中,大量材料即来自雅各布·格林的摘录与考证。浸润于萨维尼的社交圈,格林兄弟认识了大批德国浪漫主义文学的代表人物,这也从另一角度孕育了格林兄弟"向往无限性,渴望冲向天空"的浪漫情怀。他们认为,"法和诗诞生于同一张温床,诗中蕴含有法的因素,正像法律中也蕴含有诗的因素,我们有责任把它作为一项遗产从祖辈那里继承下来,流传给后代"[1]。这也是威廉后来将主要精力用于搜集、整理德国民间文学的原因之一。1816年,雅各布在"历史法学派"的理论刊物——《历史法学杂志》上发表了一篇名为《论法之诗》的法学论文,对德意志古法的民族性格进行剖析,尤其指明了"古法中所蕴含的诗性因素"。雅各布指出,德国古法借助于诗歌的形式进行表达。德语中,法官被称为"发现者",他们"发现"了判决;本质而言,法官与诗人均为创作者,二者均负责创造规则、确定秩序。[2] 此后,雅各布出版了《智判询答汇编》(1840—1863年),其中搜集、整理了德国民间几乎所有的智判询答,包含着大量民间裁判者对法的解释,体现着"民间智者"对法的认知以及处理案件的智慧。雅各布对这些智判询答给予了非常高的评价,认为"其本质完全可以同一般民族语言、民歌相提并论","它们是德意志自然生成

---

1 舒国滢:《浪迹于法与童话之间——雅科布·格林印象》,载中国民商法律网,2004年5月。
2 参见舒国滢:《浪迹于法与童话之间——雅科布·格林印象》,载中国民商法律网,2004年5月。

的法律具有自由、高贵式样的极好证明。新的、变化着的和不断年轻化的法律,在其外形上总是包含着纯正血统的古代法律风习,它们虽然长期以来不再被适用,却被普通人所信奉,并且带着完全的敬畏……"[1]

文学领域中,《格林童话》(1812年)原名《献给孩子和家庭的童话》,是格林兄弟历经八年之久搜集、整理、加工完成的传说故事集,素材广泛流传于德国民间,蕴含着极其鲜明的德意志民族特色。1812年初版时,该部著作包含着严谨、繁琐的童话出处之考证,体现了格林兄弟作为法学学者所一贯秉持的学术态度,同时故事也保留着民间传说的原汁原味,其中不乏带有强烈的血腥、暴力等关涉伦理的场景描写;其后六度修改,第七版时,为了迎合孩子们的阅读需要,故事出处与考证均被删除,对故事内容也进行了严格审视,主体部分只剩下纯粹、美丽的童话故事,也就是我们现在看到的大多数版本。

开篇故事《青蛙王子》,小公主与青蛙王子之间的初次邂逅并不浪漫。向王子许下诺言后,小公主仗着自己的高贵血统与显赫地位,不仅知恩不报,而且屡次暗动杀机,企图置丑陋而善良的青蛙王子于死地。明智的国王看穿了小公

图5-1 1894年版《格林童话》封面
〔英〕赫尔曼·沃格尔(Herrmann Vogel)

---

1 舒国滢:《浪迹于法与童话之间——雅科布·格林印象》,载中国民商法律网,2004年5月。

图 5-2　《青蛙王子》，〔英〕保罗·曼纳林（Paul Menerheim）

主的意图，及时阻止了这场屠戮。这个故事巧妙地借国王之口对小公主背信忘义的行为进行了严厉斥责，批评了小公主恃强凌弱、以杀戮回应恩惠的劣行，并着重指出，凡事应当遵守契约，既然许诺，就一定要践行；天下生物一律平等，并不存在所谓的身份与地位的差异，即便高贵如小公主，卑贱如青蛙王子，二者之间也可能产生真挚的情谊……这就给小读者们上了人生最重要的一课。《桌子、金驴和棍子》则讲述了一个盗窃案件的民间版本。贪婪的酒店老板觊觎他人财物，屡次盗窃屡次得手，虽然自认为手段巧妙，最后仍然被罚以重刑，财物亦复归原主。故事中彰显着善恶有报、丝毫不爽的报应主义罪罚观。《圣母的孩子》带有浓厚的宗教主义罪罚观的色彩。小姑娘因难以抵抗的诱惑犯下重罪，圣母玛利亚连续赐给她三次忏悔救赎之机会，小姑娘均因无知无畏而错过。随着时间的流逝、年龄的增长，小姑娘逐渐意识到自己的罪愆，不愿再背负沉重的十字架，终于向圣母祖露心扉、认罪悔过。故事蕴含着浓厚的以宽容对待犯罪者的人道主义精神，将报应刑与教育刑观点有机融合在一起，向小读者暗示着：正义与报应虽然姗姗来迟，却从不缺席，而真诚的忏悔与赎罪，在任何时候都不会晚。《三片蛇叶》讲述了美丽的公主见异思迁、在轮船上杀害丈夫的故事。面对丈夫的尸骸，公主面不改色，不仅毫无忏悔之心，亦无承担罪责的勇气。值得注意的是，这个故事中的公主并未有"圣母的孩子"那般幸运,即便她百般抵赖、即便她哭诉哀求,智慧而正直的国王仍然秉持公道,并不因自己的孩子犯法而破坏国家的法度。最终,国王亲口宣布裁决结果——公主被判处极刑;行刑方式也很特殊,公主以何种方式残忍地杀害了丈夫,就以何种方式对公主行刑。整个故事彰显着"王子犯法与庶民同罪"的平等思想,同时带有"同态复仇"刑罚思想的鲜明烙印。《走进天堂的裁缝》通过一则啼笑皆非的寓言,形象地描述了刑事司法裁判过程中合法性与合理性的分裂与背离,启示小读者,只有上帝才是人类罪恶的唯一裁决者,他人无权滥施刑罚、定人以罪。该种刑罚思想的阐述也与当时的宗教刑罚观具有千丝万缕的联系。[1]

进一步分析,《格林童话》中的故事情节涉及诸多法律元素,其中阐述了包括以"生命、健康、自由、财产"四大法益为重点的刑法保障对象。不仅如此,每个故事中,还针对加害者的犯罪动机、心路历程、措施手段等进行了详尽的分析,同时亦对被害者是否具有过失等情况进行了探讨,彰显着浓郁的报应刑与教育刑相结合的刑罚观。可以说,格林兄弟成功地将自己对法文化与法精神的理解融入了生动、有趣的故事中,以浅显、平实的语言向小读者们传递着对正义与公平的憧憬与向往。事实上,如果希望从文学创作中追寻德意志帝国的法律精神与气质,不妨对原始版本的《格林童话》进行剖析与解读,可能会获得更为准确、丰富的信息。

如今的《格林童话》,已经被列入联合国教科文组织的"世界记忆"项目——浓厚的民族特色与独特的儿童视野,使作品具有超越岁月流逝与民族隔阂的魅力。可以说,19世纪以后的欧洲人是听着《格林童话》成长起来的。儿时的记忆难以磨灭,对人一生的思想与气质的影响更是潜移默化。它虽然只是一部童话故事集,却蕴含着丰富的人生经验,传达着精湛的人生智慧,蕴藏着拙朴的正义观与惩罚观。《格林童话》于刑法思想发展最大的贡献是,其虽然未涉及"刑

---

1 〔德〕格林兄弟:《格林童话精选》,司马仝译,人民文学出版社 2003 年版。

律或刑罚"之一字一句，却透过动听有趣的童话故事，给小读者塑造了正确的善恶价值取向，亦帮助他们建立起自我保护、避免受害的观念，令小读者深切地感受到：公平、正义、慈爱、宽恕的存在犹如空气般萦绕于他们的身边，精心地呵护着他们面对未来、走向成熟。

第六讲
浪漫主义双子：从湖畔诗人到沙场勇士

讨论文本

- 《曼弗雷德》
- 《解放了的普罗米修斯》
- 《古舟子咏》
- 《该隐》
- 《钦契一家》

导言

与德国浪漫主义思想的长驱直入、引吭高歌不尽相同，英国浪漫主义思想的发展走了一段较为迂回的道路。面对法国启蒙思想的理性风暴席卷一切的态势，面对日新月异快速发展的资本主义社会制度，在英格兰，民族的隐性自卑与对现实世界愤懑不平的情绪被对自然的青睐与崇尚代替，自然美景成为英国浪漫派作家寄托自由理想的伊甸园。"湖畔派"诗人威廉姆·华兹华斯（William Wordsworth，1770—1850年）[1]与约翰·济慈（John Keats，1795—1821年）[2]是其中的杰出代表。二人均对英国工业文明深恶痛绝，谴责人类在所谓的文明与理性中迷失了自我，将远离尘嚣的自然风光作为诗歌主题，作品包蕴着对理性主义、感性世界的挤压、束缚的不满与抗争。但是，"湖畔派"诗人的寄情山水、隐遁

---

[1] 华兹华斯，出生于富有的律师之家，与柯勒律治、骚塞同被称为"湖畔派"诗人，是英国最早的浪漫主义作家。他们厌恶资本主义的城市文明和冷酷的金钱关系，喜爱大自然，远离城市，隐居在昆布兰湖区和格拉斯米尔湖区，由此得名"湖畔派"。

[2] 其父是马厩领班，其母早逝，自学成才，诗才横溢，与雪莱、拜伦齐名。济慈短暂的一生谱就了《圣艾格尼丝之夜》《秋颂》《夜莺颂》和《致秋天》等著名诗篇，被认为完美地体现了西方浪漫主义诗歌的特色，并被推崇为欧洲浪漫主义运动的杰出代表。

出世，显然与蓬勃发展的资本主义进取精神不相适应，因而逐渐枯萎。继"湖畔派"之后，英国浪漫派文学的衣钵由拜伦、雪莱所承继，他们的灵魂自由漫步于云端深处，双足却始终扎根于现实土壤，作品取材于世俗社会，语言朴素清新，感情热烈奔放，内容隽永深刻，突出人的内心宇宙领域，宣扬人独立于理性的自在、自为、无限的精神世界，将英国浪漫主义文学推向巅峰。

本讲将向大家介绍五部英国浪漫主义时期的经典文学。拜伦的作品《曼弗雷德》，主人公自知原罪加身，却至死都保持着精神的独立与完整，将生与死、罪与罚的权力紧紧攥在自己手中。《该隐》一剧则探讨了人之降生、受难、犯罪、受罚、死亡等一切变故的悲剧性根源，并对人类的苦难寄予深切同情，"拜伦式英雄"的反抗、怀疑、叛逆、狂烈等个性，在这部著作中得以极致演绎。雪莱的诗剧《解放了的普罗米修斯》洋溢着对人类未来的殷切期望，其中融入了与卢梭观念相同的"以暴力推翻暴力""以暴力实现平等""以暴力维持正义"等激进思想。值得一提的是，浪漫派诗人们一贯不主张暴力斗争，而强调用爱与宽恕来解决人间纷扰，但在这部作品中，雪莱却冲破了这种观念的束缚，将"暴力"推上哲学的高度。这一思想在雪莱脑海中逐渐成熟、坚定，待到发展至剧本《钦契一家》时，雪莱几乎是带着赞美的情感来揭示"以暴制暴"的历史发展客观规律。《古舟子咏》是英国浪漫派作家塞缪尔·泰勒·柯勒律治的代表作，运用极其简朴的语言讲述了一个"罪与罚"的寓言故事，以诡谲魔幻的超自然氛围，塑造了一幅彰显因果报应的水墨画，通过超自然的神力，将骄傲膨胀的人性拉回原始简朴的罪刑报应之链环，迫使人类透视自己的渺小，读懂因果报应丝毫不爽的自然法则，旗帜鲜明地提出了对当时横扫一切的"人类理性"的批判，整部作品从自然法的高度诠释着古典学派报应刑的观点，体现了罪、罚、赎之深刻主题。

乔治·戈登·拜伦的浪漫主义作品

出生于古老贵族家庭的乔治·戈登·拜伦（George Gordon Byron，1788—1824

年），是19世纪西方文化精神的重要代表之一。其作品中的"拜伦式英雄"，总是具有极强的异己性，他们在自然精神的牵引下，向着与人类法律规则与道德伦理相反的方向一路飞驰。一方面，"拜伦式英雄"正视现实、勇于承受罪责；另一方面，他们又至死不悔、傲然走向毁灭。正是这种叛逆狂放、桀骜不驯的魅力，征服着古往今来的各国读者。

> **知识链接**
>
> 　　拜伦，英国19世纪初期伟大的浪漫主义诗人、革命家。出生于英国一个古老没落的贵族家庭。父亲曾供职于英国海军。拜伦十岁时，继承了家族的爵位与庄园，被称为拜伦勋爵。先后就读于哈罗公学和剑桥大学，酷爱历史、哲学与文学，获硕士学位。代表作品有《恰尔德·哈罗德游记》《唐璜》等。
>
> 　　"拜伦式英雄"是指19世纪英国浪漫主义诗人拜伦作品中的一类人物形象。他们热爱生活、追求幸福、拥有火样的激情与强烈的反叛心理；他们高傲倔强，敢于蔑视现存制度，是罪恶社会的反抗者；但同时又显得忧郁、悲观，傲然孤独，我行我素，好走极端。他们的思想基础是个人主义和自由主义，斗争往往以失败告终。

　　事实上，拜伦本身亦体现着那个不朽时代的激情，他所特具的"普罗米修斯"式孤独的反抗精神，在19世纪欧洲人的精神生活中激起了极大反响。我们可以看见，拜伦的身上体现着多种极限精神的混合——敏感狂暴的气质、深沉细腻的情感、放浪形骸的欲望、孤高抑郁的内心；他高大英俊却生来跛足、出身贵族却具有平民般的反抗意识[1]；他文思激进却恪守古旧文体、崇尚自由却难以摆脱对传统伦理评判的重视、痛恨战争却又热衷于"争取民族自由的战役"……最终，拜伦抛弃手中之笔，投入如火如荼的希腊民族解放战争[2]，以生命为文本谱就了世

1　1811年，英国国内阶级矛盾激化。为了镇压工人运动，英国上议院提出了对破坏机器者处以死刑的血腥法案。拜伦在上议院发表演说，慷慨激昂地抗议这一反动法案，写下《"编织机法案"编制者颂》一文，抗议英国统治者对人民的残酷压迫。参见〔英〕拜伦：《拜伦诗选——曼弗雷德》，查良铮译，上海译文出版社2005年版，序。

2　1453年，东罗马帝国首都君士坦丁堡陷落，希腊被奥斯曼帝国统治。1820年的希腊民族解放运动是反对奥斯曼帝国的独立战争，也是西方基督教和中东伊斯兰教之间的又一次冲突。战争持续了12年，1832年，希腊独立。

间最为瑰丽的诗篇。[1]

　　拜伦与众不同的文化素养与精神特质,可以从其独特的家族背景中搜寻到端倪:首先,家族气质造成了拜伦激情、放纵、狂暴的心理秉性。拜伦的祖父是海军上将,人称"天不怕地不怕的爵爷",屡立战功、获得封爵;拜伦的叔父性格古怪,人称"魔鬼勋爵",其仇人极多,因而在上衣的每个口袋内均放有一把火枪;拜伦的父亲是近卫军上尉,服役非洲时多次诱拐勋爵们的妻子私奔,在花光她们的积蓄后弃之而去——拜伦的母亲凯萨瑟是一位富有的苏格兰女继承人,亦在拜伦三岁时被丈夫抛弃。[2]值得注意的是,不仅是父系氏族基因蕴含着不稳定因子,拜伦之母凯萨瑟的家族亦不普通。凯萨瑟本身是一位"热情而神经质的"女子,其家族史上"企图自杀或毒死他人者不乏其人",她的祖先"第一代被溺死,第二代被害死,第三、四代被绞死"……被拜伦的父亲抛弃后,隐藏在凯萨瑟血液中疯狂、暴虐的基因被激发,她经常喜怒无常地对待幼小的拜伦。因而,难以控制的激情与放纵不羁的行径,是拜伦无可选择地对家族气质的继承。其二,先天跛足的生理缺陷,在高大英俊、敏感好强的拜伦心中激起强烈的仇恨,常常使他有自杀和杀人的双重冲动。与其叔父相似,七岁时小拜伦的口袋中就藏着玩具手枪,以后的日子里更是经常携带枪支,于潜意识中体验着犯罪的快感。第三,拜伦的情感生活放荡不羁,这也许来自其生父的遗传基因,或者自己被父亲遗弃的悲惨经历,拜伦与同父异母的姐姐奥古丝塔的肉体结合,是违背了人类古老戒律的乱伦行为,他却将之视作最甜蜜的感情与体验。总之,特殊的家族背景、幼年经历以及心理成长轨迹,影响着拜伦成年以后的人格特征。阅读拜伦的

---

[1] 1823年8月3日,拜伦抵达希腊凯法利尼亚岛。1824年1月22日,他被希腊独立政府任命为希腊独立军一个方面军的总司令。其后的战争中,拜伦因操劳过度而患病,4月9日出行遇雨,受寒患疟。4月18日夜间,他在昏迷中呓语:"前进,前进,要勇敢!"4月19日,拜伦去世。希腊独立政府宣布为拜伦举行国葬,停战三天。灵柩抵达伦敦后,英国政府和教会却拒绝将拜伦遗骨安葬于威斯敏斯特教堂,后葬于纽斯泰德附近的赫克诺乡,墓志铭由拜伦同父异母的姐姐奥古丝塔撰写:"他在1824年4月19日死于希腊西部的迈索隆吉翁,当时他正在英勇奋斗,企图为希腊夺回她往日的自由和光荣。"参见〔法〕安德烈·莫伦亚:《拜伦情史》,沈大力、董纯译,中国文联出版社2001年版,第10页。

[2] 参见〔法〕参见安德烈·莫伦亚:《拜伦情史》,沈大力、董纯译,中国文联出版社2001年版,第11—14页。

作品,我们时刻可以目睹如此动人的一幅画卷:单枪匹马、冒着枪林弹雨的拜伦勋爵,凭借着火样的激情,以"自然人"的率真狂暴地撞击着现代文明的坚硬外壳,屡次失败,却虽死无憾。为了肉体的绝对解放与精神的绝对独立,除了拜伦,西方历史上没有任何一个文学家敢于对人类文明作出如此全面、彻底、深刻的否定。

意志独立、精神自足的"拜伦式英雄":《曼弗雷德》

诗剧《曼弗雷德》(1817年)完美体现了集孤独、骄傲、浪漫、暴躁、思索、不屈于一身的"拜伦式英雄"走向毁灭的历程,表达了拜伦对世间传统文化观下罪罚思想的反思与背叛。

曼弗雷德是阿尔卑斯山一座城堡的世袭贵族,性情孤傲、博学智慧、精通魔法,却一直为自己曾经犯下的一桩弥天大罪而饱受折磨。作品第一幕,他唤来大地、海洋、空气、黑夜等精灵,请他们帮助自己忘却过去的罪恶。但精灵们只能给予他"王国、权力与长寿",无法满足他忘却罪恶的愿望;精灵们提示他可以去死,但曼弗雷德说:死后而灵魂不灭,还是不能忘掉自己。第二幕,地狱之王阿里曼涅斯答应从墓穴中为他唤来死者阿丝塔忒的幽魂——曼弗雷德痛苦、绝望的秘密就在她身上:她是曼弗雷德的继妹,与曼弗雷德发生了关系,后来曼弗雷德在悔恨、羞愤中杀害了她。面对曼弗雷德关于"宽恕与怨恨"的追问,阿丝塔忒的亡魂沉默着隐身而去,未作回答。第三幕,曼弗雷德作出了拜伦式顶天立地的选择,他孤傲地拒绝了修道院院长的劝导与邪恶精灵的引诱,割断了与天堂、地狱的一切联系,毅然扮演起公诉人、审判官、犯罪者的三重角色,将生与死、罚与恕的权力紧紧握在自己手中,认为"我"即绝对自足的、不需要他物相助而成的个体——"有罪或无罪只是我自己的事",他断然为自己定了罪,随后倒地而毙,灵魂凌空而去。[1]

---

1 梗概及本节所有引文来源于〔英〕拜伦:《拜伦诗选——曼弗雷德》,查良铮译,上海译文出版社2005年版。

图 6-1、6-2　《曼弗雷德》插图，〔英〕亨利·柯波尔（Henry Corbould）、〔英〕理查德·韦斯特沃（Richard Westall）
图 6-1，曼弗雷德与阿丝塔忒的甜蜜恋情；图 6-2，曼弗雷德拒绝神父奉劝其忏悔、升入天堂

　　从该部诗剧考察，主人公曼弗雷德孤高自傲、博学多才，却对人类理性知识感到失望，于孤独愤世中过着幽居生活。他自知原罪加身，在世间与仙界苦苦寻找救赎之道，终未如愿，大限来临之时，即恍然大悟之际。临终时，他拒绝了神父劝其忏悔以进入天国的说教，也抵御了魔鬼将他拉入地狱的诱惑，至死都保持着精神的独立与完整，维持着反抗到底、绝不妥协的斗士形象。可以说，这部作品是拜伦情感经历的真实写照，暗含其与同父异母的姐姐奥古丝塔的情感故事，全面记录了拜伦在这段不伦之恋后陷于道德与伦理的严厉制裁、心理与生理辗转挣扎的历程。事实上，在拜伦的意识深处，对于自己与奥古丝塔的感情，并无真正的罪感，他渴求打碎人类一切伦理与规则设置的桎梏，将这段情感视作一段自然而生的经历，视作社会理性与人间律令强加给他原始灵魂的痛苦与无奈。

　　对比歌德笔下的浮士德博士，曼弗雷德的精神世界与其如出一脉，却又大不相同：为了追求对善与恶的体验，浮士德将灵魂抵押给魔鬼，与后者相伴而行、游历世间,最终,上帝出面,拯救了已经坠入魔鬼手中的浮士德的灵魂。曼弗雷德则不仅蔑视上帝、蔑视各种精灵,而且也蔑视死神;他不仅蔑视神权的一切,对世间的法律、道德、伦理亦一并摒弃;他认为自我即绝对的自足、自由与独立,始终将生与死、罪与罚的权力紧紧攥在自己手中。从此角度分析,歌德在狂飙突进运动中酝酿而出的思想,远不如拜伦的理念热烈、极端、不受拘束,文学史学者勃兰兑斯认为:"这就是拜伦充满男子汉气概的伦理观点。他必须一直攀登到那已经超越雪线、不容人类的弱点和委曲求全有任何立足之地的峰峦之巅,他的灵魂才能够自由地呼吸。"正是在此点上,勃兰兑斯认为《曼弗雷德》所承载的"自足、自由与独立"之意义,甚至超过了歌德的作品——《浮士德》。

质疑权威、挑战宿命的"自由之子":《该隐》

《该隐》(1821年)是拜伦最优秀的诗剧之一,在世界文学史上具有重要意义。自从《圣经·创世纪》记载"该隐杀弟"以来,该隐就成为万恶不赦的悖德者与渎神者。关于此案,《圣经》的记述极其简略:"亚当与夏娃被赶出伊甸园,同房后生了该隐与亚伯。该隐种地、亚伯牧羊。献祭时,该隐拿地里菜蔬果粮为供物;亚伯将头生羊羔为供物。耶和华喜欢亚伯的供物。后来该隐在田间杀死亚伯,被上帝定罪驱逐,漂流异乡。(4:1—4:16)"[1]

圣经故事中的该隐,原本是一个丰富、复杂的个体存在,却被无限压缩、定格为一

图 6-3 该隐杀亚伯
〔法〕丹尼尔·克雷斯波 (Daniele Crespi)

---

1 《旧约·创世纪》,第4章。

个"可耻"的象征。其后,无人尝试着思考事情的前因后果,也无人试图理解该隐在谋杀胞弟行为之前、之时、之后的复杂心理。《圣经》的简略记述,留给后世文人以丰富的想象空间,拜伦采用《圣经》中该隐杀弟的故事,却以与正统教义截然对立的精神加以诠释。在拜伦笔下,该隐不再是一位罪人,而是一位拥有理性、敢于怀疑、拥有自己欲望与要求的青春人类的代表,这种反叛精神在该隐与堕落天使路西法的角色塑造上得以最大彰显。

亚当、夏娃带着子女向上帝献祭,众皆虔诚,唯长子该隐漠然。众人离去,独处的该隐,开始困惑于生命的意义:"为何要如此艰辛地劳动?为何无辜的子女要承受父母的罪过?为何采食知识之果就要受苦?难道因为上帝全能,他就是至善?"天庭的反叛者路西法闻声悄然而至,他欣赏该隐的诘问,并视该隐——这个地上的反叛者为同类,顺势而为地引导后者,使得他本已膨胀的愤懑与叛逆情绪被推至极点。而另一方面,路西法又带领该隐遍游黑暗王国,使得该隐洞悉人类的本质即虚无,进一步思考存在的意义。回到大地后不久,该隐就沦为人类历史上"第一个"杀人凶手。事情是这样的:在献祭耶和华的仪式中,亚伯带血的羔羊受到青睐,该隐洁净的果蔬却被阵风吹落于地。该隐的愤懑终于沸腾了,他扬手掀翻了祭坛;一旁的亚伯惊呆了,随之上前阻止,该隐却操起祭坛上的木棍,打倒亚伯。于

图 6-4 《该隐被流放》,〔法〕费尔南多·柯尔蒙(Fernand Cormon)

是,在该隐的"激情"与"过失"之下,谋杀与死亡降临人间。人间第一个犯下杀人之罪的该隐,遭到父母及亚伯之妻的谴责和诅咒。唯有妻子亚德对他不离不弃。埋葬亚伯之后,亚德随他一起接受天罚,踏上流亡之途。[1]

《该隐》一剧的最大价值,在于其探讨了人之降生、受难、犯罪、受罚、死亡等一切变故的悲剧性根源,并对人类的苦难寄予深切同情,"拜伦式英雄"的反抗、怀疑、叛逆、狂烈等个性,在这部著作中得以极致演绎。该隐,亦即《圣经》中受到惩罚的"人类第一位杀人犯",在拜伦的笔下被描述成第一个反抗上帝的叛逆者,而上帝则被塑造为丧失公正、嗜血专制的独裁者。不同于亚当、夏娃受苦劳作、希冀回赎来生幸福的伦理观,也不同于弟弟亚伯毫无反思能力的习惯性恭顺,热爱思考、不愿承受苦难、厌恶劳作的该隐时刻追问的是:"难道追求智慧、脱离蒙昧的行为在上帝的法典中是一种罪恶吗?即使是一种罪恶,父母的罪行又为何必须延及无辜子女?如今生存状况艰辛苦涩、远非享乐幸福,却为何还要虔诚地向上帝表达感激之情?有限的生命固然难免一死,人生的意义又在何处?"借助该隐这位离经叛道、充满着愤懑与疑惑的思想者之口,拜伦对上帝的权威性提出挑战,对上帝因为人类追求智慧的行为而施以的惩罚提出质疑,同时对父母犯罪、株连无辜子嗣的刑罚逻辑大加诘问。这些尖锐的质疑响彻寰宇,进而通过与灵物之主路西法的对话进一步归结为对其绝对的批判。

与《浮士德》中与上帝打赌的魔鬼不同,拜伦创造的路西法是严肃、认真的,是一个自由的精灵,也是一个敢于反叛的骄傲的精灵。与该隐十分相似,路西法因为不愿说谎谄媚、阿谀奉承,才被赶下世袭宝座,却毫不屈服,在宇宙中他的存在,正如他的对手——上帝那样永恒不朽。对于该隐而言,路西法是人类最好的朋友,因为他制止了该隐对他的盲目信仰与服从,同时亦拒绝了该隐对他的顶礼膜拜与感恩戴德之情。他只是作为引路者,指引该隐自己去看、去发现、去思考。在路西法的引导下,该隐邀游了宇宙,观到了过去、现在与未来,也瞥

---

[1] 梗概及本节所有引文来源于〔英〕拜伦:《拜伦诗选——该隐》,查良铮译,上海译文出版社2005年版。

图 6-5 《该隐与路西法》
〔法〕皮埃尔·奥古斯特·库特（Pierre-Auguste Cot）

见了死亡。一想到所有这一切耻辱与磨难还将世代延续，倔强的该隐就不由得感到愤怒与绝望——他甚至试图杀死亲生儿子，从而彻底封堵那苦难延续的源泉。

可以说，该隐是曼弗雷德叛逆性格的继承与升华，其中蕴含着拜伦本人对宗教信仰的怀疑与剖析，他对人类存在的一切悲剧——出生、受难、犯罪、刑罚、死亡之源头进行了睿智而悲悯的展示，其中闪现着穿透一切、洞察一切的感性力量。在悲哀的理性世界中，在沉郁的感性生涯里，曼弗雷德毅然选择了一条自我审视、自我宣判、自我毁灭的道路，彻底抛弃了上帝的神性与撒旦的魔性；而该隐在洞悉人生的虚无与宿命后，亦对上帝的律令发出愤怒的谴责，成为人间的第一位谋杀犯，因此被迫走上流离漂泊的道路。

无论是曼弗雷德，还是该隐，均将自己的生命逼向悬崖绝壁，以向死而生的方式主动逾越了被决定的客观存在，并以此方式做出对上帝、对魔鬼、对冥冥之中命运的激烈反叛。尽管如此，他们心中的忧郁与悲哀，却并未随其自觉选择而荡然消逝。可以看到，曼弗雷德与该隐的形象，无不昭示着一种轰轰烈烈、激荡着悲剧之美的人生抉择。从他们身上，我们清晰地捕捉到拜伦的身影，因此不难理解，在写下诸多狂放不羁、否定一切人类道德与伦理的作品的同时，他又为何倾其所有、以极大的热情投入意大利与希腊的民族解放运动，最终献出自己的生命。

不得不提的是，诗剧《该隐》中，拜伦还塑造了一位令人感动的人物，与该隐离经叛道的行径形成强烈对照——该隐之妻亚德。亚德代表着与该隐的怀疑、叛逆与失败相抗衡的另一种力量，即无条件的爱、怜悯、宽恕与希望。如果说该隐在智慧中迷惘，那么亚德则在爱恋中坚定，这种爱不仅包含着对上帝全善全能的坚信，还有对该隐不离不弃的浓烈的人伦之情。该隐举目所及的都是毁灭和灾难，亚德看到的却是万物生机、爱情与幸福；当该隐必须在爱与知识之间作出选择时，她殷切地规劝他："选择爱，该隐啊，选择爱吧！"当路西法要引领该隐遨游寰宇时，她哀悯地反复追问着路西法："他真的能回来吗？他一定能回来吗？"当该隐杀死了弟弟亚伯，被一切人诅咒和唾弃时，她对该隐说："我什么也不怕，只怕离开你，我不会抛弃你，我愿与你分担重负。"正是亚德，这位美丽可爱的女性，以柔弱的肩膀勇敢地分担了人类最初遭受的惩罚，以包容的爱心与真挚的同情，给绝望中的该隐带来了温暖与希望。拜伦安排虔诚、忠贞的亚德伴随叛逆者该隐踏上茫茫的赎罪之路，正暗示着崇尚反思与背叛的拜伦始终在理性与信仰之间徘徊，无法在理性的坚守与信仰的诱惑之间作出抉择。而这又恰恰从另一个侧面——从文学史上最为放浪形骸、激进极端的浪漫派诗人作品中，解剖出近代西方人对科学理性与宗教信仰所抱有的难以排解的矛盾心绪。诚然，拜伦笔下的英雄均是远离世俗甚至离经叛道的；但他们又深爱着人类，这种爱既包含着古希腊普罗米修斯般的急切，又孕育着古希伯来该隐式的反叛，同时彰显着基督教耶稣般的深沉。

珀西·比希·雪莱的浪漫主义作品

珀西·比希·雪莱（Percy Bysshe Shelley，1792—1822年），英国浪漫主义运动的代表诗人，是与拜伦齐名的又一位浪漫主义时期的文坛巨匠。雪莱的作品深受卢梭思想的影响，具有如火的热情与思辨的色彩，风格自由不羁、飞扬灵逸，尤其擅于对民众耳熟能详的古典神话信手拈来、加以改造，赋予其崭新的时代符号。如果说拜伦是一个充满忧郁情绪的"孤独的反抗者"，雪莱则是一位对人类命运充满信心的"天才的预言家"。

> **知识链接**
>
> 雪莱，出生于英格兰萨塞克斯郡霍舍姆附近的的一个富有家庭，其祖父是获封男爵，其父是议员。1810年，因一篇离经叛道的哲学论文《无神论的必然性》被牛津大学开除，家庭也和他断绝了关系。代表作有《西风颂》《麦布女王》《解放了的普罗米修斯》《钦契一家》。他充满战斗热情，在诗歌中表达了当时欧洲最先进的思想，被马克思和恩格斯赞誉为"真正的革命家"与"天才的预言家"。

"哲学日历中最高尚的殉道者"：《解放了的普罗米修斯》

雪莱的诗剧《解放了的普罗米修斯》（1819年），洋溢着对人类未来的殷切期望，其中融入了与卢梭观念相同的"以暴力推翻暴力""以暴力实现平等"和"以暴力维持正义"等激进思想。

古希腊"悲剧之父"埃斯库罗斯曾经创作了以普罗米修斯形象为主线的三部系列剧：《被缚的普罗米修斯》讲述了普罗米修斯为人类盗取火种，被宙斯囚禁于高加索山脉、受尽酷刑折磨的故事；《被释放的普罗米修斯》则描述了普罗米修斯与宙斯重修旧好、大力神赫拉克勒斯终将普罗米修斯锁链砍断的经历；《带火种的普罗米修斯》讲述了雅典人民对普罗米修斯英雄事迹的怀念，歌颂了这位带给人类光明与希望的先知。雪莱对埃斯库罗斯第二部作品明确表示过质疑，在他心目中，普罗米修斯与宙斯的和解行径令人费解。这一观点在诗剧《解放了的普罗米修斯》的"序言"中有所表述："说实话，我根本反对那种软弱无力的结局——一位人类的捍卫者与人类的压迫者去和解。普罗米修斯受了那么多苦，说了那么多激烈的言辞，如果认为他竟然会自食其言，向他那耀武扬威、作恶造孽的仇人低头，那么，这部寓言的意义可能完全丧失。"[1]于是，雪莱挥笔对埃斯库

---

1 〔英〕P.B.雪莱：《解放了的普罗米修斯》，载江枫主编：《雪莱全集》（第三卷），江枫、顾子欣译，河北教育出版社2000年版，序言。

罗斯的悲剧进行改造，使暴君垮台，普罗米修斯取得了完全的胜利。雪莱笔下，普罗米修斯被演绎为一位永不屈服、始终如一地捍卫着人类利益，代表着人类爱、苦难与坚定信念的精神图腾。

第一幕中，被绑在高加索山上的普罗米修斯，承受着巨大的痛苦。宙斯的使者劝说道："孤独一人反对权威，永远不能得胜"，无论他用永世的残酷惩罚相威胁，还是用享受声色的欢乐相诱惑，都未能动摇普罗米修斯的意志与决心。随使者前来的女鬼不失时机地向普罗米修斯展现人间的惨景——"人类的心灵已经被戳穿，用恐怖填补；伪善和习俗充塞着他们的头脑；有善心的没有权势，有权势的没有善心；聪明者需要仁爱，仁爱者却得不到聪明；世上一切均一团糟"，企图以此刺伤普罗米修斯的心，彻底摧毁他对人类的希望。看到此情此景，普罗米修斯心痛至极。该幕诗剧描述了在失去普罗米修斯的庇护与引导之后，人类社会呈现出一片颓废沦落的景象，暗示着失去了信仰与伦理双重标准的世界，将是行尸走肉的天下。

第二幕中，雪莱借普罗米修斯之妻阿西亚之口，叙述了天庭的变迁史。"普罗米修斯用智慧和力量帮助宙斯打倒父王克洛诺斯，取得权力，并为他戴上金冠，条件只有一个——让人类获得自由。但是登上统治者宝座的宙斯转眼忘掉忠信、仁爱与法律；落在人类身上的，首先是饥荒，接着是劳苦和疾病，争执和创伤，还有可怕的死亡；他又把强烈的欲望、虚伪的道德，一起塞进他们空虚的心灵，引起了相互的残杀。"该幕戏剧中，雪莱以希腊神话故事为摹本，描述了人类社会早期君主与民众之间的"契约行为"。第三代神祇之王宙斯成功杀父篡位，普罗米修斯功不可没，但是这位人类的制造者与导师并未谋求私

图 6-6《被缚的普罗米修斯》
〔比〕雅各布·约尔当斯（Jacob Jordaens）

利,而是作为中间人,希望能够从宙斯处为人类争取到基本利益——生存与自由。遗憾的是,宙斯并未履行承诺,将契约中规定的"仁爱、法律、忠信"抛弃一边,反而用饥荒、疾病、争执、创伤乃至死亡回报人类。

第三幕中,宙斯骄傲地诉说着自己与海洋女神忒提斯的结合,生出的第二代将是更强者,可为其永保天庭的统治权。正当宙斯得意非常时,他听到了儿子"时辰"的车轮声。"时辰"出现在舞台一角,它没有形体、来去无踪,但所有人均会感受到其存在与威力——唯有他,才是宙斯的掘墓者。如今,真相大白,普罗米修斯藏在心中的预言就是"宙斯和忒提斯所生之子将推翻宙斯"。而他为了保护"时辰"不受宙斯的戕害,暴虐愚昧的统治者的宝座不至于永恒不殆,才忍受了三千年苦难。宙斯终于陷入了命运的安排,"时辰"乘车来到天庭,以碾压之势结束了宙斯的统治。雪莱相信,暴虐的统治再强大,也休想征服人心,暴君终将被毁灭。在这场剧目中,历史发展中较为抽象的"必然性",被诗人形象化为精灵"时辰",它无形无体、悄无声息,却具有任谁也无法抗拒的主宰力。[1]

《解放了的普罗米修斯》是一首人类解放自己的壮丽颂歌。诗人雪莱将希腊神话中的普罗米修斯塑造成为了人类的自由而不屈不挠进行斗争的伟大战士。他怀着对人类的爱与信心,忍受着暴君的残酷迫害,终于赢得了时间,解放了人类,因而被赞美为"哲学日历中最高尚的殉道者"。通过诗作,雪莱阐述了这样一个哲学命题——任何似乎不可动摇的统治性力量,无论是思想体系还是政治制度,都不是永恒的,它处于不断运动、变迁的过程中,最终一定会被新鲜事物所覆盖和埋葬。雪莱设计宙斯的儿子"时辰"来毁灭宙斯统治的王国,颇有深意。在雪莱看来,暴虐统治的本身即会带来毁灭,这一点与卢梭"以暴力推翻暴力"平等性之观点颇为相近。值得一提的是,浪漫派诗人们一贯不主张暴力斗争,而是强调用爱与宽恕来解决人间纷扰;但在这部作品中,雪莱却冲破了此观念的束缚,将"暴力"推上哲学的高度,使它成为一种伴随着"时辰"行进的普遍性规

---

[1] 引用部分来源于〔英〕P.B.雪莱:《解放了的普罗米修斯》,载江枫主编:《雪莱全集》(第三卷),江枫、顾子欣译,河北教育出版社2000年版。

律。这一思想在雪莱脑海中逐渐成熟、坚定，待到发展至剧本《钦契一家》时，雪莱几乎是带着赞美的情感来揭示"以暴制暴"的历史发展客观规律。

别无选择：《钦契一家》

《钦契一家》（1819年）是雪莱最为成熟的作品。1599年，曾经发生了一桩轰动意大利的刑事案件。教皇的宠信钦契伯爵暴戾成性，变态骄横，殴打妻子、害死亲子，甚至强奸亲生女儿，却因以金币与葡萄园贿赂教皇，屡次逃脱法律制裁。面对羞辱与伤害，女儿诉诸无门，雇用刺客杀死钦契。法官最初宣判女儿无罪，但在教皇的坚持下改判，处死女儿。[1] 这个在意大利家喻户晓的悲剧使得诗人深受震动，激起了他强烈的创作欲望，遂根据该案创作出五幕诗体历史剧。

第一幕，介绍了钦契伯爵的斑斑劣迹，少年时代就胡作非为，成年亦不思悔悟，"淫邪纵欲与杀生害命"，"犯下了成千条不可饶恕的罪过"；进入老年，更是变本加厉地满足自己邪恶的欲望。钦契罪恶的行为也铸成了家庭悲剧：为了占有儿子们的封地，他将儿子们贬黜出罗马；他疯狂地觊觎女儿贝特丽采，希望在她身上满足自己的欲望。一次舞会上，钦契得知两个儿子死亡的消息，欣喜若狂，邀请宾客举杯庆祝。贝特丽采愤怒之下当众揭露了父亲的行为，勇敢地请求参加宴会的主教、亲王和亲友们给予保护，宾客却带着震惊一哄而散。该幕是故事发生的背景介绍，叙述了贝特丽采的可悲的家庭原生环境，也暗示着无法获取任何外来力量保护自己的贝特丽采，最终将采取血腥的方式完成对整个家族的救赎。

第二幕，贝特丽采向教皇呈递的控诉钦契罪行的信被原封退回，希望全部落空。她转而借恋人奥尔辛诺之力再次向教皇呈递诉状，却被拒绝。钦契的长子基亚珂摩由于父亲霸占了母亲的嫁妆，希望教皇依照法律帮他收回财产。教皇不但不主持公道，反而偏袒钦契，斥责子女不孝，基亚珂摩心中也激荡着复仇的热血，遂与妹妹贝特丽采结为同盟。该幕中，叙述了贝特丽采依照正常程序诉诸恰当手段提出诉求的种种尝试，希望能够借助公力救济来阻止父亲可耻、荒诞的行径，却屡遭打

---

1 〔英〕P.B.雪莱：《钦契》，载江枫主编：《雪莱全集》（第四卷），江枫译，河北教育出版社2000年版，序言。

击,无法将父亲的罪恶阻挡于未然,这就为剧情的进一步发展埋下伏笔。

第三幕,贝特丽采意识到一旦控告法庭,自己将身败名裂,家族名誉也将丧失殆尽,于是下决心杀死钦契。于是兄妹相约,雇佣杀手玛尔齐奥。然而关键时刻,基亚珂摩犹豫不决,失去良机。该幕中,恶魔般的父亲终于对女儿实施了侵犯。面对人性泯灭的父亲,贝特丽采决定以私力救济作为恢复自己荣誉的唯一手段,解救整个家族于厄运之中。

第四幕,钦契再次兽性大发,被贝特丽采拒绝,恼怒之下,钦契发誓要让女儿"抱着绝望和污辱死去"。贝特丽采坚信,杀死禽兽般的父亲是铲除罪恶的正义行为,她准备亲手杀父。杀手玛尔齐奥被她的气势感动,进入钦契的卧室,将他掐死。这时,罗马教皇的使者驾临,发现异常,逮捕了所有在场的人,押送罗马教皇处审。该幕所描述的场景是贝特丽采将父亲推上审判席,并终结了他恶贯满盈的一生。与前文我们所分析的《安提戈涅》脚本非常近似,这位少女对于自然法亦充满了敬畏之情,认为世间罪恶与良善泾渭分明,如果人类的律法无法对悖逆之行径进行惩罚,她们不再犹豫与软弱,果断采取原始、朴实的私力救济手段,为恢复正义而战,哪怕天崩地裂。

第五幕,法庭上的贝特丽采风采照人,她谴责酷刑后的诱供只会令懦弱的肉体屈服,得不出案件的真相;接着,贝特丽采以智慧的言辞、缜密的推理,对全部指控进行驳斥。她大义凛然、从容不迫的气度令杀手玛尔齐奥钦慕不已,遂包揽全部罪行,大笑过后咬舌气绝。玛尔齐奥以牺牲自我为贝特丽采换取的自由,却被愚蠢的继母与懦弱的哥哥基亚珂摩毁之殆尽,二者向教皇供认了一切。为了占有钦契家族的全部财产,教皇冷酷地判处所有人死刑。卡米洛主教再三请求宽恕,均被教皇驳回。全家人手挽着手登上断头台。[1]该幕可以被看作典型的法庭剧,教皇、主教、目击证人、刑事被告、刽子手……各色人物悉数登台,生动还原了16世纪意大利刑事审判与刑场行刑时的景象。

---

1 梗概及本节所有引文来源于〔英〕P.B.雪莱:《钦契》,载江枫主编:《雪莱全集》(第四卷),江枫译,河北教育出版社2000年版。

这部充满了凛然正气的诗剧，首先将矛头直指教职人员的虚伪与罪恶。剧中的教皇袒护一切恶德劣迹，对正义与真理却极尽镇压戕害之能事；他不仅面目冷酷可憎，而且对财富有着比俗人更为贪婪的欲望。他放纵钦契去作恶，主要是为了从他手中勒索大宗产业——"由于钦契伯爵新近犯下的命案，罗马的红衣主教卡米洛再次帮助钦契向罗马教皇求情，罗马教皇答应赦免伯爵的杀人罪，条件是钦契必须把自己的部分领地让给教皇。利用这次赦免，教皇夺走了钦契三分之一的财产。"贝特丽采的男友奥尔辛诺，虽然身为教士，却残酷、伪善、阴险，既不愿放弃俗人的情欲，也不愿脱下教士的伪装，屡次戏弄贝特丽采，最终将其推上绝路。以贝特丽采为代表的钦契一家，则是受尽凌辱的弱者，他们的反抗代表了人类的本能且正义的要求，教皇执意对他们处以死刑，事实上意味着向自然正义发出了挑战。借红衣主教卡米洛之口，雪莱谴责了教皇的冷酷无情："他的脸色那么镇定，阴森森地刺人，像一架拷问犯人的刑具、杀人的机器，决不放过一个他要折磨的人；他是一座大理石像、一种宗教仪式、一部法典、一种不能改变的习惯，而不是一个人。"

这部作品对钦契的一生作出了总结性回顾，描述了一个犯罪者从幼年、青年至中年、老年的犯罪连续性心理波动与行为模式，并对犯罪者所处的内外环境进行了细致入微的剖析。政治环境下，钦契所处时期正是教权统治时期，在政治、经济、文化等诸方面，教皇的地位凛然不可撼动；经济环境下，所有的封地与领地的分封、聚集均来源于教皇职权，因此教皇手中掌握着全国绝大多数土地，得以与国王分庭抗礼；家族环境下，一家之主为男性，享有包括财产析分、婚姻许配等家族事务的最高处分权，妻子与儿女则完全处于被支配、被控制的地位。在内外环境的综合作用下，铸就了钦契伯爵这个社会怪胎，暴戾变态，殴打妻子、害死亲子甚至强奸亲生女儿……如此不伦之人，居然因为向教皇进献封地而屡次逃脱律法之惩罚。在公权力无法救济的情况下，私权救济的必要性凸显，钦契伯爵死于女儿之手，显然是意料中事。

特别值得注意的是，这部作品从正面赞美了暴力手段的合理性。纵观雪莱四部代表作,《麦布女王》中,雪莱强调相信未来,用仁爱代替暴力、铲除邪恶;《伊斯兰的起义》中,雪莱则宣扬在必要时候,必须摒弃狭隘的人道主义精神、运用暴力将争取自由与民主的斗争进行到底;《解放了的普罗米修斯》中,雪莱坚信,暴政会被消灭,但并非通过暴力,而是耐心等待"历史发展的客观必然"——"时辰"的到来;《钦契一家》中,雪莱的思想发生了质的飞跃,他充分肯定了贝特丽采用暴力反抗暴政、以暴力张扬自然正义的合理性,因而奏响了以暴力毁灭不义、以屠戮对抗凌辱的最强音。

自然法则下的罪罚观:塞缪尔·泰勒·柯勒律治与《古舟子咏》

塞缪尔·泰勒·柯勒律治(Samuel Taylor Coleridge,1772—1834年),英国浪漫派作家,著有大量文学、哲学、神学论著。其作品论述精辟、见解独到,在英国文学史上占有重要地位。1798年,柯勒律治与华兹华斯合作出版了《抒情歌谣集》,居全书之首的是一篇名为《古舟子咏》(1798年)的寓言诗。该诗运用极其简朴的语言讲述了一个"罪与罚"的故事,以诡谲魔幻的超自然氛围,塑造了一幅彰显因果报应的水墨画,其中瑰丽奇特的想象与令人恐惧的意象,吸引了众多读者,赋予不同评论者以不同的解读视角,使故事充满了永恒的魅力。

知识链接

柯勒律治,英国湖畔诗人之一,浪漫主义思潮的重要代表。出生于英格兰德文郡一个教区牧师家庭,7岁丧父,9岁丧母。作为孤儿的他被送往伦敦基督慈幼学校读书。青少年时代,柯勒律治深受启蒙主义思想的影响,思想相当激进。1789年法国大革命爆发时,他曾写了《巴士底狱的陷落》等诗篇,歌颂法国革命,谴责专制统治。但1794年法国发生了"热月政变"之后,他又谴责罗伯斯庇尔的过激行为,呼吁革命者多施仁爱。1795年他结识了华兹华斯,随后脱离政治斗争,迁居湖区、投入大自然的怀抱,潜心于诗歌创作。1798年,他同华兹华斯合作出版《抒情歌谣集》,成为英国文学发展史的一座里程碑。

《古舟子咏》讲述了一位看似疯癫的老水手,执意拦住准备出席婚礼的每个路人,请他们聆听自己忏悔赎罪的心灵之歌。大家初始极为不耐烦,却逐渐被故事所打动,待到认真听完,一个个长叹地离去。老水手的故事是这样的:一次航行中,船舶偏离航线,陷入极地冰块。人们一筹莫展,在绝望之中看到上帝派来的天使——一只健硕的信天翁,带领船舶驶离危险。在一派人鸟相亲的景色中,船舶渐渐驶入正途。不知出于何种心理,老水手突然将那灵鸟射杀,大家目瞪口呆,纷纷谴责他的行为。厄运很快降临——大海风平浪静,船舶完全陷入静止。星月下,一艘无人的死亡之船静静驶来,情景诡异神秘,灭顶之灾遽然而至:同伴们来不及呻吟就在星月下纷纷倒毙,脸上带着痛苦,眼中含着诅咒,算起来总共有三百人。偌大的船舶仅剩下老水手,他忏悔自己莽撞的恶性,之后便坠入万劫不复的炼狱。七天之后,上帝派来的救赎天使——水蛇——给黑暗的炼狱带来一丝光亮,老水手在真挚的忏悔与热烈的爱心中踏上救赎之路。奇迹出现了,暴风雨给这艘死亡之船带来了久违的活力,三百具僵硬的尸体逐渐苏醒。大家均不言语,爬起身来,默默地摇着船橹。心神耗尽的老水手终于倒在甲板上,昏迷中听到了来自虚无之境的庄严的审判:"告诉我,凭基督的名义,是不是这个人,用他残酷的弓弩,一箭射杀了无辜的信天翁?"这时响起了另一个声音,似甘露般甜美:"他已为自己的罪行忏悔,他今后仍将无尽地悔恨。"魔咒解除了,老水手恢复了意识;船已靠岸,三百名水手却又还原成僵尸。老水手从此远离航海生涯,回归故土,向遇见的每一个人讲述这段令人震惊的经历。[1]

从刑法思想视域解读,《古舟子咏》脉络清晰、寓意深刻——体现了人类理性控制范围之外的罪罚报应观。虽然老水手射杀信天翁的心理动机并不清晰,但寓言所谴责的正是人类这种缺乏理由、肆意暴虐的习惯性杀戮劣行。《古舟子咏》中以信天翁为象征的自然既有仁慈温和的一面,同时亦有仇必报、有怒必

---

[1] 〔英〕柯勒律治:《古舟子咏》,辜鸿铭译,载 http://ishare.iask.sina.com.cn/f/12735039.html,最后访问时间:2012年3月22日。

图 6-7[1]　《古舟子咏》：上帝派来信天翁

图 6-8　《古舟子咏》：死亡之船

图 6-9　《古舟子咏》：上帝派来天使

图 6-10　《古舟子咏》：尸体复活

1　图 6-7、6-8、6-9、6-10 作者为〔法〕古斯塔夫·多雷（Gustave Doré）

发，具有强烈的报复意识。正是水手对它的态度与行为，决定了它对人类的态度与行为。通过自然对人类进行报复时的残酷与狂暴，从反面昭示人与自然的不可割断性。

19世纪，工业化与自然科学的进步使得人类对理性的崇尚达到巅峰，传统宗教神话中所包含的对自然的敬畏之情不复存在，人们转而将自然视作可以随意役使取用的对象。在人类压榨自然、疏离自然的过程中，人与人、人与社会之间的矛盾亦日益显现，造成了人类理想与信仰的毁灭以及自我反思能力的丧失。柯勒律治洞悉了自然桀骜不驯、睚眦必报的一面，深情地呼唤人类善良地、平等地对待自然。正是通过这部亘古流传的《古舟子咏》，柯勒律治旗帜鲜明地提出了对当时横扫一切的"人类理性"的批判。通过超自然的神力，将骄傲膨胀的人性拉回原始简朴的罪刑报应之链环，迫使人类透视自己的渺小，读懂因果报应毫厘不爽的自然法则——整部作品从自然法的高度诠释着古典学派报应刑的观点。

另外，从赎罪角度而言，《古舟子咏》贯穿着修复性惩罚观念与悔罪精神——凶手虽然活了下来，却经历了生不如死的精神炼狱。老水手无形无名，却是整个人类的代表。人类进化过程中，无时不在打量着、观察着大自然，思忖着如何与其和睦相处。远古时期，面对强大的自然，尚在襁褓中的人类只能敬畏与顺从；经历过文艺复兴、启蒙思想的濯荡并伴随着自然科学的进步，人的主体意识不断提高，他们不再甘于匍匐在自然的脚下，而是试图凌驾于上，人与自然的关系随之发生质变；其后，当人类以征服自然为荣、试图奴役万物时，就亲手割断了与自然的脐带，步入与自然对立冲突的危局——老水手对信天翁肆意射杀的举动，正隐喻着人类突破伦理底线、践踏自然法则，以自由之名滥行罪恶之事的悲哀现实。当人类沉浸在暂时战胜自然的喜悦中时，亦正是危机迅速形成与蓄势待发之际——自然的反击即刻将人类逼入绝境。面对难以逃避的天罚，老水手终于醒悟忏悔，并决意修复与受害者——大自然——之间的关系。他真诚地祝福着茫茫死海上除他之外的唯一活物——水蛇，这种真挚而喜悦的情感，象征着人类原始精神的复活，历经磨难的老水手亦成为讲述历史、劝诫世人的智者；老水手布道般的虔诚行为，并非出自对律令与惩罚的敬畏，而是历经心灵洗礼与灵魂涤荡后的自愿、自觉选择。从此角度看，《古舟子咏》记述了罪者对惩罚与宽恕的认识历程，是罪者由恣意为恶到真诚忏悔再到谆谆布道者角色转变的真实写照，因而体现了罪、罚、赎之深刻主题。

第七讲
大笔如椽、长风空谷：启蒙运动的延长线

讨论文本

- 《巴黎圣母院》
- 《笑面人》
- 《基督山伯爵》
- 《悲惨世界》
- 《九三年》

导言

  法国大革命是启蒙思想在法国结出的果实，它既是政治革命，同时亦是一场前所未有的宗教革命。18世纪后期到19世纪上半叶，大革命的疾风暴雨之后，法国先后经历了拿破仑帝国的盛衰、波旁王朝的复辟、1830年的"七月革命"和1848年的"二月革命"。面对一系列激烈血腥的社会政变，人们在振奋的同时，亦倍感惊恐与惶惑。尤其是底层民众，他们往往很难理解启蒙思想家的深奥理论，也难以从内心深处进行彻底的精神变革。正是由于集"原欲""原罪""救赎"为一体的宗教情结在人们心灵深处的根深蒂固，正是由于民主革命产生的某些现象似乎与"自由""博爱"之原则背道而驰，在当时法国社会一片暴风骤雨、血光杀气的图景下，宗教时代的温馨与秩序于人们的回忆中逐渐复苏，博爱与宽恕的基督精神，再次向人们散发出无穷的亲和力。本讲将向大家介绍五部法国浪漫主义文学作品。《巴黎圣母院》是雨果第一部浪漫主义小说，通过对15世纪巴黎历史的再现，塑造了三个分别代表着"真、善、美"的人物形象，揭示了在禁欲主义的压抑下人性扭曲与堕落的过程，并以白描手

法向我们介绍了当时刑事审判的全景。《悲惨世界》则是一轴横跨将近半个世纪法国历史的辉煌画卷，从某种意义上而言，这部作品可以说是一部个人与国家暴力机器顽强斗争的史诗，故事以主人公冉·阿让悲惨曲折的命运为线索展开，雕刻出不同阶层群体的集体塑像，具有极为浓厚的批判现实主义色彩，被称作法律人的案边书。《笑面人》揭露了17、18世纪之交，英国社会状况的混乱无序与法律制度的荒诞残酷，详尽描述了该时期英国刑事法制度中的诸多司法惯例。《九三年》则饱含着人道主义情怀与"沸腾着恐怖亦孕育着进步"的暴力精神之间的矛盾，概括了暴力主义与人道主义之间的关系。大仲马之代表作《基督山伯爵》，宣扬了其毕生主张的最为简洁的"赏善罚恶"的社会哲理，大仲马以白描写实的手法多次描摹黑暗龌龊的钱法交易、徇情枉法的情景，而对于那些充满正义侠气、令人荡气回肠的审判场面的描绘，则带有浓厚的浪漫主义色彩。

维克多·雨果的浪漫主义作品

维克多·雨果（Victor Hugo，1802—1885年），是法国浪漫主义文学主将，也是著名的社会活动家与人道主义者。他有着炽热的民族灵魂与开拓的精神视野，是一位心灵面向世界开放的作家，特别是其旁人难以企及的独特气势和风度，若长风出谷、大川决口般令人慑服。贯穿雨果一生创作的主导思想是人道主义、反对暴力、以爱制恶。不仅如此，他在文学理论中还提出了著名的辩证法——"美丑对照原则"，认为社会中"畸形靠近于优美，粗俗藏匿于崇高，善良与邪恶与共，黑暗和光明并存"[1]。

---

1 郑克鲁主编：《外国文学史（上册）》（修订版），高等教育出版社2006年版，第291页。

> **知识链接**
>
> 雨果，1802年生于法国东部的贝桑松城。父亲是共和国军队的军官，曾被拿破仑的哥哥西班牙国王约瑟夫·波拿巴授予将军衔，是国王的亲信重臣。雨果中学毕业后进入法学院学习，1841年被选为法兰西学院院士，1845年任上议院议员，1848年任共和国议会代表。1851年拿破仑三世称帝，雨果被迫流亡国外。1870年法国革命推翻拿破仑三世后，雨果返回巴黎。雨果一生作品颇丰，包括诗歌、小说、剧本及政论文章，被称为"法兰西的莎士比亚"。

真、美、善——生死不离：《巴黎圣母院》

《巴黎圣母院》（1831年）是雨果第一部浪漫主义小说，通过对15世纪巴黎历史的再现，塑造了三个主要的悲剧人物，暴露出当时专制司法制度的残酷，揭示了禁欲主义压抑下人性的扭曲与陨落。

图7-1　巴黎圣母院，〔法〕尤金·德维里亚（Eugene Deveria）

《巴黎圣母院》的女主人公爱丝美拉达是波西米亚流浪艺人、貌美动人、风姿绰约。巴黎圣母院副主教克洛德压抑已久的情感被爱丝美拉达原始、曼妙的舞姿所点燃，遂命令养子伽西莫多去劫持少女。国王卫队长弗比斯在巡逻时巧遇这桩绑架案，并于伽西莫多手中救下爱丝美拉达。伽西莫多随后被带到广场上施以鞭刑。爱丝美拉达不计前嫌，亲自送水给伽西莫多饮用，这一善良的举动赢得了伽西莫多的爱情。爱丝美拉达爱上风流倜傥的卫队长弗比斯，与其幽会，跟踪而至的克洛德妒火中烧，将弗比斯刺伤后逃离。爱丝美拉达因此成为替罪羊，被教会冠以"女巫"的罪名，处以死刑。行刑之日，伽西莫多从法场将少女抢入圣母院钟楼避难——当时的巴黎教堂是犯罪者的避难所，只要进入圣母院垣墙内，所有罪犯即成为世俗司法权的豁免者。当大理院法庭恣意破坏圣地避难权的法律规定、决定拘捕爱丝美拉达时，流浪汉们闻讯攻占圣母院、企图救出爱丝美拉达，并与军队发生混战。克洛德趁火打劫，将爱丝美拉达带出阁楼，再次要求她接受自己的爱情，遭到后者断然拒绝。心灰意冷的克洛德将爱丝美拉达交给追捕的官兵，冷酷地望着她被套上绞索。愤怒中，目睹这一切的伽西莫多将克洛德从圣母院楼顶上推下，自己则抱着爱丝美拉达的尸体死去。[1]

雨果笔下，波西米亚少女爱丝美拉达是"美"的化身。她原本是妓女的私生女，名叫阿涅斯，后来被埃及人偷盗，改名爱丝美拉达。爱丝美拉达拥有一颗涉世未深、纯洁善良的心灵——对于误入乞丐王国的诗人甘果瓦，她毫不犹豫地挽救了他的生命；对于遭受鞭刑、口渴难耐的伽西莫多，她不计前嫌亲手将清水送到他的嘴边；对于初恋情人弗比斯，她抱着忠贞不渝的信念，丝毫不怀疑心上人的背叛；而面对克洛德变态的爱欲，她却又坚定如铁，誓死不用贞洁换取卑微的生存……最终，她所代表的"至美"，因无法辨识人世间笼罩着太多迷雾的"善"与"恶"，被虚伪与冷酷彻底毁灭。

敲钟人伽西莫多是"善"的化身，幼年时期的伽西莫多，与爱丝美拉达生活

---

[1] 梗概及本节所有引文来源于〔法〕雨果：《巴黎圣母院》，陈敬容译，人民文学出版社2003年版。

图 7-2　艾丝美拉达将清水送至遭受鞭刑的伽西莫多嘴边，〔法〕尤金·德维里亚（Eugene Deveria）

在同一个襁褓中——伽西莫多两岁时，被埃及女人利用偷走了婴儿时期的爱丝美拉达。因此，伽西莫多与爱丝美拉达自幼即缘分天成。伽西莫多外表丑陋，受尽他人嘲笑，却不失人性，始终保持着内心的高贵与纯洁。他对爱丝美拉达的爱慕温润透明，不掺一丝杂质，这是一种以感激与甜蜜融合而成的感情，是一种发自内心喜爱与欣赏的人类本能，它完全不同于受过良好人文教育的副主教克洛德阴郁变态的占有欲，也不同于肤浅放荡的卫队长弗比斯薄幸无耻的逢场作戏，更高尚于世俗诗人甘果瓦的忘恩负义、懦弱卑微。通过这一形象，雨果点燃了人类对灵魂中"善"的信心——伽西莫多替天行道将克洛德推下钟楼，并且紧紧拥抱着"美"的化身爱丝美拉达一同走向永恒——生于同一襁褓，死于同一墓穴，恰说明人世间"善"与"美"如影随形、不离不弃。

第七讲　　　　　　　　　　　　**165**
大笔如椽、长风空谷：启蒙运动的延长线

圣母院副主教克洛德，是小说中性格最为复杂的悲剧人物。他将对少女真挚的爱情隐藏于一幕幕邪恶不堪的罪行之中——出于情欲，他策划了对爱丝美拉达的绑架；基于嫉妒，他跟踪、偷窥并刺伤了弗比斯；因为绝望，他残酷地将自己的至爱推向地狱……随着情节的深入，克洛德的一切伪装被层层剥离，他终于褪去了"副主教"的光环，将赤裸灵魂匍匐于世间"至美"的脚踝之下，在死囚牢狱里、在钟楼顶端、在绞索架下，克洛德对爱丝美拉达的表白令人动容。克洛德并非生来无情，亦非愚昧混沌，他年轻时求知欲极强，涉猎广博，熟练掌握了宗教哲学、法典、自然科学与医学。而且，在若干年前，当大家喧嚣着要将可怜的"怪物"——伽西莫多扔在"旺旺的柴火"上烧死时，克洛德不顾他人的谩骂，果敢收养伽西莫多为义子。但是，克洛德又是宗教教义的牺牲品，长期的禁欲扭

图 7-3 敲钟的伽西莫多
〔法〕路易斯－亨利·德·鲁德（Louis-Henri de Rudder）、
〔法〕爱德华·德·博蒙特（Édouard de Beaumont）

图 7-4 副主教克洛德
〔法〕路易斯－亨利·德·鲁德（Louis-Henri de Rudder）、
〔法〕爱德华·德·博蒙特（Édouard de Beaumont）

曲了他的自然本性，正如《修女》中莫雷尔所言，这种欲望越是被压制的紧迫，其爆发就越是剧烈。克洛德越是意识到自己被剥夺了自然人欲的享有权，便越是仇视世间一切自然而美好的事物。与玩弄爱丝美拉达感情的卫队长弗比斯以及忘恩负义、胸无大器的诗人甘果瓦相比，克洛德对于爱丝美拉达的爱情可谓"至真"，甚至可以堪比伽西莫多对少女的真情。但与伽西莫多不同的是，碍于其身份与地位，受阻于其所接受的教育与知识，克洛德已经无法通过正常人的自然方式向爱人示爱，极端痛苦之中，他选择了万劫不复的毁灭之路。基督教所带给克洛德的并非人之理性，反而掏空了他那颗也曾温柔与善良的心，克洛德的堕落来源于他的信仰与职业，既毒害了他的灵魂，也毁掉了他一生唯一的爱情。毋庸置疑，克洛德是该部小说中内涵最为深刻的人物——正是他独具慧眼发现了代表人间"至善"的伽西莫多，并一手将其抚养成人；正是他真心迷恋着代表人间"至美"的爱丝美拉达，渴望与她一生相伴。在此意义上，克洛德是人类"真实"矛盾体的承载者，当他真实的面庞与裸露的灵魂被世间的"美好"所拒绝，恼怒与绝望之中，他将"美好"套上了森森绞索，同时，他的人生意义亦瞬间化作虚无。

另外，在作品中，雨果向我们生动、详尽地描绘了中世纪法国混乱、残酷的刑事司法制度。

首先，宗教司法权与世俗司法权之间存在着激烈的抗衡。有趣的是，这种司法管辖权的混乱状态，在客观上有效地减少了因滥用死刑而产生的恶果：一直到路易十二统治时期，中世纪法国的每个城市里都有教堂避难处所。在如洪水般淹没整个城市的刑法和野蛮的审判权之间，这些避难所好像是高高耸立在人类司法制度之上的岛屿。每个区域里，避难处所几乎跟行刑处所一样多，这是滥用刑罚和滥用赦免这两件坏事搅在一起的结果，双方都试图互相纠正彼此的错误。只要一只脚踏进了圣地，罪犯就成为神圣的了，可是得留心别走出去：只要走出去一步，就会重新掉进汪洋大海。轮盘绞刑架和拷问台在避难所四周布着岗哨，监视着它们的捕获物。有时，一个罪犯就这样在一个修道院里、一座宫殿的楼梯上、一个寺院的耕地里或是一座教堂的门道里白了头发——这样一个圣地，同样也是

图 7-5　《宗教司法与世俗司法的较量》

〔法〕路易斯 - 亨利·鲁德（Louis-Henri Rudder）、〔法〕爱德华·德·博蒙特（Édouard de Beaumont）

一座监牢。偶然也会碰到大理院下一道森严的命令，侵入圣地把罪犯抓去交给刽子手，不过这种情况是罕见的。当这两种掌权的人物发生了冲突的时候，法官总是斗不过主教，鲜有司法机关可以越过教会径自执行了它所判决的绞刑的情形。[1]

其次，雨果以白描手法向我们介绍了当时刑事审判的全景。第六卷第一章"公正地看待古代司法界"，雨果在伽西莫多劫持案的审判中，成功地塑造了一位滑稽可笑的预审官的形象——"这真是'法律都预料不到'的一桩怪事：一个聋子竟要来审问另一个聋子（伽西莫多14岁就开始敲钟，巨大的钟声损坏了他的听力），二人在法庭上一唱一和、配合默契，使得整个法庭变为了狂欢的剧场。闹剧还未演完，在接下来对爱丝美拉达的审判中，那只可爱、无辜的小羚羊亦被

---

[1] 参见〔法〕雨果：《巴黎圣母院》，陈敬容译，人民文学出版社2003年版，第416页。

驱赶上法庭,以'吃草'和'写字'的方式,证明了爱丝美拉达的'女巫'罪行。"关于中世纪令人不寒而栗的酷刑,雨果借法庭对爱丝美拉达的刑讯逼供之场景演绎得淋漓尽致,象征着人类丑恶灵魂的各种刑具,施加于美丽善良的爱丝美拉达身上,只使用了头道刑具"火靴",就已经将波西米亚少女的灵魂深深震慑继而承认了一切乌有之罪。对于当时监狱的恐怖状况,雨果亦作了详细介绍。[1]判处死刑后,爱丝美拉达被投入"死囚洞穴"——"牢房的烟囱通常安在从地面蜿蜒而下的沟道所形成的那一类洞穴里,但丁就是在那种地方安置撒旦的。当时只有判了死刑的凶犯才被丢在那种地方,一个悲惨的生灵到了那里,就永远同阳光、空气、生命完全隔绝,把一切希望通通抛弃,要出去,除非是上绞刑架或火刑台。有时他们就在地牢里死掉了、腐烂了。囚犯在那里感到头顶上有一堆石头把自己和人类隔绝开来。看过她在阳光下欢笑和舞蹈的人们,又看见她处在这样的境地,一定会战栗起来。"这种强烈的美与丑、黑暗与光明、善良与暴虐对比图景,令人胆颤心惊。雨果借此抨击了残酷的监禁制度事实上从物质与精神双重层面对人性进行摧残与扼杀,其观点与狄德罗之作品《修女》如出一辙。

最后,雨果谴责了当时司法领域"滥施重刑"的风气。撇开爱丝美拉达被冤枉的事实不言,即使爱丝美拉达行刺弗比斯确有其事,对罪者的判决也明显偏重。受害人弗比斯并没有因刺杀而亡,第二天,他就活蹦乱跳地投入另一个贵族少女的怀抱。但是,当时在巴黎,各种死刑判决非常普遍,这就导致了法庭对爱丝美拉达"异教""蛊惑"罪行的重罚。"没有一个礼拜不煮死伪币制造者,不绞死女巫,或是不烧死异教徒。人们已经十分习惯于跑到各个公共场所去看年老而封建的代米斯卷起袖子,光着胳膊在绞刑架、梯子和刑台上行使职权,他们对于这些事是满不在乎的。当时的上流社会几乎不知道从街角经过的犯人姓何名谁,全体民众对于这种常见的事就更不在乎了。人们对于死刑的执行,就像对于面包匠的烤炉或屠夫的屠宰场那样已经司空见惯了。"透过雨果客观而准确的叙述,

---

[1] 参见〔法〕雨果:《巴黎圣母院》,陈敬容译,人民文学出版社2003年版,第487页。

我们不难了解到15世纪的巴黎是一个多么残暴与嗜血的都市——死刑适用之频繁、死刑种类之多样、行刑场景之惨烈,而大多数公民对这种残酷刑罚均抱有强烈的好奇与热情,自上而下演绎成一种独特的刑罚文化。

《巴黎圣母院》中,雨果以平实老到的笔锋、犀利讽喻的语言为我们描绘了一幅"真""善""美"交织盘错、令人叹息的浪漫主义悲剧,其中充溢着世间"美好"与"罪恶"相伴而生的辩证原则,传递着其对宗教教义禁锢人欲、扭曲人性的感慨,对颠倒黑白、残酷无情的司法制度的谴责。

刻录伟大人性的辉煌画卷:《悲惨世界》

三十年后,流亡在大西洋盖纳西岛的雨果,完成了第二部著作《悲惨世界》(1862年)。[1] 与《巴黎圣母院》浓郁的浪漫主义风格不同,该部作品融入了明显的批判现实主义色彩,代表着雨果的作品由浪漫主义向批判现实主义思想的过渡。

图7-6 音乐剧《悲惨世界》电影版海报[2]

《悲惨世界》是一轴横跨将近半个世纪法国历史的辉煌画卷——从1793年的大革命高潮时代,延伸至1832年的巴黎民众起义。在漫长浩荡的画卷中,人物形象鲜明饱满,叙事色彩浓重瑰丽:愚昧偏远的穷乡僻壤,繁荣喧闹的滨海城镇,令人心悸的刑事法庭,以摧残肉体、异化人性为目的的各级监狱,阴森恐怖的野坟区,充溢着绝望与哀伤的棚户区,饱浸着罪恶与黑暗的修道院,战火纷飞的巴黎街垒……雨果着力在迂回曲折、起伏跌宕的历史图景中,安置了一个触目惊心的社会

---

1 作品原名《穷人》。
2 本部分图片均为音乐剧《悲惨世界》电影版剧照。

现实——从他本人角度观望，自1789年的大革命以来，半个世纪的风云变幻，并未令底层民众的悲惨生活发生任何实质性的改变——在小说的序言中，雨果对作品主题直言不讳："只要因法律和习俗所造成的社会压迫还存在一天，在文明鼎盛时期人为地把人间变成地狱，并使人类与生俱来的幸运遭受不可避免的灾祸；只要本世纪的三个问题——贫穷使男子潦倒，饥饿使妇女堕落，黑暗使儿童羸弱——还得不到解决；只要在某些地区还可能发生社会的毒害，换句话说，同时也是从更广的意义来说，只要这世界上还有愚昧和困苦，那么，和本书同一性质的作品都不会是无益的。"[1]

从法学视角观察，某种意义而言，这部作品可以说是一部个人与国家暴力机器顽强斗争的史诗。故事以主人公冉·阿让悲惨曲折的命运为线索展开，具有极为浓厚的批判现实主义色彩。主人公所面对的是一架追踪他一生、无所不在的暴力机器，所要挣脱的是编织得细密绵稠、冷酷无情的法律之网。在这种环境下，冉·阿让不仅要顽强地生存下去，而且最终还要修炼成一位完全利他主义的道德圣者，这就不得不赋予其坚韧的性格、非凡的体力与罕见的智慧，设计出关涉主人公生死存亡的无数巧合。雨果对这部作品的创作热情，来源于1801年一则关于贫苦农民彼埃尔·莫的新闻纪实报道。[2] 以彼埃尔·莫为原型，雨果创造出冉·阿让的形象，并融入芳汀、柯赛特等底层社会人物的悲惨遭遇，留给全人类一部饱含着悲悯与同情的人道主义经典巨著。

以修剪树枝为业的平民冉·阿让，靠自己的微薄薪水抚养着胞姐和七个外甥。失业后，面对孩子们饥饿的哀啼，冉·阿让从面包店偷了一块面包，被判处五年苦役。他曾四次企图越狱，均未得逞，最终刑罚累计执行十九年。出狱时已经年近五旬的冉·阿让，来到狄涅城，因黄色"身份证"而饱受歧视。带着对人类刻骨的仇恨与绝望，他敲开了主教卞福汝的家门。主教真诚地接待了他，他却

---

1 〔法〕雨果：《悲惨世界》，李丹、方于译，人民文学出版社1992年版，"本书献给"部分。
2 一位名叫彼埃尔·莫的贫苦农民，因为偷了一块面包被判处五年劳役，出狱后因为持有黄色身份证，在就业中屡遭拒绝，在孤苦贫困中死去。参见〔法〕雨果：《悲惨世界》，李丹、方于译，人民文学出版社1992年版，作者序。

盗窃了主教的银餐具后匆匆离去。被警察捕获并随身搜出银器后，主教为了唤醒他尚存的良知，向警察声明他无罪，并将仅剩的奢侈品———一对银烛台也一并送与他，唯一的要求是他以后要做一位诚实、正直的人。冉·阿让的邪恶灵魂被主教的悲悯与宽厚所拯救。流亡路上，在痛哭与忏悔中，冉·阿让身上潜埋已久的人性彻底复归了。他隐名埋姓来到新兴城镇，靠勤劳与智慧跻身于上流社会，并被选为市长。企业中有一名美丽诚实的女工芳汀，失身后被人抛弃，并被当时的工厂厂长冉·阿让除名，为了抚养女儿柯赛特，芳汀沦为公娼，受尽凌辱。冉·阿让认为自己对芳汀的遭遇负有不可推卸之责，在芳汀临终前，答应将其女儿抚养成人。不久，因前桩案发，冉·阿让被警官沙威跟踪、检举、逮捕，被判处终身苦役。为了履行对芳汀的承诺，冉·阿让铤而走险再次越狱，却再次被追捕归案。刑罚执行期间，冉·阿让利用救助船舶工人的机会顺利逃脱，历尽艰辛将柯赛特接到身边，隐居修道院中，将其抚养成人。1832年，巴黎爆发民众起义，冉·阿让私下释放了被起义者抓捕的警官沙威。街垒战失败后，冉·阿让落入沙威手中，冉·阿让的人格魅力使得沙威陷入极度矛盾之中，于羞愧与罪恶的情感交织中投河自尽。由于冉·阿让的在逃囚犯身份，柯赛特对他开始疏离。最终，柯赛特了解到事情真相，迫不及待返回养父身边。此时的冉·阿让已经衰老不堪、命存一息，在柯赛特痛悔的哭泣与温暖的拥抱中，冉·阿让微笑着离开了这个"美好"的世界。[1]

冉·阿让

主人公冉·阿让是一个本性善良、温柔敦厚的劳动者，但社会的逼迫与法律的惩罚使他"逐渐蜕化为野兽"（失业→为养活七个孩子盗窃面包→被判处五年苦役→四次企图越狱照顾孩子→累计被判处十九年苦役→刑满释放→重入社会→屡次受挫→萌生报复心理）。怀着刻骨的仇恨，冉·阿让决定向整个社会进行报复。针对冉·阿让的悲剧，雨果对刑事立法的非理性与残酷性发出了严厉的质

---

[1] 梗概以及本节所有引文均来源于〔法〕雨果：《悲惨世界》，李丹、方于译，人民文学出版社1992年版。

图 7-7 苦囚冉·阿让

图 7-8 冉·阿让与小珂赛特

问:"仅仅是一块面包,换来十九年牢狱之灾。在我们的文明里有许多令人寒心的时刻,那就是刑法令人陷入绝境的时刻。一个有思想的生物被迫远离社会,遭到无可挽救的遗弃,那是何等悲惨!"

在雨果笔下,冉·阿让虽然未受过教育,却并不愚蠢。他终日受着棍棒、鞭笞、镣铐、禁闭、疲乏之苦,睡在囚犯的硬板床上,经常扪心自问、反躬自省,"他自己组织法庭,他开始审判自己,给自己的盗窃行为定了罪。他承认自己这样一个不幸的贱人也敢挺身和整个社会搏斗,那完全是一种疯狂的举动——即使是为了可怜的孩子们着想"。随后,他又开始寻找自己堕落的原因,但是他发现,在目前这种环境中,根本没有办法保持行为的道德性,"在这次走上绝路的过程中,他是否是唯一有过失的人?愿意工作,但缺少工作;饿着肚子,又缺少面包。难道不是社会将他逼上绝路吗?"接下来,冉·阿让当然也不会放过残酷的丧失了公平、正义、均衡的法律,对他为了照顾七名年幼孩子而实施的越狱行为变本加厉地施以惩罚，"犯了过失，并且招认了，处罚是否苛刻过分？法律在处罚方面所犯的错误，是否比犯人在犯罪方面所犯的错误更严重？天平的两端，在处罚那端的砝码是否太重了一些呢？企图越狱一次，便加重处罚一次，这种做法的结果，是否构成强者对弱者的谋害，是否构成社会侵犯个人的罪行，并使这种罪行日日都在重犯，一直延续到十九年之久呢？"在黑暗、饥饿与寒冷中，这位天生的哲学家还从更深层次考虑着刑罚的合理性，"人类社会是否有权使它的成员在某种情况下接受它那种无理的不关心态度，而在另一种情况下又同样接受它那种无情的不放心态度，并使一个穷苦的人永远陷入一种不是缺乏（工作的缺乏）就是过量（刑罚的过量）的苦海中呢？"提出这些深奥晦涩、使人颇费精力的问题后，冉·阿让开始对社会进行审判，并凭借心中难以抑制的怒火判了社会的罪——这项罪比自己的行为与过失更不可原谅，"社会对他的遭遇是应当负责的，他下定决心，将来总有一天，要和它算账"。他逐渐得出结论："人生即战争，在这场战争里，他是一名败兵，现在的他除了仇恨以外没有其他武器。于是他下定决心，要在监牢里磨炼他的武器，并带着它出狱。"他四十岁开始进入监狱学校，学习了读、写、算的本领。遗憾的是，他感到人类文明在提高他知识的同时，也加强了他的仇恨。"他居然开始审判上帝，并且也判了他的罪！"冉·阿让并不是一个生性凶狠暴戾的人，但是，"当他在监牢里判了社会的罪以后，觉得自己的心狠起来；在判了上帝的罪后，觉得自己成了天不怕地不怕的人"。

通过对冉·阿让心理变动状况极其细致、缜密的追踪与分析，雨果为我们全景展现了一位守法厚德、安于现状的公民是如何变为凶残暴虐、无恶不作的罪犯——由安分守己的修剪树枝的工人，蜕变为土伦监狱顽冥不化的囚犯。由于监禁对他潜移默化的负面作用，十九年来，他已完全有能力行使两种罪恶：一种是急切的、不假思索的、出自本能的，是对他所受痛苦的反击；一种是持重的、深思熟虑过的、是用他从痛苦中得来的错误观念。冉·阿让一切思想的出发点与目的均是"对法律的仇恨"——那种仇恨，在它发展的过程中，如果得不到某种神智去加以制止，就可以在一定时刻变成对社会的仇恨，再变成对人类的仇恨，变成对造物主的仇恨,最后变成一种无目标、无止境、凶狠残暴的为害欲,不问是谁,逢人便害。

但是,冉·阿让内心的良知并未泯灭,它只是被雪藏冰封,一旦遇见卞福汝这样智慧、善良、宽容的导师,他被压抑已久的人性便即刻复苏,熊熊燃烧着,试图照亮自己与他人的生活(夜宿卞福汝主教家→以怨报德盗窃银器→卞福汝主教拯救→受到感化→决心弃恶从善→开办企业→捐赠福利)。冉·阿让永远记着卞福汝主教临别时意味深长的话语:"冉·阿让,我的兄弟,您现在已不是在恶一方面的人了,您是在善的一面了。我用那些银子,赎的是您的灵魂,我把它从黑暗的思想和自暴自弃的精神里救出来,交还给上帝。"

然而,赎罪的过程异常艰辛,现实的冷酷一次次摧残着冉·阿让可贵的忏悔者的灵魂(警官沙威的监视→案发→被判刑再次入狱→为解救小柯赛特越狱→再次被捕→被判终身苦役)。冉·阿让并非圣人,当卞福汝主教的面庞变得模

图 7-9 冉·阿让与卞福汝主教

糊、冉·阿让唯一的精神图腾逐渐虚化时，他曾经多次打算放弃这种苦行僧般的生活，听凭灵魂再次堕落。无法抵御之时，在妓女芳汀的女儿柯赛特身上，他惊喜地发现了自己遗失已久的本能——"爱"。如果说卞福汝主教使冉·阿让意识到什么是"善"，唤起了他"人"的自尊与本性；那么柯赛特天使般的小脸，带给冉·阿让的则是来自于灵魂深处的"爱"的能力，以及"责任"的分量。这种更深刻的体验，成为他获得新生的又一起点，促使他的人格魅力上升到更为崇高的境界，最终历练为"人道主义"与"仁爱"的化身。因而，雨果笔下的冉·阿让并非一个抽象的、乌托邦式的人物。他是被压迫、被损害、被侮辱的底层劳苦民众的代表——承受苦难、坚韧挺拔、博爱隐忍。他的全部经历与命运，都具有一种崇高的悲怆性，涵盖着草根阶层在黑暗社会中挣扎与奋斗的哀伤、忧愁与欢笑，刻画着他们的悲愤、良善与理想。

卞福汝主教

卞福汝主教是雨果心目中的人道主义者，亦是整部作品的灵魂。他具有显赫的家庭背景与复杂的人生阅历，是高级参议员的儿子——所谓的"司法界的贵族"，后来继承了父亲的爵位与职位。青年时期，卞福汝曾经沉溺于花天酒地之中，生活奢靡颓废。1789年大革命爆发后，时任法官的卞福汝受到驱逐，流亡意大利，回国后成为一名教士，过着深居简出的生活。虽然贵为主教，卞福汝却丝毫未沾染宗教界的痼疾，而是将物质需求降至最低，勤恳播撒着来自上帝的"平等"与"自由"之福音。他不畏权贵，为穷苦民众仗义执言，因而在教区乃至全国均赢得了极大的尊敬。

在谴责当时颁布实施的严苛税法时，卞福汝主教的措辞平实、言近意远，直指制定法对自然法则的亵渎与践踏。"我极敬爱的兄弟们，在法国的农村中，有132万所房子有三个洞口；182万所房子有两个洞口，就是门和窗；还有25万个棚子都只有一个洞口，那就是门。这是因为所谓的门窗税才搞到如此地步。请你们替我把一些穷人家、老太婆、小孩子塞在那些房子里吧，瞧瞧有多少热症和疾病！咳！上帝把空气给人，法律却拿空气做买卖。我并不诋毁法律，但是我颂扬上帝。"

针对元老院元老——前任检察官——的彻底"唯物主义论"在启蒙时期占据了哲学理论界的巅峰，卞福汝的反击铿锵有力。卞福汝对唯物论的评价，是对启蒙思想所造成的亲近物质、远离信仰的普遍西方价值取向的批判与反拨，谴责了当时道德沦丧、价值低迷的物质世界。"妙论！这个唯物主义，确是一种至美绝妙的东西。获得了这种宝贵的唯物主义的人，也就可以有那种觉得自己不用负责的快感，并认为自己可以心安理得地霸占一切——地盘、恩俸、荣誉、正当得来或暧昧得来的权力，可以为金钱背弃信义，为功利出卖朋友，昧尽天良也还可以自鸣得意。等到酒肉消化完了，便往坟墓里一钻了事。因为根本不必畏惧什么身死之后的审判！元老先生，我不能不庆贺您。你们那些贵人，有一套自己的、为你们自己服务的哲学，一套巧妙、高明、仅仅适用于有钱人、增加人生乐趣、美不胜收的哲学。而一般平民只有以信仰上帝作为他们的哲学。"

罪罚思想层面，卞福汝主教自称为回头浪子，不愿以卫道士粗暴、狰狞的面目来向民众布道。他宣扬的教义与众不同，体现着"理性与原欲"之间的辩证关系，主张一种宽容、积极的"罪罚观"。卞福汝说道："人有肉体，这肉体同时就是人的负担和诱惑。人拖着它并受它的支配。人应当监视它、约束它、抑制它，必须到了最后才服从它。在那样的服从里，也还可以有过失；但那样犯下的过失是可蒙赦宥的。那是一种堕落，但只落在膝头上，在祈祷中还可以自赎。"对于处于人类社会底层的女性与穷人，卞福汝主教总是抱着宽容深情的态度，认为弱者所犯的罪恶正是强者统治的这个社会所制造的，断言"凡是妇女、孩子、仆役、没有力量的、贫困的和没有知识的人的过失，都是丈夫、父亲、主人、豪强者、有钱的和有学问的人的过失"。

再如，为了向一处被匪帮占领的穷乡僻壤的民众传播福音，卞福汝主教谢绝了乡长与警察的陪伴，独自一人骑着毛驴，深入匪帮腹地，与众匪周旋斗智，以交易说服他们、感化他们。最终，卞福汝主教不仅毫发未损，而且收获颇丰——匪帮头目甚至将过去抢掠的大教堂圣物原封不动还给了主教。这件事被人们传为奇谈，亦极大鼓舞了主教以"爱"制"恶"的广博情怀。谈论这场传奇经历时，卞福汝主教一针见血地指出："犯罪的根源在于社会制度的邪恶与不公，罪恶滋生于黑暗的内心，有罪的是制造社会黑暗的人。""对无知识的人，你们应当尽你们所能多多地教给他们；社会的罪在于不办义务教育；它制造了黑暗。当一个人的心中充满黑暗，罪恶便在那里滋长起来。有罪的并不是犯罪的人，而是那制造黑暗的人。"这些点睛之笔均具有鲜明的刑事社会学派色彩。

另外，通过卞福汝主教对断头台的感慨，雨果亦抒发了自己反对死刑的态度，认为虽然断头台是法律与正义的表现，但"所有的社会问题都在那把板斧的四周举起了它们的问号"。对断头台的近距离观察，使得卞福汝主教惊愕之极，屡次在布道环节向受众宣讲死刑的残酷与不理性。"……在我们不曾亲眼见过断头台前，我们对死刑多少还能漠然视之；但是，如果我们见到了一座，那种惊骇真是强烈——我们非作出决定，非表示赞同或反对不可。有些人赞叹它，如德·梅斯特尔；有些人痛恨它，如贝卡利亚。断头台是法律的体现，所有的社会问题都在那把板斧的四周举起了它们的问号。断头台是刽子手的同伙，它在吞噬东西，在吃肉、在饮血，它以自己所制造的死亡为生命而进行活动。"

司法活动中，为了使罪犯认罪、获取口供，司法工作者经常会施展一些小计谋，甚至存在着不择手段、唯罪是图的行业惯例。卞福汝对其大加批判，认为该种司法行为有悖公正与怜悯的原则，也是对人之善良本性的亵渎。一次，卞福汝主教听闻人们谈论一桩引起轰动的奇案。"一个穷苦无告的人，为了对一个女子和所生孩子的爱，在生路断绝时铸了私钱。那女子拿着他所造的第一个私钱去用时就被捕了。检察官只有她本人犯罪的证据——只有她一个人能告发她的情人、送他的命。再三追问下，她坚决不招供。检察官心生一计，巧妙地伪造了许多信札的断片，编造他的情人变了心，使她相信她有一个情敌，借此来说服那个苦恼的女人。妒恨悲愤之中，她终于检举了她的情人。那男子是无法挽救了，不久他就得和他的同谋女犯一同受审，被判处绞刑。"大家纷纷赞美检察官的睿智与老练，是他巧妙地激起那犯妇愚蠢的嫉妒，使得真凶得以落网，正义得以伸张。然而，主教安静地听着案件的所有细节，不置可否，只是最后叹了口气，向支持者们提问："那一对男女将在什么地方受审？"人们回答："死刑案件，一定会在地方厅审理。"主教停顿了一下，接着问："那么，那位聪明的检察官又将在何处受审？"

可以看出，卞福汝主教具有一种奇特而独有的批判事物的态度。从他睿智的言辞与深邃的思想之中，我们读出的是其广博、宽大、温良的人道主义情怀。主人公冉·阿让与主教在漆黑、寒冷的夜中相逢，他所面临的是怎样的幸运。正是卞福汝主教的这种精神，赎回了冉·阿让罪恶的灵魂，使他穿越迷雾与障碍，最终成为一名完全利他的道德圣者。卞福汝主教形象的典型意义在于向人们昭示，仁爱与感化才是预防犯罪、改造罪犯、净化社会空气的唯一途径。

警官沙威

对于冉·阿让而言，有两个人对其一生影响巨大，一个是卞福汝主教，另一个则是警官沙威。沙威具有典型的双重性格，一方面，他的个性中承载着法律制度的冷酷、刻板与残暴；另一方面，他的内心世界浸润着浓烈的悲剧情结。沙威出生于监狱，母亲依靠抽纸牌算命为生，父亲则是苦役犯。成长以后，沙威认为自己是整个社会的局外人，永远没有进入上流社会的希望，因为他发现社会毫不留情地把两种人排除在外：攻击社会的人和保卫社会的人。然而很遗憾，他只能在这两种人中选择一种。沙威认为自己天生具有一种刚毅、规矩、严谨的本质，面对他自身所属的游民阶层，却怀有一种说不出的仇恨。于是，沙威选择了警察作为职业。

沙威短暂一生中的绝大多数时光，均在悲伤中度过，其中部分原因归咎于其感情构成非常直白、对比强烈，也就是说，他"总是用直线式的目光去理解人世间最曲折的事物"。从某种意义上而言，沙威是令人怜悯的，因为他的本质与冉·阿让一样，是权力社会的殉葬品；但是沙威又很幸运，因为他已经完全融入社会机器的工具性中，心甘情愿地为赋予他所谓的尊严与权力的唯一主人——法律服务，"执迷于某一种信念的人，在纵恣暴戾时，有一种寡情而诚实的欢乐，

图 7-10 警官沙威

这样的欢乐,莫名其妙竟会是一种阴森而又令人起敬的光芒,沙威在这种骇人的快乐里,追寻着自我价值的实现,那副面孔所表现的,我们可以称之为'善中的万恶',世界上没有任何东西比这更惨更可怕的了"。

沙威一生刻苦、独居、克己、制欲,从来不曾享乐过。他是绝对公而忘私的,而他从对游民阶层这种绝对的权威中,亦品尝到做人的意义与自身的价值,这一点通过沙威逮捕冉·阿让时的心理独白可以体现。"这时,沙威如在天庭,他自己虽不十分明了,但对自己的成功和地位的重要却有一种模糊的直觉——他,沙威,人格化了的法律、光明和真理,他是在代表它们执行上天授予的除恶任务。他有无边无际的权力,道理、正义、法治精神、舆论,满天的星斗环绕在他的后面和他的四周。他维护社会秩序,他使法律发出雷霆之声,他为社会除暴安良,他捍卫绝对的真理,他屹立在神光的中央。人们可以从他那握紧了的拳头上看到一柄象征社会力量的宝剑的寒光。他愉快而愤恨地用脚跟踏着罪恶、丑行、叛逆、堕落、地狱,他发出万丈光芒;他杀人从不眨眼,他满脸堆着笑容,在这威猛天神的身上,确有一种无比伟大的气概。"可以看到,沙威心目中,始终坚信自己是人格化了的法律与真理,拥有无边的权力;在他身后,站立着无数正义的力量,支持他与罪恶、丑行、叛逆、堕落进行斗争。在这种职业认同与职业定位下,沙威骄傲地宣称自己是法律的奴隶,而冉·阿让则是法律的俘虏,他的首要职责就是将其抓捕归案。年复一年,日复一日,沙威凭着"盲目的信仰"与"黑暗的正直"严谨地生活着,辛苦地工作着。

如果没有冉·阿让的出现,沙威警官将会带着这种神圣而崇高的使命感奋斗一生。正是在对冉·阿让多年锲而不舍的追捕中,后者带给自己心灵以深刻的震撼,使得沙威对简单而刻板的人生哲学产生了质疑并感到困惑继而压抑。在冉·阿让面前,他恐惧地发现自己居然对一个苦役犯产生了崇敬之情;他不得不承认,这是一个高贵的苦役犯。此时的沙威极端痛苦,因为他感到自己的信仰已被连根拔起,"他发现了一种新的感情,与法律上的是非观截然不同,他看见在黑暗中可怕地升起了一个生疏的道义的太阳,他感到厌恶,但又眼花缭乱,正如一只猫头鹰被迫强作雄鹰的俯瞰",因而,沙威抓捕冉·阿让衣领的双手一次次缩回去、垂下来,他挣扎于难以调和的矛盾之中,若是抓捕苦役犯,则法律的执行者比苦役犯还要卑贱;若是让苦役犯恢复自由,又意味着将法律踩在脚下。沙威原先只知道遵守一个上级的命令——法律;他从未想到过另外一个上级——良心。冉·阿让这一出乎意料、令人炫目的形象,使他彻底迷失了方向;同时,在这样一个令他感到目瞪口呆的"上级"——良心——面前,更是感到茫然无措。

不得不说,雨果对沙威警官,这位具有浓厚悲剧气息的执法者形象的设计是极为成功的。他本性善良、幼年孤苦,却有着强烈的责任心与使命感,始终生活在法律的光环之下,肩扛道义、为民除害。在他的心目中,从来没有妥协与徇私的字眼,甚至连上级的命令也不屑一顾,他只向法律低头,坚信自己是世界秩序的维护者。就是这样一位有着鲜明而纯粹的人生哲学的执法者,当他面对人世间一张张复杂难辨的面孔时,当他发现再卑贱的罪犯也可能拥有着最高贵的灵魂时,他不知所措了,多年来赖以生存的信仰轰然坍塌。此刻,沙威的内心世界掀起了飓风,"刑罚、审判、法律所赋予的权力、法律的正确性、权力原则、羁押与镇压、一切政治和公民安全所依据的信条、主权、司法权、出自法典的逻辑、社会的绝对存在、大众的真理,所有这一切都成了残砖断瓦;沙威他自己——秩序的监视者、廉洁的警务员、社会的忠犬,如今亦已经被打翻在地;而在这一切的废墟上,却站着一个人,头上戴着绿帽[1],上面有着光环"。可怜的沙威此时并未

---

[1] 绿帽表示冉·阿让将被终身监禁。

感受到自己原始人性的复苏，在令人如此绝望的悬崖上，在这种被夸大的痛苦与沮丧的波澜中，日积月累的职业生涯与惯性思维，使他无法原谅自己私放罪犯的渎职行为。终于，沙威脆弱的精神在良心与法律交织的审判中彻底崩溃了——他跳入湍急冰冷的河水，留给世间一个干干净净的惊叹号。

芳汀与多罗米埃等人

芳汀，在雨果笔下，是底层女性悲惨命运的化身。芳汀与青年学生多罗米埃相恋，被后者抛弃后，又因私生女丑闻被工厂开除。芳汀四处谋生、屡遭碰壁，为了给爱女柯赛特按期寄去抚养费，无奈之中，变卖了身上最后的值钱之物——金发与牙齿，这下她什么也没有了，只剩下光头无牙的一个丑陋躯体。尽管如此，还是无法养活女儿小柯赛特——"管他妈的，全卖了吧！"芳汀终于沦为公娼。

雨果对芳汀的遭遇满含着深切的同情与愤怒，"芳汀的故事说明了什么？说明社会收买了一个奴隶。向谁收买？向贫苦收买、向饥寒、孤独、遗弃、贫困收买。一个灵魂交换一块面包——令人痛心的买卖"。与冉·阿让一样，为了生存，为了嗷嗷待哺的幼女，芳汀选择了背叛自己的尊严，选择了以被文明社会所不齿的行业为生。一个善良的姑娘，被爱人所抛弃，被社会所唾弃，她还有什么生活下去的勇气与希望？除了孩子因饥饿而啜泣。惨剧发展至此阶段，"芳汀在变成污泥的同时，也变成了木石，接触到她的人都感觉得到一股冷气"，从事着令人不齿的职业，以身事人，不问面对何人。文明社会的规则与秩序对芳汀已经下了结论，为了孩子，她只得忍让，那种忍让类似冷漠，正如死亡类似睡眠，她不再逃避什么，也不再怕什么，即使满天的雨水都落在她头上，整个海洋都倾泻在她身上，对她也没有什么关系！她已是一块浸满了水的海绵。芳汀与遇见卞福汝主教之前的冉·阿让一样，都是被社会所抛弃、被文明所践踏的人，而面对这样的苦难，芳汀却连自杀的权利也被剥夺了——她是小柯赛特唯一的生存保障，为了心目中的小天使，芳汀苟且偷生，如行尸走肉。

小柯赛特的生父多罗米埃与小柯赛特的收养人德纳第夫妇，在雨果笔下，是极端利己主义者的象征。前者与芳汀姘居取乐、纵情泄欲,临了却以"良心发现"为借口,认为自己不应该再"堕落"下去,决绝地重返受到法律与道德保护的上层社会,抛弃了可怜的芳汀母女;后者恶行更甚,他们不仅诈骗芳汀的血汗钱,还对小柯赛特百般虐待,手段卑劣,丑陋的灵魂暴露无遗。

图 7-11 冉·阿让与芳汀

《悲惨世界》是一部以现实主义为基调的浪漫主义杰作。它以宏伟的篇幅、磅礴的气势、深刻的思想探讨了一系列社会问题,揭露了正是社会制度在吞吐黑暗、制造罪犯、逼良为娼。一个本分的青年工人,为了饥饿的七个孩子偷了一块面包,换来了十九年苦役,刑满释放后依然无法依靠自己的劳动糊口;一位单纯诚实的姑娘,被富家子诱奸后滚落至社会底层,而伪善的社会伦理竟然剥夺了她依靠诚实劳动换取生存的权利,终因贫病交加含恨而死。以沙威为代表的刑事法律与以下福汝主教为代表的宗教精神,是一对典型的对立存在——冉·阿让在主教的一次次感化下历尽艰辛,成为道德的圣者;而沙威最终也在冉·阿让高贵、伟大的人格魅力前,人性得以复苏,因羞愧、迷惘、矛盾而走向虚无。雨果还强烈谴责了当时的刑事法律制度,将它视作最低等、野蛮的法律,它一味地追求严刑重罚,企图消灭犯罪、杀死罪犯,却剥夺了有心向善的犯罪人赎罪的机会;它愚蠢地积累着怨恨、制造着仇恨、复制着犯罪。面对底层百姓这种令人心碎的生存状况,雨果强调,只有宽恕与爱才是人间最高级的刑律,它重视对罪人灵魂的拯救、精神的复苏，因而能够从根本上改造罪犯、消灭犯罪。

被雕刻出的笑容：《笑面人》

《笑面人》（1869年）揭露了17、18世纪之交，英国社会状况的混乱无序与法律制度的荒诞残酷，详尽描述了该时期英国刑事法制度中的诸多司法惯例。

主人公格温普兰出生于世袭贵族之家，却在国王授意之下被卖给儿童贩子，成为宫廷阴谋的牺牲品。儿童贩子在小格温普兰脸上施行手术，留下了永恒、怪异的笑容，成为马戏团的敛财工具。后来，由于这种被残忍毁容、供人取乐的孩子的数目增长过快，引起整个英国公众的怜悯与愤慨，国内开始制定刑事政策，严厉打击儿童贩子。年幼的格温普兰却因此再遭厄运——儿童贩子为了逃避法律的严惩，将年仅九岁的格温普兰遗弃在荒无人烟的波兰海岸，任其自生自灭。令人动容的是，小格温普兰在顽强地与死神抗争的过程中，从一个已经被冻成冰柱

图7-12　格温普兰与于苏斯｜《笑面人》电影剧照（2012）

的女丐怀中发现了一个双目失明的初生女婴,并果断地带着她踏上茫茫的求生之路。后来,格温普兰与女婴被民间艺人于苏斯收养,并含辛茹苦将他们抚养成人。当年为了逃避法律的惩罚将格温普兰遗弃的儿童贩子,在海上遭遇风暴,濒死前,其在漂流瓶里写下男孩身世的秘密。漂流瓶的秘密被发现时,前任国王已经死亡,格温普兰的命运峰回路转,重新获得爵士头衔,并被拥戴为上议院议员。已经迈入上层社会的格温普兰,并未沉浸在温柔乡中醉生梦死,他大步踏上演讲台,在上议院的所有贵族面前庄严地陈述人民的苦难,却被侮辱与嘲笑包围。格温普兰没有退缩,坚持代表底层公众的利益,对所谓上流社会的桩桩罪行进行痛斥,揭露社会的黑暗。[1]

雨果笔下的格温普兰勋爵,与索福克勒斯笔下的俄狄浦斯王十分近似,二者均承载着多种身份符号,是多重矛盾的聚集体——从血统上说,他是贵族的后代,从经历上说,却是民间苦难的儿子,国王把他推进火坑令他痛不欲生,他却从民间汲取营养踉跄成长。格温普兰还是政治与法律的牺牲品,宫廷内斗使得他自小便被调包、被抛弃,最终跟随人贩子四处卖艺为生,虽然艰辛无比,却至少能够混个温饱,过上稳定的日子。但是好景不长,同时期的法律政策却将幼小的格温普兰再次抛入漩涡之中,面临死亡的考验。造化弄人,还是在人贩子的帮助下,格温普兰忽而命运大反转,宫廷阴谋再次将他当作工具推上权力的高峰,与民众的血肉关系却使他毅然担负起清苦百姓的代言人,在巍峨殿堂中痛斥上流阶层,对黑暗的社会与残酷的法律进行揭露与批判。作品中有一段著名的演说场景,格温普兰站在上议院的演讲台上,以一名流浪失所的幼童的目光,对法律、母爱与未来进行描述——"我从深渊里来。我遭受过一切贫苦,我在死亡线上数度挣扎。我带着被雕刻的笑容被人遗弃,独自一人走进了黑暗中,这个黑暗就是你们所说的人类社会。我所看见的第一件东西是法律,以一个嘎嘎作响的绞刑架和一具风干的尸体的形式出现;我所看见的第二件东西是母爱,以一个跪在雪堆

---

[1] 梗概及本节所有引文来源于〔法〕雨果:《雨果文集(六)·笑面人》,郑永慧译,人民文学出版社2002年版。

图 7-13　格温普兰在议院演讲 |《笑面人》电影剧照（2012）

中紧紧抱着婴孩死去的女人的形式出现；我所看见的第三件东西是未来，以一个在死去母亲怀中寻找乳汁的垂死婴孩的形式出现；我所看见的第四件东西是善良、真理与正义，它们闪烁在一个贫苦的流浪汉和一只流浪狗的身上。"

面对贵族们骄奢淫逸的生活，格温普兰对被奴役的底层百姓感同身受，犀利地鞭笞着特权制度的本质。"八岁的小姑娘开始卖淫，二十岁时已经形同老妪，佝偻待毙；煤矿工人不得不拿着煤块填饱饥饿孩子的肚子；渔人吃的是树皮与草根；婴儿一生下来就睡在地上挖出来的土洞里，他们的一生不是在摇篮里开始，而是从坟墓里开始。"接着，格温普兰揭示了贵族阶级冷血残酷、麻木不仁的原因，"你们有钱有势，你们利用的是黑夜。可是请你们注意，谁能够阻止黎明把太阳投射到天空上呢？你们是什么？你们是特权。我要控诉你们建立在濒死人民身上的幸福。你们的脚踏在别人的头上，人民是主人，却变成了奴仆；人民是法官，却变成了罪犯。我是一个注定要失败的律师，我正在为一件注定败诉的案件辩护，这件案件只有在上帝那里才能获得胜诉……"

在格温普兰眼中，当时的英国下层社会惨不忍睹，除了贫穷、失业、饥荒、疾病以外，压在百姓头上的还有警察、法律、宗教、秘密逮捕、监狱、种种酷刑与遍地死刑。"多少无罪的人被判罪！没有阳光、没有空气、没有希望，他们的身躯沤烂在牢狱中无人问津"；"锯掉一棵三年的小树，就得安安静静地被人送上绞刑架；若是判决你犯了异端邪教的罪，就该活活被烧死"；沉重的赋税通过加重穷人的贫困来增加富人的财富，查理二世、詹姆士二世是贩卖儿童、摧残儿童身体这种伤天害理的罪行的默许者与支持者。麻风病人被关起来，患病者一旦走出被关闭的房屋，就要面临被守卫开枪击毙的危险。格温普兰还着重指出英国刑罚执行过程中令人发指的一幕："站在这里的我，昨天亲眼看见一个汉子赤身裸体，被铁链锁着，肚子上一层一层码放着大小不一、重量不同的石头，在法学博士们精确的重力计算中死去。"借助格温普兰的演讲，雨果为我们描述了一幅当时英国刑事司法制度的全景，刑罚苛酷、冤案众多、死刑适用频繁，而最高当权者正是一切灾难的始作俑者。

面对人性丧失、濒临疯狂的贵族议员们恶毒的讽刺、嘲笑与羞辱，格温普兰揩去脸上被唾的痰液，冷静而坚定地做出最后陈词："你们用讽刺来对付人民的死亡，用嘲笑来侮辱临终的残喘。这些愚蠢的有权者啊，睁开你们的眼睛吧。人类的权利、正义、真理、理性、智慧都受到了摧残，如同我的眼睛、鼻子和耳朵一样——你们在人民的心里安放了愤怒与痛苦，在表面上却硬给他们雕刻了一个欢愉的面具。你们知道吗？我到这儿来做什么？不错，我来，就是为了给你们制造恐怖，把罪行扔到你们的头上，将刑罚吐到你们的脸上。"

《笑面人》中，雨果承继了《巴黎圣母院》与《悲惨世界》的浪漫主义与批判现实主义的风格，通过格温普兰的悲剧人生，逼真地再现了18世纪的英国社会制度、法律制度的全貌。作品中穿插了大量诗化的哲理性议论，体现了雨果深邃的思想、深沉的忧愤与炽烈的激情；其借用笑面人之口就社会现实与人类未来的演说，更是洋溢着强烈的社会正义感与深厚的人道主义精神。

"击碎皇冠,但请留下头颅":《九三年》

《九三年》(1874年)是雨果晚期的文学作品,虽然篇幅精炼,却完全可以与《巴黎圣母院》《悲惨世界》等卷帙浩繁的长篇小说相媲美。某种意义而言,这是一部融雨果一生哲学思想为一体的最为炉火纯青的作品。

《九三年》以雄浑扎实的笔触真实再现了法国18世纪末激烈、残酷、壮观的战争场面。作品中,雨果积极捍卫法国大革命的重要意义与价值,赞同雅各宾派采取的一系列必要政策,表达了对激进民主主义思想的支持——面对贵族残忍的烧杀掳掠,雅各宾派内部的罗伯斯庇尔、丹东、马拉一致同意,为了保存革命成果,必须"以恐怖还击恐怖",颁布适用极刑惩罚放走敌人者的严厉法令。同时,雨果亦客观评价了雅各宾党专政时期实行的一系列进步政策——一座座绞刑架下,国民公会即酿酒桶,桶里"虽然沸腾着恐怖,也酝酿着进步"。

事实上,上述观点在《悲惨世界》中已经借卞福汝主教的经历展现于作者眼前。在国民公会G先生的临终弥撒中,卞福汝主教被他率直热情、执着真理、宽容民众、忍辱负重的精神所打动,从卞福汝主教与国民公会G先生的临终对白中,我们可以体会出雨果对于1789年暴力革命的充分肯定,也体现出雨果对人道主义与暴力革命之矛盾的深刻思索。当卞福汝对法国大革

图7-14 《九三年》插图,丹尼尔·维尔吉(Daniel Vierge)

命"夹有怒气的摧毁行为"提出委婉批评时,G先生认为正义应当具有愤怒的气质,它作为一种进步的因素,涤荡人类的习气,起了镇静、开化的作用,因而是仁慈的。[1] 卞福汝主教以九三年革命恐怖为例进行反驳,G先生却径直从椅子上起来,激越悲壮地发表了临终前的演讲:"对!九三年!这个字我等了许久了。满天乌云密布了一千五百年。过了十五个世纪之后,雷霆驱散了乌云,而您却要加罪于雷霆。""……那次的革命,总的说来,应当获得人类的赞扬,只可惜九三年成了一种口实。您认为那是伤天害理的一年,但就整个专制政体来说呢?你为路易十七[2]落泪,我也为卡图什[3]无辜的幼弟落泪。你为王后玛丽·安东尼特[4]叫屈,我也为那个信仰新教的穷妇人叫屈:在1685年大路易当国王的时候,那穷妇人想给她的孩子喂奶,却被人家捆在一个木桩上,底下燃烧着熊熊烈焰,上身一丝不挂,孩子被放在一旁;她乳中充满乳汁,心中充满怆痛;那孩子饥饿不堪,脸色惨白,瞧着母亲的乳,有气无力地哭个不停。先生,您觉得有什么可说的吗?"卞福汝主教哑口无言,G先生继而建议,一起为所有无辜受害的殉难者放声悲泣,"我们是不是应当为一切在上层和在下层的无辜受害者、殉难者、孩子们同声一哭呢?不过,我们必须追溯到九三年以前。我们的眼泪应当从九三年以前流起。我一定和您同哭王室的孩子,如果您也和我同哭平民的幼童"[5]。面对主教的沉默,G先生坚定表示,法国革命自有它的理论根据,它的愤怒在未来的岁月将会被人谅解,它的直接后果便是一个改进了的世界,"从它的极猛烈的鞭挞中,产生出一种对人类的爱抚。"从卞福汝主教与国民公会代表的对话中可以看到,并

---

1 "您做了摧毁工作。摧毁可能是有好处的。可是对夹有怒气的摧毁行为,我就不敢恭维。"主教说道。"正义是有愤怒的,主教先生,并且正义的愤怒是一种进步的因素。无论发生怎样说,法兰西革命是自从基督出世以来人类向前走得最得力的一步。它揭穿社会上一切黑幕。它涤荡了人们的习气,它起了安定、镇静、开化的作用。它是仁慈的。"〔法〕雨果:《悲惨世界》,李丹、方于译,人民文学出版社1992年版,第73页。
2 路易十七是路易十六的儿子,十岁时(1795年)死在狱中。
3 卡图什(Cartouche,1693—1721年),人民武装起义领袖,1721年被捕,被处死刑。
4 玛丽·安东尼特(Marie Antoinette,1755—1793年),法王路易十六的妻子,历史上的"赤字皇后"。1793年10月被革命政府以叛国罪处死。
5 〔法〕雨果:《悲惨世界》,李丹、方于译,人民文学出版社1992年版,第61页。

非如多数人所认为的那样，雨果仅仅是一位具有温和、妥协思想，提倡"以爱制恶"的人道主义作家。面对凄风惨雨的世界，除了伟大的人道主义情怀，雨果断然提出了"以暴力对抗、毁灭不公平与非正义现状"之思想。该种思想与英国浪漫派作家雪莱的暴力观不谋而合。对于雅各宾派的全部政策与行动，雨果并没有完全加以肯定。他从雅各宾派为何会走向失败为切入点，进行了颇具哲理性的审视。故而，作品《九三年》是雨果"既支持暴力对抗又主张人道主义"之哲学观的深刻总结。

故事讲述了1793年在法国旺岱地区爆发反革命叛乱。共和国公安委员会派戈万率军前往平叛。由于戈万是叛军头目朗特纳克侯爵的侄孙，委员会又派戈万的老师西穆尔丹为全权特派员前往监督。冷血、残酷的朗特纳克被围困在图尔格城堡，他要求以被他劫走的三个小孩作为人质换取自由，遭到共和军司令官戈万的拒绝。通过其他渠道，朗特纳克顺利逃离城堡，抛弃了那些作为人质的孩子，身后城堡发出滚滚浓烟，烈火舔舐着三个孩子幼小的身躯，就在此时，他听见孩子母亲撕心裂肺的呼唤。刹那间，这个杀人不眨眼的魔王停下来，转身爬回城堡，将那三个幼小的孩童从火海中救出，自己却重新落入共和军手中。朗特纳克的行为深深震撼了戈万，经过激烈的思想斗争，戈万决定以人道主义的刑罚回报朗特纳克的无私行为，下令释放郎特纳克。司令部特派监督员西穆尔丹铁面无私，向私自放走叛军头目的戈万签发了死刑令，将他送上断头台。西穆尔丹是戈万的导师、朋友与兄长，就在戈万人头落地的一刹那，西穆尔丹亦开枪自尽。[1]

1793年是法国大革命的关键时期：新诞生的共和国未满周岁，1月21日，国民公会将路易十六推上断头台，激起了保王党煽动十万农民在旺岱的叛乱；国际上，以英国为首的七国向共和国宣战；6月2日，巴黎公社逮捕背叛革命的吉伦特派议员，引发全国吉伦特派的反叛。年轻的共和国处于风雨飘摇之中。此种背景下，国民公会果断组成专政政权，在全国竖起断头台，以极刑镇压叛变——巴黎

---

1 梗概及本节所有引文来源于〔法〕雨果：《雨果文集（七）·九三年》，郑永慧译，人民文学出版社2002年版。

进入了前所未有的恐怖时代。这就是小说发生的背景。戈万、西穆尔丹与朗特纳克是小说中的主要角色,三人之间不断发展、变化的冲突勾勒出整个作品的叙事脉络,由阶级利益的鲜明敌对转化为人道主义精神与法律适用原则的剧烈冲突。

作品中的主人公之一,朗特纳克是铁杆保皇派,但当那位母亲绝望惨烈的哭声传到他耳中时,唤醒了他沉睡已久的怜悯心,导致其"在造成罪行之后,又主动进行破坏"。戈万对朗特纳克的行为大加赞赏,认为"他赎回了种种野蛮行为,救了自己的灵魂,变成无罪的人"。这种戏剧性的变化异峰突起,终于使矛盾达到白热化。如何评价朗特纳克的行为,引发了戈万与西穆尔丹之间价值观的剧烈冲突。尤其令人感到费解而矛盾的是,朗特纳克侯爵是个异常冷酷、冷静的贵族,他发动了残军的叛乱,对屠杀蓝军与革命群众毫不手软,他的口号是"绝不饶恕!"在节节败退时,他只好用杀害战俘、屠戮百姓、抢劫掠夺和焚烧村庄来泄愤;他毫不怜悯地射杀了蓝军中随军做饭的女人;他劫走了三个年幼孩童作为向共和军索要自由的人质;他的部下在垂死前引燃火线杀害幼童,认为"杀害他们的孩子,是为我们的孩子、被关在唐普勒塔的小国王报仇"。就是朗特纳克这样一个恶贯满盈、铁石心肠之人,却能在一位母亲的哀恸呼号之下瞬间融化、舍身救人,我们不得不感叹于人性的复杂多变、难以捉摸。诚然,人道、人情毕竟是人的共性,在特定条

图7-15 被劫持的三个孩子,丹尼尔·维尔吉(Daniel Vierge)

件下,恶人身上也会有迸发出光辉人性的瞬间。

至于共和军司令戈万,是一个具有军事天才并极富正义感的前贵族,他背叛了自己的阶级而投身革命,身上洋溢着浓厚的人道主义情怀。戈万经常宽恕敌人、营救贵族的妻女、释放俘虏、保护修女、还教士以自由。在赦免了战败后被俘获的三百个农民的罪之后,他曾向西穆尔丹解释:"这些农民的罪孽是因为无知与怯懦,不应对他们施以刑罚。"戈万始终认为,推翻帝制并不是要用断头台来代替它,"既然打掉了王冠,为何还要揪着王冠下的人头不放?"在他看来,"'恕'字是人类语言中最美的一个字,战斗时,他们是敌人;胜利后,我们是兄弟"。戈万曾经以"不与女人、老人、孩子打仗"为理由拒绝共和政府的命令,而他的导师西穆尔丹则斩钉截铁地对他发出严正警告:"你必须跟女人打仗,如果这个女人的名字叫玛丽·安东尼特(路易十六的王后);也必须跟老头儿打仗,如果这个老头儿的名字叫作教皇庇护六世;还必须跟小孩打仗,如果这个小孩的名字叫路易·卡佩(被囚禁的法国储君)。"可以看到,师生之间对于人道主义精神针锋相对的态度,为最后的悲剧埋下伏笔。

作品中,雨果通过对戈万释放叛军首领的情节设计,来暗示对雅各宾派恐怖政策的不满与指责。雨果不惜重墨对雅各宾派三巨头——罗伯斯庇尔、丹东与马拉的形象进行了细致的刻画。在他的笔下,三者的狂热多于理智,他们所执行的恐怖政策虽然具有特定条件下的必要性,亦同时包含着矫枉过正之弊病。这正是雨果对于雅各宾派专政昙花一现的原因的总结,这部历史悲剧以罗伯斯庇尔走上断头台告终。作品中,戈万之所以放走朗特纳克,是基于如下考虑:"如此冥顽不化的敌人竟然具有人道主义的胸怀,难道共和军就不能实行人道主义吗?"很明显,雨果在情感上是明显倾向于戈万的,他借戈万释放朗特纳克之举动充分释放其浪漫主义激情,却也走向了另一个极端。正如西穆尔丹所言:"在尚未取得最终胜利的紧急关头,不可能也不应该实行宽大无边的、绝对的人道主义,否则就是对那死在叛军刺刀下的旺岱百姓的不人道。"今天看来,对于朗特纳克为了救三个孩子而返回城堡、束手就擒的行为,戈万完全可以作出另一种更为合理的判决,不必处以极刑,但也绝非无罪释放——朗特纳克绑架三个孩童当作人质是既成事实,并且已经备好火药准备与幼童同归于尽。虽然最终朗特纳克从其他渠道顺利逃离,未亲自将纵火行为付诸实施,他也应当为部下掩护其逃脱而实施的纵火行为负责。至于如何处置朗特纳克,戈万完全可以效仿先例:因朗特纳克救出三个孩子的善行授予其"勇敢与慈爱"的勋章,然后因朗特纳克屠杀无辜的罪行将他送上断头台——朗特纳克就是如此处置克莱摩尔号军舰上的炮手的,这也是朗特纳克自己认可的办法。但是,戈万却一时冲动,私放了朗特纳克,虽然明知这是放虎归山,旺岱将战火重燃,生灵将再遭涂炭。

西穆尔丹作为戈万人道主义理想的对立面出现。他之前是神父,革命爆发后,成为公安委员会特派的政治委员。这是一个刚直不屈、具有铁石心肠的革命者,与朗特纳克对革命军"决不饶恕"的口号相似,西穆尔丹对叛乱军的政策回应以"绝不宽大"。虽然西穆尔丹也是一个坚定的革命者,但在雨果眼中,他的"冷酷无情"既正直又可怕;他虽然崇高,"可是这种崇高是灰色的、不亲近人的崇高;他的崇高的周围被悬崖峭壁包围着"。西穆尔丹忠于雅各宾党的信条和各项恐怖政策,对国民公会庄严宣誓,对于叛变行为绝不姑息;他亦屡次警告戈万,仁慈极可能在特殊时期异化为卖国的手段。可悲的是,西穆尔丹的誓言与警告在最后均成为事实。在判处戈万死刑之后,西穆尔丹与戈万在狱中的谈话展示了其内心已经陷于不可克服的矛盾之中,他理解戈万的人道主义情怀,却不赞同戈万将这种伟大的人类感情施予不共戴天的对手。西穆尔丹亲手处死了自己"精神上的儿子与学生"后,在痛苦与忧伤中开枪自尽。

雨果的《九三年》饱含着人道主义情怀与"沸腾着恐怖亦孕育着进步"的暴力精神之间的矛盾,但是显然,最终还是前者在雨果的心目中占据了优势——戈万的角色塑造即承载了雨果心目中理想革命者的化身,雨果于内心中抵触着西穆尔丹"像箭一般盲目的准确性"[1]。在这部作品的结束语中,雨果概括了暴力与人

---

1 原文为"他有着像箭一样盲目的准确性,只对准目标一直飞去。在革命中,没有什么比直线更可怕的了"。

道主义之间的关系,这理当是其毕生探索思考而得的结论——"在绝对正确的革命之上,还有一个绝对正确的人道主义"。

"复仇的钢钻":亚历山大·仲马与《基督山伯爵》

与雨果生活于同一时期的亚历山大·仲马(Alexandre Dumas,1802—1870年),是又一位杰出的法国浪漫主义文学家。

> **知识链接**
>
> 亚历山大·仲马,生于法国的维勒-科特莱,人称大仲马,与其子亚历山大·小仲马相区别。大仲马信守共和政见,反对君主专政。他是黑白混血后裔(祖母是祖父家的蓄养黑奴),一生饱受种族主义困扰。著作达 300 卷之多,主要以小说和剧作著称于世,大都以真实的历史作背景,情节曲折生动,代表作有《基督山伯爵》《三个火枪手》。

大仲马之代表作《基督山伯爵》,其后无论是同时期的英国小说《呼啸山庄》(艾米莉·勃朗特著,1847年)、20世纪的美国电影《肖申克的救赎》(改编自斯蒂芬·金之《丽塔·海华丝及萧山克监狱的救赎》,1994年),还是21世纪的美国系列剧集《越狱》(2005年),均承继了该部小说惩恶扬善、快意恩仇的精神气质。小说通过青年水手埃德蒙被诬陷入狱、越狱后化名基督山伯爵复仇与报恩的故事,揭露了法国复辟王朝时期司法制度的黑暗,同时宣扬了大仲马竭力主张的最为简洁的社会哲理——"赏善罚恶"。这部作品中,大仲马以白描写实的手法多次涉及黑暗龌龊的钱法交易、徇情枉法的情景;而对于那些充满正义侠气、令人荡气回肠的审判场面的描绘,则带有浓厚的浪漫主义色彩。

1815年初春,拿破仑复辟前夕,"法老号"船的年轻大副埃德蒙·邓蒂斯,受船长临终之托为拿破仑党人送信,遭到朋友道格拉斯、弗南以及阴险恶毒的检察官维尔福的陷害，在新婚之日以"拿破仑党"的罪名，被秘密送进伊夫堡监狱的地下死牢中，并被剥夺一切申诉的权利。五年以后，神父法利亚挖掘的一条逃跑地道，因计算失误延伸到埃德蒙牢房下。从此，一老一少开始长达十年的秘密来往。法利亚博学多才，气质高贵，聪慧过人，十年中把毕生学识灌输给他的青年朋友埃德蒙，并告知对方基督山小岛巨大宝藏的地点。越狱前夕，法利亚暴病而亡，埃德蒙九死一生逃出伊夫堡监狱，出狱后得知父亲因饥饿而亡，未婚妻失节嫁给诬陷他的仇人，唯一爱护他的老东家濒临破产、命在旦夕；而所有当年制造冤案的人则一个个跻身上流社会，飞黄腾达。埃德蒙决心替天行道，扬善惩恶，因此化身基督山伯爵，凭借神父指点给他的巨大财富与狱中十四年的精神修炼，将整个巴黎搅得天翻地覆，让已经成为百万富翁的道格拉斯、摇身变为莫赛尔伯爵的弗南，以及官至总检察长的维尔福受到了应有的惩罚。[1]

　　小说以埃德蒙扬善惩恶、报恩复仇为故事发展的中心线索，充满了离奇巧合的叙事张力，洋溢着浓厚的正义终将实现之色彩。故事的点睛之笔在于埃德蒙的感恩图报以及宽恕隐忍之品格——他既是受害者又是审判者，同时还是执刑人。罪者已经完全置于他的掌控之下，或严厉或从宽，完全在于他的一念之间。回顾往事，埃德蒙的复仇欲望坚若磐石，为了完成复仇，他不惜耗尽青春甚至搭上性命；十四年的囚禁并未使埃德蒙丧失爱的本能，在他冷酷的外表下包裹着一颗柔软的心。最终，面对昔日恋人与仇人之子，他选择了宽恕。这种复杂、冲突的性格使得人性的光辉在他身上格外耀眼。我们难以忘记埃德蒙伯爵的经典之言："永不忘记，直至上帝审判人类图景到来的那一天，人类的一切智慧就包含在两个词里面——等待与希望。"

　　这部构思精巧离奇、情节跌宕起伏、结局痛快淋漓的小说并非完全出于杜撰，而是大仲马取材于1838年巴黎警察局一部名为"复仇的钢钻"的案卷。1807年，鞋匠弗朗索瓦·皮科婚前受到邻居卢比昂、巴尔、索拉利嫉恨，以间谍罪被

---

[1] 梗概及本节所有引文来源于〔法〕大仲马：《基度山伯爵》，蒋学模译，人民文学出版社1978年版。

秘密逮捕。1814年，拿破仑一世退位，皮科获释。由于在监狱里照顾一个意大利高级神职人员，那位神职人员临终前将自己巨额秘密财产的隐藏地告诉了皮科。皮科将财产取出，化名米歇尔回到巴黎。另一位知情人阿吕将事情经过和盘托出，并告知皮科，他的未婚妻雅格鲁已成为卢比昂之妻。皮科随即展开了疯狂的报复。不久，巴尔便被人刺死在一座桥上；紧接着，索拉利也被人毒死。皮科复仇计划的最后目标是整个冤狱的策划人与始作俑者，同时也是夺妻之人——卢比昂。首先，卢比昂十六岁的女儿被一个纨绔子弟玩弄后抛弃，身败名裂；正当卢比昂为此事烦恼时，一场大火将他的咖啡馆整个烧毁；随后，他的儿子欧仁被人引诱参与一起盗窃案子，被判二十年徒刑；妻子雅格鲁也在忧虑中去世；皮科落井下石，花了少量金钱，诱惑卢比昂将女儿卖给自己作情妇；受尽屈辱的卢比昂最后被皮科杀死。完成复仇计划的皮科向阿吕道出整个复仇过程。阿吕在愤怒中将皮科劫持到一个地窖中杀害，随后逃亡英国。这个故事整整十四年不为人所知。直到1828年，阿吕临死时，才将这个故事告诉了忏悔牧师。牧师将它录成文字，归入巴黎警察局档案库封存。[1]

在这两个带有鲜明的复仇烙印的故事中，无论是埃德蒙还是皮科，金钱、地位与知识的启蒙在主人公的复仇过程中均起了决定性作用。不同的是，大仲马刻意在作品中拂去了皮科一案的血腥残酷与人性的异化，转而赋予埃德蒙更多的理智与仁慈，使他成为善良、爱与正义的代言人，在满足读者内心对正义的渴望的同时，引导读者以理性抑制激情，以合法手段承载复仇使命，以宽恕与博爱化解心中的怨愤与仇恨。

---

1 参见《上海译报》2004年8月26日，第3版。

第八讲
意气风发的拓殖者：
库柏、霍桑与麦尔维尔的故事

讨论文本

- 《最后的莫希干人》
- 《红字》
- 《水手比利·巴德》

导言

1492年，哥伦布到达美洲。随后，欧洲人相继踏上这片土地，带来了本民族的思想与语言，也铸就了美国文学的雏形——探险者们以旅游者、客居者的语气，向为他们提供经济资助的欧洲君主描述美洲的山川地貌、风土人情。该种传记文学几乎占据了16世纪美国文学史的全部篇章。1607年，英国殖民者在弗吉尼亚州建立第一个永久聚居点詹姆斯顿；1620年，英国102名清教徒乘"五月花"号抵达普利茅斯。1620—1640年间，定居于北美新英格兰地区清教徒人口达两万五千多人。他们重视教育，建立了美国本土文化的摇篮——哈佛学院（1636年）。从此，美国文学主要在英国移民带来的英国文化的基础上成长起来。因此，整个17世纪的美国文学是英国文学的延续。到了18世纪，欧洲启蒙思想传播到北美。这一阶段，北美大地酝酿着摆脱殖民统治、争取民族独立的风暴。法国启蒙学者，尤其是卢梭主张的"契约论""主权在民"等思想对这一时期的美国文学影响颇大，为美利坚民族的独立战争进行着思想与文化准备。

18世纪末至19世纪初，年轻的美利坚共和国意气风发地阔步前进，从欧洲旧大陆移植来的英国、法国文化，已经无法完全承载美国人培育自己民族精神的需要。伴随着国内的开荒拓殖、自由移民，伴随着对外野心勃勃的领土扩张，出现了美国历史上第一次大规模的文学繁荣——19世纪浪漫主义文学，它所表达的是一种真正的美国经验与民族气质。本讲将向大家介绍美国形成伊始诞生的三部本土作品。《最后的莫希干人》被收入库柏代表作《皮袜子故事集》，以1757年英法殖民主义战争为背景、大批史料为素材，记录了一个并不复杂却感人至深的故事。库柏坚持认为，英、法、美等所谓的文明国家是历史黑暗的制造者，是人类文明的摧毁者，对印第安人的种族灭绝政策、蓄奴合法制度，是美利坚合众国的永远羞于启齿的一段充满着血腥与罪恶的历史。霍桑的《红字》则被称为是一部"赎罪心理的罗曼史"，小说以英格兰殖民地清教徒居住地为背景，深入探讨了人类应当如何面对罪恶与赎罪的话题。麦尔维尔的《水手比利·巴德》风格独特，流露出对现代西方文明的惶恐、对弱势群体的同情以及对人类本性的探索，整部作品语言精粹直白，探讨了人性善恶、法律与正义、规训与反抗的关系。

灭族罪证：库柏与《最后的莫希干人》

詹姆斯·费尼莫尔·库柏（James Fenimore Cooper，1789—1851年），是书写美国文学"独立宣言"的代表人物之一，被称作"美国小说的鼻祖"。库柏的代表作"边疆五部曲"——《皮袜子故事集》不仅是美国文学也是世界文学的经典作品。该部作品的叙事空间跨越半个多世纪，地点覆盖北方湖泊、东部纽约州、西部草原，以惊心动魄的史诗场面，描绘了一幅美利坚民族童年时期的发展画卷。其中既有早期移民坚韧顽强的生存斗争，也有英法殖民主义者激烈的军事角逐；既有印第安人被残杀灭绝的悲惨遭遇，也有被剥夺土地的农民颠沛流离的不幸生活。从这一系列作品中，我们可以看到美利坚早期发展时期所形成的自由、进取、血腥、无序的民族气质。

> **知识链接**
>
> 库柏，出生于美国新泽西州的伯林顿，美国民族文学的奠基者。库柏的父亲威廉法官，是英国教友派教徒的后裔，是当地的大地主，曾两度任国会议员，在政治上属于联邦派，他的思想和社会地位对库柏有一定的影响。

《最后的莫希干人》（1826年）是《皮袜子故事集》中的代表性作品，其以1757年英法殖民主义战争为背景、大批史料为素材，记录了一个并不复杂却感人至深的故事，其中交叉着对殖民地的争夺、殖民主义的压迫与印第安人的自由、土著内部的自相残杀等多条线索。

故事讲述了在英法"七年战争"的第三年，赫德森河源头和乔治湖是一片腥风血雨的战场。英国威廉·亨利堡司令孟罗上校的两个女儿科拉和艾丽斯，前往堡垒探望父亲途中被劫持。主人公纳蒂·邦波和他的老友莫希干族酋长钦加哥，以及钦加哥的儿子恩卡斯挺身而出，为了救出姐妹俩，在原始森林中和劫持者展开了惊心动魄的追踪、伏击、战斗，最终顺利解救人质。[1]

库柏创造的主人公"皮袜子"邦波，是个理想化的印第安人形象。他缺少文化，却具有强烈的正义感，勇敢善良、单纯诚朴、富于同情心，心中充满了对大自然的热爱、对自由的向往。作为猎人，邦波经验丰富，野外生存本领极强，在英法争夺殖民地的战争中，成为英军的侦察员；战争结束后，他发现心目中的文明与英国拓殖者的文明迥异，于是果断地背叛人类文明，向森林深处进发，最后安息在他的兄弟印第安人中间。与殖民主义者的狡猾、贪婪与嗜血、残暴形成鲜明的对比，作为一名未历经现代文明熏陶的半野蛮人，邦波身上体现着"最高的文明法则"。作者赋予邦波的个性色彩，正是他希望美国民众拥有的高尚品质，"皮袜子"的精神亦正是美国民族理想精神的象征。邦波是美国文学中首次出现

---

[1] 梗概及本节所有引文来源于〔美〕詹·费·库柏：《最后的莫希干人》，宋兆霖译，译林出版社2001年版。

图 8-1　邦波解救人质，米哈尔·埃尔维拉（МИХАЛ ЭЛЬВИРО АНДРИОЛЛИ）

的印第安人的正面形象，他身上体现了库柏所谓"自然人"的观念：与生俱来的智慧与勇敢、忠诚和兄弟般的友爱之心，寄托着库柏对印第安民族的景仰。尤其令人感动的是，最后三个莫希干人钦加哥、恩卡斯、科拉身上所洋溢着的对思想自由与人格独立的不懈追求与抗争。土著们善良、淳朴，但人类固有的劣根性使得他们沦为殖民者手中的工具，为了自己部族的繁衍生存，以动物的方式自相残杀、倾轧吞噬，鲜血染红的土壤正是殖民者罪恶的见证。

库柏坚持认为，英、法、美等所谓的文明国家是历史黑暗的制造者，是人类文明的摧毁者，北美殖民地的发展史覆盖着印第安人的血泪史——他们为了掠夺印第安人的土地，不惜发动大规模、长时间的战争；他们恶毒地挑唆印第安部族间自相残杀、同归于尽，坐收渔翁之利；他们对土著人实施骇人听闻的种族灭绝政策，高价收购土著人的头皮；他们用烈酒冒充上天降下的"火水"来摧残印第安人的健康，以《圣经》来瓦解印第安人的斗志；他们利用印第安人对土地的热爱，招募印第安人充当殖民主义战争的炮灰。莫希干人的领土是第一块被侵占的美洲大陆的地盘，莫希干人是第一个背井离乡的民族。面临文明的入侵，不仅是莫希干人，所有印第安部落的人民祖祖辈辈赖以生存的土地均被掠夺，被灭绝、被殖民统治已经成为他们无法避免的命运。与莫希干族被彻底毁灭的悲惨结局一样，被法国殖民主义者利用的怀伦安多特族，最后也被全部干净地消灭于霍丽肯湖畔。英国与法国殖民者霸占了两大印第安部族的大片土地，成为最终的受益者。作品中，三个"最后的莫希干人"面对血雨腥风、奸诈诡谲与无耻贪婪，始终保持着清醒的头脑与独立的精神，然而终因势力单薄无力挽救整个部族被毁灭的命运。最后，美丽的女主人公拒绝英国军官的求婚而投入了"野蛮人"的怀抱，正是被他们这种自由、正义、英勇不屈的高贵人格所打动，被他们明知责任艰巨、前途晦暗，却依然无悔踏上征途的蓬勃生命力所感染。

对于印第安人的被杀戮与印第安部落的消亡，库柏的心情十分沉重，怀着深切的同情，揭示了欧洲文明的入侵，摧毁了美洲原住民包括生命在内的一切历史延脉的客观事实。作品旨在提醒后世，这段惨烈的历史绝非虚妄之作——随着最后三个莫希干人的死去，千百年来统治美洲大陆的美德与古朴民风也随风消散，留下的只是笼罩于西部草原之上的残暴、贪婪与罪恶。

对印第安人的种族灭绝政策、蓄奴合法之制度，一直是以"崇尚自由与民主、彰显公平与正义、促进人权与进步"为使命的美利坚合众国的梦魇，是它永远羞于启齿的一段充满着血腥与罪恶的历史。库柏作为美国建国后第一代本土作家，凭借着良知与正义感，以客观、冷静、写实的笔锋在文学作品《皮袜子故事

图 8-2 战斗中的莫希干人，米哈尔·埃尔维拉（МИХАЛ ЭЛЬВИРО АНДРИОЛЛИ）

集》中记录了这段历史，其中彰显着鲜明的道德评判与价值取向，为人类文明的进化史保存了一份扎实、厚重的资料。

知识链接

关于欧洲国家、美利坚合众国与美洲原住民之间的这段历史，库柏并不是唯一关注并以笔记录之人。1992年底，美国学术界曾借诸"哥伦布发现新大陆500周年"之契机，掀起了一场声势浩大的反官方、反传统的思潮。学者们以坦诚的学术良心、严谨的数据分析对美国政府针对这段历史的传统宣传提出质疑，指明哥伦布对美洲新大陆的所作所为并非"discover"（发现），而是"conquest"（征服）。紧随哥伦布之后，西方国家争先恐后向美洲输出移民，进行殖民统治，大肆屠杀原住民，而美利坚建国后的那段历史更是将这种罪恶推向了"入侵"（invasion）、"大屠杀"（holocaust）和"种族灭绝"（genocide）的程度。美国从开始正式建军那天起，就命令军队立即向西开进。美国陆军第一团从成立之日起，就以征剿印第安人为基本任务。美国联邦正规军队和民兵从事的这种残暴的屠杀和征剿，从

1803年（正规军正式开始投入战斗是1811年）一直持续到1892年，差不多进行了整整一个世纪，1830年《印第安人迁移法案》、1862年《宅地法》颁布后，屠杀印第安人的活动达到高潮，许多印第安人村庄在一夜之间变成鬼域。在当地民兵的配合下，美国联邦正规军采取分进合击等战术，集中发起了一千多次不同规模的军事行动，到19世纪90年代，基本完成了灭绝印第安人的作战任务，剩下的印第安人被赶进了保留地。

关于美国屠杀印第安人的这段历史的真实性，我们至少可以从四位美国"国父"的言论中找到一些论据支撑。

1779年，乔治·华盛顿在指挥攻打印第安易洛魁（Iroquois）部落时，曾将印第安人比作到处泛滥的"垃圾"，并指示苏利文（Sullivan）将军"在所有印第安人居留地被摧毁前，不要听取任何和平的建议"。1783年，攻打印第安塞内卡（Seneca）部落时，华盛顿将印第安人与野兽进行比较，流露出强烈的种族歧视。更不光彩的是华盛顿曾经指示士兵如何能够从易洛魁部落尸体上剥下"整张的皮"，做出"齐大腿根长度的优质筒靴"，诀窍就是"从他们的臀部与腰部交接处开始剥皮"。幸存的印第安人将美国第一国父的名字改作"小城摧毁者"。不到五年时间，三十个塞内卡部族城镇中仅余两个城镇。

《独立宣言》的主要起草人，托马斯·杰斐逊曾经于1807年指挥他的军队用"短柄斧头"去教训这些原住民中的反抗者，"除非彻底灭绝他们，否则美国人将会被赶到密西西比河以外"。1812年，杰斐逊如此鼓舞部队的士气："我们会杀死他们全部，美国人必须灭绝印第安人，或者将他们驱赶到我们不愿意去的地方。"

1862年12月26日，圣诞节第二天，林肯总统下令将明尼苏达州曼卡多（Mankato Minnesota）地区达科塔（Dakota）苏语部落的三十八名囚犯绞死，原因是该部落因食物匮乏引起了小范围内的暴动，囚犯绝大多数是达科塔部落的神职人员或政治领袖。该案铸就了美国历史上最大规模的一次死刑。被林肯下令屠杀的三十八名印第安人，没有一个经过法庭辩论等正当程序，当时唯一的证据是"与联邦政府军的战争发生时，他们在场"。每十分钟一次重重敲落的法槌，令三十八人瞬间成为绞刑架下之冤魂。这次战役之前，林肯曾对即将出征的美国陆军中将约翰·波普（John Pope）如此交代作战目标："……彻底灭绝苏语部落……可以把他们当作野兽对待。"

诺贝尔和平奖获得者、20世纪第一位美国总统西奥多·罗斯福承认，美国人对印第安人的"种族灭绝与掠夺土地"的政策与行为是不可避免的，这最终为美国带来了好处。他反对"只有死掉的印第安人才是好人"的说法，但相信"十个好印第安人中有九个是死了的人"，而且他也"没有兴趣去搞清楚第十个印第安人到底是怎么死的"。

美国历史学研究中颇具影响力的戴维德·斯坦纳德（David Stannard）教授坦言，若美国国父们的言辞由德国领袖在1939年借用，那么它们将永远镌刻在世界现代史的记忆中。但由于上述言辞是崇尚人道与民主的杰斐逊等人作出的，因此很容易被湮没在人们对他们的赞美声中。戴维德·斯坦纳德教授进一步对美国的种族灭绝政策造成的结果作出分析，指出贫困落后的原住民的灭绝可以使得美国政府回避责任，"一举甩掉本应承担的沉重包袱"；同时，无偿占有原住民多达几百万平方公里的土地，当然也包括土地上附着的丰富多样的自然资源。如此，消灭了大批人口负担、攫取了大量自然资源的美利坚轻装上阵——"在短短一百年的时间内，一跃成为世界第一经济强国"[1]。

赎罪心理的罗曼史：纳撒尼尔·霍桑与《红字》

19世纪的美国浪漫主义文学家中，纳撒尼尔·霍桑（Nathaniel Hawthorne，1804—1864年）占有重要地位。作品《红字》（1850年）被称为是一部"赎罪心理的罗曼史"。小说以英格兰殖民地清教徒居住地为背景，深入探讨了人类应当如何面对罪恶与赎罪的话题。

---

1 〔美〕威廉·福斯特：《美洲政治史纲》，冯明方译，人民出版社1956年版，第280页。

> **知识链接**
>
> 霍桑,美国 19 世纪影响最大的浪漫主义小说家和心理小说家。出生于美国马萨诸塞州的塞勒姆镇一个破落的贵族世家。他的祖先是殖民地时期的法官,卷入 1692 年著名的"驱巫案",犯下过血腥的罪孽。这造成了霍桑与生俱来的负罪感。1853 年,霍桑被富兰克林·皮尔斯总统任命为驻英国利物浦领事。

故事发生在17世纪中叶的波士顿。与丈夫失散的海丝特·白兰因犯通奸罪,被加尔文教审判机构施以侮辱刑,她的衣襟上佩戴象征着邪淫的红色"A"字(Adultery,意即通奸),白兰站在古老的行刑台上,遭受鞭刑,怜惜地抱着自身罪孽的活证据——一个出生仅三个月的婴儿,却拒绝供出同犯。出狱后,白兰被驱逐出清教徒居住区,带着女儿珠儿靠着针线技艺维持生活。当地总督和神父曾试图剥夺白兰对珠儿的监护权,但白兰以死抗争,声称珠儿是上帝降给她的刑罚,也是上帝赐予她的赎罪之源。为了掩盖代表着耻辱的红字,白兰亲手为珠儿缝制了红色的天鹅绒裙,小姑娘穿在身上奔跑嬉戏,像一团跳跃的火焰在燃烧。清教徒社会中,珠儿是奇耻大辱的象征,但也只有她是鲜亮生动的,与母亲的昭然罪行一起闪耀在世人面前。七年过去了,白兰平静地接受了社会给她的歧视与羞辱;她并未因自己的罪行感到卑下,亦同样不倚重于人们的同情与赞扬。她宽容地对待一切施加于其的羞辱与敌视,坚持以隐忍、真诚对待每一位邻人,最终赢得了当地民众的尊敬,胸前的红色"A"字也由"通奸"(Adultery)转变为"天使"(Angel)之象征。这时,白兰失散多年的丈夫出现了——一个才智出众、学识渊博的学者,悄悄潜入美国,改名为齐灵渥斯,以医生的身份暗中察访与妻子私通的男子。经过多年窥探,齐灵渥斯认定,丁梅斯代尔牧师即通奸者。在内心煎过的折磨下,脆弱的丁梅斯代尔日渐难以支撑。最终,丁梅斯代尔挽着白兰与珠儿登上了行刑台,向教众忏悔,以生命为代价换取了道德的新生。[1]

---

1 梗概及本节所有引文来源于〔美〕霍桑:《红字》,胡允桓译,人民文学出版社 1991 年版。

图 8-3 《红字》，〔法〕雨果·摩尔（Hugues Merle）

　　本部作品的三个主要人物，包括一对犯下重罪的共同犯罪人，一个孜孜不倦的真相追究者，性格鲜明、行为典型，代表着强烈的社会学符号，却只有白兰是幸福与智慧的。她是一个近乎透明的女性，听从内心原始情感的呼唤，对丁梅斯代尔产生了真挚的感情。面对宗教、道德、法律的多重压力，白兰显得异常平静，坦然承受一切世俗的惩罚。事实上，与丈夫和情人不同，白兰的内心始终未曾将自己的情感当作一种罪恶，因而她能够宽容地对待来自外界的一切狭隘与偏激。珠儿是白兰在逆境中唯一的精神寄托，她身上火红的天鹅绒裙正是白兰心中那团对生活、对爱情永不熄灭的热情火焰的象征。正是这种不辩不争、坦然承受、安静等待却又永远不放弃希望的精神气质，使得白兰洗脱一身耻辱，赢得公众的尊敬，而衣襟上的红字亦转变为美好德性的象征。

白兰的情人、牧师丁梅斯代尔是作品中最为矛盾的角色。他深爱着白兰，又屈从于宗教教义与道德舆论的束缚，因而忍受着比白兰母女痛苦百倍的炼狱般的煎熬。诡异的是，丁梅斯代尔在饱尝精神惩罚的同时，圣职工作却大放异彩，追随他的教众越来越多；而这份荣耀，更是加重了丁梅斯代尔的罪孽情绪，使他不堪重负。这种双面人格的激烈交锋，使丁梅斯代尔的精神彻底崩溃，内心的负罪感及良心的谴责最终驱使他牵着妻女登上行刑台，在教众面前扯开神父的圣袍，赫然露出与白兰和珠儿衣襟上同样的红字——这个红字他整整佩戴了七年，已深深烙刻在他日夜忏悔的灵魂之中。

图 8-4 海丝特·白兰与珠儿，〔英〕休·汤姆森（Hugh Thomson）

白兰的丈夫齐灵渥斯医生的悲剧色彩最为浓厚。他虽然才华横溢、天分颇高，却心胸狭隘，为了挽回所谓的尊严放弃一切，将向妻子及其情夫的复仇当作毕生使命。当齐灵渥斯拨开丁梅斯代尔牧师的法衣，发现牧师的胸口上赫然刻着与白兰一样的标记，认定这位形象辉煌的"道德圣人"就是白兰的奸夫、珠儿的生父后，齐灵渥斯欣喜若狂。他开始精心地实施复仇计划，将自己装扮成可信赖的朋友，利用丁梅斯代尔的负罪心理，让对方向他吐露一切恐惧、自责、烦恼与懊悔。从丁梅斯代尔的痛苦忏悔中，这个内心充满了复仇烈焰的人得到极大满足，遂决定花费一生时间，慢慢地折磨丁梅斯代尔。事实上，当复仇成为齐灵渥斯生活的唯一目的时，悲剧也拉开了帷幕。丁梅斯代尔不堪忍受精神的折磨，忏悔后死在行刑台下时，齐灵渥斯扭曲的心灵再也无法找到依托，不到一年，他亦死去。耐人寻味的是，他将所有的遗产赠送给珠儿——他不共戴天的情敌的女儿。

《红字》的情节发展围绕着"罪恶"与"忏悔"展开。霍桑认为，人类生来具有原罪，应该以一种坦诚的态度面对自身的罪恶，将自身的罪恶充分暴露出来，借此达到自我净化。这种思想在白兰与丁梅斯代尔的经历中得以充分体现。显然，白兰与丁梅斯代尔的相爱是逾越底线的，故而其行为无法获得祝福与承认，无论是面对世俗律法还是宗教教义的裁判。二者在不同空间承受着残酷的惩罚，相比而言，由于白兰将自己的罪孽坦然暴露于天下，故而能够坦然面对漫长的赎罪生涯，她的躯体是疲倦的，她的心灵却是欢快的；而丁梅斯代尔却始终在罪孽与悔恨中挣扎，荣耀的身份下裹挟着一颗无法面对光明的心，这种对精神的摧残，令他生不如死、不堪重负，直到踏上行刑台，将自己的罪愆公示于众，才获取了彻底的救赎与解脱。作品中，霍桑把所有的现实社会问题抽象为无所不在、无法克服的罪恶；同时，罪恶也成为一种纽带，它将人类束缚在一起，承担着共同的命运。通过白兰的遭遇，霍桑希望启示人们，人对自身罪恶的承认，并不意味着人的堕落，而是意味着人堕落之后为获救而作的努力。

值得注意的是，霍桑之所以著就《红字》这部传世名作，与其家族历史具有很大关系。霍桑家族曾是殖民地早期显赫一时的名门望族，祖辈威廉·霍桑（1607—1681年）跟约翰·温斯洛普总督一起移居美洲新大陆，是一名"士兵、征服者、官员、法官、宗教掌权者"。霍桑出生于马萨诸塞州的塞勒姆镇，而该镇是殖民地时期的一个重要港口，也是清教徒聚集地，以"塞勒姆驱巫案"[1]闻名于世。1692年，塞勒姆镇发生了"驱巫案"，威廉的儿子约翰（1641—1717年）即三名主审法官之一。当时的塞勒姆镇流行着一种类似癫痫的传染病，有人说

---

[1] See Douglas Linder, "The Witchcraft Trials in Salem: An Account", http://law2.umkc.edu/faculty/projects/ftrials/salem/salem.htm, the last Retrieved date:2011.10.10.

此系女巫作祟。在宗教团体和当局的严刑威逼下，全镇的女孩们不得不撒谎相互揭发、陷害无辜。数百人面临指控，最终有十九个女人以"施巫术"的罪名被送上绞架，其中包括一对母女，幼女被执行死刑时，尚不满五周岁。另一位拒不承认罪行的年逾八旬的男子，则被执行重石压身而亡的极刑。塞勒姆镇中人们的恐惧日增，相互揭发的行为逐渐失控，最终，总督威廉·菲普斯的妻子、哈佛大学校长以及波士顿第一教堂的一位牧师均被指控为罪犯。此刻，总督本人不得不出面，召集了一场案件听证会，对三百五十二个犯罪嫌疑人进行了重新审判，最终只有三个被定罪，但是即便这三个人也得到了总督的缓刑判决。总督释放了仍被关在监狱里的犯人，并对所有受到指控的人进行了大赦。荒诞而血腥的"塞勒姆驱巫案"就此结束。

图 8-5　塞勒姆驱巫案，〔美〕汤普金斯·哈里森·马特森（T. H. Matteson）
再现了 1692 年 8 月 5 日塞勒姆镇对"女巫"的审判现场

身负祖先留下的荣耀和罪恶，霍桑的内心充满着矛盾，他既赞美清教徒虔诚、律己、纯洁的道德情操，又对宗教法庭使用的残酷手段以及造成的累累冤案感到愤怒与羞耻。正是作品《红字》使得他的负罪感与自责情绪得到有效宣泄，而他本人亦在作品中以浪漫主义的笔触表述了对人性、罪恶、命运等重大哲学观点的思考。

沉默的羔羊：赫尔曼·麦尔维尔与《水手比利·巴德》

赫尔曼·麦尔维尔（Herman Melville，1819—1891年）是与霍桑齐名的、在美国浪漫主义文学史上占有举足轻重地位的作家，其作品风格独特，流露出对现代西方文明的惶恐、对弱势群体的同情以及对人类本性的探索。

> **知识链接**
>
> 麦尔维尔，出生于纽约，幼时家境富裕，受过良好的教育，十二岁时因父亲破产，未成年便离开学校，自立谋生。先后当过银行职员、农场工人、商店伙计、小学教师、轮船服务员、军舰水手、海关检查官。著有长篇小说《泰比》《白鲸》以及遗作《水手比利·巴德》等。遗憾的是这些作品长期没有受到重视。直到20世纪20年代，麦尔维尔的价值才被世界文学界"重新发现"，确立了他在美国文学史上应有的地位。

《水手比利·巴德》是一部引起巨大反响的作品，在麦尔维尔去世后三十年才得以公之于世。这部作品中，作者以细腻精致的笔调，创作了一个与法律有关的寓言，刻画了比利·巴德——一个"高贵的野蛮人"的悲剧命运，展现了在邪恶与权力面前，人类的理性是如何操纵法律，使得纯真与无辜横遭戕害的现实。麦尔维尔的创作源于一桩历史事件的曝光：1842年，在和平时期巡洋练习期间，美国双桅战舰"萨默斯号"发生哗变，三位船员因策划哗变而被船长亚历山大·斯利德尔·麦肯齐下令绞死，整个过程没有正式的传讯、审问，也未允许证人对质或者保障被告人之辩护权。[1]麦尔维尔以该案为脚本，创作出《水手比利·巴德》。整部作品语言精粹直白、寓意丰富，自出版至今，每个生活阅历迥异的读者，均试图从不同角度对故事予以解读——从对人性善恶的探讨到对法律与正义、规训与反抗的剖析；从宗教与神话意蕴的当代阐释到同性恋伦理与精神分裂症问题的研究，如此种种，绵绵不断地演绎着这部作品。

  故事发生在1797年拿破仑执政期间，英法战事正酣。年轻英俊的水手比利·巴德从商船"人权号"被强征到英国军舰"战力号"服役。比利为人单纯，与全船上下相处融洽，唯独纠察长克腊加特因难以言明的理由，对他嫉恨交加。克腊加特不断地监视、引诱、挑衅着比利，最后发展到向威尔船长诬告比利谋反。对质时，面对克腊加特完美精致的谎言，比利·巴德惊骇万分，情急之下，他使用了最原始的方式，一拳打向克腊加特，后者一命呜呼。在匆忙召集的"临时阵地军事法庭"上，该案引起了大家的争论。舰长既是案件唯一的目击证人，又是定夺比利生死的审判官。他深知比利并非故意杀人，也了解克腊加特一贯阴郁的秉性，但当时处在战争时期，尤其是前不久英国海军发生过哗变，这就使得舰长，这位关键人物的意见，因种种原因而不再客观中立。最终，一把失去了公正与光明的"正义之剑"刺向比利·巴德——他被宣布判处绞刑，并在舰艇的最醒目处立即执行。事后，海军官方就该事件进行了解释，称比利涉嫌通敌叛国，并于被审查期间企图行凶，克腊加特在制止比利罪行的过程中殉职。[2]

  这部作品中，麦尔维尔留给我们多元的叙事空白，在法律、宗教、道德领域引起了无数读者的猜测与解读。最大的一个谜团是，克腊加特数次欺侮甚至诬陷比利的动机是什么？一种解读是，如果比利是"善良"的象征，克腊加特则是"性恶"的化身。他憎恨比利没有其他原因，只是因为后者本性纯真无邪。这种"恶"隐藏在人性深处，连克腊加特本人可能也没有察觉、无法控制，他的行为动机只能是天生怨毒使然。麦尔维尔还为我们细致剖析了克腊加特的性格特点："这种人具有高度

---

1 参见〔美〕麦尔维尔：《水手比利·巴德》，许志强译，人民文学出版社2010年版，第6页。
2 梗概及本节所有引文来源于〔美〕麦尔维尔：《水手比利·巴德》，许志强译，人民文学出版社2010年版。

的理性，分裂、偏执型的人格缺陷巧妙地托庇于对律令戒条的严格遵守中。他们是人类社会中最危险的因素，最大特点是擅于将理性作为工具来完成非理性行为。"事实上，这位纠察长是整艘军舰上除了威尔船长外仅有的能够从理智角度充分欣赏比利的人，文中一段关于克腊加特的特写充分证明了这一点——"克腊加特偷偷注视比利，带着那种沉思冥想与忧郁哀伤的神色，他的眼中奇怪地噙满了刚刚萌生的激动不安的泪水"[1]。是否可以揣测，克腊加特对比利纯真美好的自然人格的鉴赏中饱含着绝望与毁灭的快感——他理解善、赞美善、向往善，却始终无力成为善；惶恐之余，他愤然决定背离善并杀死善。这种扭曲、矛盾的心理，我们在《巴黎圣母院》中副主教克洛德对爱丝美拉达的炽烈感情中亦曾体会过。关于克腊加特的犯罪动机，当代另一种前卫解读是涉及性的禁忌——在枯燥乏味的军舰上，长相柔美、绰号"美人儿"的比利，无疑是全船上下一干男子的审美对象乃至追求目标。连严谨持重的威尔船长都赞叹道，比利是"人种的绝佳标本"，"他的裸体或许可以为堕落之前的年轻亚当的雕塑摆个姿势呢"。比利的美貌，似乎唤醒了克腊加特沉睡的欲望，使他"忧郁哀伤的神色之中会出现一丝温柔的渴求，仿佛不是为了命运与禁忌的缘故，克腊加特甚至会爱上比利呢"。但是，在当时严厉的宗教罪责观的氛围下，克腊加特作为纠察长，军舰上严格的纪律与强烈的长官荣誉，促使其产生了难以摆脱的自我憎恨，并转而将这种憎恨投射至耻辱情感的源头——无辜的比利身上。当然，除了上述两种解读，我们也可以从犯罪心理学等角度对克腊加特的作案动机作进一步探讨。

水手比利·巴德，作为全书的关键角色———一位被无辜献祭的羔羊，拥有着与现代文明人所迥异的性格魅力。博尔赫斯在书评中指出，"《水手比利·巴德》可归结为描写正义与法律冲突的故事，但这一总括远没有主人公的特点来得重要，他杀了人，却始终不明白自己为什么会受到审判并被定罪"[2]。比利的悲剧性缺陷，就在于他根本无法理解人类文明社会所必须掌握的制度化游戏规则。"他

---

1 〔美〕麦尔维尔：《水手比利·巴德》，许志强译，人民文学出版社2010年版，第37页。
2 《博尔赫斯全集》（散文卷），浙江文艺出版社1999年版，第331页。

天生是一个和平天使,日常的他无需言语,只需随意一站,周身便散发出德性的光晕与英勇的男性气质。"但在成熟、文明的人类社会,这种单纯的秉性却适得其反——这位英俊的水手、大自然不加矫饰的宠爱杰作,最终成为人类法律与权力角逐的祭牲。比利是温顺而羞怯的,对于外界施加于其身的种种安排,他均视作命运的赐予,从未有过稍许反抗。例如,当他从"人权号"被选中到海军服役时,尽管这是一个坏消息,但"他好像很能接受,就像接受天气变坏一样";当他目睹了一个擅离职守的水手被执行鞭刑,裸露的后背上色彩狰狞的丑陋印记以及水手的哀嚎与祈求时,比利深受震动,他匆匆逃离现场,埋没在人群中,并下定决心不会因为一丝纰漏而使自己蒙受同样的可怕刑罚。[1] 从比利单纯而剧烈的内心感悟中,我们可以领略到,文明社会的残酷刑罚对于一个原始灵魂产生的强大威慑力,这种描述与福柯"规训与惩罚"的理论建构完全符合,亦从一个侧面印证了威吓刑罚观的有效性。令人心痛不已的是,在日后的审判与等待执行过程中,比利像一只待宰的羔羊般安静、沉默,他对这个文明世界的规则充满了敬畏。当他的脖颈被套上绞索时,颤抖的双唇留给世人的最后一句话竟然是"愿上帝祝福威尔船长",正是这句话,有效缓解了威尔船长所面临的压力——由于处死无辜的比利,舰队士兵的哗变随时可能爆发。作品的结尾,比利的衣物被水手们当作圣物般地传递着、摩挲着,而比利短暂的一生亦升华为水手们心目中的基督传奇。如此情境之下,谁又能说比利只是带着人类文明所制造的悲惨与阴暗走向死亡,而不是闪耀着自然人性的善良、高贵与悲怆?

对比利一案的审判与执行是全书的高潮,有关法庭审理的情境也是作品中篇幅最长的章节。也许,麦尔维尔通过此部作品希望读者加以评判的,正是威尔船长最终作出的艰涩判决。整艘舰船的灵魂——威尔船长,具有上帝般的父性权威。他以智慧、公正、严明、慈爱的性格魅力赢得了水手们的敬畏。然而,关键

---

[1] "比利被吓坏了,他冲出现场,埋没在人群中。他决心决不因疏忽懈怠而使自己遭受这样的惩罚,决不做或忽略掉任何哪怕可能会招致口头斥责的事情。"〔美〕麦尔维尔:《水手比利•巴德》,许志强译,人民文学出版社2010年版,第64页。

时刻，他却挑选了一只最为温顺、纯洁的羔羊宰杀献祭。比利被抛弃了。威尔组织并且一手操纵了临时法庭的审判，蛮横地压制来自其他官员的反对意见，最终将比利送上了绞刑架。从某种意义上讲，威尔船长的行为无异于另一场谋杀，他完成了克腊加特企图对比利做而没有成功的事情——当海军陆战队上尉对案件审理程序表示质疑，声称应当展开基本情况的横向调查时，遭到威尔船长的喝止，而正是这种横向调查才是使比利摆脱死亡的唯一希望。如果说，比利与克腊加特的恩怨纠葛可以适用善恶二元论进行诠释，那么前者将后者失手杀死的意外结果也颇符合善恶有报的自然逻辑；令人难以承受的是威尔船长的介入，是威尔船长的言行使得整个故事的发展变得令人压抑、沮丧、焦躁不安。换句话说，在涉及"法律与正义"的主题时，威尔船长才是麦尔维尔着力刻画的主人公，麦尔维尔以寥寥数笔勾勒出船长的轮廓，邀请读者以不同的人生经历对细节进行填补，继而对这桩公案作出评判：一个"高贵的文明人"，出于怎样的动机、承受着怎样的压力，杀害了另一个"高贵的野蛮人"？英明的上帝，会因何种理由来恣意杀害无辜的羔羊？

或许我们可以从另一个角度来分析麦尔维尔的创作初衷，威尔船长的行径所要解开的谜底，是一个融合着良知与法律的交错盘结之网——手握法律利器，他到底应当服从良知，还是权力与形势的需要？由于洞悉"法律是为理性与秩序服务"这一游戏规则，威尔船长时刻提醒自己保持冷静与理智，把握好权力运作过程中"正确的"而非"真理的"每一环节。要比利送死，是基于制止"哗变"的考虑；而比利的死又极可能引发更大的哗变。因而，威尔不仅需要比利作出牺牲，而且还需要比利知晓，以这种牺牲来换取整个军舰秩序是合理、必要的，他对比利会赞同这样的利益交换深信不疑。其后，威尔船长与比利的单独会见进行得非常顺利，威尔成功地引导、说服比利去平静地拥抱自己的命运。无人知晓"密室会谈"的内容，这是麦尔维尔留给我们的又一个空白；但可以看到的场景是，比利在临刑前高呼"愿上帝保佑威尔船长！"这足以证明二者通过临终密谈，通过相互谅解达成了一致见解。这是一种审判者与囚徒、刽子手与祭牲之间的默契，这是一种对肉体消灭与精神酷刑之间的刑罚分配达成的协议。事实证明，其后威尔船长的灵魂始终无法抵达坦然与安宁的境界——"弥留之际，他眼中唯一闪现的就是比利那张纯真、热情的面孔"。熟谙文明社会规则的威尔船长明白，只有理智地控制内心的欲望，才能在这个人为权力建构的真理之网中自由翱翔；因而，即使在他充满感激地怀念那只无辜的羔羊时，亦同时坚信他的所作所为当属必要，无需忏悔。借助威尔船长这一角色，麦尔维尔向我们揭示出，为了维持社会秩序而违背自然正义的行为的普遍性与必然性。

另外，"战力号"军舰亦可以被看作整个文明世界的缩影。比利·巴德从"人权号"进入"战力号"服役，暗示着从原始状态的自然界进入了由权力、法律统治的文明社会——比利所享有的自然权利即将受到限制与剥夺。威尔船长威严、机敏，其姓名的拉丁文含义是"真理"，他犹如《旧约》中的上帝，为了保持军舰的整体性与战斗力而实施严刑峻法，处死了过失杀人的比利·巴德。因此，"战力号"军舰无论是代表着人类文明社会，还是象征着法律与规则，其本质是一条庞大的语言之舟——只有深谙其语法的人，才有生存的权利——正如克腊加特与比利对质时，口若悬河、一气呵成，将构陷之辞编织得完美无缺；与他强大的语言驾驭能力及咄咄逼人的非凡气质相比，"野蛮人"比利的失语症再次发作，除了以拳头进行原始自卫外，似乎并无更好的选择。再如，在审判比利的临时法庭上，威尔船长"上演了一出完美的独角戏"，他的雄辩与智慧也给读者以某种错觉，似乎比利因拙于言辞而杀人，而威尔船长以精通言辞而杀人——对比利的审判，就是一场通过言语来操纵生死的游戏。

因此，这部伟大的作品不仅是关于善与恶、正义与非正义的探讨；各种权力结构的分布与牵制，恰好给福柯的"权力话语理论"提供了生动的佐证。福柯在其代表作《疯癫与文明》中得出了类似的结论，认为真理本身既是特定权力的产物，又是权力有效维持的重要组成；而真理与权力之间的媒介是话语，话语是真理的载体，其本质是话语权；话语权来自权力的赋予，因而它的行使必然带有压迫性、排斥性、限制性。在代表着微型人类社会的"战力号"军舰上，上演了一幕权力话语对正义与真理进行构建与控制的图景。显然,比利·巴德——这位"高贵的野蛮人"、这位"只需随意一站,周身便散发出德性的光晕"的英俊水手,在人类文明社会中具有致命的语言缺陷,这便注定了他必将沦为人造正义与秩序的祭牲,虽然他本身是大自然不加矫饰的宠爱之作。

深度阅读

历经启蒙思想洗礼后的西方世界,理性与秩序统治着一切。17、18世纪是科学与理性的社会,在启蒙思想的引导下,人们以理性之名义去批判一切传统观念与宗教教义。18世纪末19世纪初,人类感性与理性的疏离终于导致了人性自身的异化——人们对当时社会的建构理性普遍感到迷惘而惶恐:自由主义者认为新的资本主义秩序并未使人获得真正的自由与平等;保守主义者则认为暴力革命使得人的性命危若累卵;新开拓殖民地中充斥着征服种族的优越感与被同化种族的仇恨观。人们于新旧价值观交替的"真空"状态下普遍感到无依托感、无归宿感,很自然地萌发出对现有社会文明的怀疑、不满与抵抗。正如马克斯·韦伯所述:"理性化的非理性所在,就是文明社会的症结所在。"[1] 此背景下,寻找个人精神寄托的浪漫主义思潮应运而生,成为人类文明史上第一次大规模的个体人对文明、理性世界的疏离与反叛。

西方文学层面,各国作品逐渐疏远了人本主义与启蒙理性,或者重返宗教的怀抱,或者亲近自然风光,竭力寻找着超越社会现实的理想彼岸,以填补理性王国破灭后带来的心灵空虚;同时,文学作品开始对人之本质进行反省、对工具理性进行质疑、对社会秩序予以批判。浪漫主义思潮之前,人类历史上还没有任何一个文学思潮与风云变幻的社会变革结合得如此紧密。人们一方面仍然忠诚于启蒙运动带来的民主与自由之理想,另一方面又

---

[1] 转引自朱学勤:《道德理想国的覆灭:从卢梭到罗伯斯庇尔》(第2版),上海三联书店2003年版,第41页。

对革命引发的暴力与血腥心存恐惧；人们一方面享受着英国工业革命带来的物质社会的快速进步，另一方面又无时无刻不处在心灵空虚与精神幻灭的痛苦之中。于是，浪漫派作家笔尖上，始终萦绕着一个模糊而坚定的使命——从法国大革命的惊涛骇浪中，从英国工业革命自我意识的无限膨胀中去追寻人类灵魂的慰藉：原始古朴的大自然成为指引人性复归的一种坚定力量，亦在终极意义上承载着人类的灵之所系、魂之所归。因而，在德国、英国、法国等欧洲早期资本主义国家中，涌现出格林兄弟、海涅、拜伦、雪莱、雨果以及大仲马等一大批浪漫主义作家，他们的作品是对当时渐已成型的工具理性、物质主义所带来的人性异化现象的一次彻底检视，罪与罚的主题深嵌入每一部作品的内核，颠覆了西方资本主义旧的价值理性，以强烈的反叛精神探索着崭新的文化构建模式与价值评判取向。

  这种思潮的强势发展与疾速蔓延，突破了欧洲旧大陆的界限，深刻地影响着出生不久的美利坚。此时期的美国文学逐渐摆脱了英国文学的影响，走上独立的、具有浪漫主义民族色彩的道路。"西部开拓"是当时美国作家喜爱的主题，原始的森林、广袤的平原、无际的草原、沧茫的大海……这些自然景物成为美国人民品格的象征，形成美国文学挑战古典文明、敬畏自然权利的传统。值得注意的是，清教徒思想作为一种文化遗产，对美国人的道德观念产生了巨大影响，在美国文学中亦留下了明显印迹——相对比德国、英国、法国等欧洲国家同时期的文学，美国浪漫主义文学的宗教道德倾向十分浓厚。在库柏、霍桑、麦尔维尔的作品中，加尔文主义的原罪思想、惩罚与救赎的神秘性均得到了充分的表现。另外，美国浪漫主义作家在对人性的理解上也各不相同。库柏通过《最后的莫希干人》对于白种人对印第安人所犯的"道德罪过"十分内疚，他真切地同情着被剥夺了基本人权，甚至惨遭灭族的印第安人的悲惨命运，祈祷、呼唤着宗教意义上猛烈的"自然惩罚"；而霍桑则认为人类在内心上均是罪人，人类需要承认自己的原罪，才能得到最终的救赎，宗教与道德的存在意义即使人认识自己的本性，《红字》中的主人公白兰即是承载该种观点的典型；麦尔维尔的作品更加晦涩难解，无论是《白鲸》还是《水手比利·巴德》，均弥漫着神秘的"罪刑观"，以沉郁、空灵的笔触关注着人性中最幽暗、最不可捉摸的部分——直至21世纪的今天，西方各国法学学者仍为上述作品所承载的罪恶与救赎之内涵争执不休。

刑法思想方面，法国大革命后的半个世纪，整个西方社会的价值观、罪刑观带着鲜明的叛逆色彩，各种思想倾向相互冲突，人们对社会问题的看法与观念存在着尖锐的分歧。复杂、多元的浪漫主义思潮正是西方人普遍心理的一种投射，映照出他们激荡、亢奋而又迷惘、惶恐的心灵世界。如果说启蒙思想时期的"自由"意味着人在自然法则下享有的天赋权利，集中体现为维护个人在社会秩序中的平等权与民主权；那么，浪漫主义思潮下的"自由"则更强调作为个体生命存在的精神人格从物质文明的羁绊中挣脱出来。前者的"自由"侧重于社会制度与天然权利的符合，后者的"自由"侧重于人类本性与现存文明的抗争。在该思潮的冲击下，黑格尔、边沁、费尔巴哈等古典主义刑法大家的思想逐步形成、发展、成熟。无论是黑格尔的"绝对观念说"，还是边沁的"功利理论体系"以及费尔巴哈建立在"心理强制说"基础上的罪罚体系，均将目光由客观世界转向人的内心宇宙，建立于人类的感性本质之上。总体而言，此时的刑法思想开始向主观主义倾斜，关注人类心灵、体恤人类情感，洋溢着浓郁的人道主义情怀。

黑格尔的刑法思想

乔治·威廉·弗里德里希·黑格尔是德国古典哲学的集大成者，也是刑事古典学派的代表人，其法哲学理论的最大特点是客观唯心主义与辩证法。黑格尔十分强调客观化的精神世界，认为自然界与人类社会的一切事物均来源于一种抽象的"绝对观念"，都是这种绝对观念的表现与外化。这种绝对观念在精神阶段的运动历经"主观精神、客观精神、绝对精神"三个阶段。"主观精神"是绝对观念中具有的自我存在精神，构成人的精神世界，包括灵魂、意识、心灵三个环节；"客观精神"表现为抽象法、道德、伦理三个环节；"绝对精神"包括艺术、天启宗教、哲学三个环节。[1]

客观精神中的伦理、道德与抽象法构成了黑格尔的法哲学体系。这三个因素均与人的自由意志具有紧密联系，是自由意志在人类行为的不同阶段以不同形式的外化呈现，从抽象法至道德

---

1 参见马克昌主编：《近代西方刑法学说史》，中国人民公安大学出版社2008年版，第125页。

再到伦理的内涵逐渐具体与丰富。"抽象法"中的行为是概念化的、形式的，仅涉及行为的客观属性，不考虑人的内心世界。"道德"阶段包括故意与责任、意图与动机、善与良心，它是自由在人主观思想中的体现，是法的真理。道德使得人的客观行为能够归之于特定个人的人格，从而具有接受社会评价的，并使得行为人对此种评价承担相应责任——涉及行为人意志与归责能力，是不法者对自己行为承担责任的依据。"伦理"阶段则是前两个环节的统一，要求客观的法与主观的法都必须与社会的普遍性相适应，个人的权利、道德、自由均需要以社会性、客观性的伦理实体为归宿、为真理，并融于这些实体中。这些伦理实体主要包括家庭、市民社会和国家。该观点与当今欧陆法学的社会相当性理论较为相近。[1]

将上述法哲学理论运用于刑法领域，黑格尔的刑法思想可以总结如下：

关于犯罪的本质，黑格尔根据行为人的主观认识分为三类，即"我以不法为法""我使得他人认为不法为法""我意图不法、毫不掩饰"，分别对应着"无犯罪意图的不法行为""在合法形式下的犯罪行为""真正的犯罪行为"[2]。黑格尔指出，第一，不法与犯罪都是针对人的行为而言，否定了单纯思想、意志构成犯罪的可能性。第二，行为必须承载行为人的意志，是行为

---

[1] 参见吕世伦主编：《西方法律思潮源流论》（第二版），中国人民大学出版社2008年，第351页。
[2] 〔德〕黑格尔：《法哲学原理》，范扬、张企泰译，商务印书馆1982年版，第92页。

人思想的外化。第三，行为真正的社会意义还存在于它对外界所造成的后果之中，行为与后果不可分离。第四，无犯意的不法与欺诈可以转化为犯罪，是质与量的辩证关系。继而，黑格尔得出结论，犯罪的本质就是社会危害性——一方面它侵害了他人的人格、权利或利益；另一方面它危害了社会，侵犯了普遍事物和社会整体利益。所以，犯罪本身是虚无的，它将作为"绝对观念"的法扬弃，而绝对的东西不可能被扬弃，必须通过刑罚来对犯罪进行扬弃，使得法重归实在。

关于刑事责任，黑格尔以意志自由论为基础，继承并发展了康德的道义责任论。认为犯罪行为是刑事责任成立的前提，而刑事责任的根据即自由意志。自由意志使得人具有认识、控制自己行为的能力，这种认识与选择的自由，使得人具备了对自己行为承担责任的能力，此即"行动只有作为意志的过错才能归责于我"[1]之内涵。

关于刑罚的本质，黑格尔同意报应论，其理论基础仍然在于人的自由意志。犯罪人的理智与意志被束缚于自然状态，没有遵循理性原则，所以必须对这种不法行为承担罪责。惩罚犯罪者也是犯罪者自己的法必然要求——他知道自己行为的不法性会受到惩罚，却仍然实施该行为，说明其意志中包含着追求这种惩罚的内容，对其施以刑罚正是对一个理性人应有的权利与尊严的维护。"犯人早已经通过自己的不法行为，给予对自己处以刑罚的

---

1 〔德〕黑格尔：《法哲学原理》，范扬、张企泰译，商务印书馆1982年版，第93页。

同意。"¹黑格尔强烈反对费尔巴哈的心理强制说，以及由此发展而出的刑罚预防论。他认为"犯罪是人的自由意志对他所承认的法进行否定的行为，法律惩罚犯罪者是正义的需要与表现，是承认犯罪者的自由意志，尊重他作为人应享有的尊严，并不是为了威吓"，"法与正义必须存在于自由意志中，而不应该在威吓所指向的不自由中去寻找它们的根据"。²

同样基于意志自由论，黑格尔对贝卡利亚依据社会契约论对死刑的否定给予了坚决驳斥：首先，社会契约论作为反对死刑的理由难以成立。因为"国家根本不是一个契约，保护和保证个人的生命财产未必是国家的实质性本质，反之，国家是比个人更高的东西，它甚至有权对这种生命财产本身提出要求，并要求其为国牺牲"³。所以，国家利益高于一切，国家权力并非来自公民个人，当然有权利剥夺犯罪人的生命。其次，犯罪者实施的犯罪行为包含着他自己的意志，因而刑罚对他的惩罚也是他自己的法，处罚他是尊重他意志的表现。最后，刑罚是正义在国家中所具有的实存形态，死刑不能废除。生命与其他对公民的侵害方式不同，无法用等价来衡量，仅能适用同态报复，这是罪刑等质报应的唯一例外。

---

1 马克昌主编：《近代西方刑法学说史》，中国人民公安大学出版社2008年版，第134页。
2 应当指出，黑格尔并不反对刑罚具有威吓、惩戒、预防、矫正的功能，只是反对将它们作为刑罚的唯一目的，他坚持认为刑罚的本质应该是报应。参见马克昌主编：《近代西方刑法学说史》，中国人民公安大学出版社2008年版，第138页。
3 马克昌主编：《近代西方刑法学说史》，中国人民公安大学出版社2008年版，第158页。

杰里米·边沁的刑法思想

杰里米·边沁（Jeremy Bentham，1748—1832年）是19世纪著名的功利主义思想家，他以彻底的功利主义思想为指导，构建了一套完整的刑事立法原理体系。

边沁认为，"神学的原则"不过是假定的虚幻意志，不具有现实根据；"禁欲主义原则"则向来不能够被任何活着的人所坚持；"天赋人权"等抽象原理也不足以说明人们各种根本性的功利考虑。因此，边沁站在立法者、规训者的角度，得出"理性不足以揭示人们对于犯罪现象的真正态度、只有功利主义才是立法的真正原则"的结论。因为这种原则是普遍的，"任何一个活人，不管他有多蠢，人类天性都使他一生的绝大多数场合，不假思索地采纳这个原则"[1]。可以看到，构建边沁功利理论体系的基础仍然是与理性有所差异的内心潜意识，这种"趋乐避苦"的外化的行为是人类不假思索的应激性本能反应。

关于犯罪的社会危害性，边沁将属于主观精神状态之一的对社会与公众造成的"惊恐程度"作为确定犯罪危害程度的标准。他认为犯罪造成的危害性具有两个层次。第一层次是犯罪本身具有的恶，第二层次是犯罪给社会与公众带来的"惊恐"。该观点亦是以公众的主观心理状态为切入点，对犯罪行为的危害性进行剖析。边沁认为，犯罪给大众造成的惊恐程度随以下情况变化：首先是犯罪的主观特征——故意与过失可能造成相同犯罪结果，

---

[1]〔英〕边沁：《道德与立法原理导论》，时殷弘译，商务印书馆2000年版，第180页。

但造成的惊恐程度不同。"一个具有感觉力的人对于他的无知而产生的罪恶会感到无限悔恨。比起惩罚他,他更需要同情;他对过去的悔恨为将来提供了特别的安全。"其次是罪犯身份——罪犯的身份越特殊,引起的惊恐越少,例如贪污、强奸、通奸行为。第三是犯罪动机——犯罪出自特殊动机,惊恐较少;犯罪出自普通动机,惊恐较大。纯粹出于社会动机以及一半出自社会动机(对名誉的酷爱、友谊的愿望、宗教信仰)等保护动机,可以成为减轻罪过的理由;出自反社会动机以及个人动机(感官享受、权力嗜好、金钱欲望、自我保护)等诱惑动机(本身虽无罪过),则可以加重罪过。第四是预防犯罪难易程度——越容易预防的犯罪,引起的惊恐越少,反之,惊恐越大。第五是犯罪的秘密程度——犯罪的性质和情节导致很难发现的犯罪,在抓获罪犯时公众惊恐程度增大。第六是罪犯性格——首先,性格可以使惊恐增加或者减少;其次,它可以提供主观方面的情况。下列性格属于加重情节:欺压弱者、加剧痛苦、蔑上、无缘由的残酷、预谋、共谋、谎言与对信任的损害。[1]

值得一提的是,边沁随后提出并付诸实施的"环形监狱"(panopticon,又称"全景敞视式监狱")理论及实践,灵感正来源于对人类感性本质的把握:这种结构的监狱,其作用建立于信息获取的非对称性,亦即被监禁者对监禁者方面的状况完全盲目,后者却可以随时对前者进行监视与控制。鉴于监视人员行为

---

[1] 参见〔英〕边沁:《道德与立法原理导论》,时殷弘译,商务印书馆2000年版,第233页。

的遮蔽性,其在被监禁者心目中是神秘而难以预测的,被监禁者只有想象自己处于一种"无时无刻不存在"的监视之中。此时,监禁人员给对方造成的"明显的无所不在"的心理暗示极其重要,直接后果是导致后者时刻迫使自己的行为循规蹈矩。这就达到了"自我监禁"的目的——他们会不断强化"自我规训",变得非常遵守纪律,非常自觉地履行义务。[1]

费尔巴哈的刑法思想

路德维希·安德列斯·费尔巴哈(Ludwig Andreas Feuerbach,1804—1872年)建立了现代刑法学理论体系,被称作"近代刑法学之父"。他继承了康德的二元哲学观,将世界分为两个:一是现象世界,由机械因果论支配,人们能够通过感官所及并通过理性加以认识的领域。二是本体世界,受自然规律支配,属于人们的认识所达不到而只能加以信仰的领域。与此相应,人也被两重化,认为有现象的我和本体的我之分。现象的我活动于现象世界,这里人的行动没有自由,但理性可以发挥支配实践的作用。本体的我活动于本体世界,在这里,理论认识起不到作用,但理性可以发挥支配实践的作用,使人类日益走向完全

---

[1] 1789年,边沁提出了"环形监狱"理论:它由一个中央塔楼和360度环形多层囚室组成。四周的环形建筑分隔成各个囚室,一端向外界,用于采光,另一端通向中间一座用于监视的高塔。对于中央塔楼的监视者来说,每个单独囚室是一个独立展区,而从整体上看则像一个多层立体的旋转舞台。在中心塔楼和囚室之间,存在一种监视、观察的不对称关系,高塔中的监视人员可以时刻监视到任何一个囚室,周边每一囚犯被彻底地监视、观察;但反过来,囚室中犯人因为逆光效果无法看到监视人员。在环形监狱里,囚犯单人独居,拥有相同的服刑空间,被置于同等的监视处遇之中。(参见〔英〕边沁:《道德与立法原理导论》,时殷弘译,商务印书馆2000年版,序)

自由。根据上述结论,费尔巴哈将人作为自然的感性存在者来考虑,并以此为逻辑起点,建立了心理强制理论。

心理强制理论认为,人作为自然的存在者,生活在感官世界,受自然规律的支配,并没有真正的意志自由。犯罪的原因并非自由,而是感性冲动。为了防止犯罪,就要防止、抑制这种感性冲动。费尔巴哈非常关心行为人对"犯罪的欲求"这种感性心理,认为如果人们可以预先明白"因犯罪产生之痛苦大于因犯罪享受之欢乐",就能够有效抑制其心理上萌生的犯罪意念。对于费尔巴哈的该项理论,黑格尔曾提出严厉批判,评价这种理论"好像对狗举起权杖",与人的尊严相悖。但是我们可以看到,费尔巴哈的心理强制说与单纯的威吓说并不完全一致——前者侧重于立法层面,后者侧重于执行层面;前者针对未犯之人,后者针对普遍大众;前者将被执行人当作独立的人来看待,后者仅仅将其当作威吓他人的工具。

心理强制说不仅是费尔巴哈罪刑法定理论的基础,也是他所主张的犯罪原因论、权利侵害说、刑法本质论、刑罚目的论的基础。按照心理强制说,人在感性世界里是根据追求快乐避免痛苦的原则而行动的。因此,必须事先预告犯罪行为必然承受的刑罚,使他知晓犯罪后受刑的痛苦远远大于因犯罪而获得的快乐,才能抑制其感性冲动。因此就必须对什么行为是犯罪以及犯罪后处以何种刑罚,事先由法律明文规定。这就是罪刑法定主义。因此,以心理强制说为基础,是费尔巴哈罪刑法定主义("无法律则无刑罚,无犯罪则无刑罚，无法律规定的刑罚则无犯罪"）的最大特点。[1]

综上所述，18世纪末19世纪初，西方人的目光从启蒙运动与法国大革命时期对外在世界的关注，逐步转向对内心宇宙的检视。西方社会的人文思想由自由走向自我、由客观转向主观、由理性向感性退缩。与此种思潮对应，此时期的刑法思想亦一改启蒙时期所追寻的纯粹的客观主义，开始向主观主义迈进，注重探索行为人的精神世界，并尝试将主观与客观统一于近代刑法学体系的建构之中。无论是黑格尔以"绝对观念"为原点派生出的罪罚本质观，还是费尔巴哈以"心理强制说"为中心建立的刑罚论体系，或是杰里米·边沁以"人之趋乐避苦的潜意识"为基础创立的立法原则，均将对行为主体内心世界的探索与规训提升到前所未有的高度，与同时期的文学作品同享渊薮。该时期的刑法学家一方面继续坚持启蒙刑法学者的客观主义犯罪观与刑罚观，另一方面探入行为主体之内心世界，积极开拓刑法学研究的主观主义疆域，赋予该时期刑法思想以崭新内涵，为近代西方刑法的犯罪构成理论勾勒出初步轮廓。

---

[1] 参见马克昌主编：《近代西方刑法学说史》，中国人民公安大学出版社2008年版，第102页。

等待戈多
——多元文明的冲撞与融合

……最后,拿破仑成为统治动物的"人",庄园最初的理想"所有动物一律平等"被修正为"有的动物较之其他动物应更为平等"。

——〔英〕乔治·奥威尔:《动物农场》

正义女神应当安安稳稳地站着或坐着,她不应当奔跑不停,这样才能够让手中的天平不再晃动。

——〔奥〕弗兰兹·卡夫卡:《审判》

六个钟头后,判决书基本刺刻完毕;犯人需要再花费六个小时的时间通过背部、胸部的创口解读对自己罪行的判决;而此时的机器仍然在一遍遍地加深着犯人肉体上判决的字迹。

——〔奥〕弗兰兹·卡夫卡:《在流刑营》

时代背景

　　进入20世纪，西方世界的经济基础超越了自由竞争领域，向集中化、垄断化迈进，极大地改变了传统社会的人际关系结构。社会生产的高度发达与人们对物质世界的追求与向往，以及人类在理性状态下所制造、发动的一场场灾难，进一步加深了人类内心世界的空虚与压抑。传统文化视野中的科学观、价值观在来自各方面因素的冲击下逐渐分崩离析，整个社会呈现出普遍的信仰危机与理想真空。这些因素共同作用于生命个体之上，催生了普遍的疏离感、孤独感与荒谬感。人类时刻感到前途渺茫、灾难不可预测——现代西方文明的"非人化"元素逐渐萌芽。

　　自然科学方面，19世纪是达尔文"进化论"思想与牛顿力学体系的天下；在实证主义与客观理性的引导下，对"确定性"与"规律性"的追求形成了社会发展的主导性力量。进入20世纪，随着爱因斯坦"相对论"的诞生，极大程度上导致了古典物理学的物质宇宙观被质疑、被颠覆。随之，科学世界中"电子论""控制论""信息论"等一系列重大发现，进一步毁灭了传统自然科学领域形而上学之观点，自然世界逐渐丧失了稳定性与秩序性，变得微妙复杂、扑朔迷离、难以把握。自然科学的发展必定影响着人文学科与社会科学的发展。无论是文学还是法学，均在社会控制、权力、知识与真理等即时变幻的领域中开辟出大量新鲜未知的矿脉。

　　政治方面，接连发生的两次世界大战是超出人类想象力的空前浩劫，无边的罪恶与苦难随着战火恣意蔓延，撕裂了人们心目中对理性与秩序的向往。西方人心目中自启蒙思想时期形成的至高无上的理性、理想、平等、自由等价值观逐渐破灭，致使敏感的知识分子对整个社会的价值体系、伦理体系产生了强烈质疑与谴责，并滋生出多种形式的反叛情绪，继而开创了多维共竞的哲学思潮。

哲学领域中，自文艺复兴以来的政治、思想、宗教、道德等一切权威主流价值，均受到怀疑、否定，人类精神支柱彻底丧失；悲观主义、虚无主义、神秘主义、唯我主义渐露锋芒。首先，尼采"重估一切价值"的口号自称打倒了自苏格拉底以来的全部哲学权威，这种具有浓厚反叛色彩的哲学观无疑带给世纪之交的人们以最重要的思想启迪，尼采也就当之无愧地成为反叛思潮的精神教父。另外，斯宾塞的"社会达尔文主义"公然主张弱肉强食、优胜劣汰，认为人类社会竞争等同于生物界的竞争，该学说彻底撕碎了"人人都是兄弟""万物生来平等"的谎言，将一个人吃人的赤裸裸的残酷图景揭露在世人眼前。在这种环境下，文学家们兴奋异常，他们像解剖生物一样解剖社会结构，极其细致地观察着社会绞肉机运作之下被征服者痛苦不堪的命运，绘声绘色地描绘着强者兴旺、弱者衰微的社会运动过程。同时，奥地利学者弗洛伊德的精神分析学说，也为作家的心理描写提供了全新的价值理论平台。人类精神的潜意识学说，促使人们开始关注喧嚣骚动的无意识层面，关注自我灵魂中波澜壮阔的内心世界。多种哲学思想的交织并行，奠定了整个西方现代主义文明的理论基调。困惑与迷惘中，人们开始转入对自我内心世界的剖析、对人生终极意义的思考以及对本我价值的重新探究。但是，当人们剖析自己心灵的时候，发现内心世界与现实世界一样混乱、暗淡，继而导致了怀疑一切与否定一切思想的萌发。

　　20世纪的西方文学与刑法思想有一个重要的共同特点值得我们关注，就是思想与理论的巨大的包容性。随着自然科学的快速发展以及信息工程技术日新月异的变化，再也没有任何一种学派及其理论可以独占江山数十年。无论是文学还是法学流派，均始终保持着触觉的敏锐性、思想的丰富性与视角的多维性，它们源源不断地吸纳着当代世界各种自然科学与人文科学的异质营养，从而为本学科的良性发展搭建了一个宽阔的价值理念平台。

第九讲
太阳照常升起：批判现实主义文学

讨论文本

- 《小偷日记》
- 《动物农场》
- 《白牙》
- 《土生子》
- 《行刑》
- 《野性的呼唤》
- 《美国悲剧》
- 《凯恩舰哗变》

导言

  总体而言，20世纪批判现实主义文学的成就显然不如19世纪。在历经了法国巴尔扎克、莫泊桑与俄国托尔斯泰、陀思妥耶夫斯基两座文学高峰的辉煌之后，昔日批判现实主义群星灿烂、雄踞一方的霸主地位风光不再。原因之一是大工业文明与信息化科学的迅猛发展极大地开拓了人们的视野，文化受众趋向于多元化的文学选择空间。原因之二是在物质奴役下产生"异化感"的西方人，逐渐由理性世界向非理性世界退缩，现实主义文学脚踏实地的风格无法表述出人们异化、分裂的人格，浑厚沉抑的笔触无法临摹出多重角色压力之下人们内心的焦虑与呐喊。也须看到，现实主义的两大独特的优势也是无可替代的——其一，它从社会底层发掘出的典型叙事，赋予了众多民众直面惨淡生活的勇气与力量；其二，它犀利的批判锋芒，促使人们重新思考社会、评价生活。因而，批判现实主义文学在20世纪依旧具有无可替代的价值，只要人类存在、只要生活继续、只要梦想延续，它就永远不可能灭亡。

西方批判现实主义文学在20世纪的发展大致可以分为三个阶段：

第一阶段，20世纪初到第二次世界大战结束。20世纪初是人类近现代历史上第二个更新期，欧洲风云动荡。首先是法国的"德雷福斯事件"，不仅引起了人们对于种族歧视问题的反思，而且引起了整个西方社会对法律公正性的怀疑。接着，又爆发了两次世界大战，数以千万计普通平民的死伤激发了整个西方社会对暴力的憎恨与对社会前途的绝望。同时，1917年俄国爆发的十月革命，在西方资本主义根深蒂固的秩序网上撕开了一道巨大的裂口，为西方人思维价值理念的发展与进化提供了一个全新范式。因而，对人性黑暗面的反思与对战争的谴责，也就成为20世纪初最为普遍的主题之一，批判性与反叛性成为当时文学作品最主要的思想特质。该时期作家基本遵循传统风格，注重典型环境背景的刻画与人物形象的塑造；时代所面临的最紧迫的社会问题，包括战争、贫困、积蓄待发的社会仇恨与种族冲突，均进入这批作品的叙事范围；而关注民生、呼吁社会公平与人道主义，也继续成为作品所彰显的价值取向。

第二阶段，第二次世界大战以后至70年代末期，批判现实主义文学的气质发生了根本性变动。一批成长于20世纪三四十年代，历经了经济危机与两次世界大战的作家们，所关注的焦点不再局限于生命个体，而是更注重于整个人类的前途与命运，积极思索着涉及人类生存与种族繁衍等重大哲理话题。该时期文学作品的创作题材也明显发生虚化，创作手段不再拘泥于单一特征，而是多方撷取、大量吸收现代主义文学的技巧，呈现出多元化色彩。创作手段的兼容与合流，使得我们难以判断具体作家的所属流派，甚至同一个作家身兼两种文学流派的情形屡见不鲜。例如美国"迷惘的一代""硬汉派"作家海明威，其作品《永别了，武器》明显趋向于批判现实主义，而《乞力马扎罗的雪》则堪称意识流小说的扛鼎之作，至于《老人与海》又更接近于象征主义。因而，此时对某位作家的流派的判定，只能根据其大多数作品以及主流创作倾向作出大致界定。

第三阶段，20世纪70年代以后，批判现实主义文学再一次崛起，发展势头异常强劲。后现代主义文学以及当代美国最为著名的犹太文学、黑人文学、女权主义文学，均表现出极其明显的回归传统、回归批判现实主义的倾向。理由之一是在多元社会的利益分配与多维价值逐渐冲撞融合的领域中，人们对正义与公平的向往日趋强烈，而批判现实主义文学所关注的，在"发展与进步"的历史车轮滚滚碾压下的弱势群体的呼声，吸引了不同国家、不同文化背景群体的极大关注与兴趣。理由之二则具有功利色彩——由于批判现实主义文学素来重视情节构思与角色个性的刻画，扎实的文笔功底使得作品成为影视媒体的宠儿，这对于进入读图时代的人类新生代而言，显然更富有感召力与吸引力。

本讲将向大家介绍八部批判现实主义作品。《小偷日记》是法国传奇作家让·热内的代表作。让·热内是以自己生命来体验犯罪历程、研究罪罚关系的行为艺术家，该部作品中充满了反社会、反道德、反法律的不同寻常的激情。《行刑》是英国作家奥威尔的短篇小说，以纪实文学的风格记录了一个印度囚犯被执行绞刑的过程，表达了其对死刑刑罚的畏惧、谴责、厌恶之情，认为死刑本身即具有反自然性。《动物农场》是奥威尔的代表作，这部政治寓言体小说描述了一场"动物革命"的酝酿、兴起与最终蜕变，通过这场周而复始的暴力革命，借用简明、欢快的寓言形式为大家勾勒出国家的形式、法律的本质、制度的孵化过程，隐喻着人类社会的进化史，最终以深刻的思想、丰富的内涵刺破了政治学、法学、哲学所编织的笼罩在国家、法律、民主、自由之上的华丽气泡，被公认为是20世纪最杰出的政治寓言。杰克·伦敦的两部姊妹作《野性的呼唤》与《白牙》形成截然对比，前者听从内心深处的召唤，毅然抛弃人类文明，融入充满野性的狼群，后者则逐渐褪去野性，凭借着忠贞与勇敢，学会了驯服与爱，彻底融入人类文明世界，二者事实上分享着共同的主题：遗传决定论与环境决定论，进一步引入犯罪学研究中，人类犯罪的原因具有多样性，规训与反抗、忏悔与救赎，是其中永恒的主题。《美国悲剧》是西奥多·德莱塞自然主义作品的代表作，处理作品人物形象时，德莱塞尤其注重生物学原因，充分体现了自然主义作家宣扬的"生物决定论"，而比纯粹自然主义文学家更为客观与进步的是，德莱塞的作品也同时揭示了社会环境对人性的影响与制约。理查德·赖特的作品《土生子》描述了黑人青年别格·托马斯短暂的一生,作品自始至终充满着紧迫与沉郁的气息,既反映了社会底层被压迫民众的内心活动,也烘托出这种生活环境所养成的主人公的残忍性格,揭示了该类群体犯罪的社会学原因。《凯恩舰哗变》是赫尔曼·沃克的代表作,故事发生在第二次世界大战时期的南太平洋,是一场关于法律、军人、荣誉、尊严、责任的严肃的法庭作品,对战争环境下的复杂人性进行了深刻、细致的剖析与审视,从另一个角度折射出个体自由与群体自由的真正关系、个人对社会责任与国家义务应当如何承担的思考。

社会异己者:让·热内与《小偷日记》

让·热内(Jean Genet,1910—1986年)[1],是一名颇有争议的法国作家,也是一名颇具传奇色彩的囚犯,其坎坷的一生就是一部情节紧张、色彩浓烈的纪实文学,甚至再夸张些评论,让·热内就是一位以自己生命来体验犯罪历程、研究罪罚关系的行为艺术家。

图9-1 让·热内

---

[1] 法国批判现实主义作家,后追随萨特的存在主义,成为法国荒诞派戏剧的代表作家之一。

热内是一个弃儿，在流浪、盗窃、卖淫与监禁中度过了自己的少年时期。他的行窃生涯始于小学，动机是为了报复其他孩子对他的贫寒与身世不明的嘲笑。1923年，热内以全市第一名的成绩从小学毕业，却因贫困而永远丧失了继续接受教育的机会。1924年，热内从巴黎学徒培训中心逃跑，后在作坊与农场中谋生。从那时起，热内就开始与国家机器斗智斗勇、躲避追捕。十六岁时，热内第一次被投进监狱，九十天后获释；一个月后，热内因无票乘车被拘留，服刑四十五天。随后热内被送至农村儿童教养所，在那里待了将近三年时光。热内却并不领情，将教养所称作"儿童苦役犯监狱"，也是一座"儿童地狱"，其长篇小说《玫瑰的奇迹》即以教养所为背景，对其中的丑恶内幕进行了大量生动、细致的揭露。

十八岁后，热内应征入伍。1933年复员后，热内从巴黎出发，徒步南下。从后来发表的小说《小偷日记》中，我们得以了解，这段时期，热内的谋生手段无外乎两个，一是乞讨、二是卖淫。1934年，热内再次入伍，服役期间阅读了大量文学名著，他尤其喜欢陀思妥耶夫斯基的作品，对《罪与罚》等作品如饥似渴地阅读，同时思考自己的人生经历。1936年，在服役军队长期待命过程中，热内无法忍受窒闷僵化的空气，遂脱离部队。在军方的追捕下，热内徒步横穿欧洲，行程共计855公里，相继在意大利、希腊、南斯拉夫、奥地利、捷克、波兰，因偷渡被捕入狱、被驱逐，最终于1937年抵达德国。在这个"既是警察天堂，又是犯罪天堂"的神奇国度里，热内过了一段理想的生活，他的行窃技艺也因此得到大幅提高。以上所有经历，热内均记录于日后发表的作品《小偷日记》。

1937年9月，热内重返巴黎。因在百货商场盗窃一打手绢被捕，被判处三十天监禁、缓期执行。办理释放例行手续时，法院发现他随身携带着手枪与盗来的身份证，遂对他进行第二次逮捕，直接改判一百五十天监禁。祸不单行，军事法庭的一纸调查令适时而来——作为逃兵，罪上加罪，热内面临着重刑判决。如此繁多的罪行在身，法院决定为热内申请精神健康鉴定，热内没有拒绝。令人啼笑皆非的是，鉴定结果对热内十分有利，热内顺利退伍，只被判处六十天监禁。1938年，在释放五个月后，热内因盗窃四瓶软饮料被判处监禁六十天。1939年，在释放四个月后，热内因使用伪造车票乘坐火车，被捕监禁一个月。释放仅三天，又因流浪罪被监禁十五天。返回巴黎后，热内在卢浮宫内的纪念品店盗窃了一件衬衣与一块绸布，被判处监禁六十天。释放两个星期后，热内在市政厅百货店盗窃一块绸布的边角料，被判处三百天监禁。1940年，热内在圣米歇尔齐蓓尔书店盗窃关于历史与哲学的书，被判处监禁一百二十天。1941年，热内因偷窃一块布料被裁缝追赃，结果一位书商将他截获，并认出他就是前些日子偷了大批普鲁斯特小说的窃书贼。数罪并罚，热内被判处九十一天监禁。

1942年1月，热内在桑忒监狱开始创作《鲜花圣母》。被释放后，他在塞纳河畔靠出售偷来的书为生。1942年4月，东窗事发，热内因盗窃、倒卖书籍被判处二百四十天监禁。此次，他在狱中创作了长诗《死囚》。

1943年，刚出狱的热内结识了著名小说家和剧作家让·科克托（Jean Cocteau）。科克托对《鲜花圣母》的低俗内容十分反感，但意识到小说本身巨大的思想价值，于是设法帮助热内出版此书。1943年5月，热内因盗窃一部绝版书再次被捕，司法机构对如此屡教不改的罪犯十分头痛，决定以惯犯身份判处他终身流放。在科克托的倾力帮助下，热内被改判九十天监禁。释放后第三周，热内再次盗书被抓了现行，被判处一百二十天监禁。

1944年1月，本应被释放的热内厄运缠身，被当局宣布终身流放，直接转押至涂雷尔劳改营，与其他流浪者集中后送往纳粹与法奸控制的集中营。科克托再次动用其军界、外交界的所有力量将热内保释出来。5月，在弗洛尔咖啡厅，热内认识了作家萨特及其伴侣波伏娃。

1946年，《玫瑰的奇迹》出版；1948年秋，《小偷日记》出版。两部小说均引起轰动。然而，此时的热内还是囚徒身份，终身流放的判决对其仍然有效，根据《法国刑法典》的规定，警方再次将热内拘捕归案。萨特和科克托发动了全法文学界，联名呼吁当局对热内的刑罚予以赦免，热内成为整个欧洲人眼中的传奇人物。1949年8月12日，法国总统终于签发了对热内的特赦令。

热内的人身终于自由了，却发生了戏剧性的一幕：他陷入了突如其来的抑郁状态，从此消沉无语，几近搁笔六年之久。热内坦言，自己的创作来源于险象环生的盗窃生涯，只有暗无天日的囚徒生活，才能激发其亢奋的创作欲望；他本来就与这个文明社会格格不入，现在却要他同流合污，怎能不引起精神上的失语？热内曾对一位记者坦言："自由了，我却迷路了。"

1952年，《热内全集》出版。令人惊讶的是，当时在整个西方享有崇高声誉的文学大师萨特，专门为此书作了题为"喜剧演员和殉道者让·热内"的长篇序言，一时间，人们奔走相告，著作很快售罄。热内却对此不以为然，诚恳地告诉科克托："我是另外一个人，与你们为我雕塑的像不同，这另外一个人有话要说。"从1955年开始，热内恢复了创作活力，创作出多部剧本。其后，热内投身于各种政治活动，包括1968年法国学生"五月革命"，同年8月美国"反越战"示威游行，1969年日本铁路员工罢工游行，1970美国呼吁释放美国黑人领袖的"黑豹运动"等。

如此一位传奇性的人物，在波伏娃的介绍下，于1964年1月接受了加拿大记者马德琳·戈贝尔的专访。专访中，热内坦言自己的犯罪生涯是社会所制造的产物，他为此付出了沉重的代价，而社会却不需要承担任何责任与惩罚。从很小时候，当热内第一次遭受不公待遇时，他就决定与这个社会势不两立。一个偶然的机会，热内发现，以笔作为武器对这个伪善的社会进行反叛与攻击，是一种行之有效的方式，便开始了在狱中源源不断的文学创作，先后写出《鲜花圣母》《玫瑰的奇迹》《小偷日记》等自传性作品。这些作品很长时间内被认为是一种波德莱尔意义上的"恶之花"，小说涉及的大多为当时法律、道德、伦理、宗教最为忌讳的话题，例如儿童教养所的娈童制度、修女的变态、男性卖淫以及监狱中的暴虐、同性恋恶行等。尤其可贵的是，热内以写实风格、简明朴素的语言，力求揭露行为主体的欲求来源与罪孽心态，展示了其病态人格形成的整个过程。

当戈贝尔坦言询问热内为何决定"使自己成为小偷、叛国者和同性恋"时，热内的回答十分坦率："我并没有作出任何决定，我的盗窃始于饥饿，但后来我感觉必须为自己的行为辩解。关于叛国者，我主动去服役，却未遭遇战争，我临时离开部队去做自己认为更重要的事情,并没有危害自己的祖国,只是他们将这种行为'规定'为叛国。至于同性恋,加在我身上,就好像我眼珠的颜色、我脚趾头的数目一样来得自然。后来我对这种性知识有所了解,才像萨特所说的那样'选择'了同性恋。"当被问到"您现在已经改掉盗窃行为了吗?"热内智慧地回答:"我仍在盗窃,但现在偷东西的方式和原先完全不同。现在我的作品可以支付给我巨额版税,而其来源无疑是我前几次偷窃的结果。所以说,我在继续偷窃。其实我的意思是说,我对社会仍然抱着不诚实的态度,但社会却认为我已经变得诚实。"后来戈贝尔问及"罪犯对你产生过怎样的影响"时,热内话锋急转向对法官的讽刺:"还是问问法官对我有什么影响吧……世界上确实有人相信,他们可以通过给别人判罪来挣钱谋生,而他们自己则毫无危险。这种危险是指他们其实也在犯着同样的罪行却不会被指责。非要谈谈罪犯对我的影响,那就是,他们让我去思考法官的道德。"

观察让·热内的所有作品,其中充满了反社会、反道德、反法律的不同寻常的激情。他是法兰西民族的土生子,却自幼被剥夺了公民应当享有的获得温饱、接受教育、诚实劳动的权利。他是个典型的弃儿,被父母遗弃、被社会遗弃。幼小的他为了谋生、为了获得温暖与尊严,不得不流着泪奔跑、流浪、躲藏,最后发现自己已经站到了整个社会的对立面。他蹲遍了巴黎大大小小的监狱,对监狱有着像家一般的熟悉与眷恋。他太熟谙西方文明的种种流弊,他采取的对抗社会的手段,无论是盗窃、色诱、敲诈还是欺骗,样样精通、游刃有余——他对社会的以毒攻毒亦达到了炉火纯青的地步。热内的作品总是令人惊骇,他对所谓的自由、民主、人权与法治进行了肆无忌惮的嘲讽与唾骂,将其浓厚油彩涂抹掩饰下的禁锢、专制、暴虐与权法交易揭露得淋漓尽致。

可以看到,热内对之前的盗窃生涯毫不隐瞒,坦承自己是"地地道道的小偷"。但同时,热内也是一位不折不扣的诗人——他最前期的作品是一系列的狱中诗歌。诗歌一向被认为是文学桂冠上最神圣、纯洁的明珠,热内却从最龌龊肮脏、卑贱凄惨的底层社会中发现了真、善、美,开创了小偷书写生活的奇迹。热内的行窃、卖淫生涯踪迹不定、环境险恶，于是迷恋上了监狱这个避风港。狱中生活艰苦，却可衣食无忧，有大把不受干扰的自由时间，还可以结交更多的兄弟。如果说热内作品中一系列小偷、男妓、惯犯、流浪汉的形象是西方社会文明进步中的"毒瘤"，那么西方社会本身就是这些致命病菌的培养基与催化剂。热内嘲讽自己是"赤贫粉揉成的穷酸面团"，他对穷苦平民有着天生的亲和力，对他们的同情、对社会的愤懑始终流淌在他的血液中、积淀在他的灵魂中。热内少年时的美好理想与憧憬在与文明社会的冲撞中逐渐消解、异化，他不得不转而向苦役营寻求安慰、寻找出路。遗憾的是，他最终选择了以毒攻毒的方式来对抗、嘲笑文明社会的发展与进步，其作品中充满了绝望中的大笑、禁锢中的欢愉、卑贱中的高贵与污垢中的神圣。

乔治·奥威尔的批判现实主义作品

乔治·奥威尔（George Orwell，1903—1950年），是英国著名的记者、作家与评论家。乔治·奥威尔出生于英属殖民地印度，目睹了印度人民与殖民主义者的尖锐冲突。成年后，他被派往缅甸任警官，近距离地接触了一整套包括鞭笞、绞刑、监禁在内的刑罚制度。这段经历使他开始细致地观察人性中残暴的一面，对殖民地司法制度产生怀疑，并对集权制度予以强烈谴责。后来，奥威尔毅然离开殖民地，回到英国，开始了长达四年的流浪生活，从事洗碗工、店员、搬运工等职业，意图接触那些生活在社会最底层的民众。不幸的是，由于奥威尔的上层社会出身与

图9-2　乔治·奥威尔

幼时在伊顿公学形成的贵族口音,底层社会始终对他充满着敌意与冷漠。尽管如此,奥威尔依旧热爱、同情着底层民众,坦言"贫困的生活与压抑的疏离感增强了我对权威的憎恨,并首次意识到工人阶级的存在"。

总结奥威尔的一生,可以用卓尔不群、凄苦悲壮来描述。他出身官僚世家,却果断自动脱离自己天生所属的阶级,因而被政府视作危害社会风气的异端;他又不被自己所执着向往的阶级所接纳、爱护,最终在颠沛流离中疾病缠身、英年早逝。值得欣慰的是,奥威尔生前不为人所理解,去世后却为人类留下了宝贵的精神财富,代表作《一九八四》中,他以敏锐的洞察力与犀利的文笔审视、记录着他所生活的那个时代的气息,以先知般冷峻沉郁的笔调勾画出人类阴暗的未来,给读者带来心灵的震撼。

知识链接

乔治·奥威尔,生于英属殖民地的印度,少年时代受教育于著名的伊顿公学,后来考取公务员,被派到英属殖民地缅甸担任警察。20 世纪 30 年代,他参加了西班牙内战,回国后受到迫害,不得不流亡法国。根据 2007 年 9 月 4 日英国国家档案馆解密的资料,因被怀疑是共产主义者,奥威尔被军情五处和伦敦警察厅特别科自 1929 年起一直严密监视至 1950 年逝世。(参见《他预言了"老大哥"和"棱镜门"》,载光明网,2013 年 9 月 26 日)

从每一个毛孔中体验恐惧:《行刑》

由于曾经在缅甸担任过警察的职务,奥威尔的随笔中有相当大的部分涉及罪犯、监禁、绞刑等话题。通过作品《行刑》(1931年),奥威尔以纪实文学的风格记录了一个印度囚犯被执行绞刑的过程,表达了对死刑的畏惧、谴责与厌恶之情。例如,在去绞刑架的路上,死囚犯虽然被四个法警架着、推着,却仍然能够灵活地跳跃着避开路面上的水洼,奥威尔突发感概道:"一直到此时为止,我才明白杀死一个健康且神志清醒的人意味着什么。这是一件很奇怪的事,当我看到那个囚犯侧身想躲避那洼水时,我才了解扼杀一个正当壮年的人的生命的意义,那是一种无法言喻的错误。"[1]

文中,奥威尔尝试着从医学实证角度,对一个即将被执行死刑的囚徒的生理特征进行了精确的描述:"这个人像我们一样是活人,并不是快死的人。他身上的所有器官都在勤奋地工作着:肠子在消化、皮肤在更新、指甲在生长、组织在形成,所有这一切都在分工明确地忙碌着。他站在绞刑台上,离他生命的终点还有十分之一秒时,他的指甲仍在生长;他的眼睛仍能清晰地看到黄色的石头与灰色的墙;他的脑子仍在记忆、预见、思考着,甚至会回忆起刚才越过的那堆积水。他和我们都是一样的,看到的、听到的、感觉到的、了解到的都是同一个世界。但是在一分钟之后,他就会'啪'的一声永远地去了,去了另一个世界,灵魂也随风而逝。"这是我们迄今为止能够看到的,最为客观的关于死刑执行对于生物体所产生的直接影响的摹写,充满了自然科学之气息。可以发现,奥威尔的语气是冷漠的、实验式的,却令人读来不寒而栗,促使人类不得不再次审视这种已经在古老文明中发展了千年的刑罚,探讨、思考其固有的残忍性与存在的合理性。

公平的蜕变:《动物农场》

《动物农场》(1945年)是奥威尔的代表作。这是一部政治寓言体小说,描述了一场"动物革命"的酝酿、兴起与最终蜕变。这部作品立意深刻,蕴意隽永,至今仍是所有政治家与社会工作者的案前必读书。

《动物农场》讲述了在一个名叫曼纳的庄园里,颇具威望的老雄猪麦哲召集所有动物开会,向他们传授传统歌谣《英格兰兽》,指出"动物们受着人类残酷的剥削",号召所有动物"联合起来,推翻残暴、懒惰的人类,以改变动物们被奴役、被宰杀的命运"。老麦哲三天后去世了,但它的革命理念却在动物中广泛传播,最聪明的两头猪,斯诺鲍和拿破仑成为革命领袖。不久后爆发的起义中,

---

[1] 梗概与引文来源于〔英〕奥威尔:《奥威尔经典文集》,黄磊译,中国华侨出版社2000年版。

图 9-3 准备起义的动物们 | 《动物农场》插图
〔英〕拉尔夫·斯特德曼（Ralph Steadman）

人类剥削者被赶走。起义领袖义不容辞地成为动物农场的管理者，并率先学会人类的文字与科技，宣布了第一部"宪法"——《七诫》。其他动物头脑简单，只要起义领袖琴瑟和谐，全民公会就会迅速达成一致意见。但两位起义领袖在革命成功后逐渐发展为死对头：斯诺鲍能言善辩，它的话很有说服力，能使绝大多数动物信服；拿破仑则是一个阴谋家，善于玩弄政治手段，他将刚断奶的九只狗崽收养，明里说"教育要从娃娃抓起"，暗里却将这些狗训练成没有独立思想的忠实打手，培养出第一批私人武装；另外，拿破仑还拉拢了一只叫作斯奎拉的聪明的猪。一次会议中，卓有见识的斯诺鲍提出修建风车的观点，得到大多数动物的赞成；拿破仑眼看落了下风，便发动自己的武装力量，将斯诺鲍驱逐出庄园。在九条恶狗的震慑下，拿破仑成为独裁者；在斯奎拉的游说下，所有动物平静地接受了这个现实。在九条狗与斯奎拉这一硬一软、一暴力一欺骗的两种武器的合力下，拿破仑建立了自己的淫威——它篡改《七诫》，同时禁止演唱《英格兰兽》。动物们的生活每况愈下，均感到生存状况远远不如革命刚胜利初期；后来又觉得自由与福利甚至不如革命前受人类统治时期；最后，大家抛洒血汗却饥肠

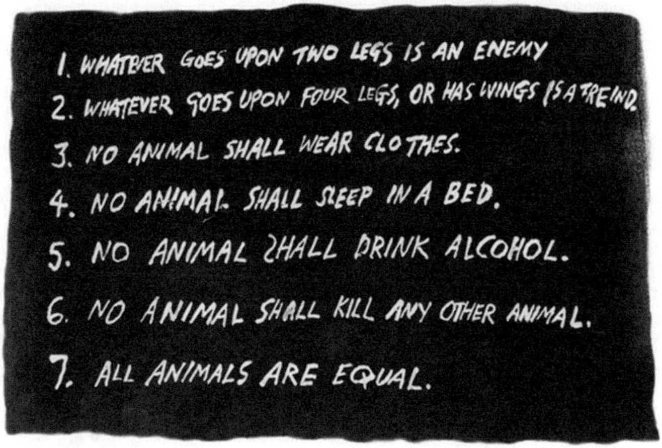

图9-4 《七诫》|《动物农场》插图
〔英〕拉尔夫·斯特德曼（Ralph Steadman）

辘辘，稍有不逊便惨遭暗杀。高高在上的独裁者拿破仑却搬入人类的住所，睡着柔软舒适的大床，吃着丰盛的大餐，品着威士忌酒，轮番享用所有的母猪；母猪们则占有了以前人类女主人的全部礼服、化妆品、奢侈品。拿破仑甚至开始学人类用两条腿走路，和人类做生意，共同商议如何剥削、压迫动物们。最后，拿破仑成为统治动物的"人"，庄园最初的理想"所有动物一律平等"被修正为"有的动物较之其他动物更为平等"[1]。

《动物农场》中，正如动物们所倾力演绎的社会进化史，它们选定《英格兰兽》作为国歌，甚至起草了一部与人类宪法颇为相像的《农场宪法》，又称《七诫》，明确规定"凡靠两条腿行走者皆为仇敌；凡靠四肢行走者或者长翅膀者皆为亲友；任何动物不得着衣；任何动物不得卧床；任何动物不得饮酒；任何动物不得伤害其他动物；所有动物一律平等"。但是，与当初良好的愿望与理想化政体相悖，无论是政权更替还是政体改良，只要社会群体民智低下，社会个体缺乏

---

[1] 梗概及引文来源于〔英〕乔治·奥威尔：《动物农场》，荣如德译，上海译文出版社2007年版。

独立思考与判断的能力,就难免出现"强者""智者"利用国家机器满足自己不断膨胀的私欲的现象。当权力失去约束,当盲从成为一种习惯,国家公权力必将蜕化为个体极权,凌驾于法律与民众之上,恣意妄为;"公平""正义""人们生来平等"等美好的幻想也永远无法实现。统治者开始公然违反《七诫》的每一条律则:首先,他们与"两条腿"行走的人类建立起合作者关系,继而发展至亲密的伙伴关系,利用人类的智力与手段打压、控制农场内的动物公民;接着,他们对四肢行走者、生长翅膀者进行残酷压榨与剥削,后者稍有反抗甚至质疑即刻被悄无声息地处决掉;至于"任何动物不得着衣;任何动物不得卧床;任何动物不得饮酒;任何动物不得伤害其他动物"之四诫,于统治者的日程表上幻化为可笑的具文,领袖们完全不再遵守,公民们也对其肆意讥笑嘲讽;最终,在恐怖手段的

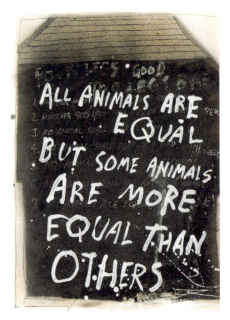

图9-5 被篡改后的《七诫》|《动物农场》插图
〔英〕拉尔夫·斯特德曼(Ralph Steadman)

图9-6 一头思考的猪 |《动物农场》插图
〔英〕拉尔夫·斯特德曼(Ralph Steadman)

统治下,足以引发政变精神的国歌被禁止唱诵,宪法《七诫》中的"所有动物一律平等"也被篡改为"有的动物较之其他动物更为平等",赤裸裸的特权阶级以及特权理论呼之欲出。

可以说,这部作品以极其流畅、鲜明的线条勾勒出国家的产生原因、法律的工具本质、专制制度的孵化过程以及周而复始的暴力革命产生的必然性。以"动物对人类抗争后自建家园"的故事,来隐喻人类社会的整个进化历史,这正是《动物农场》卓尔不群之处。它以生动的笔触、深刻的思想刺破了政治学、法学、哲学所编织的笼罩在国家、法律、民主、自由之上的炫目光环,被文学界公认为是20世纪最杰出的政治寓言,至今仍然具有显著的警示意义。

杰克·伦敦的批判现实主义作品

杰克·伦敦(Jack London,1876—1916年),是美国著名的现实主义作家,文学界的传奇人物。杰克自幼当童工,漂泊于海上、跋涉在雪原。十岁时,他成为旧金山的报童与装卸工人,凭借着拳头与智慧成为街道的小流氓头目。十三岁时,他用积攒下来的钱买了一艘小船,在几百英里的海路上独自闯荡,与蚝贼一起做着不要本钱的买卖。一次偷袭劫掠中,杰克·伦敦被渔场巡逻队抓获后罚做苦工;获得自由后,他结识了海湾巡警,又反过来做线人,帮助巡警去追捕蚝贼。长大后,杰克·伦敦希望脱离蒙昧状态的束缚,对当时先进的大工业技术产生了浓厚兴趣。他前往"奥克兰电车公司"求职,声称为了获得电气技术,不计较工作时间与薪酬。后来他才知晓,由于他工作的努力与薪水的低廉,砸了另外两个工人的饭碗。其中一个工人因一家五口(包括三名婴儿)衣食无着,压力之下自杀身亡。该事件给杰克·伦敦造成极大的刺激与震撼,他愤然抛下手中的煤铲辞职离去。1893年,杰克·伦敦参加了失业大军组成的抗议队伍,以"流浪罪"被当局逮捕,判罚三十天苦役。狱中,杰克·伦敦目睹了美国司法制度内部骇人听闻的景象。丰富的生活经历、深刻的人生阅历,使得杰克·伦敦的文学作品摒弃了华丽的文风,其作品笔力刚遒、语言精练、感情质朴，往往将笔下的人物置于生死攸关、无可退缩的背景之下，以此逼出他们最真实、最深刻的本性。

> **知识链接**
>
> 　　杰克·伦敦，出生于美国加利福尼亚州旧金山的一个破产农民家庭，做过牧童、报童、童工、工人、水手，是一位来自"占全国人口十分之一的贫困不堪的底层阶级"的工人出身的作家。在美国文学史上，杰克·伦敦前承马克·吐温，后启海明威等人。在这前后两代作家的真空时期，杰克·伦敦打破了美国文学界索然寡味的沉闷气氛，以他新颖的主题和雄浑的风格，显示出美国小说领域的一个全新的方向。

适者生存：《野性的呼唤》

　　《野性的呼唤》（1903年）是杰克·伦敦最负盛名的小说之一。故事主人公是一只名叫巴克的狼狗。杰克·伦敦以"狗眼"看世界，讲述了一个受到人类文明熏陶、驯化成功的狼狗，是怎样抛弃文明、重返原始狼群的故事。

　　巴克体格健硕、素质精良，是南部省大法官米勒的爱犬。后来，巴克被辗转贩卖到阿拉斯加成为一条拉雪橇的苦役犬，原本养尊处优的生活荡然无存，不得不与其他猎狗残酷厮杀，以彪悍的身体素质及罕见的智力成为狗群首领。巴克先后换过几个主人，饱受毒打，最后被约翰·索顿解救，并悉心为它疗伤，二者之间产生真挚感情。巴克对索顿非常忠诚，数次解救索顿性命，并为索顿赢得一大笔赌金。当索顿在淘金场被印第安人杀死后，巴克坚持不懈地追踪凶手，为主报仇。望着索顿与印第安人的尸体，巴克对所谓的人类社会已毫无眷恋，长期以来一直在荒野中飘荡的神秘呼唤声，再次激起了它潜伏于内心深处的渴望。最终，它翘首回应野性的呼唤，遁入森林。[1]

　　作品中，杰克·伦敦以巴克独特的视角，透视着人与人、狗与狗、强者与弱

1　梗概及本节所有引文来源于〔美〕杰克·伦敦：《野性的呼唤》，刘荣跃译，上海译文出版社2011年版。

者之间冷酷无情的生死争斗,折射出鲜明的环境决定论、阐述了人类社会的法律本质。

首先,作者以巴克的命运,印证了斯宾塞社会达尔文主义的正确性。一方面,巴克骨子里充满狼性,富有强烈的抗争精神,造就了它适者生存的强者风范,在残酷的底层生活中,巴克逐渐放弃了在豪宅中熏陶出的温文尔雅与谦恭良顺,彻底接受了"但求生存、不顾道义"的处世原则,变得凶悍、残忍、狡诈;另一方面,巴克却又恪守底线,知恩图报,对于昔日恩人不惜以命相报;成功复仇后,在森林中狼群的呼唤下,巴克狼性复萌、重归荒野。从巴克的叛逆轨迹分析可知,其响应荒野召唤的过程,实际上就是一场永无休止的血腥征服的过程——抵达阿拉斯加后,它勇敢地投入与爱斯基摩犬的数不胜数的血腥厮杀中,随后又参与雪橇狗内部的斗殴与夺权,最后加入狼群时也免不了与群狼的一场恶战。美国人类学学者玛丽·艾伦(Mary Allen)将巴克这种不畏强暴、百折不挠的抗争评价为"典型的美国拓荒英雄"的精神,而杰克·伦敦以巴克充满冒险和野性的传奇经历来演绎社会达尔文主义,将"优胜劣汰、适者生存"的残酷现实表现得淋漓尽致。

同时,作者认为,人类社会中法律的本质就像自然法则般残酷无情。巴克在文明社会所学到的第一课就是"棍棒教育",在一次次无情的棍棒下,巴克意识到任何反抗换来的只能是更加残酷的镇压,于是巴克逐渐扭曲个性,以适应社会规则。当巴克被贩卖到阿拉斯加的荒原后,除了人类棍棒固有的规训,更是遇到了"人定法"之外"自然法则"的残酷考验。作者借死寂、洁白的雪野,暗示着自

图9-7 巴克的战斗

然法则的凛然不可侵犯。茫茫雪野,对任何生命都是一场最严峻的生死考验,它严厉、残酷、严肃、漠视一切、毫不偏袒;它静静地倾听弱者绝望的哀嚎与强者得意的狂笑,却无动于衷。在这样艰难的环境中,巴克的生命随时随刻处于危险之中,任何为生存而进行的手段和努力,都是合理、必要的,一切法治社会中的道义、律法对行为的约束,一切文明社会中所倡导的良善、高洁、自制等美德,只会导致生命之火的湮灭。

可以看到,这部小说成功地运用了隐喻的表现手法,不仅"以狗喻人",揭露了深刻的社会主题与人性主题,而且始终弥漫着一种浓厚的宗教气息。巴克在狼群的呼唤下回归自然,从被人类社会驯服的恭顺的狗转变为自由、野性的狼,正暗喻着一股强烈的、原始的宗教的感召力量,其中饱浸着对被异化的人类文明的悲哀与失望。理性文明的建立与自然科学的进步,带给人们的是淳朴本性的逐渐异化,以及对来自灵魂的呼唤的日益疏离。那种对自然的依恋与敬畏,那份对祖先的回忆与眷恋,渐渐被陷入物质纷争中的人类所淡忘。当巴克遵守自然法则底线,为恩人成功复仇、挣脱最后一丝人类文明的羁绊而奔入荒野时,只有它才能真正追随那神秘的呼唤,这也正是文明社会的人类向往而无力实现的梦想。对于这部作品,美国著名诗人卡尔·桑德伯格(Carl Sandburg)曾给予最准确的评价,他认为《野性的呼唤》是有史以来最伟大的关于狗的故事,同时也是对人类灵魂最深处那奇异而又捉摸不定的动机的探讨。

作品还自始至终洋溢着浓厚的人道主义情怀。作者从巴克的视角与处境出发,对人与人之间、狗与人之间所建立的以强权为基础的关系进行了严肃的探讨。他不仅反对人与人之间而且反对人与动物之间以强权为基础产生的奴役关系。综观巴克一生,除了与索顿之间惺惺相惜,它自始至终均未能得到人类平等的尊重和爱护。即使是索顿,解救它、照顾它的初衷,也不过是为它那毫不屈服的野性与尊严所征服。在其后的相处中,索顿更是感叹于巴克雄壮的豪气与忠心耿直的韧性。作家正是通过狗所受到的待遇,来观照人类的生活法则与行为习惯,通过人对狗的善恶,来揭示人性的美丑。作品描述的是动物对凄惨遭遇的悲鸣,实质却是对人道主义与平等精神的呼唤。

反抗与规训:《白牙》

与《野性的呼唤》形成截然对比,杰克·伦敦的另一部小说《白牙》(1906年)讲述的是一个充满野性的幼年狼崽如何克服野性、融入人类文明的故事。

与巴克不同,白牙是一只野外出生的狼崽。凶残与掠夺是它的天性,即使面对同胞兄弟,它也毫不留情。当它第一次啃噬活蹦乱跳的猎物时,它嗜血的天性被猛烈激发出来,白牙兴奋异常,体验到无拘无束、充满挑战的生活的美好。通过亲身经历,白牙了解到荒野中残酷的生存法则:物竞天择,强者生存。当白牙被母亲带入人类社会后发现,一切被人类文明所要求的行为,都与自己的天性相悖。幼年时荒原搏斗的画面时常在它脑海中闪现,它曾经试图反抗,渴望回到幼年的记忆中;但人类的一次次棍棒教育使它懂得,只有脱离本性、融入人类文明,才能获取生存下来的资格。白牙渐渐接受了人类凌驾于一切动物之上的事实,开始屈服于现实、接受人类的控制。

白牙的第一位印第安主人灰海獭,教会了它应当如何臣服于人类的棍棒,向白牙展示了人类如何拥有凌驾于所有动物之上的能力、可以恣意妄为。白牙的第二位主人史密斯是异常残酷的,这种残酷是人类劣根性的代表,是卑怯者色厉内荏的暴虐——他们在强者的打骂下畏缩、抽泣,却反过来向比他更加弱小的生物发泄怨恨;他们在人类中无法获取尊严,便退而求其次,从更加低级、处境更加悲惨的动物身上去攫取。白牙的第

图9-8 白牙与母亲

三个主人斯科特渐渐抚平了白牙对人类的恐惧与仇视,领悟到人类社会的文明与友好,而白牙对斯科特的恩情也倾力相报,不惜以自己的生命换取主人的性命。

比较《野性的呼唤》与《白牙》两部作品,巴克是一只圣伯纳犬与苏格兰牧羊犬的后代,白牙则是印第安人豢养的母犬与野狼的后代。在经历了一番生死挣扎后,前者听从内心深处的召唤,毅然抛弃人类文明,融入充满野性的狼群;后者则逐渐褪去野性,凭借着忠贞与勇敢,学会了驯服与爱,彻底融入人类文明世界。巴克与白牙就像一对孪生兄弟,却始终处于命运平行线的两端,最后朝着对方奔去,互换位置、站成永恒。

杰克·伦敦的两部姊妹篇,事实上分享着共同的主题:遗传决定论与环境决定论。进一步引入犯罪学研究中,人类犯罪的原因具有多样性,规训与反抗、忏悔与救赎,是其中永恒的主题。巴克由狗变为狼,是因为阿拉斯加的恶劣环境在不停地呼唤着它血液里流淌的野性;而白牙由狼变为狗,则是人类社会的规则与爱心逐渐湮没了它内心深处的野性。巴克与白牙的命运与结局之间并无孰优孰劣,它们的一生既受到遗传因素的决定性影响,又顺应环境,竭力发掘潜力、调适自己、改变自己,最终成为各自领地的强者。反思人类,在客观环境约束下的适应与反抗,与狗又有多大程度的不同?只要变幻多端的环境客观存在,这场野性与文明的较量就永远不可能得出结论。

品格证据:西奥多·德莱塞与《美国悲剧》

西奥多·德莱塞(Theodore Dreiser,1871—1945年),是20世纪美国带有自然主义倾向的批判现实主义作家。处理作品人物形象犯罪动机与目的时,德莱塞特别注重生物学原因,充分体现了自然主义作家宣扬的"生物决定论"。比纯粹自然主义文学家更为客观与进步的是,德莱塞的作品同时也揭示了社会环境对人性的影响与制约。

知识链接

德莱塞，美国现代小说的先驱，出生在印第安纳州特雷霍特的一个德裔美国人家庭。青少年时期生活贫困，中学毕业后便自谋生计，这段经历为他后来的创作提供了许多素材。1892年，德莱塞开始了记者生涯，先后在芝加哥、纽约和圣路易斯的报社任记者和编辑，其间他深入了解了社会生活的各个方面，这使他之后的小说创作都构建于生活之上。德莱塞笔锋细腻犀利，敢于揭示现象背后的真实原因，甚至敢于突破文坛上传统思想的禁锢。1910年辞职后，成为职业作家。

《嘉莉妹妹》（1900年）是美国文学史上的重要作品，也是美国自然主义与批判现实主义过渡时期的代表作。作品因为对人性原欲的大胆描写，在美国曾一度被禁止发行。德莱塞立于广阔的社会背景之上，描写了乡村少女嘉莉对都市生活向往、追逐、融入、幻灭的过程。面对单纯善良、渴慕繁华的乡村少女，工业社会孵化出来的享乐主义、利己主义等价值观联袂而至，使得没有任何社会经历的嘉莉体内的原始欲望被完全激发。表面看来，嘉莉是一脸的平静与纯真，但是她的内心深处却蛰伏着欲望的火种，当古朴的伦理观逐渐融化、隐遁，都市的灯红酒绿终究会将它唤醒。德莱塞认为，在笑贫不笑娼的社会，一位没有任何抗体的年轻少女，所面对的命运只有两种——接触善、成为善，或者接触恶、成为恶；其中不存在任何中间状态——"一个女孩子十八岁离家出门，结局只有两种，要么遇到好人搭救而越变越好，要么很快接受了大都市道德标准而越变越坏。在这样的环境中，要保持中间状态是不可能的。"德莱塞赞同斯宾塞的社会进化论，但又不完全认可。他从嘉莉妹妹身上寻找到的答案是：人在社会中的一切行为，取决于欲望的膨胀与环境的诱惑，而关键之处在于前者，正如嘉莉妹妹对自己出卖肉体与灵魂行为的解释——"面对做'正派人'的呼声，饥饿的痛苦回答得多么有力！""我们像棋子一般受着环境的驱使，而那环境是我们所不能支配的。"那一声声阴郁低沉、讳莫如深的叹息，包裹着女主人公多少的无奈、困惑与绝望。

《美国悲剧》(1925年)是德莱塞艺术创作之巅峰,也是美国批判现实主义文学的扛鼎之作。做记者期间,德莱塞广泛接触了大量凶杀案件的新闻报道,并从1914年潜心研究了十几起同类案件。他敏锐地发现,所有犯罪人的行为虽然最终是被难以抑制的仇恨与激情所促发的,但在他们的潜意识中,却始终伴随着出人头地的强烈欲望。其中1906年发生在美国小镇安迪瑞代的"切斯特·吉莱特凶杀案"带给德莱塞深刻的震撼。纽约州荒无人烟的大比腾湖上,吉莱特用网球拍将女友格蕾丝·布朗从船上击落,导致后者溺死。尸检结果显示,格蕾丝·布朗已经怀有身孕。吉莱特因一级谋杀罪被捕。1908年,吉莱特被送上电椅,年仅23岁。[1]

通过多年观察与分析,德莱塞意识到,此类凶杀案的频繁出现、犯罪人年龄日趋年轻化,暗示着整个美国社会的价值取向与道德标准出现了严重偏差。吉莱特之所以会杀人,大半原因是他们年轻单纯,对美国社会以金钱与权力为价值取向的舆论诱导,毫无分析与批判的能力,道德低迷的社会环境对桩桩血腥罪行的发生难辞其咎。以"切斯特·吉莱特凶杀案"为原型,德莱塞创作了旨在针对整个美国社会进行批驳的《美国悲剧》。从1922年起着手准备这部作品,德莱塞查阅了吉莱特案的全部卷宗,摘录了供词以及包括男女双方情书在内的大量原始材料,考察了谋杀现场和纽约监狱;此外,他还研究了十五宗同类案件的有关资料,详细比较了罪犯们的经历及思想的异同。在扎实调查的基础上,德莱塞更加明确了这部作品的主旨绝非揭露凶手个人的罪恶,而是阐述整个美

图9-9 《美国悲剧》电影海报(1931)

---

1 See http://origin-www.lexisnexis.com/ap/auth/,the last retrieved date:2011-12-27.

国社会的悲剧。

作品共分三卷。

第一卷叙述了吉莱特的出身背景与成长经历。吉莱特生于穷苦的传教士家庭，拥有着善良的心灵与迷人的外貌。他从小跟着父母沿街布道、卖唱，因贫穷而饱受欺凌的经历，使吉莱特的心理逐渐对宗教产生了疑惧，与信仰渐行渐远。长大后，吉莱特在堪萨斯城豪华酒店做侍应生，目睹了权力者、富有者纸醉金迷、奢华放荡的生活方式。这一切都极大地刺激着吉莱特敏感的神经与脆弱的灵魂，转而向醉生梦死的金钱、物质、肉欲社会寻求现实的安慰，嫖妓、酗酒、赌博等恶习无一不染。

第二卷中，吉莱特卷入无法自拔的三角恋，并涉嫌故意杀人。吉莱特邂逅已经成为富商的伯父，被介绍至工厂做管理人员，随后陷入与贫穷女工罗伯达以及富家小姐桑德拉的三角恋情。为了跻身上流社会，吉莱特必须迎娶桑德拉，却遭到已有身孕的罗伯达的横加阻挠。吉莱特决定铤而走险，除掉罗伯达。两人相携到湖中划船，怡人的自然美景与对昔日恋情的回忆，使得吉莱特在最后时刻良心发现，打消了谋杀恶念。这时一阵狂风吹来，船身摇晃，吉莱特与罗伯达不慎同时落水。面对

图9-10 吉莱特与桑德拉 | 《美国悲剧》电影剧照

图9-11 吉莱特与罗伯达 | 《美国悲剧》电影剧照

罗伯达凄厉的求救声与笨重挣扎的躯体,吉莱特蓦然间发现了命运的转机。最终,吉莱特奋力游上岸,眼睁睁看着罗伯达被无情的河水吞噬。

第三卷叙述了案发之后对吉莱特的审判、定罪与执行,其间穿插着两党议员与司法机构利用该案进行政治投机的行径。案件审判时,正值大选期间,两大政党异常重视这宗溺水事件,均希望利用其为自己攫取政治资本。检察官、法官、律师为了各自利益,开始制造各种假证据。吉莱特最终被送上了电椅。令人唏嘘的是,吉莱特在临死前,仍然不明白自己是否真的参与了谋杀事件。小说结尾处,牧师出场为临终的吉莱特寻求灵魂的救赎。吉莱特清醒地意识到,无论自己是否触犯了尘世间的刑律,自己对基督信仰的背叛已经构成了一生中最大的罪行。在母亲的注视下,他平静地走向电椅。

《美国悲剧》中,德莱塞以精湛的纪实性手笔,成功地塑造了平民青年吉莱特魂断"美国梦"的过程,细致描述吉莱特沦为杀人犯的前因后果,将伴随其中的复杂心理轨迹清晰地呈现于读者面前。德莱塞的关注重点并非案件的侦破、法院的审判以及死刑的执行,而在于分析,吉莱特作为社会环境的受害者,是如何踏上了不归之路。当时美国社会普遍存在着对实现"美国梦"的向往,大量家境贫寒的青年人,梦想着一夜间出现奇迹,成为巨富、出人头地;或者迎娶富家女,当作跻身上流社会的敲门砖。德莱塞在某种程度上也采用了该种"美国梦"的寓言框架,却反其道而用之,击碎了它华丽炫目的光环,透射出凄惨悲凉的结局,旨在提醒青年人,追逐这种美国梦的代价并非人人均可承受,圆梦之人寥寥无几,大多数人只落得抱憾终身。

德莱塞对这些青春年华中迅速凋谢的年轻生命惋惜不止,面对众多的贫家子弟,他以冷峻尖锐的口吻向这些追梦者提出警告:"难道你们真的不知道吗?社会成员的活动范围泾渭分明,谁敢越雷池一步,注定会自我毁灭。"然而,强烈的社会责任心又使他敏锐地意识到,平庸、扭曲的社会价值观对青年一代的腐蚀是根深蒂固的,于一位作家而言,希望唤醒青年们错误价值观的最好途径,就是呈现出一个完全真实的叙事氛围,以残酷的真实去刺激他们的内心。因而,德莱塞在文中运用大量实证进行佐证,包括案件被告人与女友的来往信件、与母亲的会见记录、临上电椅时的临终忏悔等案卷笔录，充分展现了铺陈实例、积聚细节的文风，具有极强的说服力。第三卷中，通过对吉莱特全部审判过程的详细描写，德莱塞深刻揭示了美国政治制度与司法制度的黑暗与腐败，鲜明地指出刑事法律的工具性本质。吉莱特受审期间，正是美国两党法官竞选大战拉开帷幕之际，共和党与民主党全力利用这一案件攫取政治资本。共和党候选人检察官通过自己控制的法院，对吉莱特严厉审判，以彰显其公平、正义的形象，骗取选民信任。为了获取连任，检察官甚至不惜动用各方面的关系制造假证，组织了127人的证人团，证明吉莱特道德败坏、人格存在重大缺陷，因而罪大恶极必须处以极刑。民主党候选人则通过吉莱特的辩护律师竭力为他辩护，不惜歪曲事实，甚至鼓动吉莱特在法庭上发假誓、撒谎抵赖、拒不认罪，以证明共和党的审判黑白颠倒、是非不明，完全丧失了公平与正义，旨在取而代之。案件的整个司法程序滴水不漏，彰显着民主平等，实质却不过是争权夺利的阴谋与蒙混民众的戏场。吉莱特的案件事实在党派竞选之争中完全被虚化，为最终的悲剧性命运埋下伏笔。

最后，作品通过吉莱特的悲剧深刻揭示出，社会的价值取向在各类刑事犯罪中的原罪导向。吉莱特出身于清贫、虔诚的教士之家，受家庭环境的熏陶，本质敦厚善良，但清苦的生活与卑微的地位使得他对父母的宗教狂热深恶痛绝，幻想尽快摆脱这种屈辱的生活。步入社会后，耳濡目染金钱的魅力，他比大多数人敏感而极易受外界影响的心灵，逐渐被实利主义、唯我主义等生活方式所腐蚀、毒害。溺水案中，吉莱特虽然具有犯罪预备，也确实具有犯罪动机，甚至还制订了周详的犯罪计划，却始终没有真正犯下罪行，罗伯达的死亡在很大意义上是一场意外。在与罗伯达乘船游览的过程中，面对清澈美好的自然风光，吉莱特的良知也曾短暂地复苏，但就在天堂与地狱在其身边交织而过的瞬间，美国社会的世俗价值观将他迅猛推向了撒旦的怀抱。吉莱特的遭遇，使我们能够以上帝视角审视一个平庸的灵魂是如何被社会环境一步步推向罪恶，而毒害他的社会又最终反过来坚定地判处他死刑，以昭显社会正义。这种绝妙的讽刺，正是德莱塞创作《美国悲剧》的主要内涵。

美国制造：理查德·赖特与《土生子》

关于黑人，在美国向来是一个敏感而痛苦的话题。这是一个饱受奴役、曾经一度被剥夺了受教育权的民族，因此，其口头文学和音乐等方面虽有古老的传统，成文文学方面却长期是一片空白。南北战争后，美国黑人一定程度上获得解放，在迁居北方城市后，其中一批黑人得以接受大学教育，并跻身于白领阶层。1930年前后兴起的黑人文艺复兴运动，为黑人文学的产生创造了人文环境。黑人文学继承了由马克·吐温、斯托夫人等开创的废奴主义文学传统，同时，他们又怀着深厚的人道主义同情来描写黑人苦难，抒发黑人心声。因此，批判种族主义的主题、黑人生活的独特视野以及强烈的批判现实主义色彩和人道主义色彩，也就成为黑人文学的三大特征。[1]

黑人作家理查德·赖特（Richard Wright，1908—1960年）是黑人文学的主要代表。赖特自幼过着贫穷的生活，进过孤儿院、辗转寄养于多个亲戚处，备受虐待，在学校中亦受到孩童们的欺侮。从小在充满敌意的环境中长大，赖特深感自己是受歧视的黑人，又是家庭"弃儿"与社会的"局外人"，因此对周围的白人世界怀着又恨又怕的反常心理。赖特的该种心理状态，借助《土生子》主人公别格·托马斯的角色特征集中反映出来。

> **知识链接**
>
> 理查德·赖特，著名的美国黑人作家。出生于密西西比州纳齐兹附近一个种植园。祖父是黑人奴隶，父亲是种植园工人，母亲是乡村教师，其父抛弃妻子和赖特与人私奔。赖特进过孤儿院，曾在亲戚家寄养，十五岁起独立谋生。他从小深受歧视并从事各种体力劳动。1932年加入美国共产党，1937年赴纽约任美共机关报哈莱姆区的编辑。1940年他的长篇小说《土生子》问世，使他一跃成为享誉美国文坛的黑人作家。小说大获畅销，后又改编成戏剧在百老汇上演，并拍摄成电影。

---

1 参见〔英〕特雷·伊格尔顿：《二十世纪西方文学理论》，伍晓明译，北京大学出版社2007年版，第63页。

《土生子》（1940年）是一部极富南部地方色彩的小说，全文共计三部，即"恐惧""逃跑"与"命运"，描述了黑人青年别格·托马斯短暂的一生。作品自始至终充满着紧迫与沉郁的气息，既反映了社会底层被压迫民众的内心活动，也烘托出主人公在这种生活环境下所养成的残忍性格。

　　别格出生于美国密西西比州的一个赤贫黑人家庭，没有受过教育，二十多岁时去白人达尔顿家里做私家车司机。达尔顿一家人开明善良，对待黑人也比较平等友好。别格却将这种友好看作虚伪，对达尔顿一家产生莫名的仇恨。一个漆黑的夜晚，别格开车接回达尔顿家的玛丽小姐后，发现玛丽醉得不省人事，只好将无法走路的玛丽背进卧室。眼睛失明的达尔顿夫人听到女儿房间里杂乱的声音，摸索着走来探望。由于黑人被严禁踏入白人卧室，别格担心遭到老妇人的指责，匆忙中以枕头堵住玛丽的嘴，不让她发出声音，结果阴差阳错，醉酒后的玛丽竟然因此窒息而亡。别格在恐慌中将玛丽的尸体搬到锅炉房焚烧掉，立即带着女友出逃。途中，别格因担心女友告密，用厚砖击打女友脑部致其死亡。最终，别格被尾随而至的警察抓捕，被判处死刑走上电椅。[1]

　　这部作品的问世轰动了美国文坛，也震撼了美国白人社会。白人们一向认为黑人慵懒愚蠢、奴性十足，可以任意凌辱；同时又诬蔑黑人天性野蛮，动辄杀人、强奸，无恶不作。以往的黑人作家面对白人的偏见，或是否认白人的指责，或是为黑人的行为进行分辨，唯有赖特能够深入剖析，发掘黑人的犯罪心理与整个社会制度之间的内在联系，指出黑人的野蛮、凶暴既非自然属性也绝非种族特性，而是美国社会对黑人的谬论和偏见使然，是黑人在社会现实的逼迫下所作出的生存选择。别格乃是美国本土文明的产物——《土生子》的寓意即隐含于此，他从懂事起就被告知自己是"美国公民"，但这一令人羡慕的名词所包含的自由、平等与尊严在残酷的现实面前被击得粉碎，他的一切努力注定是失败的。一次次的受挫感，使得别格对白人心怀恐惧，当他发现这个世界是由白人主宰时，

1　梗概及本节所有引文来源于〔美〕理查德·赖特：《土生子》，施咸荣译，译林出版社2008年版。

这种恐惧继而发展为强烈的怨恨与报复。

赖特的文笔师承美国批判现实主义传统，但该部作品更明显地是受到德莱塞代表作《美国悲剧》的影响。两部小说均以生活中的真实犯罪案件为素材（《土生子》以1938年芝加哥黑人罗伯特·尼克松谋杀一个白种女人的案件为蓝本[1]），均以犯罪行为作为故事发展的主要脉络，均严肃有力地描绘了社会、环境和个人行为之间的联系，并由此揭示了犯罪的原因与惩罚的残酷。

《美国悲剧》与《土生子》皆为悲剧，德莱塞的白人孩子吉莱特与赖特的黑人孩子别格，均同样被施以电椅处死，但并不仅仅因为他们是罪犯（吉莱特的意外事件与别格的过失杀人均有争议），而且因为他们是社会难以容忍的"杂质"。两部文学作品的模式亦很相近——贫困的家庭、屈辱的少年生活、对上层社会的渴望与仇恨、金钱与性的诱惑、审判、挣扎与死亡；而二者的结论均为：社会是真正的罪犯。

事实上，吉莱特与别格一出生，社会就将犯罪的环境加于其身，逐渐培育、酝酿、发酵，最终酿成大祸，他们是普遍不公平的社会制度的牺牲品。不同的是，赖特的作品受弗洛伊德的心理分析学影响较深，将较多笔墨花费在别格的病态心理描写与分析上。赖特认为，等级分明、种族压迫的社会制度，是制度下群体产生病态心理的罪魁。挣扎于美国社会底层的黑人，或者像小说中别格的母亲那样借宗教麻醉自己，或者像别格的女友那样借酒浇愁，或者像汤姆叔叔那样逆来顺受。至于赖特自己，他说他与别格一样，内心像一座蕴藏着无限仇恨烈焰的火山，总是处于爆发的边缘，对别格的心理描写的很大一部分，正是出自自己的心理。法庭审判时，别格一言不发，保持着令人迷惑的冷静与安静，因为"他永远无法解释自己为何会杀人，不是他不想解释，而是若想解释清楚这一切，首先要从他的整个人生开始"。此处，赖特以令人心酸的语气，将矛头直指该案的始作俑者。

美国作家亚瑟·戴维斯曾评论道："《土生子》向全国表明，美国如此对待

---

[1] See http://origin-www.lexisnexis.com/ap/auth/, the last retrieved date:2011-11-27.

黑人，造成了（黑人的）怨恨、无助感、暴力和革命的可能性。作者用文学作品试图向我们传递两个信息。其一，在美国，作为黑人意味着什么？其二，创造了这样一个异类土生子，对于美国来说，又意味着什么？"[1]上述疑问，可能是对这部作品的最为准确的评价。

你为谁辩护：赫尔曼·沃克与《凯恩舰哗变》

赫尔曼·沃克（Herman Wouk，1915—2019年）[2]，是一位以战争题材为主题的写实主义作家，以作品《战争风云》（1971年）及姊妹篇《战争与回忆》（1978年）奠定了其在美国乃至世界文坛的地位。上述作品是现代文学史上全景式展现第二次世界大战真实进程的规模最为宏大的作品，书中人物众多，上至交战各国最高首领，下至一般士兵和普通民众。作品中所涉及战役、引用数据以及主要人物的言语行为，均出自正史。沃克的创作风格一向谨慎、主题选择一向严肃，当《凯恩舰哗变》（1952年）问世时，在美国本土及整个欧洲均引起了极大的轰动。

故事发生在第二次世界大战时期的南太平洋。已超过服役期的美国扫雷驱逐舰"凯恩号"，在南太平洋一次执行战斗任务时遭遇强台风袭击。针对当时战舰的逃生航向，舰长魁格与副舰长兼执行官玛瑞克发生了根本性分歧，也因此引发了美国海军历史上最为著名的一次哗变事件。情形万分紧迫之际，玛瑞克策动将士成功解除了舰长魁格的指挥权，并指挥凯恩号改变了原先的顺风向南航向，逆风向北穿过台风中心脱险，凯恩号全体成员得以生还。事后，高傲的魁格无法忍受屈辱，立刻向军事法庭提起诉讼，控告玛瑞克涉嫌"夺权哗变罪"。军事法庭上，玛瑞克的辩护律师格林渥通过婉转巧妙的心理暗示与咄咄逼人的话语暗示，

---

1 〔美〕理查德·赖特：《土生子》，施咸荣译，译林出版社2008年版，译者的话。
2 赫尔曼·沃克，出生于美国纽约，父母为俄裔犹太移民，曾在哥伦比亚大学攻读文学与哲学。珍珠港事件后，参加美国海军，在南太平洋战事中表现英勇；退役后专事创作，1952年，凭借《凯恩舰哗变》获得"普利策文学奖"。

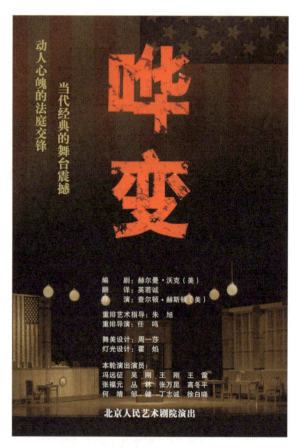

图9-12 话剧《哗变》海报(人艺版)

一步步诱使魁格的情感渐渐失控,最后在法庭上暴露出其具有心理缺陷——在巨大的压力下会产生暂时性类偏执人格。进而,格林渥落井下石,利用《美国海军军规》之规定,"部队下属在危急时刻,如果司令官出现疯癫或者精神不正常等状况、但又拒绝交出权力,有权夺取司令官指挥权,指挥整个部队度过危机",成功将案件参与人的角色置换,魁格舰长由原告角色转化为被告,最终格林渥为玛瑞克辩护成功。然而,就在庆功会上,格林渥坦率地指责玛瑞克等人,认为他们或者是别人的棋子,或者本身就是真正的哗变罪犯,他们并不像魁格一样具备军人素质,也根本不比魁格的人格健全,因而为在法庭上击败魁格而深感内疚、自责。[1]

> **知识链接**
>
> "第184条军规"至今仍然是《美国海军军规》的一个组成部分(它现在被排在第1088节)。该条规定:在"最为异常与极端的情况下",一名下级官员可以将指挥官逮捕或列入伤病员名单,从而解除他的指挥权。一般来说,这项行动必须先获得海军人事长官的授权方可进行,除非这一授权"根本无法实现"。允许实施该行为的唯一前提条件是"如果继续保留该指挥官的权力,势必严重地并且无可挽回地危害公共利益"。而那些采取这一行动或劝说他人采取行动的军官"必须将为此承担法律上的责任,并且必须以身家性命为代价,准备向军方证明这一行动的绝对正当性"。

这是一场关于法律、军人、荣誉、尊严、责任的严肃的法庭小说。同时,也对战争环境下的复杂人性进行了深刻、细致的剖析与审视。

第六部分"法庭审判"是全书的高潮。作品的中心人物格林渥是一位具有卓越才华的犹太人,曾经是华盛顿最负盛名的律师,他在第二次世界大战爆发后参加空军,在并不情愿的情况下接受检控官查理的指派,为玛瑞克辩护。法庭上,格林渥利用对控方证人和辩方证人,尤其是对舰长魁格的询问,改变了整个审判的方向,从而替玛瑞克成功脱罪。在这个层面上的审判,仅是对美国审判模式中严格程序的真实再现以及对格林渥高超辩护水平的渲染,并未涉及对人类灵魂的审判。格林渥利用大量证人,包括凯恩号上的少尉、通讯官基弗、二等兵水手、海军医院的精神病专家、舰船专家、舰长魁格以及玛瑞克本人的证词,将审判的重点转移到魁格身上。他围绕魁格当时是否确实陷入暂时性精神崩溃的状态为基

---

[1] "哗变"在《统一军事法典》中被定义为"两个或更多人拒绝执行军事命令,企图篡夺合法军事领导者的权力"。它是军事犯罪当中最为严重的罪行之一,触犯者通常会被判处死刑。

点，将矛头直指作为原告的魁格上校的人格弱点，竭力证明魁格是一个难以胜任职务的、罹患严重人格障碍、具有心理缺陷的指挥官，从而反向证明玛瑞克的行为并非哗变，而是关键时刻的正确选择。于是，一场本来针对玛瑞克的审判，变成了一场针对魁格的审判。

在军事法庭对各方证人的质询中，魁格舰长的矛盾人格逐渐显露出来。第一，魁格作为舰长，对于官兵的专制化管理远远超过必要限度，甚至到了残酷、不近情理的程度，例如在烧坏咖啡壶、偷吃草莓、着装不整洁等小节上，时常大动肝火。第二，魁格在某些事件上表现得贪生怕死、推脱责任。第三，魁格利用舰长的职位，运送过一箱私用酒品。第四，魁格因为水兵们看电影时没有等他到场，断然下令停止电影的放映，等等。这些证词被格林渥很好地利用起来，结合精神病学专家在专业方面无法给出"绝对"性证词的漏洞，将魁格描绘成一个隐藏极深、类偏狂、偏执型的病态的指挥官。虽然两位精神病学专家均证明，此种性格几乎每个人都不同程度地拥有，而魁格的程度远远未达到影响他指挥的程度，但是格林渥尖锐地反驳道，心理专家并未有过舰船处在台风中心的经验，不能判定彼时的心理压力之巨大，因此无法断定魁格的性格缺陷是否可能影响其对军事的指挥。当魁格作为辩方证人出场时，他的细微举动，例如手中不停揉转着两个钢球等动作，均被格林渥即时利用，指证是其具有心理疾病的具体表现。至此阶段，整个案件的审判对象已经被成功调换，人们似乎一致形成了如下印象：魁格上校是个贪生怕死的、在巨大压力之下会陷入病态心理的、借压迫下属来缓解其心理自卑感的不称职指挥官，而玛瑞克的夺权举动非但不是哗变，反而是关键时刻拯救全船将士的英勇行为。

不幸的是，魁格对于他被指控具有各种人格缺陷的答辩，亦落入格林渥预设的陷阱。魁格毫不掩饰自己对于手下士兵的管理严格，认为所涉及的一些小事均事关部队的原则、责任与荣誉，他必须严格要求部下，才能具备整体战斗力。魁格承认自己在没有违反军规的情况下，曾利用船底空仓位运送了一箱很贵的酒回美国，但搬运时因凯斯的指挥不当而落入海中。对于其贪生怕死的指责，魁格表现得极其愤怒，认为那是对他人格的侮辱，他具体解释了当时掩护登陆艇的战役，坚持说当时他的船已经到达了规定的距离，投放标识鱼雷区的黄色染料的目的是让登陆艇更清楚地知道他们的位置。对于哗变当天的情况，魁格解释道，自己是遵照上级命令将船向南顺风全速行驶，以避开台风圈。他不否认玛瑞克决定的正确性，但关键在于玛瑞克的"哗变"行为是一项不可原谅的罪行。可以看到，魁格的辩解在内容与情绪的控制上均是失败的，在旁听者的眼中，进一步证实了格林渥对他病态性格的质疑。更为可悲的是，格林渥最后将魁格舰长成功地引入了自我否定的困境，令后者输得干干净净。当天出庭的心理专家曾经讲述，某些类偏狂、偏执型病患者，经常不接受别人的批评，并且某些时候会自己臆想出一些故事代替客观的事实，从而证明自己的正确性。这就涉及魁格的自我辩护的真实问题。于是，就在魁格对玛瑞克大加谴责，认为他始终与自己作对、不听从指挥时，格林渥突然让他当众宣读了一份他在哗变事件之前为玛瑞克写的鉴定。可怜的魁格越读声音越小，最后读完之际，整个人已经呆住了——魁格自己在鉴定里高度评价了玛瑞克，并且列举了玛瑞克的种种优点。这个时候的魁格才意识到，这份鉴定，等于推翻了他所有的辩护词。无论从何角度切入，他的辩护均逃不出被法庭判断为无效的结局——如果玛瑞克果真如魁格在答辩中描述的那样恶劣，那么鉴定就是在说谎，也间接证明了魁格刚才的答辩也具有很大的撒谎可能性；如果鉴定中说的是真的，那么魁格对玛瑞克刚才的指责显然就是借哗变事件后的报复，魁格仍然是在说谎。

格林渥成功了，正如魁格在答辩中所提及，无论这场审判的结果如何，他作为一个指挥官，名誉与尊严已经荡然无存。也正如格林渥对玛瑞克所说，为了脱罪，唯一的办法就是不择手段利用这次审判把魁格彻底搞臭，才能反证出玛瑞克当时的举动的正确性。双方辩护结束时，目瞪口呆的检控官甚至放弃了结案陈词的机会，转而请求法庭对格林渥利用"贬低他人人格尊严""引导法庭辩论方向"的做法予以谴责。检控官一针见血地指出，格林渥利用证人作证的顺序，预设了魁格的人格缺陷，然后又一步步引诱魁格自投罗网、验证了这些缺陷，这场审判的主题并不应该是"魁格的人格";相反,在数十年的军人生涯中,魁格的表现无可挑剔。作为原告,魁格上校承受了不公平的质询,关于他的精神问题和个性问题的辩论本不应该作为这次审判的重点。法官对格林渥并没有给予法律程序上的惩罚,因为他找不到任何可以惩戒他的法律条文。但是法官严肃地提示格林渥,在这场戏剧性的审判中,作为一名律师应该反思,这种在法庭上将一个职业军人视为至高无上的尊严随意践踏、以达到胜诉目的的做法,对魁格是否公平,作为律师是否应该受到道德和良心的谴责。

到此为止,故事并未戛然收笔,整部作品仍然躺在炙热待喷的火山口,真正的高潮——关于对人性灵魂的拷问——还未到来。当法律的正义天平由于程序的过分精确而明显偏袒一方,当严谨的法律条文对受害人伤口的平复无能为力,当确定无误的客观事实被变幻莫测的主观臆测篡位,当人性的完整与军人的尊严被辩护人略施小计玩弄于股掌之间——正如法官所说,整个审判已经变为一出悲剧。面对这场悲剧,沃克到底需要设计出怎样的情节,才能留给读者一个相信世间公平、憧憬人间正义的理由?他将全部的心血押在了格林渥身上。格林渥,这个才华横溢、饱经世故的律师,具有复杂、隐秘而完整的性格,他在作品中扮演的角色始终是颠覆性的。第一次是在法庭上,他成功地将原告与被告的角色置换;第二次是在庆祝宴会上,他指出了哗变产生的真正原因、制造哗变的真正罪人,将一场狂欢化作拷问每个人良心的法庭。

在舰队成员基弗为了庆祝自己的小说成功出版而举办的家庭聚会上,醉酒后的格林渥为这场"哗变"审判作了一次真正意义上的、触及灵魂深处的结案陈词。格林渥坦言,他并非心甘情愿地为玛瑞克做辩护,他之所以最终答应出庭,是因为他战斗机开得很糟糕,为了证明自己在其他领域并非一个笨蛋,他必须打赢这场官司。作为一位资深律师,他深知,必须通过彻底毁灭魁格的手段来促成玛瑞克的无罪判决。而现在的他饱受内心的煎熬,由于自己卑鄙的手段,对魁格上校造成了极不公平的审判。作为一个犹太人、一个精通法律的优秀律师,格林渥坦陈,法律书籍无法阻止德国人的进攻——他犹太裔的母亲随时可能被纳粹焚烧后做成肥皂,"擦洗赫尔曼·戈林的屁股!"纳粹打过来后,他之所以扔掉法律书籍参军,就是为了保护母亲不被炼油做肥皂。他学开战斗机,但是绝望地发现自己根本无法胜任。他转而严厉地质问在场的所有人:"纳粹打过来之前你们都在干什么?""基弗,你一定正在为吉尔德剧院写剧本;玛瑞克,你在跟自己的父亲出海打鱼;凯斯,你正在普林斯顿的校园里踢足球吧?""那个时候是谁在挡着纳粹,让我们在国内悠哉悠哉地做这些事儿?就是魁格,他们这些在前线战场上拼杀的正规军!他们才是真正的军人!而我们这些因为纳粹快打到家门口了才参军的人,会打仗吗?能挡得住德国人吗?根本不行,真顶事儿的,还是魁格他们那些正规军!""现在,前方战事正酣,我却在后方为了一场毫无意义的审判而绞尽脑汁、不择手段,这场审判整个就是他妈的瞎扯淡!"

接着,格林渥话锋一转,直指基弗,认为正是他一手策划了整个哗变,目的仅仅是为了挑起事端,挖掘战争中的丑闻作为其作品的噱头去赚取大笔酬金。这是他在整个案件的调查与观察过程中得出的结论,而玛瑞克只是基弗老谋深算一盘棋上的棋子。基弗利用年轻的玛瑞克对自己的崇拜与信任,一次次处心积虑地向他暗示,魁格的人格缺陷以及哗变的正当性;待到哗变真正发生,又隔山观虎,煽风点火;在法庭质问阶段,基弗圆滑老谋的证词不会得罪原、被告中的任何一方,落得个全身而退;最后将这段案例成功编入小说,成功捞到丰厚稿酬。不止于此,格林渥更是将日后的事件走向看得一清二楚:他警告玛瑞克不要高兴太早,因为"复查机关将认为审判不公,也确实如此——我是采取欺骗性的合法诡计为你开脱,一叠厚厚的谴责信将出现在你的晋升档案里"。格林渥转向基弗:"你得了满分。玛瑞克会被重新赶回家去捕鱼,你是下一任凯恩号舰长的唯一人选。你可以到老退役,收获厚厚的称职报告,还有大笔的稿酬。"至此,格林渥愤然撕开了最后一层帷幕。经过格林渥层层抽丝剥茧,这场哗变的真正原因、各色人物的动机全部昭然。作为一位成功混迹于纽约城的律师,格林渥的精明与手段自不必说;但是作为一位良心尚存的犹太人,鉴于当时战争大环境、犹太人的处境等方面,又使得他由衷地尊重魁格这样的真正军人,极不情愿践踏他们视之为生命的尊严,尤其是战争局势如此紧张的时候。最后格林渥长叹一声:"我欠魁格的人情。"他将一杯啤酒愤然泼在基弗脸上,转身离开。

　　这似乎并不应该是一部以"个人自由与权利"为最高信条的美国人的作品,也完全违背了刑事审判"客观主义"原则,而是将运用于案件审判中的"人格主义"的弊端无限放大。因此,文章一发表就引起了全美以及欧洲的轰动。全文的着力点并不在于军事法庭的审判过程,也并非对玛瑞克单纯肤浅的惋惜、对基弗自私卑鄙心理的谴责,最深刻的层面其实仍是美国人喜欢探讨的自由问题。不过,这一次沃克剑走偏锋,从另一个角度折射出个体自由与群体自由的真正关系,以及个人对社会责任与国家义务应当如何承担的思考。对自由与权利的要求并非在任何时候均是绝对正确而客观的,没有审视大环境的目光,一味追求个人渺小、可怜的利益,是自私、是破坏,亦是犯罪。正是因为其中蕴含着颠覆性的深刻哲理,该部作品荣获美国"普利策文学奖"。

第十讲
这里的黎明静悄悄：战争题材作品

讨论文本

- 《蝇王》
- 《荒原狼》
- 《朗读者》
- 《西线无战事》
- 《列车正点到达》

导言

　　战争，是一个人们内心深处不愿触及的沉重而艰涩的话题，但它又是无法逃避的赤裸裸的真实存在。20世纪前半叶，接踵而来的两次扩大化战争肆虐全球，辗转于战火中的人们在肉体与精神上饱受摧残。战后，人们陷入了形形色色的精神危机之中，战争题材亦成为批判现实主义文学的一道独特风景，它所记录的是经历过血雨腥风的一代人所积淀的回忆。通过冷血、残酷的战争剖析人性、拷问战争中的民族责任与个体罪行、追寻人类未来的发展方向，则成为20世纪西方批判现实主义文学家的首要使命。本讲集中向大家介绍五部战争题材纪实主义小说，探讨其中包蕴的极端战争背景下的罪罚评价。《蝇王》是英国作家威廉·戈尔丁的代表作，他是西方传统"人性本恶"之伦理观的坚定信奉者，认为人类历经数千年积淀而成的文明，在罪恶的人性面前着实不堪一击，作品描写了一场发生在太平洋孤岛上的未成年人之间的斗争，幼童们善良、怜悯、正义感的丧失，寓指着人类生来具有的罪恶本性。这部作品中，戈尔丁彻底击碎了"人性本善"的童话，旨在警诫人类——文明、理性、法治等理想在欲望和野蛮面前是如何不堪一击，故而必须以规则、律法约束与对抗其内心深处的邪恶。德国作家雷马克的作品《西线无战事》，借青年博伊默尔之口，描述了在战争下迅速熄灭的生命之火，在雷马克看来，战争最大的特征就是绝对地剥夺个人意志，而所谓个人的选择，无非就是杀人机器和被杀靶子的角色选择，作品抛弃宏观叙事之视角，所讨论的是战争中人性的蜕变以及由此产生的精神危机，深刻探讨了个人与群体在失去自由意志的前提下所面临的无可奈何之境地，以及必须直面的残酷现实。《荒原狼》是德国作家赫尔曼·黑塞的作品，兼具表现主义与批判现实主义色彩，也是一部战前预言式作品，其中运用大量梦幻的笔法，将第一次世界大战后欧洲中年知识分子的内心世界淋漓尽致地展示出来，时刻警示公众，不久后的将来，一场更为广泛与惨烈的战争将会席卷整个欧洲大陆，旨在探索人类内心深处不可捉摸、不可控制的原欲及由此导致的原罪。《列车正点到达》是德国作家海因里希·伯尔的自传体小说，我们可以从主人公安德列亚斯的形象中，清晰地找到伯尔的影子。伯尔在他的诺贝尔文学奖的获奖演说中解释，安德列亚斯的忏悔，不是单纯认罪与否的问题，也不是简单地追究到底谁是"凶手""谁该为这场灾难负责"等具体责任问题，而是透过忏悔，展示安德列亚斯与自己灵魂的对话。这种对话不是简单的"善与恶""罪与罚"的较量，它实际上搭起了"忏悔"与"救赎"间的桥梁，承认自己的罪，赎还未来的生。《朗读者》是"德国当代文明伤痛的发现者"施林克的作品，如果说《西线无战事》《荒原狼》与《列车正点到达》等德国文学所要承载的是第一、二次世界大战中德国人对战争本身的质疑与谴责，那么半个世纪后的《朗读者》则进一步探索了德国战后一代直面罪愆、沉重救赎的主题，作品以一对忘年情人间跨越数十年的情感经历为线索，揭示了历经战争创伤后复杂人性中的真挚、善良、勇气与爱。

平庸之恶：威廉·戈尔丁与《蝇王》

18世纪浪漫主义、19世纪批判现实主义作家均认为，未受人类文明污染的、处于自然纯真状态中的人性是最美好的。例如华兹华斯认为儿童更接近上帝,因而是善的;卢梭在《爱弥儿》中倾其笔墨赞美儿童是善与美的象征;狄更斯习惯于以儿童的目光打量世界,将人类归为好人与坏人两大类,放大一切善良与一切黑暗。20世纪的《蝇王》却得出了最令人痛心的结论——人类最大的威胁来自本应天真烂漫的孩童。

英国作家威廉·戈尔丁(William Golding,1911—1993年),擅长使用批判现实主义的写实手法来对寓言进行创作。他是西方传统"人性本恶"之伦理观的坚定信奉者,认为人类历经数千年积淀而成的文明,在罪恶的人性面前着实不堪一击。

知识链接

威廉·戈尔丁,20世纪著名的英国批判现实主义文学家。生于英格兰康沃尔郡一个知识分子家庭,自小爱好文学。1934年入牛津大学学习文学,获文学士学位。1940年参加皇家海军,投入"二战"。1945年退役,成为大学教授。1955年成为皇家文学会成员。由于他的小说"具有清晰的现实主义叙述技巧以及虚构故事的多样性与普遍性,阐述了今日世界人类的状况",他于1983年获得诺贝尔文学奖。

威廉·戈尔丁的代表作《蝇王》(1954年)属于典型的"寓言小说",描写了一场发生在太平洋孤岛上的未成年人之间的斗争,幼童们善良、怜悯、正义感的丧失,寓指人类生来具有的罪恶本性。戈尔丁历经了两次世界大战,沉重的历史观与责任感,促使他不得不对这两场席卷世界的灾难进行深刻的审视与反思。在这部小说中,戈尔丁以独特的视角、冷静的思绪挖掘着战争的根源,探讨人类社会的自相残杀千万年来从未停止的原因。故事情节在人性的原善与原恶中交织发展,小主人公则在理性与非理性的状态里挣扎呐喊,临时组成的岛屿社会在文明与野蛮的冲击下飘忽不定。在这部作品中,戈尔丁击碎了"人性本善"的童话,旨在警诫人类——文明、理性、法治等理想在欲望和野蛮面前是如何不堪一击。

《蝇王》讲述了在未来世纪的某一天,人类陷入核战争灾难。一架英国战斗机将一群男孩从本土救出,降落在南太平洋深处荒无人烟的珊瑚岛上,飞行员不幸遇难。这群孩子最大十二岁,最小六岁。他们脱离成年人的监护,开始了独立的荒岛生活。刚开始,孩子们在民主推举出来的领袖拉尔夫的组织下,在机智博学的皮吉与善于思考的西蒙的辅助管理下,过着秩序、和谐、理性的生活。好景不长,另一个也具有同样能力与智慧的男孩杰克,开始与拉尔夫争夺领导者的位置。孩子们自然分成两派,开始自相残杀,最终使得整个海岛燃为灰烬。滔天火光将一艘英国军舰吸引而至,孩子们被拯救。[1]

故事的小主人公有四人,分别是成人社会不同人群的代表。十二岁的拉尔夫是英国海军司令的儿子,有着较为丰富的航海知识、理性勇敢、乐观自信,具有非凡的号召力与领导力。是他首先捡起一只海螺,通过海螺声将分散啼哭的孩子们召集起来,扎堆取暖。其后,这只海螺便成为孩子们心目中民主与集体的象征。接着,大家开始制定规则,分工合作——搭建茅屋、采集浆果,大小便在指

图 10-1 《蝇王》电影剧照(1963)

---

1 梗概及本节所有引文来源于〔英〕威廉·戈尔丁:《蝇王》,龚志成译,上海译文出版社 2009 年版。

定地点、遇事开会举手表决、海滩上专门有人负责照看永不熄灭的篝火，作为求援信号，一切有条不紊地行进着，逐渐在岛上建立起社会秩序。作为岛屿的领导者，拉尔夫对权力的把握能力却非常薄弱，他甚至无法保证作为求救信号的篝火始终燃烧，而此时恰巧有一艘巨轮经过，却未能发现他们。最终，拉尔夫未能带领小伙伴们走向光明，在激烈的争斗中，拉尔夫仅有的两位支持者横遭不测——皮吉被石头砸死，西蒙亦遭乱棍打死。两个男孩的悲剧充分说明，文明是如此轻易地被野蛮征服，理性是如此不堪地被蒙昧吞噬，民主社会在专制与暴力面前更是显得疲软无力、不堪一击。甚至拉尔夫本人，最终也险些无法坚持自己所提倡的民主与文明，他实在无法抵御杰克一伙儿烤猪肉的香味的诱惑，因而疯狂参与了猎杀西蒙的罪恶行径。当这些孩子最终被英国军舰所拯救时，拉尔夫放声大哭。

　　杰克是与拉尔夫旗鼓相当的实力派男孩，在作品中代表着人性的原恶、兽性与非理性。当拉尔夫被推选为岛屿头领时，他虽然不满意，却对选举产生的"合法"权力无可奈何。他对拉尔夫所谓文明、民主的做法嗤之以鼻，当孩子们因看管篝火与打猎的分工发生争执时，杰克意识到，自己的时机到了——打猎意味着可以吃到肉，吃肉则意味着某种特权的享有，尤其是当其他孩子只能啃浆果的时候。这种诱惑对于争取到必要数目的追随力量是至关重要的。在杰克成功获取打猎的权利后，血腥的猎捕过程进一步激发了其人性中的原恶。在杰克的引导下，打猎演变为孩子们的狂欢，破坏、毁灭的人类本能被演绎得淋漓尽致。当天夜晚，象征着拯救意义的篝火在孩子们流亡岛屿之后首次熄灭了，他们错失了一次得救的宝贵机会。望着这一切，拉尔夫质问："你们选择法律与得救？还是选择打猎与破坏？"相比拉尔夫遥远的许诺与希望，可以吃上肉的现实诱惑，对其他孩子显然更大一些。越来越多的孩子亲近杰克，杰克成功地篡夺了拉尔夫的权力。在杰克的带领下，这个岛屿社会彻底摆脱了人类文明的拘束，人性的原恶得以充分释放。为了获取烧烤猪肉的火种，杰克带领孩子们袭击了皮吉与拉尔夫，点燃了烧毁整个岛屿的熊熊烈火。可以看出，这些年幼的孩子身上凝聚着人性丑恶的多重侧面：仇视文明、崇尚野性、专制独

图 10-2 诱惑之源 |《蝇王》电影剧照

裁、嗜血成性。

皮吉是一个矮胖的、患有严重哮喘病、无法从事体力劳动的孩子。他喜欢思考，代表着人类的智慧与知识。他鼻子上的眼镜，是自然科学的象征——正是皮吉告诉大家，应当升起永不熄灭的篝火，才有生存下去的希望；正是皮吉用自己的眼镜聚光取火，升起了荒岛上第一簇象征生命的熊熊之火。尽管如此，皮吉仍然受到小伙伴的嘲笑。杰克在烧猪肉时没有火种，遂派人去偷皮吉的火种，而且打算将皮吉的眼镜一并偷走。皮吉最后是因为保护他的眼镜而被杰克一伙用大石头砸得脑浆迸裂，却仍然紧紧抱着海螺不松手——民主与科学的力量永远不可战胜，这是皮吉至死都坚守的信念。皮吉的形象塑造凝聚着人类知识分子的风格，他们无权无势、饱受嘲讽取笑，却给世界带来了光明与进步；他们指引民众相信美好事物的存在，他们为人类的发展指明了方向。正如皮吉一样，他们自尊而敏感，敢于蔑视权贵、傲然站立于暴力与屠杀面前，指责专制与愚昧；同时，他们又拥有最脆弱的肉体生命，往往被暴力轻易扼杀而毫无还手之力。皮吉的死，象征着理性与科学被黑暗的人性所虐杀。

图 10-3　皮吉与拉尔夫 |《蝇王》电影剧照

　　西蒙扮演的则是人文思想家的角色。在戈尔丁的笔下，西蒙犹如基督教中的先知，正直聪慧、目光犀利，对真理的探求执着而热烈。岛屿上的孩子惧怕孤独，西蒙却相反，他热爱独处一处、冥思苦想。西蒙习惯于与自己的内心进行对话，自觉地反省与思索着内心的黑暗面，这一点是其他孩子难以比拟的。他意识到小伙伴们对"蝇王"的恐惧，其实来源于对自己内心深处"恶"与"死亡"的本能抵制，因而告诫大家不必担心，"蝇王"就是自己黑暗的内心。孩子们对西蒙的解释将信将疑，于是西蒙决定亲自爬上山顶去探个究竟。戈尔丁在作品中加入西蒙与"蝇王"的大段对白，指明人性无法抗拒的黑暗面，同时也预言着这位人类先知的悲剧宿命。西蒙不顾"蝇王"对自己厄运的警告，飞奔下山，打算尽快将"蝇王就是飞行员躯体与降落伞的残骸"的真相告诉小伙伴们。但孩子们此时正在杰克的领导下举行野蛮的祭祀狂欢，西蒙居然被当作"野兽"活活被打死了——真理的传递者却落得个被乱棒打死的悲惨结局。人类历史中确实有无数个像西蒙一样的圣者与智者，但他们的命运往往令人悲叹。

　　19世纪，批判现实主义作家将"恶"看作部分人类堕落的结果，而20世纪的作家,则从群体意义审视人类本体意义上的善与恶。通过这部小说,戈尔丁以童心的世界展现了人类社会屡遭浩劫的缩影。历经两次世界大战,戈尔丁将战争的发动归结为人性的原恶,邪恶的本性之所以潜而不露,是因为受着文明的约束;一旦脱离文明社会,它就会立刻被激活,酿成世间种种惨剧。正是由于人们总是不能够也不愿意正视自身的恶,悲剧才一次次地发生。戈尔丁用心良苦地塑造了孩童——通常意义上最纯真无邪的代表——作为灾难的始作俑者,是为了揭示人性中最容易被掩盖的本质。这群来自人类高度文明领域的男孩,文明社会苦心孤诣灌输给他们的自由、民主、平等的意识在孤岛的环境中迅速分崩离析。其根源就在于人之恶性的无可抑制,以及理性判断和道德良知的脆弱性与欺骗性。杰克及其追随者逐渐融入了一个剥离了文明社会炫目光环的、浸淫着原欲与原恶的状态中,乐不思蜀。作品中有一个值得引起关注的细节,杰克有一个习惯,就是每每戴上"面具"——抹上猪血后,才能够将深思熟虑的计谋进一步实施。他之所以毫无顾忌地行恶,不得不归功于这张"假脸",他甚至鼓励其他孩子一起戴上"面具"狂欢。有了这副面具,孩子们就可以肆无忌惮地释放自己的兽性,而不必担心生前被他人、死后被上帝辨认出来,心中仅有的一丝羞耻之心、敬畏之感也荡然无存。西蒙最后的惨死,正是拜这一副副面具掩盖下的躁动、丑陋的灵魂所赐。当人类内心原欲,在冠冕堂皇的种种借口下无限发展,并得到社会公众的认可时,这种源于生物意义上的人性原恶,就开始过渡到社会制度层面的自觉的罪恶。

  1983年,戈尔丁被授予诺贝尔文学奖。颁奖词对《蝇王》思想特点作出精确诠释:"现实主义的叙述和象征体系的巧妙结合,典型地代表了人们从那两场旷古灾难中引发的对人性的思考,旨在呼吁人们正视自身的残酷与贪婪,医治人们对自我本性中的恶的惊人的无知。"[1]正如"蝇王"与西蒙的对话中所预言——"由于将罪恶看作超乎于自体的、发生在别人身上的事物,因而人们认为自己所承担的使命是神圣、正义的。在这种心理的支撑下,暴力与战争频仍出现,而战火一

---

[1] 〔英〕威廉·戈尔丁:《蝇王》,龚志成译,上海译文出版社2009年版,序言。

旦蔓延，便无法抑制，总要鲜血流尽，整个荒谬、残酷的过程才算完成。"戈尔丁在《蝇王》中，借对这场发生在未成年人社会中有关人类本性的战争的描述，再现了20世纪两场荒谬残忍的世界大战的根源。因而，该部著作远非仅是一部虚拟化的科幻作品，它是人类历史的真实再现与演绎，对于我们认识人性、思考人类社会的未来发展具有重要意义。

"德意志的良心"：埃里希·玛利亚·雷马克与《西线无战事》

"我们应该反对战争，因为战争永远都是少数人挑起的，可是他们从不到战场，却派了成千上万的年轻人去送命。"《西线无战事》之作者雷马克如是说。

埃里希·玛利亚·雷马克（Erich Maria Remarque，1898—1970年）是当代德国最重要的作家之一，他继承了19世纪德国最重要的批判传统和民主传统，用自己激情的笔墨呼吁正义、抨击邪恶，响亮地表达民众的声音，被评论家称为"德意志的良心"。1929年，雷马克出版了一生中最重要的作品《西线无战事》，奠

图10-4　《西线无战事》电影剧照（1930）

定了他在德国乃至世界文学史上的重要地位。小说将艺术视野由军官转向普通士兵,深刻再现了一位普通士兵在战争中的情感经历与感受。这部小说也是第一次世界大战时期被毁灭的德国青年一代的代言书,一出版即引起轰动,尤其受到各国青年的热烈欢迎。

知识链接

埃里希·玛利亚·雷马克,出生在德国威斯特伐利亚的奥斯纳布吕克市一个虔诚的天主教家庭。祖先是法国人,1789 年法兰西大革命时迁移到莱茵河畔。自幼家境贫寒,父亲在当地普雷勒工厂当书籍装订工人。雷马克参加过"一战",在佛兰德战役中受伤。1930 年,由于纳粹迫害,雷马克避居瑞士。1933 年,因《西线无战事》一文,纳粹将雷马克的作品跟托马斯·曼、亨利希·曼等人的作品一起公开烧毁,随后又因为他拒绝回国而于 1938 年被剥夺了德国国籍。翌年,他转赴美国,1947 年加入了美国国籍。1943 年 12 月,他的妹妹埃尔夫莉德被以莫须有的罪名(诬控她不相信德国会取得胜利)被纳粹法庭宣判、执行死刑。

小说以一位叫博伊默尔的男青年之口,描述了在战争下迅速熄灭的生命之火。德国卷入第一次世界大战后,博伊默尔的老师与校长积极鼓励学生弃笔从戎。动员之下,博伊默尔等四名十九岁的学生来到了战场,其他三个人分别是喜欢深思的克罗普、在炮火中还苦苦背诵物理定律的米勒,以及对女人兴致颇高的勒尔。入伍后,他们又认识了其他四名战友——坚强机智的老兵卡特、一心挂念爱妻的农夫德特林、身材高大的挖煤工夫韦斯特,以及食欲惊人的钳工恰登。起初,八名士兵并不知晓此次战争意味着什么。这群抱着爱国热情的年轻人,怀着对英雄精神的崇拜走向军队,经过"稍息、立正"等口号性的短期训练,就被送上战场。踏入前线,八人原先对人生乃至战争的玫瑰色幻想全部幻灭了,为所目睹、遭受的一切痛苦不堪。"我们看到头盖骨被炸飞的人还活着;我们看到两只脚被炸碎的士兵在跑着,靠着碎裂的脚部残肢踉踉跄跄地拐进了最近一个坑洞;一个二等兵用两只手爬了两公里远,拖着自己被炸烂的膝盖向前;另一个二等兵朝急救所走去,他的肠子从肚子里滑出来盖满了他的双手;我们还看到一些没有嘴巴、没有下巴、甚至没有脸庞的人。""它们(侦察机)出现数分钟后,霰弹和榴弹就发射过来了。我们有一天就这样损失了十一个人,其中有五个卫生兵。有两个被炸得稀烂,恰登盯着墙壁说,可以用调羹把他们从战壕墙上刮下来,埋葬在饭盒里。"在地狱般的画面前,光荣与自豪的感觉随风消散,时刻伴随他们的是痛苦、怀疑与死亡。伙伴们一个又一个地离去了,博伊默尔成为班上八个人中最后一个幸存者。[1]

　　作者细腻地描绘了战争给士兵心灵造成的巨大创伤。作为每时每刻经历着死亡恐怖的士兵,博伊默尔的心已经完全麻木。战争留给他的,只剩下大把的沮丧、迷惘与空虚,以及对未来生活的恐惧——"我们年纪很轻,才20岁;可对于人生,除却绝望、死亡、恐惧以及与悲痛的深渊联系在一起的迷惘浅薄,一无所知。这些年来,我们的工作就是杀人——这是我们有生以来第一个职业。我们对于人生的知识仅只限于死亡。"战争结束前的最后一天,童心未泯的博伊默尔爬出战壕去捕捉生命的精灵——蝴蝶,结果却被冷枪打中死去,"他是往前面扑倒下去,躺在地上,好像睡着了一样,脸上没有多少痛苦的感觉,有的是一种沉着,差不多是满意的样子。这一天是1918年11月10日,整个前线是那样的沉寂与平静,前线司令部的报告中赫然记录着:'西线无战事'"。

　　与海明威作品《太阳照常升起》中的反战风格一致,《西线无战事》亦关注着战争与人性之间的微妙关系。昔日的战争文学,从《荷马史诗》到现代的《战争与和平》,人们大多关注的是经历战火考验之后人性的升华,战争中人所着力体现的是高昂的爱国主义、英雄主义以及荡气回肠的民族气节。而《西线无战争》的主题则完全相反,它所讨论的是战争中人性的蜕变以及由此产生的精神危机。在雷马克看来,战争最大的特征就是绝对地剥夺人们的个人意志;而所谓个人的选择,无非就是杀人机器和被杀靶子的角色选择。更重要的是,战争是一种连续不断的行为,这类杀人机器与被射杀的靶子的角色置换,也如同工厂流水线

1　梗概及本节所有引文来源于〔德〕埃里希·玛丽亚·雷马克:《西线无战事》,李清华译,译林出版社2001年版。

一般接连不断。因此,战争的积累也就成为恐惧的积累、厌倦的积累、憎恨的积累。这种积累是不可抗拒的,无论是平民还是士兵,所受的肉体摧残与心灵创伤也正在这种残酷的积累中日复一日地完成。从此意义而言,这部作品将人类所拥有的自由意志置于极端环境下进行审视,继而提出疑问——战争环境下,人们究竟能否拥有作出抉择的意志自由,进一步,人们是否应当对自己在该种环境下的所作所为进行答责,这一疑问在其后一部叫作《纽伦堡审判》的电影作品中得到进一步的探讨与深化。

冷酷的预言者:赫尔曼·黑塞与《荒原狼》

赫尔曼·黑塞(Hermann Hesse,1877—1962年)是著名的德裔瑞士作家。他的著作风格独特,试图从宗教、哲学与心理学方面探索人类精神解放的途径。代表作《荒原狼》(1927年),运用大量梦幻的笔法,将第一次世界大战后欧洲中年知识分子的内心世界,淋漓尽致地展示出来,是一部兼具表现主义与批判现实主义色彩的小说。

> **知识链接**
>
> 赫尔曼·黑塞,出生于德国南部的施瓦本地区卡尔夫城,1923年加入瑞士籍。父亲是德国人、新教牧师,母亲是法籍瑞士人,虔诚的基督徒。黑塞自幼在浓重的宗教气氛中长大,接受比较广泛的文化和开放的思想,不仅受到欧洲文化的熏陶,也受到东方主要是中国和印度的古老文化的影响。"由于他的富于灵感的作品具有遒劲的气势和洞察力,也为崇高的人道主义理想和高尚风格提供了一个范例",赫尔曼·黑塞于1946年荣获诺贝尔文学奖。

作品根据主人公哈勒尔留下的日记,以第一人称倒叙的方式展开全部情节。主人公哈勒尔是个敏感、正义的才智之士,有着丰富细腻的内心世界,但他对人世间的虚荣、做作、追名逐利与自私浅薄极其厌恶,价值观与公众舆论时刻发生着冲突。哈勒尔孤独地思索着,很少向别人敞开心扉,也根本无法融入现代社会生活方式。在他眼中,无论是祖国、民族还是宗教,均失去了崇高的意义;而自然科学、人文艺术亦故弄玄虚、装模作样、令人生厌。在这种心理状况下,哈勒尔接连失去了工作与家庭,独自漂泊异乡,自称是一位误闯人类社会、在人世间迷了路的"荒原狼"。

　　事实上,哈勒尔最大的痛苦,来源于自身思维与实践的矛盾性——人性与兽性、崇高与庸俗、光明与阴暗,兼而有之。他憎恨市侩生活,却又无法摆脱市侩生活;他憎恨僵硬的秩序,却又离不开秩序;他分裂为无数个自我,最后却发现对社会群体的厌恶感,更多地指向却是自己本身。正因如此,哈勒尔时刻处于一种分裂性人格状态之中。他身上具有两种截然相反的特质,时刻斗争着:狼性与人性,二者难以协调,时常发生龃龉,使哈勒尔的精神几近崩溃。一次,他应邀参加私人聚会,却发现与会者皆是狂热、狭隘的民族主义分子,喧嚣好战。他的反战言论受到大家的一致嘲讽。哈勒尔黯然神伤,离开聚会,路遇酒吧女赫米纳与音乐家帕布洛。从此,郁郁寡欢的哈勒尔只有通过音乐的旋律与肉欲的享乐,才能释放心中的压力与焦躁。具有反讽意味的是,自认为历经音乐的"神圣"洗礼,已经道成肉身,可以将世间一切丑恶看破、能够坦然与人类文明相融、准备重新踏入人类社会的哈勒尔,偶然间看到了赫米纳与帕布洛的萎靡亵态,强烈的占有欲与难以抑制的暴怒,激发了哈勒尔内心深处蛰伏的"狼性",促使其扑上前,将赫米纳杀死。[1]

　　魔幻剧般的结尾是黑塞对人之本性的最深刻揭示。反战力量的中流砥柱,具有极高智慧与克制力的知识分子哈勒尔,一直在孜孜不倦地追寻着人性善的一面并压抑着蠢蠢欲动的狼性。千百次的思想跋涉使他得出结论——人类必须以具有永恒价值的信仰,来指引自己灵魂前进的方向。这种信仰也许就藏在莫扎特等不

---

[1] 梗概来源于〔德〕赫尔曼·黑塞:《荒原狼》,赵登荣、倪尘恩译,上海译文出版社1986年版。

朽之作中，音乐代表着永恒、美好、神圣与崇高。哈勒尔希望人类以爱代替恨、以宽恕代替仇恨、以和解代替报复。在莫扎特空灵、激越的乐曲声中，哈勒尔的精神世界复活了，他信心百倍地希望重新融入污秽不堪却又孕育着美好与和平的世界。诡异的是，思想者历经千难获得的警世真谛，在现实的人性面前却是如此不堪一击，一个是仅与他有过肉体之欢的酒吧女，一个是指引他在音乐中摸索出永恒真理的音乐人，面对二人间的缠绵缱绻，哈勒尔却再也无法保持淡定。他那一套对战争的谴责理论，通通被疯狂的占有欲、嫉妒、暴怒所击碎。他毫无怜悯地杀死了酒吧女。哈勒尔的悲剧，正是黑塞对人性黑暗面的深刻预言与剖析——人类始终无法摆脱狼性，人类的成长始终与毁灭相伴而行。

通过这部著作，可以发现，人类思想的先行者，诸如哈勒尔等人，已经在这场不见硝烟的战场上孑然独行，虽然可能再次成为人之矛盾本性的牺牲品，但毕竟已经开始探索，正如一只在茫茫荒原上的孤独的狼。作品中，黑塞借哈勒尔之口对第一次世界大战中人类的贪婪与残酷竭尽所能地批判与排斥，认为战争中充满了暴力与迷信、欺诈与谎言。同时，黑塞又不无疑虑地指出，人们并未从第一次世界大战中吸取教训。[1]"每天都有成千上万的人们在热心地准备下一场战争，成千家报纸、杂志，成千次讲演、公开的或秘密的会议在宣扬虚假的爱国主义，煽动复仇情结。"借哈勒尔之口，黑塞警告人们，无数的媒体、演讲、会议正在狂热地煽动复仇情绪，一场更为可怕的战争正在酝酿。黑塞的忧虑不无道理，1939年，也就是《荒原狼》发表后的第十二年，第二次世界大战爆发，再次将世界推向毁灭的边缘。

当死亡滚滚而至：海因里希·伯尔与《列车正点到达》

海因里希·伯尔（Heinrich Theodor Böll，1917—1985年），是第二次世界大战后最重要的德国作家之一。伯尔亲历了整个第二次世界大战，在纳粹军中曾经服役六年，被美军俘虏，后释放。六年的战争生涯成为伯尔早期创作的重要题

---

[1] 参见〔德〕赫尔曼·黑塞：《荒原狼》，赵登荣、倪尘恩译，上海译文出版社1986年版。

材。《列车正点到达》（1949年）是其著名中篇小说，也是一部自传体作品，我们可以从主人公安德列亚斯的形象中，清晰地找到伯尔的影子。

> **知识链接**
>
> 　　海因里希·伯尔，生于德国科隆的一个木匠家庭，信奉天主教。1937年中学毕业后，在位于波恩的兰帕兹书店当学徒。1939年夏，进入科隆大学学习日耳曼语言学和经典哲学。夏末时被征召入伍，此后一直在军中服役，直到1945年4月被美军俘虏，并在同年9月被释放。1947年，伯尔开始发表短篇小说，1951年成为职业作家。1972年，"为了表扬他的作品，这些作品兼具对时代的广阔透视和塑造人物的细腻技巧，并有助于德国文学的振兴"，伯尔被授予诺贝尔文学奖。

　　德国士兵安德列亚斯奉命坐火车返回波兰前线。当时德军全线溃退，回到前线就意味着死亡。安德列亚斯的旅程，正象征着从生命到死亡的绝望挣扎——车轮每滚动一圈，便意味着卷走了一部分生命。车厢里，他遇到各色人等，有狂热躁动的战争狂人，有麻木不仁的随波逐流者，有像他一样精神濒于崩溃的德军战士。列车经过邻近波兰的一个小镇时，安德列亚斯与战友一起下车寻欢，他们进入的妓院正是波兰抵抗力量的军事据点。妓院中，美丽迷人的波兰姑娘奥丽娜与安德列亚斯邂逅。奥丽娜是一位爱国妓女，在战争中屡次靠出卖肉体向德军官兵刺探情报。欢愉过后，面对陌生的女人，安德列亚斯倾诉着对战争的憎恨与死亡的恐惧，同时为自己短暂、荒唐的一生向上帝忏悔。安德列亚斯的坦诚与真挚，打动了这位准备置他于死地的波兰姑娘。最终，奥丽娜决心帮助安德列亚斯逃出死亡的魔掌。[1]

　　作为一名具有高度社会责任感、掌握了熟稔的写实主义技巧的文学家，伯尔并没有按照通常套路，去描述这段发生在惨烈战争间隙的风花雪月，而是通过

1　梗概及本节所有引文来源于〔德〕海因里希·伯尔：《列车正点到达》，潘子立译，选自《海因里希·伯尔中短篇小说选》，外国文学出版社1980年版。

这段纯洁的邂逅，激发安德列亚斯对自己短暂一生的深刻反省，对作品的内涵向纵深挖掘，继而赋予其探及人类灵魂深处之罪与赎关系的震撼力。随着火车正点开向终点，死亡真实迫近，安德列亚斯心中的独白显得异常令人动容。他决心，"这一生的最后第二夜"决不可以在睡眠中度过，当下最渴望的是忏悔，"他为自己在巴黎声色犬马的生活而忏悔；他向曾经辱骂、捉弄过的校园老教授忏悔；他向教堂的传教士、向同班战友忏悔；他向在天寒地冻的夜晚被他推进水沟里的又冻又饿的妓女忏悔；他向在战场上被他像野兽一般屠杀的敌人忏悔……"安德列亚斯希望能够以这种虔诚的悔过与祷告，冲淡即将奔向死亡的恐惧与迷惘。

在安德列亚斯与自己灵魂的对话中，他承认自己的罪，赎还未来的生。这种澄净安然的心灵独白，以及向往善良人性的赤诚之愿，令人怦然心动。在世界战争的大背景之下，安德列亚斯作为卑微的个体，虽然只能随波逐流、成为纳粹手中的棋子，却依然怀有一颗可鉴之心，不愿"为这场肮脏的战争丢掉性命"。在安德列亚斯与奥丽娜短暂而永恒的故事中，两个被战争所摧残、处于"敌对阵营"的年轻恋人，居然兴致颇高地谈论着华沙艺术、弹奏着肖邦的钢琴曲、品尝着家乡的葡萄酒并亲自动手煮咖啡；情到深处，奥丽娜甚至要求安德列亚斯望着她的眼睛，承诺对她的"爱"。这种在和平时期随处可见的爱情美景，再现于一位年轻人即将奔赴死亡的前夜，着实令人倍感窒息、惶恐与颓丧。生与死、敌与友、邪恶与美好、忏悔与救赎，一幕幕以爱恨交织、温柔缱绻刻画出的镜头，彰显着人性对爱与温暖的普遍诉求，揭示了战争本身对一切美好事物的残酷扼杀的同时，亦深化了主题——安德列亚斯在这辆"正点到达"的列车上的一系列深思与忏悔，不仅是其心灵恐惧与困惑的呈现，更是对人生终极意义的追问。

直面罪愆的爱与救赎：本哈德·施林克与《朗读者》

德语小说《朗读者》（1995年）进一步探索了德国战后一代直面罪愆、沉重救赎的主题。作品文笔平实洗练，立意直逼人性，情感动人至深，揭示了历经战争创伤后复杂人性中的真挚、善良、勇气与爱。

本哈德·施林克（Bernhard Schlink，1944年— ）是一位职业法学教授兼法官。基于对法学理论的熟稔于胸，基于对人之本性的深切关注，基于天赋的独特视角与犀利目光，基于对普遍存在问题的反思本能，施林克总是竭力抗拒着格式化的有罪指控与道德谴责，时常向僵化冷漠的法庭判决与舆论导向发出质疑。他虽然对于单纯法律评判的僵硬与局限深表遗憾，职业生涯中却又无法跨越黑白分明的罪与非罪的界限。因而，施林克希望能够借助文学作品的细腻视角，穿越非此即彼的冰冷的法律逻辑，去触摸隐藏于客观罪行中复杂的人性，追逐作为法学家与法官无法实现的梦想。

德国主流日报之一——《南德意志报》曾骄傲地称赞施林克为"德国当代文明伤痛的发现者"[1]。回望20世纪的德国史，就是一部由"伤痛"组成的历史。第一次世界大战和第二次世界大战带来的焦垣遍野、残骸满目，战后经济重建遭遇的拮据与耻辱，面对全世界愤怒谴责时的惶恐与忏悔，以及历史断片中苦苦支撑的民族精神。但是，历经了众多苦难的德国，最终站起来了，它在伤痛中沉思，亦在伤痛中崛起。勇于正视自我、勤勉反思历史，这是对这个民族踏实、自勉、自省精神的最好诠释。正如施林克所述，他写小说的目的，是"让更多一代的德国人分享、审视这段屈辱的历史，这是一段所有德国人无法回避的当代史"。因此，"我儿子那个年纪的人需要读，我两个孙女那个年纪的人也应该知道，现在的尊严与自由生活并不是凭空而来。上一代、甚至上上一代的民众，为此背负了太多的重责、付出了太大的代价"[2]。

---

1 吴筠：《写作最初只为无法回避——访〈生死朗读〉〈回归〉作者，德国作家贝哈特·施林克》，载《文汇报》，2009年1月8日。
2 吴筠：《写作最初只为无法回避——访〈生死朗读〉〈回归〉作者，德国作家贝哈特·施林克》，载《文汇报》，2009年1月8日。

知识链接

本哈德·施林克,出生于德国北莱茵威斯特法伦州的比勒非尔德。中学毕业后在海德堡大学和柏林自由大学学习法学。1975年在海德堡获取法学博士学位,1981年获得大学任教资格,在波恩与法兰克福大学执教。1992年起,他在柏林洪堡大学从事公共法律与法律哲学的教研工作,1987年开始成为北莱茵威斯特法伦州宪法法院的宪法法官。小说《朗读者》在欧洲、美国获得了极大的成功,被译成35种语言,并作为德语书籍第一次登上了纽约《时代杂志》畅销书排行榜首位,由小说改编的电影获得2009年电影金球奖、奥斯卡金像奖。

《朗读者》讲述了一个关于爱情、谎言、正义、罪恶与救赎的故事。

男主人公米夏·白格,十五岁时邂逅了三十六岁的单身女人汉娜,二人成为秘密情人。米夏在汉娜身上体验到性的启蒙,但同时也必须满足汉娜颇为变态的请求——每次造爱前后,均要求米夏为她朗读一篇文章或者一段名著。二人的关系延续着,米夏的朗读声也弥漫着。一天,汉娜不辞而别,幻化为米夏生命中一段难以抹去的记忆。

图10-5 《生死朗读》电影海报(2008)

若干年后,二人再次相逢在审理战犯的法庭上。米夏作为优秀的法科学生在法院作案件调查,而汉娜则作为奥斯维辛集中营臭名昭著的女看守,面临着严厉的审判。米夏隐身在法庭最后一排,紧张地关注着这桩案件的审判。随着审判进入实质性阶段,米夏发现了一个令人震惊的秘密——汉娜居然一字不识!旧时情境一幕幕蓦然浮现,在米夏脑海中飞快滑过:汉娜不认识字,因此才引导米夏接触性爱,并将其看作米夏"迷人的朗读声"的交换品;汉娜不识字,因此在一次乡村旅馆的幽会中对米夏的不辞而别大发雷霆,尽管米夏在她枕边留下了一纸便条;汉娜不识字,因此在公司打算对她升职时仓皇出逃,以避免高级管理职位所必须具备的公文处理能力;汉娜不识字,因此当米夏认为读书无用而逃课时,她狠狠地训斥米夏,并将他粗鲁地推下床;汉娜不识字,因此在米夏父亲汗牛充栋的书屋中,她用手指一个个摸索着书脊上的名字,目光中充满渴望与敬仰……过去与汉娜相处时产生的一切疑云烟消雾散,米夏陷入了一生中最茫然无措的状态。在至关重要的法庭答辩阶段,法官基于想当然的心理与疲惫不堪的状态,决定将指控书的副本与所有被告的答辩状发给共同被告阅读,因而省略了当庭公开宣读的程序。米夏立刻敏锐地意识到,这个司法程序上的重大漏洞,对于汉娜而言将是一场灭顶之灾——汉娜不识字。米夏紧张地观察着汉娜的反应,果然,她费力地学着其他女犯的模样,装作认真阅读着法律文书的内容。终于,为了掩饰自己不识字的真相,汉娜大笔一挥,在诉状上直接签字,承认自己在"集中营囚犯被焚烧致死案"中是主犯,坦然将其他女看守的职责全部包揽,因而面临重刑判决。此刻的米夏濒临崩溃边缘,他多想上前高声喝止汉娜这种愚蠢的行为,但又怕一时冲动,带给汉娜难以挽回的终生耻辱与伤害。犹豫之间,法庭根据答辩状的罪过分配,宣判了对汉娜的裁决——终身监禁。汉娜临走时,刻意瞥了米夏一眼,那是一种无所顾忌的、高傲而又怨恨的目光,也许其中还包裹着浓浓的爱与感激之情——原来,汉娜一直知道旁听席上米夏的存在。

米夏决定挽救狱中汉娜的灵魂。他认真地朗诵着汉娜以前喜欢的作品,并制作成磁带定期寄给汉娜,以这种方法保守着世间仅有他们两人才知道的秘密。十多年过去了,汉娜终于在狱中学会了读书、写字,并给米夏寄去了亲手书写的明信片。在米夏去监狱迎接汉娜出狱的前一天,汉娜上吊自杀。[1]

这是一个看似有关不伦性爱与纳粹罪行的畸情故事,其中却饱含着另一个更

---

[1] 梗概及本节所有引文来源于〔德〕施林克:《朗读者》,钱定平译,译林出版社2009年版。

图 10-6　汉娜之墓｜《生死朗读》电影剧照

为深刻的主题——德意志民族的自我救赎与精神回归。小说再现了德国"战后一代"反思历史问题时徘徊于理智与情感之间的矛盾,展现了其在成长过程中所背负的沉重的历史十字架,反映了他们审视父辈罪恶的独特视角。女主角汉娜承载着纳粹时期德国的气质,男主角米夏则是战后德国的象征。他们是亦母子亦恋人的关系,他们从一体中开始分裂、反省、交融。汉娜的反省之日,就是她的肉体死亡之时;而米夏并不能从汉娜的被惩罚与覆灭中得到心灵的平静。米夏找回自我的过程,就是其不断反省、不断救赎的过程,这也是汉娜的灵魂最终"回归"米夏的唯一途径。

接受《世界报》采访时,施林克一再强调:"……它不是关于纳粹与Holocaust[1],而是'战后一代'与前一代之间的关系,关于罪责。"历史环境、群体责任与个体责任间的同向与分裂、谎言与真实间的冲撞、正义与邪恶间的对话,构成了该部作品的基本主题,而这个主题是通过米夏对汉娜所抱有的矛盾心态去展现的。

1　焚烧的意思,专指屠犹。

这是"战后一代"对"战争一代"所持有的特殊感情:亲近与憎恶、迷惑与释然、爱慕与抛弃、理解与审判。在米夏眼里,汉娜魅力无穷的躯体中严密地包裹着一个重大的秘密:她那骄横跋扈、不可一世的集中营女看守的身份,她那引导米夏享受美妙性爱的、沾满了无辜平民鲜血的双手,她那飘忽不定的隐藏着谎言却又闪烁着爱欲的双眸,她那段纠缠不清的令人愤然诅咒、无所适从的灰色历史……所有的一切,构成了这幅以好奇、抑遏、迷惑与愤怒为基调的暧昧图景,静静地等待着米夏一步步深入而艰辛的探寻。

作品由三个部分构成,其中贯穿着"灵与肉、罪与罚、祈祷与救赎"主题的核心脉络即米夏与汉娜之间的"朗读"与"倾听"。

第一部分中,米夏与汉娜的结合是偶然的,但二者欢愉、激昂关系的保持却以角色互补为基础——米夏在汉娜的躯体中完成了男孩到男人的历练;同时,汉娜借米夏之目与口,获得了梦寐以求的阅读能力。汉娜的生活方式极端自我,

图 10-7　米夏为汉娜朗读 |《生死朗读》电影剧照

她的世界从来无需他人介入，她与米夏造爱的初衷亦难以推测，或者是与生俱来的占有欲望，或者是百无聊赖中的寻求刺激，或者是以米夏的纯真来抵御内心深处对纳粹经历的惶恐与厌恶。不管如何，当纯粹的肉体交流被随后的"朗读"行为介入时，二人之间的关系也从肉体融合升华至精神依托。他们不仅是性爱的伴侣，更是精神上的知己，这种亲密的关系随着时间的磨炼，愈加清晰可辨。

第二部分中，集中展示了对纳粹战犯的审判情境。与这场审判相关的角色可以划分为以下五类：被告、证人、法官、律师与听众。审判伊始，各类人物的角色标签尚明晰；但随着审判的深入，正义、邪恶、罪恶、良善、无辜的界限逐渐变得模糊，客观化的法律推理与逻辑判断变得软弱无力。施林克考察了刑法条文所规定的"罪"与第二次世界大战后成长起来的新一代德国人心理层面上的"罪"之间的重叠与分离，刻意将犯罪主体的明晰性隐藏，赋予汉娜的罪行以模糊的面孔，继而将罪责直指整个社会。就汉娜加入党卫队的动机而言，她完全是出于对战争的无知与求生的本能——"当审判长质问汉娜参与每个月末筛选死囚执行的动机时，汉娜迷惘自喃道：'我曾经……我以为……那么，要是您的话，您会怎样做？'"这句坦率而真挚的反诘将审判长推向尴尬的沉默，拙劣的推搪之辞难以掩饰突如其来的心虚与惶恐。相信在场的听众，没有几个人能够自如地回答如此犀利直白的质问。在极权当道、无可选择之时，底层民众的奢望不过是生存下去，无论以何种方式的苟活，均无高贵、正义、轻松可言，人类的灵魂在集权、暴力与屠戮面前，注定会发生扭曲异化。对特定环境下堕落的灵魂，任何一个置身事外的评论者的言论，都将是肤浅、缺失的。法庭审判中的一个细节格外引人注目——"共犯们纷纷指证汉娜对集中营中的同性囚犯恣意亵玩的罪行，而集中营幸存者的证词却证明：汉娜并未对女囚实施性侵。事实上，汉娜是将囚犯中最柔弱多病的女犯挑选出来，关在房内为她朗读；一方面减少犯人被选择处死的概率，一方面她借朗读者的朗朗读书声，作为鞭笞罪恶、回赎灵魂的有效手段。回忆起这一幕，汉娜泪如雨下，但依然倔强地维持着可怜的自尊，未对事实进一步澄清与自我辩护。"

第三部分中,主要描述了汉娜在狱中服刑及离世的情形。与第一部分相呼应,米夏与汉娜之间再次建立了隐秘而浪漫的情人关系,但这次不是肉体上的伴侣,而是精神上的支撑。就米夏而言,他对汉娜既憎恨又热恋,既渴望接近又强烈排斥的郁结感情,在"朗读"行为的牵引下如决堤之水,一泻千里,这种朗读的冲动是无可遏制、难以替代的。在米夏的内心深处,隐匿着深深的负罪感——他是唯一知晓汉娜秘密的人,他是唯一能够使整桩案件真相大白的人,他是唯一可以还汉娜以公正评价的人,他同时又必须保持冷静、坚持缄默。于汉娜而言,米夏寄给她的"朗读磁带"是她在监狱中唯一的寄托,是她生存下去的唯一理由。通过朗读,汉娜在狱中一直叩问着内心,与自己的灵魂对话。当米夏第一次也是唯一一次探监时,在米夏的一再要求下,汉娜对自己在法庭上的不辩解作出了解释,尽管这种解释晦涩难懂,仿若梦呓。"你对此耿耿于怀吗?小家伙。我一直有种感觉,感到没有人理解我,没有人知道我是谁,我做过什么。你知道吗,如果没有人理解你,那么也就没有人有权要求你作出解释说明,即使是法庭也无权要求我作出解释说明。但是,那些死去的犹太人却可以这样做,他们理解我,为此他们不必非得在场。在这监狱里,他们和我在一起的时候特别多,他们每天夜里都来,不管我是否想让他们来。"她认为,如果没有人理解她,她的所有辩解均为徒劳;事实上,她与犹太冤魂间的交流与忏悔,一直在内心世界中进行着、持续着。当汉娜最终学会了认字,阅读之余可以给米夏书写问候明信片时,她对人生已了无遗憾;当她通过十八年的狱中朗读,于漫漫长夜中思索着自己的一生,了解到自己在这场惨绝人寰的悲剧中扮演着怎样不光彩的角色,这一切都是她那高傲的灵魂所绝难容忍的——在出狱的前一夜,汉娜选择了自杀。她留给米夏的遗书虽然只言片语,却饱含着对米夏刻骨铭心的爱与感激,以及对自己曾经犯下罪过的痛悔与释然。

可以看到,"朗读"是汉娜正视悲剧命运、排遣心理积郁、获取最终救赎的唯一途径。米夏在汉娜面临深渊的一刻曾犹豫、迷惘,悔恨自己未将她从噩梦中拯救出来;而这对于汉娜而言,也许是最好的结局。米夏的良知却受到谴责,他正是通过饱含激情的朗读向汉娜传递了内心深处的愧疚，恳求她的宽容与理解；而汉娜在接到磁带的一瞬，亦是借助米夏的"朗读"使心境得以平复。汉娜并未对自己的罪行作出任何公开道歉，但其最终的遗愿却满载着对受害者及其后代的深刻忏悔——她将自己放在茶叶罐中的一生积蓄，委托米夏转交给"犹太反盲（文盲）联盟"。整部作品中，有太多的细节包含着无穷解读的可能，"朗读"作为一种心灵的探索，需要朗读者与倾听者的默契方能完成。正是通过"朗读"，米夏与汉娜的人生轨迹才有了交集——它成功开启了二人之间的灵魂对话，有效地疗治了两代人的战争精神创伤，及时召回了在战争中被扭曲的人性，引导着战后一代德国人在历史的断片中去追寻、去拼接、去解读、去承继这份沉甸甸的意蕴与责任，救赎心灵、回归自我。

　　作为一名职业法学家，施林克身上体现着一种难得的综合素质：他既是一位认真聆听来自不同方向的当事人声音的法官，又是一位具有强烈思辨精神的法学教授，还是一位对所承担社会责任不遗余力地去践行的文学家。多重角色的兼具，使得他的法学思考折射出浓厚的人文关怀气息，在文学创作中融入对法律局限性的探讨与反思。施林克认为，第三帝国带给德国的经验是，"罪责涉及的总是过往的东西"，它不仅与个人的过去行为相关，还包括行为时的整个历史与时代背景。这种"过往"与"当前"是紧密相连的。比如说，Holocaust的阴影，将使得纳粹一代的"过往"罪责延伸为战后数代德国人生活与思考的主题。[1]故事的男主人公成年后成了反叛的大学生，代表着竭力控诉纳粹罪责的"战后一代"；当他在法庭战犯席上再次看到旧日恋人时，心目中法学理论支撑的客观标准顿时轰然坍塌。他最终选择了在法庭上保持沉默，没有为了使汉娜获得正义的审判而还原真相——米夏一直困惑于自己的选择，他曾经向作为哲学教授的父亲寻求指点："说出无法修正的终生大谎，是否可以算作尊重别人对命运的自主权？""一

1　"罪责总是涉及过往的东西。它不仅涉及个人过去的行为，而且涉及过去的时代和一整段历史，并且笼罩着随后的当前，这是第三帝国之后的特别的经验。豪劳考斯特的阴影伸展得很远，它使过往罪责延伸为几代人的主题。"〔德〕施林克：《朗读者》，钱定平译，译林出版社2009年版，序。

个人的行为与责任，如果由另一个于此并不直接相干的人来承担，是否具有合理性？"父亲对他的问题表示爱莫能助，只是冷静地提醒他："对人的尊重与理解，可以以多种方式表述，有时候，爱确实代表着某种残忍、冷漠甚至对道德伦理标准的背叛。""事实上，维持社会运转的并非是我们所认为的道德，而是法律，而且是根据当时而非现在的法律。"这些话点明了作为法学学者与实践者的施林克对法律效力边界的怀疑与思考——法律的追责与惩罚并不能解决所有的问题。关于罪责的承担、延续与分配，施林克解释道："推动米夏主动对汉娜的罪责进行分担的，只有一个因素，那就是'爱与眷恋'；换种方式说，是'爱'，是孩子们对祖父母、父母、师者、长者的难以割舍的亲情与爱恋，将德国'战后一代'卷入到对上一代的罪责的审视、裁判与救赎之中。"

历史孕育着当今，二者之间的脐带无法割裂；在时空上已然消逝的历史事件，总会在人类正意气风发时重现阴影，迅疾毁灭当前的爱，并令未来难以继续。《朗读者》向我们所昭示的，正是上述朴素的真理。在特定的历史阶段中，究竟谁是真正的朗读者？他们在朗读什么？他们通过朗读希望倾诉怎样的感情？历史的评判是否具有绝对客观的标准？责任的承担是否允许角色间的延续与互换？正义与邪恶界限之间，是否存在着难以辨别的模糊地带？嵌套着这一系列疑问的画面冲击着读者的视觉，也激荡着读者的内心。在这部主题严肃、思辨色彩浓厚，具有明显德国风格的作品中，施林克意图传达的是值得全人类深思反省的生存危机；《朗读者》是德国的，也不仅仅是德国的。爱、羞耻、谎言、正义——这些是关系到每个人的主题。

最后，从第二次世界大战中与德国罪行相当的日本人对该部作品的评价中，我们可以看出施林克的这部作品在日本人心目中掀起的反思风暴与敬仰之情。[1]

---

1 "亚洲各国指责'日本对二战缺乏反省'，对比这本书反映出来的德国人对纳粹深刻的反思，我们日本人简直是什么也没做！"——日本读者书评。"这是一篇让日本人羞愧欲死的艺术檄文。"——日文版《朗读者》译者。参见〔德〕施林克：《朗读者》，钱定平译，译林出版社 2009 年版，序。

深度阅读

战争,自人类社会产生起,就始终在不同范围内以不同强度、烈度上演着,杀人工具亦由冷兵器、火器、爆炸物、速射武器、核武器向信息化、数字化多维武器群推进。人类的发展史,就是一部对自然资源的占有史、对政治权力的争夺史。西方中世纪,一部部优美的民族史诗,是人类早期残酷战争的真实写照,但当时的文学家是站在赞美的角度来歌颂自己民族对其他民族的掠夺与屠杀。随着人类社会的进化与文明的积淀,人们逐渐意识到,无论对于自己还是敌对方,战争均具有共同的邪恶本质。从刑法思想角度考察,对他国发动的不义之战,其实乃最为极端的一种犯罪形式,当今文明国家、国家间联合组织均在其刑事司法体系中设置了战争、种族屠杀、反人类等罪名,时刻向民众提出警示,人性的黑暗无处不在,人类始终无法摆脱兽性,人类的成长必将与毁灭和希望相伴而行。而作为最广泛民众意见的代言人,文学家们肩负着揭露战争罪恶、唤醒民族良心、传播公平正义精神与人道主义思想的历史重任。

俄罗斯史诗《伊戈尔远征记》可以说是西方文学史上第一篇对战争邪恶性进行反思的作品。当时的西方史诗均以忠君、爱国、集体主义精神为主流价值进行宣谕,包括罗马史诗、西班牙史诗、英国诗史、德国史诗、冰岛史诗等,均对向异邦的掠夺杀戮行为予以肯定与赞美;《伊戈尔远征记》固然亦不例外,但它与同时期其他史诗最为迥异的禀赋,是其中所深藏的基督徒般虔诚的忏悔与赎罪思想。

法国反战文学的传统由来已久，19世纪，在人文主义的熏陶下，涌现出一大批怀有人道主义反战精神的作家，雨果、都德与莫泊桑是其中的杰出代表。都德与莫泊桑的作品多是立足于本国人民的立场，对普法战争的残酷与罪恶进行揭露。雨果则是站在受害民族的立场对本国统治者的罪恶进行批判。1861年，当雨果得知英法侵略者纵火焚烧了圆明园后，为备受屈辱的中国人民仗义执言，谴责英法联军火烧圆明园、毁灭东方文化的罪恶行径。雨果以崇高的敬意赞美圆明园是全人类的文明财富；同时，又以犀利的笔触揭露了英法联军野蛮而卑鄙的强盗行径。雨果发出正义的呼声："统治者所犯的罪行并不是被统治者的错误；政府有时是强盗，但人民永远不会做强盗。法兰西帝国侵占了这次胜利的一半成果；今天，他以一种无辜者的天真，炫耀着圆明园里的灿烂古董。我希望，铲除污垢、清洗罪责后的法兰西把这些赃物归还给被掠夺过的中国的那一天将会到来。"在西方殖民主义大行其道，觊觎东方世界的沃土与财富、践踏东方古国辉煌文明的19世纪，雨果站在人类文明的制高点上，始终保持着热爱和平、尊重人类文明、坚持真理、伸张正义的本色，对统治者的罪恶行径进行了大胆、犀利、愤怒的鞭答，向世人展示了一个伟大的法兰西灵魂。第二次世界大战后，法属殖民地纷纷掀起民族独立解放运动，法国文学家以饱满的激情支持这场运动，为人类自由与平等呐喊助威，代表人物有波伏娃等。而法国当代文学家马尔克·杜甘的作品《幸福得如同上帝在法国》（2002年），更是以一名法国战斗英雄的视角对德国的普通士兵报以深切的同情,从人道主义的角度斥责了战争的荒诞与罪恶。

在英国,早在启蒙思想时期,伟大的人文主义作家斯威夫特就通过格列佛之口(《格列佛游记》)总结出英国政府发动战争的六种原因,基本覆盖了不义战争的所有情形,并以犀利幽默的笔触对英国发动、参与的殖民主义战争的罪恶进行了揭露、讽刺与鞭笞。

在美国,海明威于两次世界大战时期的创作将反战文学推向高峰,他的创作主要是针对战争对本国青年肉体与精神上的戕害摧残。在他之前,马克·吐温曾经站在被害民族的立场,对政府的侵略行径给予强烈的谴责。例如,他对中国爆发的义和团运动极为同情,曾经多次通过书信与演讲对公众传递反战信息,其中对当时政治形势的剖析与评价一针见血,彰显了其坚持正义、热爱自由、不畏强权、仗义执言的民主战士的本色。[1] 第二次世界大战后,美国对越南与朝鲜发动了一系列战争,美国的文学作品再次聚焦战争的反人道性,旗帜鲜明地对政府施加压力,《第22条军规》《五号屠场》等作品的出版,成为当时反对美国政府发动

---

[1] 1900年8月12日,马克·吐温在写给朋友的一封信中说:"……我完全站在中国人民一面,对他们深表同情与支持!欧洲与北美的匪徒欺凌了中国百姓多年,现在到了中国人将这群土匪赶出去的时候了!"在同年11月泛美公众教育协会举办的年会上,马克·吐温更是大胆地宣称:"我就是中国的义和团成员!""中国的事情都是外国人搞出来的,列强为何不滚出中国,让中国人自己解决自己的事情?""义和团是爱国的,我祝愿他们胜利!"参见《世界文学》1960年第10期,第128页。

战争、参与战争的文学典型。

可以看到，无论是雨果、波伏娃、马尔克·杜甘，还是斯威夫特、马克·吐温、约瑟夫·海勒，这些文学家们均能够跳出民族主义、国家主义的狭小视野，将目光投向战争双方，以平等、正义的自然标准对人类行为进行统一衡量，对罪恶行径进行谴责，显示了一个真正的文明、独立、正义的民族所应具备的精神气质。

第二次世界大战中，德国、日本作为轴心国成员，对世界人民犯下了难以饶恕的罪行，国际社会对德国与日本的评价普遍以负面居多。战后，作为战败国的德国民众，坦然正视自己的罪行，以积极的行动为纳粹政权时期的劣行悔罪；同是轴心国成员的日本，却至今未承认在第二次世界大战中对亚洲人民尤其是对中国人民犯下的罪行。可以看到，日本与德国对本民族在战争中所犯罪行采取了截然不同的态度。是什么导致了二者对自身认罪与救赎方式的选择大相径庭？我们可以尝试着从承载民族精神的文学作品出发，对二者的文化背景进行简要考察与分析。在德国，民众的精神与心理饱受战火的戕残与毒害，在官方话语与意识无法延伸、抵达的空白地带，一定程度上是由文学作品来弥补的。第二次世界大战后涌现出的大批反思文学，事实上充当着民众的代言人，担负起对战争本体进行剖析之责。作品往往站在小人物的视角，以凝重、精炼的笔触揭示了战争的荒谬、残酷，宣染了战争的恐怖及其对人性的摧残，表达了德国民众对人类自相残杀的反感、谴责了将全体人类推入苦难深渊的当政者。《列车正点到达》《西线无战事》《朗读者》等杰出作品,反映了德国民众对国家发动不义战争的深刻反省,对民族罪行的勇敢承担,从人性的深度与灵魂的高度给人们留下回味与沉思,也意味着德意志民族精神的逐渐复活。

反观日本文学界,在第二次世界大战中扮演的角色却极其尴尬。他们在战前保持群体性沉默,战时组织"笔部队"参与战争并拒绝承担罪责,战后则集体性失忆。

侵华战争爆发前,日本国内反战思想多为日本共产党、全农、全水、总同盟等政党或组织以传单形式在民众与普通士兵间散发。除了西川的作品《团结我们所有的反战力量吧》、金田的作品《什么叫做人民阵线运动》,日本大部分作家均保持缄默。[1] 直至1938年,日本纳普[2]成员中野重治目睹日本文坛的萎靡现状,发表了出狱后的第一篇作品《蟹霜王树之花》,表达了对文坛堕落的蔑视谴责与对民族命运的悲痛哀伤。以上三部作品是日本发动侵华战争前具有较深思想性的反战文学。

侵华战争爆发后,1938年8月和11月,日本内阁情报部向中国战场派出两批文学家,要求他们"以自己的目光和判断力撰写文章",日本文学界正式加入侵华战争。他们随军跋涉,参加了多次对中国军队的战役、见证了日军对中国平民的屠杀。1938年

---

[1] 参见黄俊英:《略论侵华战争时期的日本反战文学运动》,载《日本研究》1987年1、2合辑。
[2] 左翼文学家联盟,全日本无产者艺术联盟的简称。

底，这两批作家返回日本本土，以笔为枪，开始大批量制作从军日记、报告文学、小说等文学作品。他们美化侵略战争、掩盖日军暴行、丑化中国军民，成为当时日本媒体大肆赞美宣扬的远东军"笔部队"。以火野苇平1938年8月创作的小说《麦与士兵》为代表，"笔部队"圆满完成了自己肩负的历史使命。对于这段日本文学界的这段历史，日本当代学者高崎隆治曾作出中肯、客观的评价——"不必说抵抗，连不合作也没有，竟趋炎附势、溜须拍马。文学家们应该从这种可耻的堕落中充分地汲取历史的教训。"[1]一个著名的例子是日本作家石川达三。1938年3月，石川达三的纪实小说《活着的士兵》发表，描写的是几个日本士兵在进攻南京的途中，烧杀抢掠无恶不作的种种野蛮罪行——"近藤一等兵当众剥光一名女性的衣服，用匕首刺透了她的乳房；平尾一等兵因为一个中国小女孩儿趴在被日军杀死的母亲身边哭泣而影响了他们休息，便扑上去，用刺刀一阵乱捅；随军僧人片山玄澄，一手拿着念珠，一手拿着军用铁锹，一连砍死几十个已经放下武器并失去抵抗能力的中国士兵；占领上海后，他们强迫中国妇女做慰安妇，成群结队到慰安所发泄兽欲。"[2]这是日本"战争文学"中绝无仅有具有高度真实性的作品，石川达三因此被日本法庭判处四个月徒刑，缓期三年执行。判决十多天后，石川达三

---

[1] 王向远：《"笔部队"与侵华战争：对日本侵华文学的研究和批判》，昆仑出版社2005年版，第79页。

[2] 〔日〕石川达三：《活着的士兵》，唐卉译，中国广播电视出版社2008年版。

再次被派往武汉战场，戴罪立功。幡然醒悟的他于一个多月后，发表了思想革新后的作品《武汉作战》，努力表现日军的文明之举，试图抵消、抹杀上一部作品中相关描写造成的影响。

1945年，日本战败。美国占领军最高司令部曾于1946年1月发布通告，特别指出"通过文论积极鼓吹好战思想的国家主义的人物——主要指文学者，也在责任追究之列"，认为"笔部队"中的从军作家对于日本军国主义的推进与深化负有不可推卸的责任。在这部具有准司法性质通告的督促下，1946年1月，《文学时标》杂志点了包括火野苇平、石川达三等四十多位"战争协力者"的名字。1946年6月，《新日本文学》又列出包括火野苇平、尾崎士郎等二十五个作家的名字。然而，该责任的追究并没有深入进行。其中主要阻碍力量来自日本文艺评论者本多秋五。在日本《近代文学》杂志社召集的座谈会上，本多秋五曾尖锐指出："如果必须要追究日本文学工作者在战争中的责任，首要前提是确定追究者与调查者的主体资格是否具备。谁敢宣称自己在这场战争中完全没有责任？我想，这样的写作者在日本绝无仅有！"[1] 本多秋五的发言灵感应该来自耶稣对"行淫时被捉的女人"一案的宣判——"谁没有罪，就可以用石头砸她。"既然任何一位日本作家均不具备追究他人责任的资格，此事只好不了了之。从该事件中，我们得以窥视日本文学家群体塑像的尴尬与

---

[1] 王向远：《"笔部队"与侵华战争：对日本侵华文学的研究和批判》，昆仑出版社2005年版，第61页。

无奈。[1]

  第二次世界大战结束后，日本终于涌现出大批以第二次世界大战为题材的作品。遗憾的是，众多战后文学并未对战争罪行进行批判、反省、忏悔，而是在宣扬、缔造所谓的"日本受害论"思想；对日本军国主义给亚洲各国造成的毁灭性灾难、对日本民族在中国犯下的令人发指的罪行，则发生集体性失忆，试图淡化日本的战争责任，掩盖、模糊甚至否认侵略战争的本质。首先，日本涌现出一批"战争体验小说"。包括野间宏的《阴暗的图画》、椎名麟三的《深夜的酒宴》、梅崎春生的《樱岛》等作品，主题均为战争给参战士兵心灵带来的创伤，对参战者的罪恶行径进行百般开脱。在野间宏的名作《野火》中，失去人性的一班日本侵略军被描述成战争的受害者——他们在美军的炮轰追逐下四处逃窜，忍受着饥饿的煎熬，只好杀死无辜瘦弱的菲律宾平民，艰难地吞咽着人肉；由于这段历史，给主人公的心理造成了极大的伤害。武田泰淳的小说《审判》中，主人公与兵站总部的伍长一起到中国村庄抢食物——在"被中国人自己放火烧毁"的空无一人的村庄里，他们发现了一对未来得及逃跑的、相偎依于柴房中的满头白发的老夫妻。这个野兽般的士兵毫无理由、毫无人性地将两位老人用刺刀捅成了蜂窝状。由于这段经历，主人公心灵受到重创，战后无法适应婚姻生活，只得留在上海，承受良心的谴责。其次，日本战后文学对战争给本国国民带来的经济

---

[1] 参见〔日〕石川达三：《活着的士兵》，唐卉译，中国广播电视出版社2008年版，序。

萧条的境况给予了充分描写，代表作品有石川达三的《风中芦苇》、志贺直哉的《灰色的月亮》、石川淳的《废墟上的耶稣》等。作家笔下战后的日本成为美国军队肆意蹂躏的对象，食不果腹、衣不蔽体、露天而眠、凄惶度日。遗憾的是，作品中的主人公即使在如此困顿的环境中也没有一丝对本国军国主义的质疑与谴责，有的只是对美军的刻骨仇恨。他们对苏联军队对俘虏的扣押深感愤慨，对士兵战后回国后的心理创伤予以同情。但作家们始终没有点明或者暗示，这种悲惨境况的根源在何处，对于他们在亚洲的侵略行径只字未提，也未能以己之境况度他人之伤痛。最后，涉及原子弹对日本造成伤害的"原爆文学"，更是将战后日本民族的受害者情结推向高峰。代表作品有大江健三郎的《广岛札记》、井上靖的《城堡》等。作品笼罩着凄惨、恐怖、悲伤的气氛，刻画了百姓们挣扎在死亡边缘的图景。他们要求将日本国遭遇原子弹袭击事件与奥斯维辛集中营相提并论[1]，他们谴责中国拥有核弹技术是对世界和平的强大威胁。[2] 这就是第二次世界大战以后日本主流文学所表现出来的"战争观"，这就是日本文学家表现出来的触及人性深处的"受害意识"。他们将目光停留在本国于战争中所遭受的伤害与痛苦，却不问这种伤痛的根源在何处，更无视其他民族因此而承受的甚于日本国百倍、千倍的毁灭性灾难。在日本战后文学的情境渲染与心理暗示下，日本民族成

---

[1] 参见〔日〕大江健三郎：《广岛札记》，光明日报出版社1995年版，第124页。
[2] 参见〔日〕大江健三郎：《广岛札记》，光明日报出版社1995年版，第113页。

功地完成了由战争发动者向战争受害者的角色转换，同时也决定着日本民众对自己战争罪责的认知态度（当然，这些作品并不能代表日本所有民众的战争观，但至少在一定程度上引导着民众战争观的形成），既然以"战争受害者"的面目出现，所谓战争罪责的追究即被淡化，对侵略战争的反省、忏悔与批判亦变得毫无必要。

　　令人欣慰的是，日本当代作家，已经开始对这种代表着"岛国根性"的战争观进行重新审视。出生于第二次世界大战后的日本作家村上春树，在2002年完成的作品《海边的卡夫卡》中，即包含了对这段历史重新思考的隐喻性结论。小说创作背景是新旧世纪之交，日本民众依然沉浸在一种面对20世纪那段战争历史的迷惑中。主人公为了化解"自己将会杀父、奸母、与姐姐乱伦"的预言而四处奔波流浪，但最终，他还是无法躲避被施以诅咒的宿命，血污伴着罪孽一路同行。作品明显继承了古希罗悲剧"俄狄浦斯王"的情节设计与叙事框架，其中却少了一分落拓的悲壮之美，呈现出诡谲多变、神秘隐晦的色调。作品中至关重要的关联性人物是中田君，他是一位在第二次世界大战中失去记忆的人，是他在"失忆"的状态下杀害了卡夫卡的父亲；离家出走的卡夫卡并没有杀人，却在梦境醒转时发现衣服上沾有血迹并获知父亲被杀。中田君失忆情节设计的寓意很明显——"或许是我杀了人，我却没有了记忆"。我们可否尝试着对村上春树的作品作如下角度的解读：由于选择性失忆，上一辈无法对自己所犯的罪行负责，因而罪责存在的确定性与受罚主体的缺失性便打破了自然界罪与罚之报应关系的平衡，这场罪与赎之间的对话势必会延续至下一代的身上。正如拉伊俄斯与俄狄浦斯，这是一个来源于自然法则的预言，也是一场注定无法逃脱的宿命。[1]

---

[1] 村上春树在影片《南京》上映时曾在檀香山寓所接受《华尔街日报》专访，坦言日本人对"二战"的反思与德国人的忏悔完全不同："纳粹多少是由德国人投票选出来执政的，但是日本天皇制不是民主政治。所以德国人民觉得自己有责任……但我们日本人不觉得对战争有任何责任，通常将错误一把推到天皇体制上。"村上还表示，以他本人上学时的经验，日本教育体系不教中日战争这一段，老师不愿背负"打开潘多拉盒子"之责，害怕来自家长与行政系统的责难。"历史课上到约1925年就不教了，老师会对大家说'其余部分请同学自己读吧'。"另外，村上还说，他撰写《发条鸟年代记》时做足了功课，才知道日俄战争"诺门罕事件"（1939年）的真相，对日军的作为甚为惊骇，且不解此事为何在日本历史教科书上被"不负责任地忽略"。（参见《成都日报》2006年12月14日）

第十一讲
驶向拜占庭：现代主义文学

讨论文本

- 《荒原》
- 《毛猿》
- 《城堡》
- 《琼斯王》
- 《审判》
- 《在流刑营》

导言

现代主义是对19世纪50年代出现、20世纪中叶在欧美繁荣的众多文艺流派思潮的总称，以反传统与反理性为主要标志。从1857年法国诗人波德莱尔发表象征主义诗集《恶之花》开始，到1945年第二次世界大战结束、后现代主义兴起为止，现代主义前后延续了近八十余年。现代主义文学的产生有多种因素。总的来说，战后西方人对激烈竞争的社会焦虑与绝望，构成了现代主义的社会土壤；经过三十余年之整合，现代主义逐渐成熟，在20世纪初走向了自己的第一个高峰。这种繁荣景观的出现，是多种因素综合影响的结果。

首先，从艺术特征考察，作品多以象征、荒诞、意识流等笔法进行创作；从整个流派的共性考察，作家深受唯心主义与非理性主义思潮影响，对垄断资本主义社会中人与社会、人与自然、人与人、人与自我四种基本关系的尖锐对立作了深刻反映，表现了人类被异化后的危机感与荒诞感，具有浓郁的虚无主义、神秘主义、悲观主义和个人主义色彩。究其本质而言，现代主义文学是一种危机文学，是社会文化危机与精神危机的产物，是病态的社会生活与社会情绪的写照。

随着社会运动的演进,社会矛盾不断积累,政治危机、经济危机迅速转化为思想危机,进而导致整个社会心理失衡。人们思想空虚,精神苦闷,看不到危机的来源,也找不到摆脱危机的出路;他们对人类的未来的理想由追求、动摇走向幻灭、绝望,最终不得不退回内心世界,守住未被物质主义异化的最后一块阵地。

其次,从文学的生长周期来考察,19世纪下半叶,各国批判现实主义大师们的卓越艺术实践与丰厚蕴藉的艺术经验,为现代主义文学提供了最为丰富的艺术营养,包括注重表现人物内心世界复杂流变过程的心灵辩证法,强调每一个角色参与对话的狂欢节叙事模式,戏谑机智的幽默风格与大开大合的史诗性笔调,以及世纪末的悲观主义基调等。例如,托尔斯泰的心灵辩证法,注重表现人物内心世界复杂流变的心理运动过程,提升了现实主义对心理描写的精确性与完美性;陀思妥耶夫斯基开创的作品情节结构复调化以及每一个角色均参与对话的狂欢节叙事模式,使得文学的描写笔法更加富有层次;马克·吐温敏捷机智的幽默、雨果大笔如椽的史诗性笔调,则促进了新世纪讽刺小说和长河小说的发育;至于哈代的"世纪末"悲观主义则启示人们,大工业文明在给人们带来财富与物质享受的同时,也导致了人们精神家园的失落和人性本身的蜕化。工业文明造成的后果是双面的,既有促进人类文明大规模飞跃和生产力突飞猛进的进步意义,也带来诸多难以估量的消极后果。令人触目惊心的贫富差距的深化、丧失人类良知的物欲主义的泛滥,以及偏重理性而漠视人类情感的功利主义思想的弥漫。总之,促使人们以批判眼光来看待西方社会物欲横流的现实,以及对弱势群体不幸命运的关注是19世纪文学大师们留给20世纪作家最可贵的文化遗产。

现代派文学步入巅峰状态的时间跨度为20世纪初到第二次世界大战结束,庞杂纷繁的体系包括象征主义、表现主义、未来主义、超现实主义和意识流文学共五大流派。第二次世界大战之后,则进入后现代主义文学时期。本讲向大家介绍的著作《荒原》属于象征主义作品,是英国诗人艾略特创作的一部小型史诗,死亡与救赎构成了作品的基本主题与精神内核,深刻地表现了第一次世界大战之后西方文明罪罚观的严重危机,西方社会沦为失去生殖能力的荒原,提出只有宗教才能使腐败荒凉的世界得到新生。《琼斯王》是美国作家尤金·奥尼尔的代表作之一，作品借琼斯的个人悲剧揭露了现代文明对人类原始善良本性与自由精神的摧残与异化，奥尼尔指出，所有历经了所谓人类文明熏陶的人，在其内心深处，均被打上了残暴、专制、奴役、嗜血的烙印，无一幸免，在此意义而言，琼斯的悲剧，正是全人类的悲剧。《毛猿》是奥尼尔另一部表现主义作品，主人公扬克的遭遇，正体现着现代人普遍的生存际遇，在一切由资本与机器主宰的世界中，现代文明的利刃斩断了一切人类拥有的原始情感，因而情感的异化与人类的自我异化，演绎为一种不可抗拒的生命历程。《审判》是奥地利作家弗兰茨·卡夫卡的表现主义代表作，揭示了现实世界的荒诞与非理性，暗示着小人物面对僵硬、强大的国家机器时的恐惧与无奈。从《审判》的话题构思来看，卡夫卡为我们勾勒出了一幅民众眼中自然正义与司法过程逐渐神秘化与虚幻化的图景，表达了人们对法律的无所适从与敬畏恐惧，生动揭示了法律扩张为机器特质后的邪恶特点。《城堡》重墨描绘了卑微的公民个体与庞大的国家司法机器之间因地位的悬殊而导致的陌生、错位关系。与《法的门前》一样，这部充满着隐喻元素、带有强烈寓言色彩的小说，讲述了一个卑微的公民个体挣扎于等级森严、冗肿沉重的司法机构中愈陷愈深的故事。在卡夫卡看来，对于社会权力下痛苦挣扎的民众来说，他们所抗议的司法专政、刑罚苛酷亦是他们自身的思维、行为模式所造就的，他们正是整个司法权力体系赖以生存与运行的基础。《在流刑营》是一部描述人类司法制度在体制化与程序化的极端模式下被扭曲、异化，继而带给人类永无止境的恐怖与血腥的典型作品。这篇小说可以被看作一个关于罪恶、刑罚与殉道的寓言，现代文明的本质，通过这部令人毛骨悚然的杀人机器的演示，被揭露得更加细致、透彻。这是一个高度物质化、客观化的世界，一切刑罚均依照着既定程序有条不紊地进行，可怕的是，这种冷冰冰的、高标准化下的程序运作模式，将人类的情感空间无限压缩，以至于最终陷入将人的主体性完全摒弃的荒谬境地。

☆象征主义文学

象征主义是现代主义文学最早形成、影响最大的一支流派，分为前期象征主义与后期象征主义。19世纪中叶，法国诗人波德莱尔出版的诗集《恶之花》（1857年），是前期象征主义文学的奠基之作。在作品中，波德莱尔第一次堂而皇之地将丑陋与邪恶祭上了诗歌的神圣殿堂。在《恶之花》的开篇，波德莱尔即离经叛道地对鸦片原料罂粟花热烈赞美、尽情歌颂，公然向以法律为维持手段的社会秩序提出挑衅。进入20世纪后，该流派一直延续到40年代，代表诗人有英国的艾略特、爱尔兰的叶芝等。象征主义文学的特点，在于创作者认为主观世界是真实永恒的，纷繁复杂的客观世界不过是对主观世界之颠倒、扭曲的表现，他们的目标，则是追求内心最高程度的真实。

圣杯传奇：艾略特与《荒原》

象征主义流派诗歌的集大成者，首推英国诗人托马斯·斯特恩斯·艾略特（Thomas Stearns Eliot，1888—1965年），他也是20世纪影响力最持久、最广泛的西方诗人之一。艾略特的成名作《荒原》（1922年）是20世纪西方文学丛林中集中刻画时代之作品，被公认为现代派诗歌的里程碑。全诗采用英、法、德、意、希腊和拉丁六种语言，涉及欧洲与古印度的神话传说，并大量引用了历代文学经典中的情节、人物、典故，作品中深邃的寓意、隽永的思想为第一次世界大战后普遍处于抑懑、惶恐、荒芜精神状态的欧洲人心中注入了一剂清凉，一夜之间被广为传颂。

> **知识链接**
>
> T.S.艾略特，20世纪影响最大的诗人。出生于美国密苏里州圣路易斯。祖父是牧师，曾任大学校长。父亲经商，母亲是诗人。艾略特曾在哈佛大学及巴黎大学攻读哲学学位，深受柏格森生命哲学与无意识思想熏陶。自称在宗教上是英国天主教徒，政治上是保皇派，文学上是古典主义者。1948年，因在《四个四重奏》中"革新了现代诗，是一位功绩卓著的先驱"，获诺贝尔文学奖，被称为"但丁最年轻的继承者之一"。

图 11-1 荒原,〔英〕保罗·纳什(Paul Nash)

《荒原》是一部小型史诗,喻体的象征框架来自英国亚瑟王和骑士寻找圣杯的故事。"荒原"城堡遭遇到无穷的灾难,连年干旱、大地枯竭、五谷不生、生命失去根源,整个城堡无可挽回地走向了死亡。其中的奥秘,是因为"荒原"的国王——渔王失去了生育能力。因此,寻找圣杯、拯救渔王、恢复大地的生机也就成为拯救人类的第一要务。[1]大体而言,死亡与救赎构成了"荒原"的基本主题与精神内核。主人公帖瑞西斯是个长着一对发皱、下垂的女人乳房的老翁,他既是男人也是女人,荒诞地集两性于一体——这正象征着西方现代人类的性别异化与个性萎缩。作品深刻地表现了第一次世界大战之后西方文明的严重危机,将西方社会比喻成死气沉沉失去生殖能力的荒原,只有宗教才能使腐败荒凉的世界得到新生。

---

[1] 梗概及引文来源于〔英〕艾略特:《荒原》,赵萝蕤、张子清译,北京燕山出版社 2006 年版。

> **知识链接**
>
> 公元 1 世纪，耶稣被罗马总督下令钉死在十字架上。耶稣两只手被铁钉钉穿，鲜血从太阳升起时开始淌落，直至日落时分。那两只接耶稣鲜血的杯子后来被称作圣杯，由天使隐藏在一个名叫"荒原"的城堡。圣杯具有神奇的功效，因而成为中世纪的骑士们终生追寻的目标与荣耀。

《荒原》总共434行，分为五章。

第一章"死者的葬仪"，开篇描述了荒原到处流淌着的死亡气息：淹死的腓尼基水手、被残忍绞死的罪犯、埋在花园里的僵尸、被国王杀死的女子等，充满着神秘、恐怖的气氛。帖瑞西斯在伦敦街上漫游，黄雾弥漫的城市里到处是欺骗、淫乱和背信弃义。人们像一群没有灵魂的躯壳。原本应该生机盎然的"四月"，却变为"最残忍的一个月"，荒地上仅残存着缺乏生命活力的"迟钝的根芽"。章末，艾略特抛出疑问，那些死人的头骨，还能"发芽"或者"开花"吗？

第二章"对弈"，所描述场景是城市的酒吧：搔首弄姿的无执照娼妓用男性化的粗大嗓门到处招揽着生意；粗野庸俗的男人们彼此交换性爱经验、开着下流的玩笑；一位上流社会的贵妇人饱受着性饥渴的折磨，摊开双手向男人露骨地索求性爱；人尽可夫的丽妮在与闺蜜窃窃私语、商量如何才能骗过即将还家的丈夫。这种充满着人类原始欲望的挑逗与野合，固化为城市酒吧的最基本情境——现代人已经堕落得一无所有，只能依靠情欲与肉欲的刺激，来维持自己对生存的反应与感觉。

第三章"火诫"，进一步揭露了现代西方人的精神空虚与情感死亡：伦敦河水面上传来的不再是美妙、悦耳的情歌，而是漂浮着一大簇一大簇分辨不出色彩的垃圾。小公司的男职员在拼命地勾引打字小姐，一如猎手在觊觎着美丽的猎物。在这片情感早已流逝、神圣早已消亡的荒原上，沉甸甸的爱情逐渐褪色，剩下惨白的、空荡荡的色欲的空壳。缺少真情的甚至连感官欢愉都已然消失的机械性、习惯性的通奸,是这种贫瘠无聊生存状态的进一步证明——那位美丽的打字小姐将男女约会完全当作无欲无情的动物式交配,与男友做爱结束后,长吁一口气说:"总算完事了,完了就好"……整个章节由火而起,由火而终——邪恶之火的蔓延与爱情之火的熄灭。

　　第四章"水里的死亡"只有短短数行,可以说是艾略特对长诗的一段哲理性总结。水在《圣经》故事与其他文学作品中,往往象征着旺盛的生命力,象征着神圣纯洁的爱。然而,水能创造生命亦可毁灭生命。以前代表着汩汩活力的生命之水,在荒原的城堡中,却成为带着致命病菌的死亡之水,这正是对现代人精神荒原的谆谆告诫与严肃反思——水为生命之源,正如欲望是人类之本;当生命之水泛滥为欲望之流,意味着人类的灭顶之灾即将到来,自由的极致,便是毁灭。

　　第五章"雷霆的话"是长诗所要表现的哲理高峰。艾略特再次强调了"自我救赎"这一主题。无水的荒原失却了生命的元气,历史上一座座繁荣的城市,曾经创造过难以比拟的骄傲与辉煌,却未能摆脱走向毁灭的宿命。耶路撒冷、雅典、罗马、亚历山大、维也纳甚至伦敦,均是如此。在死亡操控的一片静默中,东方雷霆代表上帝出来讲话,告诫人类唯有走向"舍予、同情、克制"的境界,才能向死而生。坐在岸边垂钓的绝望的渔王,由此大受启示,他反思自我、渴望新生,下定决心走上救赎之路。

　　《荒原》所渲染的"死亡与救赎"之主题,生动地展示了第一次世界大战后西方人苦闷、幻灭的精神状态。从文艺复兴开始,到启蒙运动时期,西方人逐渐脱离了上帝的眷顾与监护,与上帝渐行渐远。随着自然科学的进步,尼采更是在19世纪末20世纪初向人类大声宣布"上帝死了"。人们怀着欣喜、迷茫的心态观察着这个从上帝手中赎回来的、由自我主宰的世界,沉浸在挣脱上帝的束缚后自由酣畅的欢乐中,再次沉浸在古希腊与罗马的原欲型文化模式下。他们并没有意识到,整个西方世界的罪罚价值根基已经产生了强烈动摇——他们亲手拔掉了自己赖以呼吸生存的文化之根,精神世界随之化作一片被死亡与黑暗主宰的荒原。第一次世界大战的残酷与血腥,惊醒了沉迷于科学与理性中的西方人,大家顿时陷入焦灼与惶恐。

在《荒原》中，荒原城堡作为象征性喻体，代表着失去基本罪罚观念的西方社会，精神干枯；原欲泛滥、原罪生发，人们生活在醉生梦死之中，如行尸走肉般地走向世界末日，却了无知晓。艾略特指出，于整体人类的原罪而言，荒原意识就是危机意识、超越意识与拯救意识；荒原之死就是人类精神的再生之死、涅槃之死。原罪意识、危机意识与拯救意识的重要代表是"水"与"火"所具有的意象。"水"在前四章中象征着情欲泛滥、人欲横流及其整个罪罚文化危机与死亡，而第五章之水则是生命之水，是拯救再生的圣灵。"火"的意象是对"水"的意象的补充和强调。作者在第五章强调，只有通过宗教，依靠天主才能拯救陷入原罪中的人类——惩罚、救赎与新生是等值的，这正是诗人开出的摆脱现代西方社会原罪危机的唯一药方。

西方文学界之所以给予艾略特如此崇高的评价，是因为这部作品在20世纪首先开创了回归传统的文化实验——宗教救赎思想在艾略特作品中根深蒂固。事实上，在艾略特的系列作品中，始终闪烁着宗教精神的火花。例如小说《合家重聚》（1939年），艾略特套用现代题材详尽描述了犯罪者所得的自然报应，落得个家破人亡的结局，其中尤其强调了人物的宗教赎罪心理。而《鸡尾酒会》（1950年）和《机要秘书》（1954年）则进一步以现实主义喜剧的形式宣扬了宗教信仰带给有罪之人的自我救赎之光，认为只有宗教信仰才能使人不入迷途。

从20世纪象征主义的扛鼎之作《荒原》中，我们不难看出，历经了文艺复兴、启蒙思想洗礼后的西方人，对理性精神顶礼膜拜、执着追求于自然科学的确定性与客观性；但是，千百年来积淀而成的宗教文化对他们的影响始终是根深蒂固的，以宗教思想为载体的罪罚情结，更是西方人血液中无法剔除、难以筛滤的遗传因子。事实上，自两希文明（古希腊—古罗马文化与希伯来—基督教文化）形成以后，无论西方人是否承认，他们的内心宇宙无时无刻不处于宗教文明的温柔呵护与万能上帝的威严注视之下——旦遭遇难以摆脱的物质困境，或者难以排遣的心理危机，就会义无反顾地回过头来寻求宗教的温暖怀抱，文艺复兴后期如是,启蒙运动末期亦然;颇为幸运的是,他们总是能够从广博深邃的基督教文明中找到促使人类发展前进、繁衍生息的原动力。进入自然科学与物质文明高度发达的20世纪,历经了两次世界大战的腥风血雨,当人们驻足回望时,蓦然发现自己的精神世界已经荒芜成一片废墟;此时的宗教文明,更是散发出如此强烈而温馨的光芒,以难以抗拒的温柔呼声召唤着迷途的羔羊。

☆表现主义文学

表现主义文学是20世纪生命力最长久的现代主义流派之一,一直延续至20世纪70年代,影响深远。表现主义原本属于德国的美术流派,他们高举反叛旗帜,不仅反对传统写实艺术,而且对追求瞬间美学效果的印象主义,对充满神秘、隐喻、晦涩色彩的象征主义亦大加批判。表现主义认为,画家的任务不是再现客观事物(画我所见),而是表现由客观事物所激发的主观激情(画我所思)。一批德国文学家受到表现主义画家的启示,将该技巧运用于文学创作,表现主义文学应运而生。后来,表现主义文学迅速扩张到欧洲各国和美国,成为一个世界性的文学流派,并在小说和戏剧各个领域取得了辉煌的成就,其小说的代表是奥地利的卡夫卡,戏剧的代表是瑞典的斯特林堡与美国的奥尼尔。可以看出,表现主义在某种程度上重复了18世纪"狂飙突进运动"的轨迹。一方面,这些文学家提出了激烈的反叛传统和要求改革的口号,成为最激进的改革派;另一方面,他们又是仅仅局限于文学领域里的一小批知识精英,继而演变为一种名副其实的纯文学运动,对现实社会并没有产生多大的影响。这个致命的缺陷,正暴露了德国的知识精英长于思索、短于行动的特点。他们的思想革命往往是激进、脱俗、天才般的,而他们的实践性变革却总是显得苍白与软弱无力。这个流派在德国于1910年至1925年间昙花一现,其后在奥地利人、瑞典人与美国人的笔下得以发扬光大。

表现主义的创作特点包括如下几个方面:第一,这是一种主观主义文学,出发点是对主观世界的外化,注重于集中笔力描写人的主观精神世界,采用主观真实代替客观真实,侧重表现人们对物质社会、外部环境的恐惧感、灾难感、孤独感与虚幻感。该流派作家醉心于挖掘人物的无意识心理与非理性本能,具有浓厚的神秘主义和虚幻色彩。关于这一点,在19世纪俄国批判现实主义大师陀思妥耶夫斯基的作品中,已经有过很好的示例。第二,运用象征主义手法来表现作品的内在实质,挖掘深刻的哲理意义,使得表现主义作品具有较深的思想内涵。该流派作品要求突破表面现象,探寻内在实质。这样,剥离外表、直取本质,继而给人以心灵的震撼,也就成为作品的基本特点。第三,作品大量运用夸张、怪诞、扭曲变形的技巧。表现主义有意夸张和扭曲事物的形体、色彩与结构,破坏生活现象的条理性、清晰性和统一性。这些故事往往借童话式或寓言式的外壳,将梦境与幻觉直接搬上舞台,让野兽、怪物、死尸、鬼魂同时登场,演绎为不同角色兴奋参与对话的狂欢节,于荒谬中真实呈现客观现实的本质。第四,作品具有激烈的反传统色彩,刻意颠覆语言规范对文学作品的压迫。作家们公开宣称,必须用铁拳粉碎文法和句法,因为这个世界本身就是一团混乱,根本就没有理性也没有什么规则;而语言规范却是依照理性来创造的,所以均是骗人的。语言必须像箭矢一样直指事物本质,同时又必须像箭矢一样具有强大的破坏力和毁灭力,还必须具备箭矢一般的速度和力度;运用语言去狂奔、喊叫、呼唤和愤怒。这一系列文学理论为表现主义文学笼罩上了一层浓厚的荒诞、梦呓、错乱、绝望、犀利的色彩,旗帜鲜明地开创了文学历史上对语言与规则的颠覆与背叛时代。[1]

尤金·奥尼尔的表现主义作品

尤金·奥尼尔(Eugene O'Neill,1888—1953年),是著名的美国戏剧创作家,其作品在美国戏剧史上具有划时代的意义。正是由于奥尼尔的努力,使得戏剧真正成为美国文学的一部分,并在20世纪30年代达到前所未有的繁荣局面,赢得了整个西方的瞩目。

---

[1] 参见〔英〕特雷·伊格尔顿:《二十世纪西方文学理论》,伍晓明译,北京大学出版社2007年版,第176页。

知识链接

尤金·奥尼尔，美国著名剧作家，表现主义的代表作家，美国戏剧的奠基人。出生于纽约一个演员家庭，祖籍爱尔兰。1909年至1911年期间，奥尼尔曾至南美、非洲各地流浪，淘过金，当过水手、小职员、流浪者。一生成果斐然，总计四次获得普利策戏剧奖（1920年、1922年、1928年、1957年），并于1936年获诺贝尔文学奖。

被白色文明荼毒的黑色灵魂：《琼斯王》

《琼斯王》（1920年）是奥尼尔的代表作之一，叙述了一位黑人因为背叛并奴役自己的种族最终被族人杀死的故事。

一位名叫琼斯的美国黑人，身负两条命案——因赌博纠纷，琼斯用匕首杀死一位黑人，被判处20年徒刑；狱中，琼斯又因口角，用铁锹将狱卒脑袋劈成两半，潜逃至印尼群岛上一个未开化的黑人聚居岛屿。凭借着野蛮暴力与欺骗伎俩，琼斯在岛屿上建立了专制统治下的王国。称帝后的琼斯，将人类无意识深处最本能的性恶发挥得淋漓尽致。他恣意屠杀、奴役、虐待岛屿居民，并将以前从白人处学来的下流手段悉数运用到对他有救命之恩的黑人族群身上。专制凶残的统治终于激起了黑人的反叛。琼斯被逼得走投无路，不得不逃进一片原始森林，惊恐恍惚中，琼斯丧失了继续逃跑的勇气，最终被追捕者用琼斯自己制造的黄金手枪与白银子弹杀死。[1]

全剧以黑人部落的隆隆鼓声与琼斯惊慌失措、疲于奔命为主线，塑造了一个在逃跑中毙命的半文明、半野蛮人形象。逃避，是生存于每一个现代人潜意识中的心理暗示——逃避平庸的生活、逃避义务的履行、逃避道德的规训、逃避刑律的惩罚……作品中，奥尼尔将种种逃避心理转化为一种人类最普遍的生存状态，

---

[1] 梗概及本节所有引文来源于〔美〕尤金·奥尼尔：《琼斯王》，欧阳基等译，载《奥尼尔剧作选》，人民文学出版社2007年版。

集中于琼斯一人之身加以表述，制造出令人震撼的艺术效果。

琼斯原本是个美国黑人，在白人社会的种族歧视下自甘堕落、沦为罪犯，继而变本加厉地报复社会——此时的琼斯固然有其嗜血放纵的一面，社会环境也对其犯罪行为具有不可推卸的责任。死亡之前，琼斯在幻觉中看见自己无所依赖地立于奴隶市场被白人欺凌、挑选、残害的情形，正暗示着琼斯对这段耻辱的历史所抱有的极度恐惧之情，希望摆脱被人奴役与欺压的命运。然而，一旦回归了象征着他的根系与灵魂的黑人部落，琼斯却立刻由文明社会的弱者，转变为未开化部落的强者。他利用从白人处学来的统治理论与残酷手段，驾驭处于劣势的黑人兄弟，并以在白人世界获取的哲学观、世界观维系着自己一手打造的专制、集权的帝国的延续与发展。

逃亡前夕，琼斯与唯一的白人近侍斯密泽斯的对话颇耐人寻味。当斯密泽斯嘲笑琼斯"既是法律的制定者，又是第一个破坏者"时，琼斯回答："我不是皇帝吗？法不上皇帝。世上有你那种小偷小摸，也有我这样的大搂大抢。小偷小摸早晚得让你锒铛入狱，大搂大抢他们就封你当皇上，等你一咽气，他们还会把你放在名人殿里。"谈及文明社会，琼斯认为唯一值得怀念与沾沾自喜的是，从白人身上学到了愚民与驭民的奇术异巧："如果问我在火车卧铺厢中干了十年，从那些白人的高谈阔论中学到了什么，这就是我学到的东西。一旦我得到机会运用它，两年之内我就当上了皇帝。"琼斯还为自己的暴政寻找借口，认为自己所制定的刑罚，比起白人主宰的文明社会的酷刑已经是非常人道："在我逃离的那个社会，若是黑人犯罪，他们会将他浇上汽油活活烧死、慢慢熬死，而此时正义的法律却在一旁沉默！在我的国度里，绝不会发生这样骇人听闻的惨剧！我会让他死得痛快点！"这些生动的对白，将所谓的文明社会的法治光环一一刺破，点明了国家产生的根源与法律残酷的本质。

这是一个努力寻找失落的自我的琼斯，也是一个不断反思自己、重新追求生命价值的琼斯；然而，一切努力均为徒劳，由于人所固然拥有的劣根性，琼斯在欲望的陷阱中无法自拔，最后得到的是族人射来的冰冷银弹。奥尼尔以悲怆的笔调，刻画了这个在白人世界中被荼毒的黑色灵魂，即使回归民风淳朴的世外桃源，回归族人温暖宽厚的怀抱，却依然未能唤起内心深处蛰伏的良善之心——琼斯贪婪与嗜血的个性，激起了自己王国中一场惊天动地的血腥政变，最终死于非命。进一步说，奥尼尔借琼斯的个人悲剧，揭露了现代文明对人类原始善良本性与自由精神的摧残之深刻、异化之强烈。所有历经了所谓人类文明熏陶的人，在其内心深处，均被打上了残暴、专制、奴役、嗜血的烙印，无一幸免。在此意义而言，琼斯的悲剧，正是全人类的悲剧。

无路可逃：《毛猿》

《毛猿》（1921年）是奥尼尔本人最为欣赏的作品。剧本的副标题是"关于古代和现代生活的八场喜剧"。作品中，奥尼尔以辛酸戏谑的口吻，描写了一个名叫罗伯特·史密斯的邮轮锅炉工跌宕起伏的悲剧人生。

罗伯特·史密斯，绰号扬克，是轮船上的锅炉工，身份低微，却拥有健硕的躯体与无穷的精力。现代机械文明的力量，使他产生一种错觉，认为自己能够战胜一切，并为自己可以驱动如此庞大的轮船前进而自豪。扬克拥有强烈的自尊心，瞧不起那些坐在头等舱、不劳而获却指挥他的权贵者，认为他们是"腐败的臭皮囊"。工人之中广为流传着他的名言："我就是原动力！""我是钢铁里的肌肉，我是钢铁背后的力量！""我是结尾，也是开头，我开动了什么东西，世界就转动起来。"一天，邮轮主女儿米尔德丽德希望到锅炉区一览邮轮底部的风景。恰逢处于极度亢奋工作状态的扬克，又在洋洋洒洒地做着"主宰"世界的宣言。米尔德丽德突然指着扬克说了一句："哦，这个肮脏的畜生！"扬克的自信与自尊随着少女的这句话像雪崩般陨落，极度愤怒的他开始反思生存意义与价值。后来，扬克认定，这位小姐的言论代表了她所属的整个阶级对他的看法——他们只是被囚困于笼中的毫无人格与尊严的"人猿"。当有人提议寻求"法律、政府、上帝"的帮助时，扬克均作出冷漠的质疑与拒绝。苦楚颓废之下，扬克到富人聚居地去寻找失落的尊严，却因寻衅滋事罪被判刑入狱。

扬克利用自己力大无比的双臂将监狱栅栏掰弯逃了出去，径直投奔"世界产联第五十七地方分会"，自己歆慕已久的组织。扬克一见到会务秘书，就主动请缨，希望代表组织"把它们从地球上炸掉——钢铁、所有的笼子、所有的工厂、汽船、房屋、监狱，以及钢铁托拉斯和支持它运转的一切力量！""将那帮肥硕的老爷、虚伪的太太以及幽灵般的小姐们通通炸到另一个世界！"却受到无数冷眼和讥笑，最终被打手痛打一顿抛出门去，临走时扔给他一句话："滚蛋吧，你这个没脑子的人猿！"扬克被所有的人拒绝，无论是产业工会领袖、百万富翁，或者是像他一样的打工者乃至围观的群众，都给了他难以忍受的挖苦与责难、嘲笑与数落，他成了一个谁也看不起、谁也不需要的废物。绝望之中，扬克来到动物园，希望与大猩猩为伍。他疯狂地掰开动物园的铁笼，同大猩猩握手言欢，庆幸自己终于找到了人生的归宿以及情感的倾诉者。不幸的事情发生了——大猩猩似乎并不欢迎这个陌生来客，在与他拥抱时折断了他的全部肋骨，然后将他扔出了牢笼。在其他大猩猩怜悯的注视下，扬克永远地闭上了眼睛。[1]

扬克生性善良、力大无比，却一生孤苦、最终死于大猩猩的臂膀下，整个作品闪烁着凄惨心酸的基调，令人如鲠在喉，不吐不快。在奥尼尔心目中，扬克所在的巨型邮轮正象征着一往无前的现代社会，扬克则是人类的缩影。奥尼尔本人亦宣称："扬克是你，也是我，他是所有的人。"作品中，扬克的性格分裂是显而易见的，他充满着力量与勇气，认为自己能够创造一切、改造一切，是屹立于钢筋水泥中的骄傲巨人；在"白色幽灵"般的米尔德丽德小姐面前，扬克突然真切地感到了自己那种"无名的、深不可测的、赤裸裸的、无耻的兽性"，他迷惘而愤怒，由极度自负瞬间坠入自卑乃至自残的境地。

奥尼尔作品中的扬克，与麦尔维尔作品《水手比利·巴德》中的主人公颇为相似，他们均是大自然最宠爱的儿子，却丧失了文明社会中生存的基本技能与精神信念——前者无法忍受他所仰慕的文明世界对他的羞辱与蔑视，后者在文明

---

[1] 梗概及本节所有引文来源于〔美〕尤金·奥尼尔：《毛猿》，荒芜译，载《奥尼尔剧作选》，上海文艺出版社1982年版。

世界所创造的法律程序中彻底丧失了语言能力，虽然他们都堪称"高贵的野蛮人"。扬克又与陀思妥耶夫斯基《罪与罚》中的拉斯柯尔尼科夫何其相像，他们都是在"我应该从哪里开始，又到哪里才合适"的愤懑、质疑中走向祭坛——前者迈入兽性的牢笼囚禁自我，后者挥起匕首将"祸害人类的放高利贷者"杀死。一方面，无论是比利·巴德、扬克还是拉斯柯尔尼科夫，均为文明社会亲手制造的性格分裂者；另一方面，三者却又保留着人类最应被珍视的未经蒙尘的赤子之心。上述作品均表达了作者对畸形物质文明的批判、对人性原始本性的召唤，其中蕴含着难以回避的话题：人到底从哪里来，又要到哪里去。

弗兰茨·卡夫卡的表现主义作品

奥地利作家弗兰茨·卡夫卡（Franz Kafka, 1883—1924年），是西方表现主义文学之集大成者。他一生作品不多，且多数在去世后发表，却对后世影响极为深远，被誉为西方现代派文学的宗师。卡夫卡所创造的寓言式表现主义文学，文笔明净、语言简朴，作品背后的寓意却波诡云谲、永无定论，该创作风格对现代主义文学与后现代主义文学之创作思路影响颇深。

这与卡夫卡的生活与创作时代息息相关。英国工业革命以来，人类进一步掌握了自然与科技的奥秘，认为人类可以征服客观世界、主宰自我命运。由于理性对神的否定与对自然的征服，人类将自己从万物中剥离，世界成为本我之外客观现象的综合。世间万物均化作明晰的图景呈现于人类眼前，世界没有了神秘感，人与人、人与自然之间丧失了亲缘性；功利思想的盛行，理性文学的发展，让人性变得庸俗自私，社会充满尔虞我诈；人的精神与心灵在理性和物质的束缚下，日益变得苍白、枯萎。直至第一次世界大战前后，这种普遍存在于西方社会各阶层的对现实社会畸形发展的困惑与痛苦达到巅峰，启蒙思想所宣扬的理性王国逐渐失去往日色彩，失望与惶恐的情绪在欧洲大陆弥漫开来。卡夫卡以独特的视角冷静地观察着这个被自然科学异化的世界，往往选取怀疑性、批判性、研究性的

图 11-2 卡夫卡与《变形记》
（捷克国家邮政局公开发行邮票）

视点，亦铸就了该时期作品惶恐、迷惘、虚无的创作基调；而对社会的陌生感、孤独感与恐惧感，亦顺理成章地成为其整体艺术创作的永恒主题。大家可以观察到，卡夫卡作品群的主题大多围绕三个方面次第展开——人类本我的"异化"、难以排遣的孤独感、无法克服的荒诞感与恐惧感。

在《变形记》《美国》《地洞》等作品中，主人公的冗滞肉体与精神压力使人失去了自我本质，异化为非人类的怪异虫类；《审判》《在流刑营》《万里长城建造时》等作品则揭示了现实世界的荒诞与非理性，暗示着小人物面对僵硬、强大的国家机器时的恐惧与无奈。诗人奥登曾如此评价卡夫卡的作品："他的困境，就是现代人的困境。"作为一个深受希伯来文化浸染的犹太人，作为一位具有深厚哲学底蕴与法学基础的法学博士，作为一名拥有自己独特见解、追求极致真实的思想者，卡夫卡努力地在为数不多的作品中表现着对人类本质、命运，对社会权力以及法律、刑罚、伦理等一系列问题的深刻思考。

> **知识链接**
>
> 　　弗兰茨·卡夫卡，20世纪最有影响力的德语小说家。生于捷克（当时属奥匈帝国）首府布拉格一个犹太商人家庭，自幼爱好文学、戏剧，18岁进入布拉格大学初习化学、文学，后在父亲的干预下专攻法律，获法学博士学位。毕业后，在律师事务所、法院、保险公司等处任职。卡夫卡生前默默无闻，孤独地奋斗，随着时间的流逝，他的价值才逐渐为人们所认识，作品引起了西方的震动。卡夫卡与法国作家马塞尔·普鲁斯特，爱尔兰作家詹姆斯·乔伊斯并称为西方现代主义文学的先驱和大师。

法之虚妄:《审判》

长篇小说《审判》(又译《诉讼》,著于1914年,发表于1925年),是卡夫卡形成独特风格后创作的第一部中篇小说,在表现主义文学作品中占有极其重要的地位。

开篇,卡夫卡即采取白描手法,对我们每个人所熟悉的情景进行渲染,以漠然、简约的口吻道出了一个平庸人物的不平凡的一生:主人公约瑟夫·K是一位银行高级职员,在三十岁生日的早晨被莫名其妙地宣布逮捕,而本人却对罪名、主审法院、主审法官、开庭时间一概不知。尽管被监视与控制,约瑟夫却有着充分自由,照常上班、陪伴大客户游览,可以随意进出教堂听神父布道,可以随意接受或拒绝出庭受审,可以随意雇佣或辞退律师,甚至可以随意与许多女人鬼混……一年后,在约瑟夫三十一岁生日前夜,突然被执行死刑。[1]

这是一部与刑事法律元素密切相关的作品,刻画了一个小人物在落入刑法之网后的漫画式图景,描述了主人公约瑟夫从被宣布逮捕至执行死刑期间的困惑、恐惧与抗争,其中包括临刑前释然、解脱的心理轨迹,力在暗示法律的虚妄与现实的残酷之间的矛盾,人类精神与肉体在国家机器的覆盖与操纵下逐步走向覆灭的宿命。文中的"法院"以司法机器代表者的面目出现,却暗喻着

图11-3 《审判》(北京大学出版社2016年版)

---

[1] 梗概及本节所有引文来源于〔奥地利〕卡夫卡:《卡夫卡文集(第二卷):诉讼·美国》,孙坤荣、黄明嘉译,上海译文出版社2003年版。

一张无所不在、无所不包的嗜血之网，它不仅是统治者集权的缩影，更象征着混乱无序的社会网络，正如主角约瑟夫感慨之言——"真正恐怖的枪杀不是射出子弹，它只是瞄准，像一个预谋，经久不散。"此外，作品的最大特色，体现在故事画面的铺叙基调，影影绰绰、虚虚实实，读罢令人感觉是穿越了一场梦魇，其所带来的恐惧感和灾难感却又是如此紧迫与逼真。

故事既然名为"审判"，当然要与诸多审判情景紧密关联，作品中，对刑事法庭的描述随处可见。当约瑟夫根据传票寻找到法院，进入一个从贫民区租来的阴仄拥挤的"法庭"后，面对预审法官与诸多听众，做了一番慷慨激昂的无罪辩护，换来的却是整个大厅"嘈杂的""嗡嗡的"声响；在这梦幻般的情景中，约瑟夫落荒而逃。而正是从此刻开始，约瑟夫感觉自己"被一支已经上膛的枪所瞄准"，与法律相关的各种因素似幽魂不散，追随着约瑟夫的一举一动。法庭的面目是多元化的——或是在贫民窟的阁楼上，或是在画家的画室中，或是在阴仄的教堂里；而法庭中发生的一切却又令人不知所措——向约瑟夫宣告逮捕的两个执行吏，因为贪污了约瑟夫的早餐与礼服，被脱光衣服捆绑在银行的一间屋子中接受鞭笞私刑；法官案前唯一一本法典里竟隐藏着一部色情作品，已经被翻得泛黄发脆；那位不停地向约瑟夫抛媚眼、暗示可以指点他打赢官司的洗衣少妇，居然是法官与法律实习生共同的情妇；最著名的律师胡尔德声称，自己从未完整地读过一遍刑法典；在与众多法官保持着密切关系的御用画家的画室中，约瑟夫惊奇地发现正义女神像已经变形为狩猎女神，无数隐藏着的专用通道，为这些法官的秘密出入提供方便……"这些看起来如呓语般荒谬透顶的情境，却因细节的真实性与似曾相识的感觉触发了读者的认可与同情。

在等待宣判的漫长岁月中，约瑟夫消耗了无穷的精力，却依然搞不明白自己到底犯了什么罪，应当受到怎样的惩罚。他原本对自己有着足够的信心，认为凭借自己卓越的能力与体面的社会声誉，至上的法律可以迅速将案件调查清楚。然而，他很快发现一个令人沮丧的现实——自己根本找不到可以较量的对手，看不清那个躲在黑暗中策划、主宰自己命运的人；不仅如此，他也根本无法把握案件的进展程度与发展方向,不知道应当如何做才能够拯救自己。此刻,约瑟夫眼中,法律——除了神秘之外,已经被剥离了一切崇高与神圣的色彩。所有针对自己罪行的一切均在无形中进行,自己虽然看不到,却能够真切地感觉到这张无形之网在逐渐收紧。终于,生日前的一天,他被"像狗一般"地处决了。

在这部充满了荒诞主义的后现代色彩的作品中,卡夫卡熟稔地运用各种隐喻、象征性笔触,通过碎片般、梦呓化的情节设计为我们揭开了当时刑事司法中存在的疮疠,暗示着刑事司法制度在高度文明的社会中的深刻异化与令人担忧的发展趋势。

从社会文明发展程度来看,约瑟夫并非处于一个荒蛮落后、集权专制的人治社会。相反,这是一个"拥有着完善的宪法与严谨的司法制度""秩序井然"的社会,"一切都在依法运行着";约瑟夫对自己的法律权利有着清醒的认识,也深信能够依靠法律重返平静的生活;司法官员并不蛮横,反而相当"彬彬有礼",即便对于约瑟夫不断的言辞冒犯,也能始终保持高贵的绅士风度。正是在这样一个颇为理想的法治社会中,有着体面身份与工作的约瑟夫却横遭冤狱、于不明不白中被处死,无论程序正义,还是实体正义,均在约瑟夫像狗一般被处决的尸体前化作荒谬的幻影,这不能不说是卡夫卡留给所谓法治社会的尖锐嘲讽以及对人类本身命运的深切关注。不仅如此,更令约瑟夫感到恐怖的是,随着审判的深入,他惊讶地发现,他所认知的每个人似乎均与"法庭"存在着各种各样的关联,或者说每个人都在竭力试图与"法庭"保持着千丝万缕的关系,并以成为这种势力有意或无意的帮凶而得意自豪——这正是当今法治社会的真实写照。在逐渐迈向高度体制化的社会中,无可否认,每个公民均是维持社会制度整体运作的一份子,同时亦身兼受益者与受害者的双重角色;他们兢兢业业地生活着、观望着、憧憬着,乐此不疲,直到厄运突如其来地降临到自己头上,但依然保持着对体制的足够尊敬与克制,对其崇高性与强制力竭力赞美。也就是说,每一个人都有可能成为下一个约瑟夫,但在此之前,没有人会同情约瑟夫所处的困境,更没有人会因为约瑟夫的离奇遭遇而对强大的刑事司法制度产生怀疑,继而发出声音。

上述情形的存在，追根究底，是因为司法行为日积月累的运行，塑造着整个社会运转的习惯模式，最终可能导致整个文明阶层窒息而亡。例如，约瑟夫曾主动到法院询问自己案件的进展，而法院里污浊的空气立即引起他的强烈不适，一位美丽的女检察官轻言安慰约瑟夫道，"放心，最终人们会非常适应这里的空气"；当女检察官扶着约瑟夫走到接近新鲜空气的法院门口时，却断然拒绝将他送出铁门，因为接触到新鲜空气的女检察官出现了与约瑟夫同样的不适症状。卡夫卡此处的描述带有着强烈的暗示，现代社会中，我们往往会沦为某种落后思想的适应者与传播者，甚至某种愚昧制度的忠实执行者，并逐渐视之为理所当然。更可怕的是，这一戕害法治健康的过程往往具有不可逆转性，人们终将在昏沉麻醉的自我欺骗中消失灭亡。类似上述例子在故事中比比皆是——商人布洛克打了多年官司，案件毫无进展，依然停留在初审阶段。在律师的威吓与利诱面前，布洛克凄然下跪、苦苦哀求；当冷眼旁观的约瑟夫实在难以忍受，前去训斥、责问、提醒时，布洛克反而将约瑟夫当作敌人，满腔怒火顷刻发泄在后者身上。在布洛克的猛烈攻击下，约瑟夫意识到一个可怕的事——"律师使用的这种伎俩，能够使人最终忘掉整个世界，只希望在这条路上步履艰难、跌跌撞撞地走下去，而当事人则成了律师的狗，一条玩弄于股掌之中、可以带来衣食与声誉的狗。"布洛克原本拥有临街一排的商铺，现在却变卖出大部分，仅靠一间店铺谋生；漫长的诉讼中，他已经丧失了自我，完全依靠对法律的幻想来维持生命，直到彻底被这台庞大的机器所榨干。如布洛克的遭遇一般，当人类长期被某种权威势力的压制成为习惯后，就会将这种压制视作当然，将压迫者偶尔良心发现、部分发还我们本应享有的权利当作恩赐，而将试图为我们争取权利的人看作敌人。在卡夫卡笔下，冰冷、冗杂的法律机器的存在与运作始终离不开这种奴化角色的滋养与推动。

纵观约瑟夫案件的整个司法过程，行文线索始终令人难以释怀，案件的进程由审前调查阶段直接跳到了最后的执行阶段——约瑟夫在三十岁生日当天被宣布逮捕，于三十一岁生日前夜被执行死刑，这头尾两部分的图景清晰无误地呈现在我们面前，中间的司法运行环节却混沌不清，警察、检察官、法官与约瑟夫似乎是生活在不同平面空间中的角色，之间毫无交集。作为案件的被告，约瑟夫已经被彻底剔除出法律运作的空间，沦为一个纯粹被动的接受者，案件的发展也完全跳出了他能够预测与掌控的范围；约瑟夫孤寂地、绝望地与庞大的司法机器进行顽强的抗争，所付出的一切努力却为徒劳。也许，在卡夫卡眼中，主人公的遭遇，即是当时盛行的"纯粹法学派"（亦即"规范法学派""维也纳法学派"）所提倡的"将法律视作绝对自治自洽领域"理论下的真实镜像。该种理论下，法律被抽绎为真空状态，成为纯粹的、独立的、自在的规范体系，法的效力仅仅在于法的本身，法学研究不允许涉及社会人的实际行为，也不能以"正义与否"这种主观价值对一部法律的优劣进行评判。显然，卡夫卡对纯粹法学派所持的观点抱有极大的质疑。故事中，司法操作进程与被告约瑟夫的抗辩轨迹毫无关联，前者完全是自给自足、漠然傲慢的，无论约瑟夫如何抗争，它始终拒绝与后者对话，而是按照自己的轨道笃然前行。只是到了进程最后，才以不容置疑的冰冷口吻宣告后者的命运。

既然与此岸世界的主宰者无法对话，约瑟夫只好求救于彼岸世界的神明。可以说，神父在教堂中对约瑟夫的布道词是全书的核心思想所在。神父娓娓道来的寓言——《法的门前》，亦暗示着约瑟夫的宿命。约瑟夫与乡下人的命运有何不同？约瑟夫与乡下人的行为，不管是麻木地接受，还是努力地抗争，都改变不了被毁灭的宿命。更为讽刺的是，与乡下人一样，对于约瑟夫而言，法律既是虚幻的亦是真实的——法律是虚幻的，因为一年来约瑟夫在拼命追逐它，企图靠近

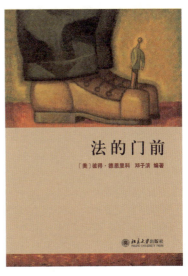

图11-4 《法的门前》
（北京大学出版社2012年版）

它、了解它,却始终无法触摸到它的面庞,一切都淡薄似烟雾;法律又是真实的,当行刑人将那把匕首用力刺入约瑟夫的胸膛时,法律终于揭开了神秘的面纱,它一改往日的模糊与暧昧,令人感受到它严酷的、金属质地般冰冷的存在。

知识链接

  一个乡下人走到守门人跟前,求见法。守门人说,现在不能让他进去,但是将来有可能。乡下人企图溜进大门,守门人微笑着警告说,自己是级别最低的守门人,里边的大厅一个连着一个,每个大厅口都站着守门人,一个比一个更有权力。乡下人本以为,任何人在任何时候都可以到法那儿去;但听了守门人这番话,决定最好还是得到许可后才进去。守门人给他一张凳子,让他坐在门边。他就在那儿等着,年复一年。乡下人出门时带了很多东西;他拿出手头的一切,希望能买通守门人。守门人照收不误,但每次总要说一句:"这个我收下,只是为了使你不至于认为有什么该做的事没有做。"漫长的岁月中,乡下人不停地观察守门人。他忘了其他守门人,以为这个守门人是横亘在他和法之间的唯一障碍。开始几年,他大声诅咒自己的厄运;后来,由于他衰老了,只能喃喃自语。他变得稚气起来;由于长年累月的观察,他甚至和守门人皮领子上的跳蚤都搞熟了,便请求跳蚤帮忙说服守门人。最后,他的目光模糊了,他不知道周围世界是真的变暗了,还是仅仅眼睛在欺骗他。在黑暗中,他却能看见一束光线源源不断地从法的大门里射出来。眼下,他的生命已接近尾声。离世之前,他一生中体验过的一切在头脑中凝聚成一个问题,这个问题他从来没问过守门人。他招呼守门人到跟前来,因为他已经无力抬起自己日渐僵直的躯体。守门人不得不俯着身子听他讲话,他俩之间的高度差别已经大大增加,愈发不利于乡下人了。"你现在还想打听什么?"守门人说:"你没有满足的时候。""每个人都想到达法的跟前,"乡下人回答:"可是,这么多年来,除了我以外,却没有一个人想求见法,这是怎么回事呢?"守门人在他耳边道:"除了你以外,谁也不能得到允许走进这道门,因为这道门是专为你而开的。现在,我要去把它关上了。"(参见〔奥地利〕卡夫卡:《卡夫卡文集(第二卷):诉讼·美国》,孙坤荣、黄明嘉译,上海译文出版社2003年版)

在这部令人无所适从的故事中,如果说还存有一丝温柔与明亮色彩的话,那就是约瑟夫在被宣布逮捕以后接触到的五位女性。这些女性在情节设计上并无关联,本质却均为同一概念即"正义"的隐喻与具象。她们不同的面庞代表着主人公眼中"正义女神"的各种形象,亦暗示着卡夫卡心目中的"正义"被各种势力绑架后所面对的危机。约瑟夫对于这些女性具有一种疯狂爱慕的本能,甚至在身陷囹圄的情形下,也念念不忘与她们风流缠绵,以获取短暂的肉体放松与心理平衡。主人公这种行为看似荒诞,却出自对于女性躯体所包蕴着的母性的天然心理依赖;这种母性的呵护恰与"正义女神"所具有的慰藉功能相仿,尤其是卑微、渺小的人类个体面对不可知命运的判决时。另一个细节是,阴暗的教堂中,神父曾隐晦地暗示约瑟夫:"你过于依赖寻求外界的帮助,尤其是从女人那里。"这种谴责恰恰表明,约瑟夫一直是寄期望于向具有不同容颜的正义寻求帮助,他确实希望倚借自然正义战胜虚无缥缈的实在法。可悲的是,约瑟夫最终并未如愿以偿。

第一位是传统意义上的正义女神。在御用画家的画廊中,约瑟夫见到的正义女神,"裸露单肩、双腿健硕,脚踝上生出两个翅膀,左手持弓,右手食指指向前方,呈现出一幅嗜血冷酷、追逐猎物的模样"。原本庄严矜持的正义女神,在画家的笔下变得十分严厉,却并不神圣,好似狩猎女神一般。约瑟夫因此调侃道:"正义女神应当安安稳稳地站着或坐着啊,她不应当奔跑不停,只有这样,才能让手中的天平不再晃动。"卡夫卡以狩猎女神的典故与形象,在很大程度上暗示着现代文明国家法律机器之谦抑功能的丧失,司法官们意气风发,均将嫌疑人视作猎物,不追捕归网誓不罢休。这一点从画家对约瑟夫的劝诫中可以得到确证:"一般而言,法院已经接受对某人的起诉,他就认定这个人是有罪的。"

第二位正义女神的化身是毕尔斯泰纳小姐。她是一位高贵、知性、优雅的女子,与约瑟夫同为租房客。约瑟夫对其倾慕已久,房东太太却总是向约瑟夫暗示,毕尔斯泰纳小姐远非看上去那般纯洁,她经常与一些不三不四的人来往,"甚至可能是某个权贵者的情妇"。约瑟夫对房东太太关于毕尔斯泰纳小姐的侮辱性猜测进行了严厉驳斥,但随后目睹的一切却令约瑟夫逐渐失望。更为尴尬的是,毕尔斯泰纳小姐从来不对约瑟夫的亲近与示好表示回应,若即若离的态度亦令约瑟夫如坠雾中;对于深陷其中的各种绯闻,毕尔斯泰纳小姐似乎也并不急迫地予以澄清。卡夫卡笔下,毕尔斯泰纳小姐代表着被卑劣、粗鄙的市民意识所绑架的正义,空留一具纯洁、美好的外壳,却不具备应有的内涵与品质。

第三位正义女神的化身是一名洗衣妇。约瑟夫在预审法庭外曾两次遇见一位精力旺盛、貌美丰满的洗衣妇,而这位洗衣妇的身份是法院的房东。由于财政紧张,政府租用了洗衣妇的起居室作为法庭,她不断地挑逗约瑟夫"找个地方乐乐",并暗示会透露"一些真正有价值的关于法庭审理案件的内幕"。令人惊讶的是,就在约瑟夫眼皮底下,一名看上去无缚鸡之力的法科实习生横刀夺爱,将那位丰满的洗衣妇拦腰抱起,向楼上法官卧室走去,因为"法官已经等候这个女人多时","无论如何不能再耽搁了"。洗衣妇表演性地挣扎几番,便紧紧搂着实习生的脖子被带到楼上,她回头望着约瑟夫,目光中闪烁着欢快与戏谑。故事中,洗衣妇似乎是另一种正义的化身,却被司法官与实习生所绑架,而后者分别代表着司法实务界与法学理论界。三者肆无忌惮地调情交合,令一旁苦苦等候、企图"打探司法内幕"的约瑟夫目瞪口呆。

第四位正义女神的化身莱妮出现在故事中。莱妮是一位受人尊敬的、据称拥有强大人脉资源的律师胡尔德的贴身女仆。约瑟夫的叔父与胡尔德律师在起居室探讨案情的重要时刻,约瑟夫却因受到莱妮目光的引诱,悄悄来到胡尔德办公室的地板上云雨享乐。鬼混中的约瑟夫注意到办公室墙壁上的一幅画像,威严正义的法官以"似乎活起来"的目光注视着他们赤裸的身躯——此刻的约瑟夫已经被不确定的司法进程折磨得遍体鳞伤,与法官的双眸坦然对视,羞耻之心荡然无存。约瑟夫悲哀地发现,正是这位娇小可人的莱妮女士,在目睹了众多委托人被自己的主人愚弄、欺骗,沦落到倾家荡产的地步之后,无可抑制地产生了一种病态的补偿心理,她主动引诱着胡尔德的每一位客户,无一例外地带着无限的怜悯感与他们疯狂造爱。此时的正义已经化身成为滥情女人,受制于司法讼棍的淫威,无力主宰人间正义,只好试图以廉价的肉体欢愉来慰藉这帮受害人落魄的灵魂。

第五位正义女神的化身是一群女孩。在卡夫卡笔下，这是一群"肮脏、早熟、聒噪、无所事事"的可恶女孩，她们在约瑟夫寻找画家伊始便像苍蝇一般紧紧盯上了约瑟夫，并且轮番透过锁眼窥视着约瑟夫的一举一动，不时地发出"他坐在床上了""他脱了一件衣服"等欢呼。此时的正义已经幻化为精神错乱的不良少女，举止癫狂、言语乖戾，令人不可理喻，却在精神气质上与疯狂嗜血的狩猎女神一脉相传。原本约瑟夫听从客户的劝告去寻找法庭画家，这是他追寻正义、拯救自我的最后一丝希望——据说"画家梯托雷大部分时间都在为法官们画画，因此无疑与法院有着千丝万缕的联系"。画家梯托雷向约瑟夫总结了祖辈以及自己在法院帮闲数十年所获取的宝贵箴言后，突然抬头发问："难道你不觉得我讲起话来几乎像个法学家吗？"到此为止，约瑟夫追寻正义的幻想终于破灭了，他发现梯托雷不仅是一个擅长奉承拍马的帮闲画家，更是一位失去灵魂、被权势与金钱奴化的法学掮客。最后，约瑟夫决定告辞。由于他购买了一大堆画家的俗品，得以获知画廊另一扇隐形门的所在，随后顺利逃脱了那群堵在大门口的可恶女孩的追逐。

约瑟夫对正义的最后一丝期待，被残酷的现实干净利落地扼杀了。此后，他不再幻想、不再挣扎，静候法律的摆布，期待死亡的降临。在匕首插入约瑟夫胸膛的一瞬间，约瑟夫恍惚间看到了毕尔斯泰纳小姐的面庞——这是约瑟夫纯洁美丽的单相思的女主角，也是唯一一位虽然有大量可疑证据，但仅仅停留在猜测与臆想阶段，尚未被活生生事实所证明的、继而可能未被司法强暴的正义的化身。但是，此刻毕尔斯泰纳小姐面庞的出现又有什么寓意呢？代表着约瑟夫在临死前对人间正义的最后一丝希冀吗？

从《审判》的话题构思来看，卡夫卡为我们勾勒出了一幅民众眼中自然正义与司法过程逐渐神秘化与虚幻化的图景，表达了人们对法律的无所适从与敬畏恐惧。《审判》生动揭示了法律扩张为机器特质后的邪恶特点。在一个高度文明的法治社会中，法的机器散发着超越感情因素的冰冷色彩，其刑事司法过程凸显了神秘色彩，正义与法庭幻化为虚无缥缈而邪恶的异己力量，完全超出了民众心目中古朴而理想的自然状态。从主人公的荒谬而悲惨的遭遇中，可以明显感觉到民众对法律机器实然运作方式的深刻恐惧，以及对卑微的个体命运难以掌控的无助与悲悯。

"规训与惩罚"：《城堡》

卡夫卡的作品大多情节荒诞离奇、气氛阴郁神秘，其中细节的真实性与逻辑的严谨性，却又向人们彰示着，这种荒谬的情境就真真实实地发生在每个人的身边——《城堡》（创作于1921—1922年，发表于1925年）即为这种"卡夫卡式"风格的典型代表。该部小说完成于卡夫卡逝世前两年，可以说是卡夫卡一生哲学思想的总结，重墨描绘了卑微的公民个体与庞大的国家司法机器之间，因地位的悬殊而导致的陌生、错位关系。作品采用单线条叙事模式，情节异常简单，所包含的对现代文明荒谬性的展现却达到了登峰造极的地步。

> **知识链接**
>
> 卡夫卡作品中的浓郁特色，被称作"卡夫卡式"，最大特点是令读者的思维跟随作品情节，在逻辑理性与非理性的轨道上来回滑动，却始终控制其无法抵达两级顶端，它涵盖了思想内容与艺术形式两个方面，且已经发展成为一个美学概念。在思想上，卡夫卡接受了存在主义学说，表现了人在荒诞世界的孤独、恐惧与异化；体现了权威的不可抗拒、障碍的不可克服、孤独的不可忍受、真理的不可寻求等虚无主义。形式上，卡夫卡的艺术特色具体表现为荒诞框架下的真实细节以及浓烈的自传色彩。

土地测绘员K接受上级命令，于雪夜长途跋涉来到一个城堡前工作，却被阻挡在城堡管辖区外围的村庄中。人们告诉他，若想进入城堡，必须获取来自城堡签发的许可令。为了完成工作，K不得不与城堡内的权力机构周旋、沟通，短暂的工作期间演变为长久的、乏味的拉锯战。K尝试了各种方法，企图通过村长、信使、被城堡惩罚过的罪人甚至城堡最高长官的情妇来接近城堡的核心权力圈，却一无所获。他至死也未能踏进城堡一步。[1]

　　这是卡夫卡唯一一部未完成的作品，因而故事结局呈现出罕见的开放性，至今仍是法学研究者以不同视角进行解读的典型脚本。作品将现实生活成功虚化，自始至终笼罩着一股神秘的气息，并在这种背景的烘托下将人与人之间隔绝、陌生、不可理喻却又无所不在的异化感、荒诞感发挥至极致。与《审判》中的法庭相似，小说最重要的场景"城堡"也是一个虚像，它坐落在一个山岗上，永远蒙着一层神秘的面纱，令K可望而不可及。小说的主要人物同样也是一尊虚像，他甚至连名字也不需要，仅留下一个生命的符号。至于其他人物，更是活像被通通摄入了一出皮影戏，只能影影绰绰地看到他们晃动的影子与模糊的容颜，例如，作品中至关重要的大人物C伯爵，仅在K与纠察官的口中出现过一次，另一个官僚克拉姆到底长什么模样，大家"谁也说不清"。

　　与《法的门前》一样，这部充满着隐喻元素、带有强烈寓言色彩的小说，讲述了一个卑微的公民个体挣扎于等级森严、冗肿沉重的司法机构中愈陷愈深的故事。文中象征着司法机构的是一座寒酸、破败的"城堡"，它"既非一个古老的要塞，也非一座新颖的大厦，而是一堆杂乱无章的建筑群"，但对于底层人民来说，它已然高不可及。在这个与世隔绝、完全封闭的意识形态圈里，"城堡"中的最高长官克拉姆手握着绝对的权力，他的名字对于任何一个村民而言，都具有极大的震慑力。更为可笑的是，无论从哪个方面看，克拉姆在村民眼中都已成为上帝的化身，人们动辄将"以克拉姆之名"挂在口中祈祷或者起誓；所有被他偶然宠幸过的女人，从半老徐娘到豆蔻少女，均将克拉姆信手留给她们的手帕、绒帽、披肩等纪念品供奉祭坛，引以为终身自豪甚至家族（包括她们的丈夫）的荣耀；而其他人则永远也看不清克拉姆的真实形象。村民口中是如此描写克拉姆的神秘："他在村里和村外的模样不同；他饮酒前与饮酒后的容颜会发生变化；他在

---

[1] 梗概及本节引文来源于〔奥地利〕卡夫卡：《卡夫卡文集（第一卷）：城堡》，高年生译，上海译文出版社2003年版。

睡着时和醒来后的相貌迥异；他不喜欢独处，喜欢与大家在一起，当然容貌也会随之发生改变。"如同立于云端的上帝一般，克拉姆令人难以捉摸的形象，赋予他深不可测的威力，也因此造就了他的"子民们"的巨大恐慌与无尽的揣测。这种在浓烈的神秘色彩笼罩下的司法强权与专制，生发出一种难以抗拒的残暴，彻底摧毁了整体村民的独立思考能力与对自由精神的向往，使他们心甘情愿地匍匐于克拉姆及手下官员的权力监控之中。

巴纳巴斯一家的遭遇从一个侧面向K揭示了"城堡"——这所看似无形的废墟对胆敢反抗者的惊人、残酷的吞噬能力。在克拉姆耀眼光环的保护下，城堡的其他官员也常常到专供他们享乐的旅馆来"放松一下疲惫至极的灵魂"。他们粗暴地将所有聚集在此处喝酒的村中男人赶走，继而召来一群妓女与良家妇女进行狂欢。权力对于女人而言是一剂最有效的春药，有幸参加城堡权力核心层聚会的村中女人，将与官员们的交往视作无尚荣耀，她们满心欢喜地对官员们百般逢迎。在这种颇为变态的习俗与惯例的影响下，巴纳巴斯的妹妹阿玛利亚却断然拒绝了某位城堡要员的招幸，因而导致全家人被村民们所仇视、怨恨甚至衣食无着；最后，一向将荣誉视作生命的父亲因难以承受刺激，疯癫发狂。

巴纳巴斯一家的惨剧，与福柯关于权力、权力话语与刑罚之间关系的思辨精神不谋而合——三者相辅相成，亦即惩罚是权力和权力话语得以维系的重要手段，权力和权力话语又为惩罚提供合法性依据。根据福柯的理论，对巴纳巴斯一家进行惩罚的背后，隐藏着权力者力图塑造的意识形态被解构与重构的过程。对巴纳巴斯一家施加刑罚的本身并不是目的，不仅仅是为了惩罚罪犯和警示民众，更主要的作用，是昭示以克拉姆为代表的国家机构的权威，在惩罚别人的同时，亦彰显和巩固了惩罚的施予者的权力。可以看出，卡夫卡在此以自己的独特视角诠释了刑罚的功能——对于被破坏的秩序的恢复以及对于被动摇的权力的巩固。权力发出者为了维护自己在城堡管辖地居民眼中的神秘性与崇高地位，必然会为刑罚的发动寻找合法性依据，而所谓的合法性依据，实际由他们所发出的权力话语构成——K在村长家所看到的一座座由资料、发文、命令堆砌而成的"小山",虽然布满灰尘,却仍然具有"无上的法律效力"。

另外,巴纳巴斯一家的冤案亦同时验证了边沁"环形监狱"理论运用于司法监控中的魔力。以克拉姆为核心的"城堡"统治下的社会,完全符合"环形监狱"的主要功能——对管辖区的全景监视、在这种监视下产生的权力匿名化以及权力在受规训主体中的自动运行。美丽的少女阿玛利亚因为愤怒撕毁了城堡官员索提尼的求欢便笺;事后,索提尼并未对阿玛利亚进行半点威胁,也未运用公权力进行报复,但阿玛利亚尤其是无辜的家人从此却陷入万劫不复的深渊——全村人像躲避瘟疫般避开他们。当K为巴纳巴斯一家遭遇愤愤不平,希望帮助他们摆脱困境时,阿玛利亚的姐姐婉言拒绝了K的好意。这位姑娘分析道,他们一家所受到的鄙视与敌视的根源,显然来自"城堡",但"城堡"并未发出"明文判决"——问题的症结就在于此,没有人需要对此负责,匿名权力就此产生,并且权力实施所导致的后果清晰而现实地存在着。这与《审判》中被宣布有罪的约瑟夫所遭遇的困顿完全相同,作为匿名权力笼罩下的公民个体,即使意识觉醒希望反抗,也无法寻找到可以较量、对决的具体目标。

关于司法权在受规训群体中的自动运行模式,体现在村民对城堡俯首膜拜的情结之中。他们竭力揣测司法权掌控者的意愿,试图依循掌控者的思维方式去思考问题,并随时听从掌控者的召唤,忠实地为司法权的实现排除一切阻力与障碍。这种奴性心理的深处,事实上蛰伏着对"参与"权力的渴求,以及对话语权获取的期盼。他们认为如此这般就可以接近官方话语的边缘,并醉心于被同化为权力共同体的一员。可悲的是,他们并未意识到,自己与K一样,是永远被排除在权力话语以及权力本身之外的。事实上,以克拉姆为代表的"城堡"权力是建立在小范围、散布化的民众心理特质之上——只有在村民畏惧城堡权力时,城堡才真正实现了它的权力;而当村民为了揣测权力者的意图,对自己的同类横加暴力时,才真正地强化了城堡自身的权力,使之得以现实化,巴纳巴斯一家的遭遇即是明证。

在卡夫卡看来,对社会权力下痛苦挣扎的民众来说,他们所抗议的司法专政、刑罚苛酷亦是他们自身的思维、行为模式所造就的,他们正是整个司法权力体系赖以生存与运行的基础。这种观点，在卡夫卡较早时期的短篇小说《在流刑营》中有着更为深刻、准确的阐述。

死刑的盛宴：《在流刑营》

《在流刑营》（又名《在流放地》，创作于1914年）是一部描述人类司法制度在体制化与程序化的极端模式下被扭曲、异化，继而带给人类永无止境的恐怖与血腥的典型作品。

一位在热带流放营考察的欧洲旅行家，被邀请到死刑现场，观看一名因侮辱上司而被判处死刑的士兵的"行刑盛宴"。最终，他惊恐地发现，被执行者幸免于难，死刑机器的拥护者与执行者，却以自戕的方式跳入机器，结束了自己的生命。[1]

故事的主角是流放地的上尉兼法官，作为流放地死刑的判决者与执行者，他对设计精密的行刑机器抱有深厚而复杂的情感，"他向旅行家殷勤地介绍着这部机器，摩挲着机器的每个零件，就像抚摸着情人的肌肤"；他带着恭敬的神情打开行刑机器的内部结构图，"就像展开一部至高无上的宗教经典"；对机器的溢美之词源源不断地从他口中流出；而行刑时罪犯的面部表情则带给他极度快感，甚至"一瞬间点燃了他冷酷灰暗的双眸"。

根据上尉的介绍，这部死刑机器的"上部分是测绘仪，中间是密密麻麻的耙子，下部分是垫着特殊材质棉絮的床"。行刑时，犯人脱光衣物俯卧于床，由四条皮带缚住四肢，嘴里被塞上毛毡团以防自残，然后在测绘仪的精确控制下，长短不同的耙子开始在受刑人背部上下运作。耙子中装有长针与短针，长针负责在犯人背部刺字，"也就是对他的判决书"，短针则喷出一股股清水，"将渗出的血水冲刷干净，使判决书上的字迹清晰地显现出来"。身体的一面被刺透后，再翻过来刺另一面，整个行刑过程将持续十二个小时。两个小时后，就可以将毛毡团从犯人嘴里掏出，不必再担心他们还会有气力咬断自己的舌头。此时犯人的嘴边会放置一个盛

---

[1] 梗概及引文来源于〔奥地利〕弗兰茨·卡夫卡：《在流放地》，广东人民出版社1980年版。

着米粥的电热杯,愿意的话,他可以用舌头舔着吃。六个钟头后,判决书基本刺刻完毕;犯人需要再花费六个小时的时间通过背部、胸部的创口对自己罪行的判决进行解读;而此时的机器仍然在一遍遍地加深着犯人肉体上判决的字迹。大约第十二个小时,机器的耙子会将犯人背部与胸部完全刺透,另一个叉子将他铲起,放在床旁早已铺好厚厚棉絮的土坑中。到此为止,整个过程结束。

旅行者似乎对这台机器并不感兴趣,将目光转向那位即将领受刑罚的罪人,并问及上尉军官具体案情。他吃惊地获悉,待处决的犯人"并没有受到任何审判",因为"所有的判决都是通过机器将犯人所违反的法律写在他的身上,这样可以使他们的记忆更深刻些","即将在这位犯人身上穿刺的法条是'尊敬你的长官!'"旅行家迟疑地询问,犯人是否知道对自己的判决,上尉的回答是否定的,认为"没有必要告诉他,他很快会亲身体验到的"。旅行家不甘心地追问,犯人是否知道自己被处以刑罚,得到的回答依旧是否定的。事实上,旅行家随后了解到,这位被判处死刑的犯罪人"从来没有行使过辩护权"。

刑罚开始后的第六个小时,上尉向旅行家绘声绘色地介绍这台机器往日的荣耀,并希望通过这位来自文明国度的欧洲人向新任司令施加压力——后者是极力主张取消这种行刑机器的。当旅行者明确表示"事不关己"的态度后,绝望之中的上尉停止了对犯人的行刑,毫不犹豫地跳入杀人机器中,希望在曾经的光辉与荣耀中结束自己的生命。诡异的是,此时的行刑机器突然失控,耙子起伏之下所刺刻的皆是乱码,并很快进入"最后一小时"的行刑状态,毫无章法地残杀了军官。

这篇小说可以被看作一个关于罪恶、刑罚与殉道的寓言,现代文明的本质,通过这部令人毛骨悚然的杀人机器的演示,被揭露得更加细致、透彻。这是一个高度物质化、客观化的世界,一切刑罚均依照既定程序有条不紊地进行。可怕的是,这种冷冰冰的、高标准化下的程序运作模式,将人类的情感空间无限压缩,以至于最终陷入将人的主体性完全摒弃的荒谬境地。在日益精密化、自动化的机器面前,人的生命与尊严愈发显得微不足道;具有反讽意义的是,人类利用科学技术衍生出精致细密的杀人工具,而机器的操纵者与热衷者最后亦难逃脱被机器屠杀的命运。

　　流放地的酷刑是老司令官开创的,"他是军人、法官、设计师、物理学家、化学家、绘图师……"总之,老司令官是全能的人类的代表,也是刑罚权毋庸置疑的最高象征。在老司令的英明、智慧与权威之下,"罪行总是毫无疑问的",犯人也"根本就没有辩护的机会"。老司令去世后,他所秉持的精神与他所创造的权力体系,依然主宰着流放地的人们——上尉军官即为老司令不散幽灵的聚集体。当上尉终于意识到,自己关于刑律与惩罚、正义与公平的所有信念将随着新司令官的到任而被迫脱卸时,颇具军人气质的他毫不犹豫地选择了自戕,成为嗜血刑具的最后祭牲。上尉是一个多面、矛盾的角色,生命中的最后一跃,使我们对他一生的记忆定格在最为惨烈的一瞬间——他与行刑机器融为一体,血色烂漫中完成了自己的使命,他既是虐待狂,又是受虐狂;他既是借惩罚他人之名进行谋杀的罪犯,又是残酷、荒谬行刑方式的愚昧殉道者。上尉身上所彰显的矛盾性格可以延伸至所有人类,这是一种狂热而偏执的对理性、惯性与惰性的信仰。

　　作品中处于受害者位置上的犯人,也同样丧失了人性。他因为顶撞长官被逮捕、未经审判便被判处死刑;临刑前被士兵手里拽着的一根铁链拴着,却没有表现出丝毫的哀伤、愤怒或者抗拒,"像条奴性十足的狗,主人可以放心地放开他在山岗上随意乱跑,临刑前只要一个呼哨就会立刻回来"。行刑过程中,当他得知自己侥幸捡回一条命后,不顾遍体汩汩喷涌的鲜血,断然回绝了旅行家的劝告,执意待在现场,饶有兴趣地观看上尉的自戕过程——"他对这台杀人机器的构造以及行刑的过程,同样抱有极大的热情","预感到将要发生什么不同寻常的事情,也许刚才发生在自己身上的惨剧,很快就要降临到上尉的身上"。"'报应啊,真是报应!自己只受了一半的刑,剩下的却要由行刑者来承受,真是妙极了',他咧着嘴无声地笑着。"与上尉相似,被执行者变态、扭曲的心态同样出自嗜血的本性,这是又一个被制度化行刑体系所俘获、浸淫的卑微的灵魂。

　　可悲的是,这种心理不仅存在于执行者与被执行者之中。让我们回顾一下老司令在世时民众观刑的盛况——"行刑的前一日,漫山遍野便等候着观刑的民众,大家穿着节日的盛装,姑娘小伙们趁着这个机会眉目传情。行刑当天凌晨,军号嘹亮、声彻营地。人们激动地踮起脚尖往前涌,数百双目光注视着行刑机器、痴迷于被执行者面部痛苦的表情。因为不可能满足每一个观刑者在近处观刑的要求,老司令英明地指示要特别照顾儿童。孩子们在高级军官的监护下,得以最近距离地观看被执行者的痛苦。"作恶与惩罚之因果联系的图景对他们而言是如此鲜明,通过残酷的刑罚来实现正义、维系秩序的观念对他们而言是如此毋庸置疑。正如《城堡》中被控制于克拉姆官僚体系下的村民们,在奴役与专制面前所表现出的集体无意识,这一片兴致勃勃的观刑者、喝彩者,也正推动着残暴、落后的刑罚制度在人间的蔓延与巩固。

知识链接

西方文学史上令人津津乐道的一个事实是,许多文豪都拥有着"从法学院逃跑"的有趣经历。卡夫卡也不例外。他具有显赫的法科背景,与雨果、莫泊桑、托尔斯泰、福楼拜等传奇作家分享着共同的人生阅历,不仅如此,获得法学博士学位后,卡夫卡继续着自己的职业生涯,先后在律师事务所、法院、保险公司等处任职,与法律打了数十年的交道。因此,即便日后成为文学家的卡夫卡宣扬自己"极端厌恶法律",认为修习法律"就像在啃木头屑",但他毕竟是一位受过法学专业训练的、有着二十余年(从 1901 年进入布拉格卡尔大学开始,到 1922 年因健康原因从保险公司法律专员职位退休)丰富实践经验的老法律人,他的思维、评论、叙事模式不可避免地被打上了深刻的法律烙印。同时,卡夫卡从事司法职业的这二十年,正是西方现代法学历史上发生巨变的时期,"纯粹法学"与"自由法学"两种学派激烈相争,刑法理论的研究重心亦开始由犯罪向犯罪人、由客观主义向主观主义倾斜。文学创作过程中,无论卡夫卡是否意识到自己专业素养始终客观存在,无论他是否承认诸多的法学元素已经浸润到每一部作品的肌理之中,通过对上述三部作品的考察,可以清晰地发掘出作者本人借文学作品的隐喻所表达出的对各种法学理论与司法实践的倾向与看法。

表面上看，上述三部作品涉及的法律话题各不相同，《审判》勾勒出一幅民众眼中自然正义与司法过程逐渐神秘化与虚幻化的图景，《城堡》描绘了刑事立法与司法机器挤占个体空间、向高度集权与专制日益膨胀的趋势，《在流刑营》则讲述了一个残酷的刽子手被杀人机器终结生命的血腥故事；本质上，它们却分享着共同的严肃而深刻的主题——在一幕幕荒诞而逼真的情景背后，卡夫卡试图探讨的是更深层次的法哲学话题，矛头直指法律在文明社会中被异化的事实。

在诸多民众意识中的刑事法律，人们首先像教科书一般将其描述为一副客观真实、公正无私的正义面孔，它与人们的日常生活距离遥远，几乎是神圣的而非当前生活的组成，但是其威严性与可预见性不容置疑，是人们心目中象征正义与公平的图腾。从远古时期开始，在人们的意识当中，刑法在绝大部分时间内以一种权威的、遥远的、超然的力量出现，是神祇的代言人，是自然法则在世间的具体运作，是一种不可抗拒永恒存在的因果规律。人们一般对其敬而远之，只有在为了崇高或卑微的目标与其他个体产生了难以排解的纷争与仇恨时，才会被动介入刑法的运作空间。当然，远古时期的人们是没有制定法观念的，他们完全依照自己的本能与原欲去支配行为，也完全遵循自然的法则接受报应与惩罚。

随着人类文明的不断进化，制定法开始在人类社会运转，规制秩序、维持秩序、恢复秩序。人们对于这一套国家惩罚机器抱有强烈的敬畏之情，这种敬畏并非来源于机器后面的暴力支持，而是来源于对宗教信仰的无限忠诚，人们认为国家刑事司法权来源于上帝的授予、惩罚世间的罪人是遵照上帝的旨意，违背刑法就是背叛上帝，对死后在地狱中接受拷炼的恐惧成为人们不敢越雷池一步的主要约束力量。即使在近现代社会，刑法之内蕴已经褪去了浓烈的宗教色彩而转化为庞大国家机器的一部分，很大一部分西方人对于刑法的敬畏仍然来源于对自然法则的尊敬与忠诚，当刑事司法运作基本沿着人们心目中的自然正义之轨道有序运行时，人们出于对自身安全与自由等切身利益之考虑，对倚借强大暴力而产生威慑力与制裁力的刑事司法通常秉持着认可、支持与尊重的态度。

从19世纪末20世纪初开始，随着刑法思想从道德伦理与宗教信仰中成功剥离，随着社会意识形态的分裂与细化、随着稳定中庸的科层制为主要模式的社会结构的不断发展，出现了类似于《审判》与《城堡》情节中的人们对法律的无所适从与敬畏恐惧。这种敬畏并非建立在刑事司法与自己的价值观相统一之基础上，而是出自一种对无法预测、无法控制的庞大法律机器的恐惧。

　　《审判》生动揭示了法律扩张为机器特质后的邪恶特点。《法的门前》更是讲述了一个令人心碎的人们对法的忠诚与法之邪恶本性的故事。故事中的乡下人畏惧法、尊敬法、热恋法，渴望接近法、理解法、并屏息凝神地随时听候着法的吩咐，但他从年轻力壮的青年时期，到佝偻孱弱的老年时期，直到死也未能跨进法律的大门一步。法律的大门始终留有一条细细的缝隙，以其中透出的光亮诱惑着这位对法抱有极大忠诚度的公民，令他总是对法抱有一丝希望、欲罢不能。乡下人的经历证明了人类法律已经发展为一个复杂、庞大的机器，金字塔状的权力在集权控制网络中一层层地被生产出来。而乡下人这些处在法的控制下的人，只有被规训、被窥视、被操纵的命运，他甚至不知晓以何种方式、以何者为对手、向着何种理想去挣扎、去抗争。同样的主题也出现在《城堡》中，故事深刻诠释了卑微的公民个体与庞大的法律机器之间因地位悬殊而导致的陌生、错位关系。在立法权力与司法权力所营造的与世隔绝、完全封闭的意识形态圈里，以刑法为象征意义的"城堡"永远蒙着一层神秘的面纱，令人们可望而不可及。这种颇似"云端的上帝"的形象赋予执行者深不可测的威力，也因此使他的"子民们"陷入了巨大的恐慌与无尽的揣测。这种在浓烈的神秘色彩笼罩下的集权与专制，生发出一种难以抗拒的残暴，彻底摧毁了整个村民的独立思考能力与对自由精神的向往，使他们心甘情愿地匍匐于法律机器的监控之中，并得以在受规训群体中的自动运行。《在流刑营》中，上尉手中掌控的刑法机器已经成为被人制造后又翻转过来控制人、迫害人的异己力量的象征。故事中"犯罪者"的遭遇甚至不如《审判》中的约瑟夫，一切司法程序应包含的内容统统被省略，没有审判、没有辩护甚至没有判决书，案件径直过渡至行刑阶段，犯罪者怀着极大恐惧被带上行刑机器。司法试图通过此种方式告诫公民，谁敢以身试法，触犯权威，法律就会将他的"意志、胆量、肉体通通抽干"。在这种披着科技进步与民主外衣的专制社会下,整个司法体系就是一个以暴制暴的巨大机器,在人们眼中自古扮演着替天行道角色的刑罚,在优势利益与话语权的操纵下被逐渐异化,人们逐渐对它丧失了亲近感与信任感,代之以恐惧、憎恨、疏离与反叛。

在上述作品群中,卡夫卡为读者精心设计了各种开放性视角,包含着多元化法律元素,集中表述了自己对文明社会中司法异化现象的深刻思考以及对公民社会发展前景的深切忧虑。即使在进入21世纪的今天,回顾作品中荒诞却又似曾相识的场景,依然对任何已经或者正在迈向法治化的社会具有确定而恒久的警示意义。当然,针对同一部作品,解读角度不同,结论亦自然包含多种可能性。对刑法学研究者而言,卡夫卡的作品带给我们的独特视角与思维空间显然比问题本身与结论更有意义。

知识链接

关于卡夫卡之作品,其中更为有趣的一个话题是,作者似乎在生前就已经预见到,在其去世之后,关涉著作版权与书稿原本的所有权问题将会演绎出无尽的纠纷,于是卡夫卡在1924年去世前写下遗嘱,将自己的手稿交给好友、遗产执行人马克斯·布罗德(Max Brod),希望他在自己死后将这些手稿全部焚毁。然而,马克斯·布罗德不仅没有焚毁这些手稿,反而从1925年开始陆续付诸出版。在《审判》第一版的后记中,马克斯·布罗德记录了弗兰茨·卡夫卡本人对自己创作完成的作品的评价、对将作品成书出版的态度,尤其是对自己手稿所有权和处理方式的要求,以及作为好友和遗嘱执行人,马克斯·布罗德选择保留卡夫卡手稿的原因。或许,正因为他的果决、坚持甚至"背叛",才没有造成一件文学史上的憾事。

1939年,德军攻入捷克斯洛伐克边境前五分钟,布罗德飞奔而上了最后一班出城火车,从布拉格逃往巴勒斯坦。他随身只带了一只行李箱,里面装着卡夫卡的手稿。1968年去世前,布罗德将手稿交托给了女秘书兼情人埃丝特·霍费。很快,针对这批手稿的所有权产生了争议,以色列政府视卡夫卡遗稿为国家公产,与霍费女士长期对峙，对其外卖手稿的企图严防死守，直至其 2008 年以 101 岁高龄去世，遂对其两个古稀女儿埃娃·霍费和安妮塔·露特·魏斯勒发起讼战。霍费家族本已与德国马尔巴赫的德语文学档案馆达成协议，将卡夫卡-布罗德档案打包卖给后者。2010 年 7 月，为了阻止上述买卖合同的履行，以色列法官不顾被告抗议，下令强行打开特拉维夫和苏黎世的十个银行保险箱，清查并抢先一步占有卡夫卡作品手稿。2012 年，在以色列法院将手稿判归国家图书馆后，两姐妹提出了上诉。霍费家族自认最有力的一项证据是 1952 年布罗德写给埃丝特·霍费的一封信，信中确认她有处置手稿的全权，而没有捐给国家的义务。但法庭认为，布罗德的保证并未赋予埃丝特·霍费处置手稿的"绝对权利"。根据他同年留下的其他书证，法庭宣布，布罗德的终极愿望是把手稿捐献给国家。2015 年 6 月 29 日，特拉维夫地方法院的一个三人小组下发判决书，维持 2012 年的裁定，驳回霍费家族上诉，认定其从母亲埃丝特·霍费手中非法继承并持有卡夫卡手稿，勒令其将所藏全部手稿上交以色列国家图书馆。判决书还指出，卡夫卡"从未见过"两姐妹的母亲，必不会允许将原来立意销毁的文件交给朋友的秘书的女儿付诸公开拍卖，由出价最高者获得。法庭判定，这批手稿是霍费家族侵占的财产，在布罗德死后继续持有手稿是非法的，霍费家族对手稿没有任何权利，包括获得任何版税的权利。至此，这场漫长的法律诉讼得以画上句号。

图 11-5 弗兰茨·卡夫卡

第十二讲
局外人:后现代主义文学

讨论文本

- 《禁闭》
- 《局外人》
- 《老妇还乡》
- 《抛锚》
- 《西绪福斯神话》
- 《第22条军规》
- 《诺言》

导言

后现代主义是第二次世界大战后西方文学最重要、最壮阔的文学潮流,也是当代西方各种反传统文学流派的总称。它发轫于第二次世界大战的废墟中,在后工业文明的氛围中走向全面繁荣。后现代主义文学作品是当代西方社会精神危机最形象、直观的反映,它继承和发展了现代主义的反传统、反理性精神,并将该特质推向极端。然而,与现代主义标榜清高、超凡脱俗的气质相反,后现代主义公开趋俗,声称自己是平民的儿子,力图代表处于社会底层的民众发出声音。他们立于鲜明的反叛立场,对现实西方社会的政治、法律制度表现出公开的绝望与唾弃,带有破坏一切、毁灭一切的无政府主义色彩。尤为可贵的是,后现代主义者的批判是务实的,并非仅限于思想、道德等形而上的东西,并且企图从根本上否定整个社会制度——"颠覆与破坏"成为后现代主义最激进的口号。例如从20世纪末开始至今仍然占据主流阵地的解构主义文学思潮,目的就是通过解构和破坏语言规则,进一步破坏官方规章制度类的"文本",从而达到破坏和颠覆整个社会固有制度的目的。

后现代主义反对一切固定化、制度化、被垄断化的模式，它的主旨与内蕴，决定了自己不可能具有一个统一的、明确的内涵。1987年，美国阐释学文艺理论家们召开专门会议对"后现代主义"思潮进行探讨与争论，最终将其特质归纳为以下要点：第一，后现代主义产生的文化基础是"一"与"多"共存的时代，每一种文学都强调自己与众不同的个性，成为"这一个"；同时，许多"这一个"的多头竞争也就形成了多元竞争、多维并存的文化格局。第二，后现代主义是战后科技革新发展的直接结果，从文化底蕴来看，它是科技意识的扩张。例如它在思维层面直接引进纯科技思维来分析文学现象；包括结构主义、解构主义等文学理论，均是受到科技成果的启示而演绎的成果。第三，后现代主义在对传统进行解构与重构的过程中，包含着颠覆、毁灭、变异、承继、再造等因素；它既是一种否定，又具有天然的传承性与传统性，我们不能因仅强调它颠覆、反叛的一面，而忽视它对既有文明的传承与再造功能。

从历史发展角度考察，后现代主义萌发、鼎盛与衰落呈现回形走势。后现代主义格局从20世纪40年代中期开始基本形成，并于六七十年代达到顶峰，之后影响力渐次下降。后现代主义的衰落，与其落拓不羁、标新立异、颠覆传统、随意肢解语句的特质密切相关——一个不容忽视的客观事实是，80后、90后新生代的阅读能力与写作能力令人震惊地大幅降低，他们根本就"读不懂也不喜欢后现代主义玩弄文字游戏的学院派趣味，而更倾向于情节曲折与明白晓畅的作品"；另外，电视文化与网络文化的普及使得文风流畅、形象生动的批判现实主义再一次受到媒体的认同与鼓励，继而将文风晦涩、强调只可意会不可言传的后现代主义作品彻底打入冷宫。因此，在世纪之交，由后现代主义向批判现实主义文学的普遍回归，成为西方文学史上最具意义的文化现象。

本讲将向大家介绍七部后现代主义作品。法国哲学家萨特是存在主义哲学观的代表人物，其剧本《禁闭》即存在主义文学的典型代表，作品以极度夸张的风格再现了现代社会人与人之间的畸形关系。萨特对三个犯下重罪、降入炼狱中的主人公之间的依附关系作了巧妙精致的设计与刻画，暗示着人类个体的存在无法脱离他人的存在，即便世界荒诞如地狱。在萨特的作品中，处于荒诞境遇的人总是拥有一种更为理性、更富有主体精神的对抗与追求，这种观点旗帜鲜明地体现在人物"自由选择"的行为模式之中——即使堕落到地狱般恶劣的环境中，仍然可以作出选择；正因为人具有自由意志，且在该意志的支配下作出了选择，因而个体人必须对自己的选择承担责任，无论该种责任如何荒谬。《西绪福斯神话》是法国另一位存在主义作家阿尔贝·加缪的代表作，希腊神话中，西绪福斯是一位悲剧性角色，加缪却认为，作为罪者，西绪福斯是幸福的。在加缪的视角下，西绪福斯的行为是一种对难以改变的荒诞处境的张扬至极的反抗，正是这种在特定情境下唯一可能存在的反抗形式，赋予了西绪福斯高贵的人格与尊严。这种集荒谬现实与荒诞快乐为一体的图景，冲破了人类思维的局限，反映了人类对客观现实与本身存在之间断裂、悖谬状态的勇敢正视。《局外人》是加缪的成名作，也是"存在主义文学"的扛鼎之作。该书以纪实性叙事风格，粗线条地勾勒出一位被世界拒绝亦同时抛弃世界的"局外人"——主人公默尔索在荒诞世界中的人生体验，以及他与荒诞世界之间冷漠、低调、充满智慧而又饱含苦笑的抗争，"当今社会，任何在母亲下葬时没有落泪的人均有被判处死刑的危险"。谈到黑色幽默作品，必须将美国小说家约瑟夫·海勒的《第22条军规》列入首位，事实上，"第22条军规"本身就是文明社会中一种高度的抽象与集中的聚集体，看似变化无穷、莫测高深，本质上却是一个"放之四海而皆准"的圈套，代表着一种永远无法摆脱的困境，象征着冥冥中统治世界的怪诞力量。《老妇还乡》是德语作家、犯罪题材小说家弗里德里希·迪伦马特的成名作，它讲述了一个与人之黑暗本性紧密相关的集体谋杀案。漫不经心的欢笑中，全城人冷静而理智地杀死了一个未被判处死刑的人；舞台背后，在黑色幽默的衬托下，迪伦马特敏锐地撕开小城居民善良与正义的面具，彰显那涌动着罪恶与贪婪的灵魂。在这部风格独特的剧目中，迪伦马特为人类的灵魂设计好了精密严酷的陷阱，窥视到在法律缺席的情形下，以贪欲、私利、冷血为主导的群体性舆论，成功地完成这桩精美的谋杀案。他坚信，犯罪现象是普遍存在的，每一个人均是潜在的犯罪者，虽然有时是一种超越法典意义的罪恶。《诺言》则讲述了一位坚守诺言、追求正义的警官在职业生涯中的尴尬境遇。该部作品聚集了"黑色幽默"的所有特质元素，凸显了人类在荒诞世界中的荒谬境遇，命运轻而易举地粉碎了一个执着于正义、坚守诺言的优秀警探的全部理想与人生信念。中篇小说《抛锚》为迪伦马特获得了巨大的世界性声誉，作品通过一次因抛锚事故引发的夜宿游戏，于荒诞与幽默中探讨了关于犯罪与刑罚的严肃话题，暗示着"全体之罪"言论的正确性，揭示了人类蕴含在一般生活中的平庸的邪恶。

☆存在主义文学

进入20世纪，西方社会在发展过程中不断暴露出它的痼疾，以及由此带来的一系列灾难性后果。日趋激化的阶级斗争、周期性爆发的经济危机、法西斯主义的一度蔓延以及荼毒生灵的世界大战的爆发，使得西方人在历经18世纪、19世纪滋长、茁壮起来的对科学与理性的信仰、对通过自然科学主宰世界的乐观幻想迅速枯萎凋落；一切秩序与信念，均雪崩般在西方人心目中坍塌，并被一种"世界存在的不可理喻"与"人的存在就是一种荒谬"的悲剧性情结所替代。西方人的集体意识普遍感受到世界的荒诞性以及人类存在本身的尴尬性，人生成为"不可推断、无法主宰"之物，荒诞却成为现实生活的高度概括——人们无法认识他人、掌握自己命运，失去了安全感与确定感，感到苦闷彷徨、前途渺茫。如此背景下，存在主义应运而生。它滥觞于20世纪30年代，于第二次世界大战后达到巅峰，影响了整整半个世纪的人类思维。以致直到21世纪的今天，我们仍然能感受到存在主义的重大影响，这在哲学发展史上也是十分罕见的。存在主义在如此之短的时间内可以造成如此之大的声势，其根本原因在于它极其深刻地反映了经历战争创伤的人们的心态，表达了饱历战争苦难的整整一代人的意志、愿望与情感。残酷的战争剥夺了人们自然存在的权利，将人们变成了两类畸形群体——或者当杀人机器的靶子，任人屠杀宰割；或者充当杀人机器，违背人性，以屠杀同类的方式来苟延残喘。因此，存在主义是一种危机的、寻找自我的、追踪生命意义的哲学，"荒谬"与"痛苦"是其基本主题。[1]

存在主义由丹麦神学家索伦·克尔凯郭尔（Soren Kierkegaard，1813—1855年）首先提出，但克氏的存在主义建立在基督教神学的基础上，认为存在首先是上帝的存在，或者说存在原本就是上帝意志的结果。该理论由法国哲学家、思想家、文学家让-保罗·萨特（Jean-Paul Sartre，1905—1980年）采用明白晓畅的语言和生动的事例进行阐述，成功地将存在主义变成一种西方普遍接受的大众哲学。

> **知识链接**
>
> 让-保罗·萨特，20世纪最重要的哲学家之一，法国当代著名哲学家、小说家、剧作家、文艺评论家和社会活动家，"存在主义"哲学的领袖人物，也是存在主义文学的主要代表作家。参加过第二次世界大战，并被德国人俘虏。代表作有《恶心》《墙》《苍蝇》《存在主义是一种人道主义》《毕恭毕敬的妓女》等。1964年曾获诺贝尔文学奖，但以"谢绝一切来自官方的荣誉"为由拒绝领奖。

萨特认为，现实世界是荒谬的，它无因无果、神秘不可知；人们越是希望能够了解它、驾驭它，就越发感到没有希望，感慨于人生的荒诞。"自由"是萨特的存在主义之核心，萨特强调，接连不断的"自由选择"组成了人类的存在意义，人类只要作出选择，无论好坏，都是对生活本身的尊重与回应，也是证明自己存在于世的唯一方式。萨特存在主义的主要观点包括以下内容：第一，存在先于本质。因为存在首先是自我的存在，这个命题就变成了自我先于本质，成为唯我论的主观唯心主义，并且强调对人的个性尊重，带有浓厚的人道主义色彩。因此萨特强调"存在主义就是人道主义"。第二，世界是荒谬的，人生是痛苦的。社会越发展、越竞争就越冷酷，这已经成为现代社会的一种绝对的、不可抗拒的规律；竞争的结果必然是利益价值准则取代道德价值准则，一切人伦道德与传统

---

[1] 参见谢南斗等：《二十世纪西方文学史》，南海出版社2006年版，第211页。

价值观念将被迅速剥落。萨特的名言"他人即地狱"即说明个人存在的平等性与独立性,当他人扼杀自我的个人意志和选择自由的时候,他人就是"地狱"。因而这个命题是对人类冲突关系而非普遍关系的界定。第三,存在主义提出"自由选择论",认为人是自由的,这个自由就是选择的自由。面对各种环境,面对纷呈流变的社会态势,人们采取何种行动?怎样采取行动?这些均可自由选择,且意味着人生存在的意义与生命的本质。这种选择是连续不断的,人的每一次选择都会造成新的自我本质;在自由选择的轨迹中,人们自己创造自己、完善自己,实现生命的价值。因此,选择是人的权利与幸福,也是人的重担和责任。

"他人即地狱":萨特与《禁闭》

萨特的剧本《禁闭》(1945年)是存在主义文学的典型代表,作品以极度夸张的风格再现了现代社会人与人之间的畸形关系。

《禁闭》中一男两女三个人死后变成鬼魂:第一个是报社编辑加尔散,一个道德败坏的卖国者,公开主张向德国法西斯投降,认为同希特勒对抗等于自取灭亡。由于其卖国言论出卖了祖国利益,结果被军事法庭判决枪毙。第二个鬼魂是伊内丝小姐,她最喜欢同性性爱模式,并且一心一意缠着漂亮的嫂子大搞"派对",结果被又气又羞又烦的嫂子打开煤气活活毒死。第三个是贵妇人艾丝黛尔,她是一个色情狂,为了寻欢作乐竟然把私生女儿活活丢到湖水里淹死。艾丝黛尔的胡作非为导致情夫开枪自杀,后来她本人也死于肺病。降入地狱后,三个鬼魂依然旧习不改,希望踩着别人的身体证明自己存在的价值。于是三个痛苦、卑劣的灵魂,在地狱中构成了一副可笑的关系:相互依靠而又相互提防、相互渴望而又相互排斥、相互算计威胁而又相互弥补妥协。最后,鬼魂们恍然大悟:"提到地狱,就会想到硫磺、火刑,却没想到地狱是如此模样。何必要什么地狱呢?真是莫大的玩笑啊。他人就是地狱!"[1]

---

[1] 梗概及本节所有引文来源于〔法〕沈志明、艾珉主编:《萨特文集(六)——禁闭》,人民文学出版社2005年版。

作品以耐人寻味的评论性言辞结束——"他人即地狱",这句台词成为20世纪中叶以后整个西方社会人与人之间关系的象征。可以看到,萨特的写作带有明显的极点色彩,作品中的主人公所处境遇通常是特定条件下的极限境遇。与之前讨论的战争背景之下的人性善恶以及自由选择意志有稍许不同,在此部作品中,萨特只为主人公留下两条黑白分明的出路,其中并无选择中间灰色地带的可能性。主人公往往面临着唯一的选择,关系到生死存亡,难以调和、无法延缓、不能逃避。在这种背景氛围的烘托下,使得所谓人之享有的"意志自由",在极为敏感的时间与有限的空间得以彰显。三个角色均是世俗社会中的罪犯,一个是国事犯,死于军事法庭的刑罚执行;一个是风俗犯,虽然没有受到法庭的审判,却被自己的嫂子私刑处死;最后一个是风俗犯与谋杀犯,虽然逃脱了法庭的制裁,却遭受天谴死于疾病。《禁闭》中,萨特对三个主人公之间的依附关系,作了巧妙精致的设计与刻画,暗示着人类个体的存在无法脱离他人的存在,即便世界是荒诞的、如地狱一般、即便是在罪恶与救赎的进程中。例如,加尔散必须争取另外二人对自己的优势判断,而伊内丝对艾丝黛尔则怀有同性恋情愫,艾丝黛尔同时对加尔散颇有好感——三人之间各怀鬼胎,正表现了三方之间密切关联、无法分割的关联状态,另外两方均为第三方存在的唯一依据。这就赋予该部作品以强烈的社会性与群体性暗示,说明个体与群体的不可分割性,个体自由注定是一种相对而非绝对的自由。由此,刑法思想领域,关于人类个体究竟是否具有作出选择的自由意志的讨论,萨特向我们打开了另一扇窗。

我们还可以看到,在萨特的作品中,处于荒诞境遇的人总是拥有一种更为理性、更富有主体精神的对抗与追求,这种观点旗帜鲜明地体现在人物"自由选择"的行为模式之中——即使堕落到地狱般恶劣的环境中,仍然可以作出选择;正因为人具有自由意志,且在该意志的支配下作出了选择,因而个体人必须对自己的选择承担责任,无论该种责任如何荒谬,这就进一步夯实了刑法理论中道义责任论的基础。通过文学作品,萨特进一步强调,人对于世界的荒谬感是无法消除的,人的自由选择并非要改变周围环境,而是企图在意识中超越环境。由于人类无法超越肉体存在，所以只能凭借主观精神来自我内化、掩盖荒谬，使自己从现实困境中隐退，达到相对自由状态。与萨特相仿，存在主义文学中，加缪无疑是将这种状态演绎得最为惟妙惟肖的作家。

阿尔贝·加缪的存在主义作品

法国作家阿尔贝·加缪（Albert Camus，1913—1960年），是存在主义文学的扛鼎人物。20世纪中叶以来，越来越多的人意识到加缪的著作及其思想的重要性，萨特曾赞扬加缪，"在一个把现实主义当作金牛膜拜的时代里，肯定了精神世界的存在"[1]。与萨特相仿，加缪哲学思想的核心亦是人道主义，个体生命存在的尊严与群体生活的运行模式之间的背反状态，奠定了他整个文学创作的基调。他努力践行着存在主义的真谛，认为"如果要在公平正义与自由之间作选择，我宁愿选择自由。因为，即使在公平正义不能实现之时，自由仍可有力地抵制不公正，并可与之展开对话"。代表作《西绪福斯神话》（1942年）和《局外人》（1942年）所包蕴的思想，构成了加缪文学创作的母题，孕育着加缪所有作品的核心话题。

> **知识链接**
>
> 阿尔贝·加缪，法国小说家、哲学家、戏剧家、评论家，存在主义文学的领军人物。在非洲贫民窟长大，父亲在第一次世界大战中战死疆场，而他本人则直接参加了第二次世界大战。1942年，加缪开始秘密地活跃于反法西斯抵抗运动中，主编地下刊物《战斗报》。1957年，"因为他作为一个艺术家和道德家，通过一个存在主义者对世界荒诞性的透视，形象地体现了现代人的道德良知，戏剧性地表现了自由、正义和死亡等有关人类存在的最基本的问题，他的重要文学创作以明彻的认真态度阐明了我们这个时代人类良知的问题"，获得诺贝尔文学奖。

---

1 〔法〕阿尔贝·加缪：《局外人·西绪福斯神话》，郭宏安译，译林出版社2011年版，序。

图 12-1　加缪在《战斗报》的记者证

图 12-2　加缪

囚徒的幸福：《西绪福斯神话》

在希腊神话中，西绪福斯是柯林斯的建城者和国王，也是人间最足智多谋的人。当宙斯掳走河神伊索普斯的女儿伊琴娜后，河神曾到柯林斯寻找爱女，西绪福斯以自己国家能拥有一条四季长流的河川作为交换条件告知河神他的女儿的下落。由于泄露了宙斯的秘密，宙斯派出死神将他押入地狱，西绪福斯却用计绑架了死神，导致人间长久以来都没有人死去。他还欺骗冥后给他三天时间返回阳间处理俗事，看见热爱的大地后却再也不愿返回冥界，最终导致诸神的愤怒。诸神裁定，将他流放到地狱的尽头，每天将一块巨石推到陡峭的山顶；但是只要一松手，就会眼睁睁看着石头在瞬间自动滚落山底。西绪福斯要永远并且没有任何希望地重复着这个毫无意义的动作。[1]

在希腊神话中，西绪福斯是一位悲剧性角色。他被判处将一块巨石推向山顶，而这块石头一旦抵达顶峰，就会重新滚落山下——众神认为，没有比这种看不到尽头的辛勤劳作更为严厉的惩罚，加缪却认为，西绪福斯是幸福的。在加缪的视角下，西绪福斯被惩罚做永无尽头、毫无希望、体会不到任何成就感的辛勤劳作，却快乐地接受、勤谨地履行、精神饱满地面对每一个崭新的朝阳，这绝对

图 12-3　对西绪福斯的惩罚

是一种生存的大智慧，是一种对难以改变的荒诞处境的张扬至极的反抗。正是这种在特定情境下唯一可能存在的反抗形式，赋予了西绪福斯高贵的人格与尊严，因此他是幸福的。这种集荒谬现实与荒诞快乐为一体的图景，冲破了人类思维的局限，反映了人类对客观现实与自身存在之间断裂、悖谬状态的勇

1　参见〔法〕阿尔贝·加缪：《局外人·西绪福斯神话》，郭宏安译，译林出版社2011年版。

敢正视。西绪福斯在世人眼中是一个颇具荒诞感的英雄，因为他蔑视、嘲弄宿命的安排者与操纵者；因为他如此地热爱生活、憎恨死亡；因为他在极其有限的自由选择中完成了普通人难以想象的壮举。这种敢于冒天下之大不韪的个性，亦使得他必然会遭受数千倍于普通人的苦难折磨——他将全身致力于一项注定无法完成的事业，永无尽头，这就是他与命运对抗所必须付出的代价。人生即荒谬，然而，荒谬并非绝望，对于西绪福斯来说，他依然是自己生命的主人。他所希冀的并非是与诸神厮杀后的胜利，而是拥有足够的智慧在苦难之中寻找到生的力量与心的安宁，这是一种面向心灵的救赎。

加缪热烈赞美西绪福斯这个抗拒荒谬的英雄。他承认生命的荒谬，却在悲剧中选择乐观地生存，积极地介入生活，与命运抗争、与一切不义的人与现象抗争。西绪福斯必须肩扛巨石、年复一年，永无出头之日，这是其对命运进行选择的惨痛代价，更是其重启幸福之门的坚固踏板，巨石仍在滚滚滑落，西绪福斯亦将永远大笑着前行。

无可奉告：《局外人》

与《西绪福斯神话》同年发表的《局外人》（1942年）是加缪的成名作，也是"存在主义文学"的奠基之作。该书以纪实性的叙事风格，粗线条地勾勒出一位被世界拒绝亦同时抛弃世界的"局外人"——主人公默尔索在荒诞世界中的人生体验，以及他与荒诞世界之间冷漠、低调、充满智慧而又饱含苦笑的抗争。

作品分为两个部分。

第一部分描述了公司职员默尔索听到敬老院中的母亲去世的消息后参加葬礼的过程，以及返城后误杀他人的经过。在料理母亲丧事的整个过程中，默尔索表现出令人难以置信的冷静与冷漠：他婉拒了养老院院长揭开母亲的棺盖、让他再看母亲最后一眼的建议；他在守灵过程中流露出一副倦怠至极的模样，不顾他人奇异的目光，享用了大量的咖啡与牛奶；他在母亲下葬时没有落一滴眼泪，而是不停地用手帕擦拭着脖颈与脸上的汗水；他在母亲下葬的第二天就与情人去海滨嬉戏、观看滑稽电影并且做爱;面对公司老板的关切询问与深切哀悼,他甚至记不清自己母亲的确切年龄;他与一个"靠女人吃饭"的没有正当职业的邻居厮混在一起,并代他写信辱骂情妇;他卷入了邻居与情人之间的争执,并开枪误杀了邻居情人的弟弟……总之,默尔索在母亲辞世后极短暂时间内的一系列言行,显示出他是如此的冷漠,对任何事物都抱着一副满不在乎的态度,他甚至没有兴趣去思考身边发生的一切,只是被动地、感官化地全盘接受。甚至在杀害那个阿拉伯人时,默尔索的情感也未产生较大的波澜,四声枪击,仿佛只是"在苦难之门上短促地叩了四下"[1]。

第二部分是关于对默尔索进行审判的过程。默尔索被捕之后,并未聘请律师,依据法律规定,法庭为他指定了辩护律师。这是一位非常敬业的律师,对默尔索目前的困境逐一分析,提醒他检察官已经开始着手了解他的私生活:预审推事赶往养老院进行调查,知道他在母亲下葬的那天"表现得麻木不仁"。默尔索听到这里,脱口而出:"我很爱妈妈,但是这不说明任何问题。所有健康的人都或多或少盼望过他们所爱的人死去。"闻听此言,律师大为吃惊,请求默尔索发誓,将不会在庭上如此口出谬言,并建议他以"心中异常悲痛,但努力控制内心情感外露"来回应检察官对他在母亲葬礼上冷漠表现的质疑,律师的建议被默尔索一口回绝。

十一个月后,默尔索案件在重罪法庭开审。检察官首先责问默尔索将母亲送至养老院的原因,默尔索回答,自己没有多余的金钱请专人看护母亲;接着检察官询问默尔索,他独自回到水泉边是否已经动了杀机,默尔索断然否决,说一切不过是偶然。随后,法庭传唤了养老院院长以及门房,他们对默尔索在母亲去世期间令人惊讶的表现作出证明,这些表现包括"守灵时吸烟、不断喝咖啡并且安然入睡"等细节。此时,默尔索突然感到有什么东西激怒了整个大厅里的人,于是"第一次开始意识到自己可能有罪"。法庭继续传唤了包括默尔索女友在内的

---

[1] 梗概及引文来源于〔法〕阿尔贝·加缪:《局外人·西绪福斯神话》,郭宏安译,译林出版社2011年版。

一系列证人，证实了默尔索于母亲下葬的第二天就去海滨嬉戏、看费南代尔的喜剧片以及发生性关系的"罪行"。最后出庭的证人是邻居莱蒙，也就是将默尔索卷入误杀案的青年。他的证词对默尔索十分有利，但是检察官话锋一转，借莱蒙的职业大做文章，对后者进行人格羞辱，"众所周知，证人干的是乌龟的行当。而默尔索居然是他的朋友。这是一个最下流的无耻事件，由于加进了一个道德上的魔鬼而变得更加严重。正是这个人，在母亲死后的第二天就去干了最荒淫无耻的勾当"，默尔索的律师此时异常愤怒，跳起来大声反驳检察官："说来说去，他到底是被控埋葬了母亲，还是被控杀了人？"这一有力的质疑引发了听众一阵大笑，幸运的天平似乎开始向默尔索一边倾斜过来。但检察官"慢条斯理地站起来，庄重地披了披法衣"，揭示了两件事情之间深刻、感人、本质的关系，"是的，诸位请注意，我控告这个人怀着一颗杀人犯的心埋葬了一位母亲"。这句话在旁听席产生了极大的震慑效果，人们开始窃窃私语，默尔索的律师也无言以答，"他耸了耸肩，擦了擦额上的汗水，坐下了"。

上述画面是加缪以第三人的目光对庭审客观情境的描述，而对于被告默尔索而言，感受却远非如此——"为什么律师与检察官总是关注我本人，而非关注我的罪行呢？他们对我的兴趣似乎远远大于对这桩枪击案的兴趣。"当默尔索试图干预这种荒谬的庭审模式、张开嘴想说些什么时，却被律师、检察官与庭长立刻严词制止。默尔索终于悲哀地意识到，这宗案件的处理始终是将他撇在一边的，"这真是十分可笑的一件事情，他们对我的命运进行探讨、决定，争得脸红脖子粗，却根本不征求我本人的意见"。默尔索索性放弃了努力，跳出角色，以一个真正的局外人的目光打量起这桩杀人案。检察官断定，默尔索的伦理观在杀人前就潜藏着巨大的毒素与危险，这从他对待母亲去世的态度中可以断定；杀人行为亦并非出于假想防卫或者一时冲动，这从他与莱蒙一系列先行行为中可以看出，他甚至在已经死亡的尸体上又补了四枪，足见他的沉着、冷血与深谋熟虑；杀人后的默尔索麻木不仁，并没有诚挚悔罪或者试图弥补的心理，这从他在整个预审过程中没有丝毫情绪波动的表现可以判断出。随后，检察官又谈论起默尔索的

"灵魂"——这是一个默尔索本人亦十分感兴趣的话题，他很想知道自己灵魂的颜色。然而，检察官令默尔索失望了，据其向陪审团陈述，他曾经试图去查看默尔索的灵魂，遗憾的是一无所获，"令我震惊的是，他根本就没有灵魂，人类所有的道德观、义务感，于他而言一窍不通"。他重复了默尔索在母亲葬礼上的表现，然后话题一转，以低沉、坚定的语气提醒大家："明天，这个审判席上将审理另外一起弑父惨案，这是又一桩发生在我们身边的滔天罪行！"检察官似乎在暗示陪审团，他对于弑父案中被告的"残忍"所怀有的憎恶感，比起默尔索动物式的"冷漠"而言几乎是相形见绌的。无论在精神上杀死母亲，还是在肉体上杀死父亲，二者之间没有本质区别，均是以同样的罪名自绝于人类，因此，"如果我认为今天坐在这个审判席上的人，将会犯明天法庭将要审理的谋杀罪，各位先生应该不会认为我的想法过于大胆"。基于这种确信，检察官向陪审团提出了最后的请求："我向你们要这个人的脑袋，因为我对这张除了残忍之外一无所见的脸感到极端憎恶。"

默尔索对于检察官的法庭陈述感到非常好奇与陌生，他并不确定自己的灵魂在他人眼中的模样。反观自己律师的辩护词，默尔索却忍不住想大笑，因为通篇辩护状中均使用第一人称来阐述——"的确，我是杀了人"，"但我的道德并没有任何瑕疵"，"我要求公正的审判"……默尔索终于意识到，检察官不容置疑地描述着自己灵魂的颜色，律师则取代自己的位置在法庭上辩论，自己的司法角色被彻底化作虚无，于是他高兴地得出结论："这完全是关于另一个人的审判，我与法庭之间没有任何关系。"庭审终结前，律师慷慨激昂地向陪审团建议，是否可以考虑默尔索的减轻情节，希望陪审团"不要将一个正直、勤勉的公民因一时的疏忽打发到撒旦那里"，"如果对被告进行有罪宣告，这种重负对被告而言是永远的悔恨与最可靠的刑罚"。默尔索放弃了自我陈述的机会，完全以局外人的冷静态度与犀利目光对这场庭审进行观摩与评估，并得出结论，"律师的才华显然没有检察官的高"，因而最终的判决并不出乎他的意料——"以法兰西人民的名义，将默尔索斩首示众。"闻听判决后，默尔索微笑起来，感到身后法警对自己的态度亦突然变得温和。

被判处死刑的默尔索拒绝驻狱神父的临终指导。默尔索对神父的角色充满鄙夷，调侃神父对自己的生死问题无法把握，而默尔索却对本人即将到来的死亡确信无疑，"连日期都是确定的"。赶走神父后，默尔索唯一的兴趣，是考虑"被判处死刑后囚犯的命运是否可以逆转"，明知自己面临着不可避免的命运，却仍然希望能够看见另一条出路。长久思索之下，默尔索开始后悔自己之前未对描写死刑的作品给予足够的注意，甚至对法治精神与司法制度的合理性也产生了怀疑。"说到底，在以这种确凿性为根据的判决和这一判决自宣布之时起所开始的不可动摇的进程之间，存在着一种可笑的不相称。判决是在二十点而不是在十七点宣布的，它完全可能是另一种结论，它要取得法国人民的信任，而法国人（或德国人，或中国人）却是一个很不确切的概念，这一切均使得这种决定很不严肃。但是，我不得不承认，从作出这项决定的那一秒钟起，它的作用就和我的身体靠着的这堵墙的存在同样确实、同样可靠。"[1] 这种号称以确凿性为根据的判决与判决之时开始启动的绝对确定的法律后果之间，似乎存在着一种可笑而荒谬的不对称。判决的时间、作出判决的人物以及判决所代表的民意等因素均为十分模糊而不确定，它们不同的组合方式完全可能产生另一种结论；而这也正是令人难以接受之处——判决一旦作出，其后果即为真实、残酷、唯一。

另外，默尔索发现，断头台唯一的缺点，是"没有给受刑人任何机会，绝对地没有。一劳永逸，一句话，受刑者的死确定无疑"。"那简直是一桩已经了结的公案，一种已经确定了的手段，一项已经谈妥的协议，再也没有重新考虑的可能。万一头没有砍下来，那就得重来；因此，令人烦恼的是受刑的人反而希望机器运转可靠。"[2] 受刑人在精神上必须对行刑有所准备，他所关心的就是不发生意外。联想到自己即将面临的死刑，默尔索确实希望能够将这种"令人绝望的确定性"加以变革，因为"只要有千分之一的机会，就足以安排或者改变许多事情，

1　〔法〕阿尔贝·加缪：《局外人·西绪福斯神话》，郭宏安译，译林出版社2011年版。
2　〔法〕阿尔贝·加缪：《局外人·西绪福斯神话》，郭宏安译，译林出版社2011年版。

对待犯人的最根本原则是应当给他们一个机会"。他甚至认为，"人类应当发明一种药物，使得死囚服用后90%都会被毒死；至少还有10%的死囚可以生还，这可贵的10%就是绝望中的希望所在"。从这些零零碎碎的思维片段中，我们可以看到默尔索对生命的依恋之情。经过认真地思索、反复地权衡，默尔索对于最终裁判坦然接受。死亡前夜，默尔索第一次向这个世界敞开了心扉，认为自己过去是幸福的，现在仍然是幸福的，他至死都是这个世界的"局外人"，他至死幸福。

荒诞，一向是存在主义作家们青睐的关键词，《局外人》正是荒诞人生中的精彩一幕。局外人默尔索对一切均表现出一副无所谓的面孔——对于母亲之死无动于衷、对于女友的求婚无动于衷、对于要求帮忙写信的邻居无动于衷、对于上司将他派往巴黎的喜讯无动于衷、对于是否被判处死刑无动于衷。加缪以局外人为题，正意反说，其中饱含着辛辣的讽刺。默尔索是西绪福斯的兄弟，他所演绎的似真却假的荒谬言行和矛盾心理，说明他正是消极地对抗荒谬社会的真正的局内人。

默尔索是一位缺乏"一般理性"的人，但"他远非麻木不仁，他怀有一种执着而深沉的激情，对于绝对和真实的激情"——加缪在为美国版《局外人》写的序言中如是说。所谓的"一般理性"是指面对母亲的逝世应当哀恸欲绝，面对女友的求婚应当欣喜若狂，面对职位升迁应当对上司感恩戴德，面对人皆鄙夷的邻居的请求应当断然拒绝，面对神父的忠告应当虔诚谦卑，面对有罪指控应当竭力辩护。但默尔索恰恰是拒绝传统价值观念的载体，他对平庸社会中的一切约定俗成不屑一顾，却又无力开创新的价值模式，只好以慵懒、懈怠、冷漠为面具做着无声而坚强的反抗。但他却又颇具敏锐的观察力与良好的判断力，例如，默尔索在监狱中关于"刑罚制度"的质疑与思索是如此的微妙与复杂，一举击中"判决的偶然性与刑罚的必然性"之辩证关系的软肋，一针见血地指明死刑的非人道性与无效性，并对这种残酷的、抹杀一切人类希望的"确定性"刑罚进行大胆改革。同时，默尔索对于驻狱神父的刑前指导作出了最辛辣的嘲讽与最严厉的批判："他甚至无法预言自己的生死，却来启发别人，去他妈的吧。他做不到的我却能做到，我对于自己什么时候会死毫无疑问。"这一切思想与判断，均是具有大智慧的人才能够操纵自如的。

从司法角度观察，默尔索最终获得的死刑判决，是他在案发当时的防卫动机被陪审团误读的直接结果。当法官质问默尔索，究竟是什么原因促使他突然向阿拉伯青年扣动扳机时，默尔索低头思索片刻，然后抬起头轻轻回答"因为太阳"。此时旁听席上爆发出的哄然笑声，注定了默尔索的悲剧命运——法庭控辩双方的质证与辩护过程的严肃性，被默尔索辩护词的荒诞感冲淡，人们不再关注默尔索是否是因为假想防卫而误杀他人的事实，而是将焦点直接对准了默尔索本人性格与言行的荒谬与奇异，这对于默尔索而言当然是十分不利的。事实上，默尔索的回答完全是实情。案发当天正午，"火爆耀眼的太阳与金属般沸腾的大海"将默尔索的理智彻底融化了，当他看到"阿拉伯人抽出刀，迎着熠熠阳光笔直地站起来面对着他"时，"聚在眉峰的汗珠一下子流到了眼皮上，眼睛被蒙上一幅温吞吞、模糊糊的水幕"。他只觉得"铙钹似的太阳扣在他的头上，那把刀滚烫的锋尖穿过我的睫毛，挖着我痛苦的眼睛"。就在这时，"大海呼出一口沉闷而炽热的气息，天门洞开，向下倾泻着大火"，"像母亲下葬那天的阳光一样毒辣，于是他不假思索地扣动了扳机"——这就是这桩杀人案真实情境的客观复原，一种真实而可笑的荒诞。但是，如此荒谬的杀人动机与情境，怎么可以被具有"一般理性"的检察官与陪审团所接受？尤其是默尔索的辩护律师亦从"一般理性"出发，证明默尔索是一位"正派、勤勉、忠心、颇具同情感"的良好公民与优秀雇员，诸如此类关于默尔索个性本质的褒扬无论如何抵不过检察官一句"怀着一颗杀人犯的心埋葬了一位母亲"的惊世骇俗的指控。默尔索既然已经脱离了社会群体所依奉的"一般理性"——对传统价值观与行为模式的信守与遵从，那么检察官必然会得出"对他的灵魂仔细探求而一无所获"的结论。站在维护社会秩序的法律的立场，检察官意识到自己肩负着某种"神圣不可抗拒的职责"，并坚持认为，对犯罪者量刑轻重的标准并非已然罪行的严重程度，而是犯罪者人格存在对社会秩序的"威胁"程度；而对这种"威胁"程度进行估量的标准只有一个，即被告对群体社会"一般理性"的背离程度。这种脱离行为人客观行为，试图从行为人人格特征中去寻找罪之原因、罚之根据的定罪与量刑模式不是十分荒诞吗？

"当今社会，任何在母亲下葬时没有落泪的人均有被判处死刑的危险。"这是加缪在一次访谈节目中对《局外人》之主题的精炼归纳；在这种荒谬得近乎可笑的结论中，隐藏着一个缜密的逻辑与残酷的事实——这个社会需要和它时刻保持一致的人，任何背弃它、反抗它的人，均难逃被惩罚的命运；任何违反基本伦理与公序良俗的人，必将受到法律的严惩，将面对检察官向陪审团作出"我向你们要这个人的脑袋……"的请求。诚然，检察官最终向法律要到了默尔索的脑袋——法律轻而易举地抹去了默尔索的生存痕迹；但默尔索在临刑前的夜晚大声宣布"过去的我曾经幸福，现在的我依然幸福"，此时的他，亦圆满完成了自身思想与肉体的存在与社会普遍价值观的决绝断裂。默尔索是固执的、倔强的、毫不妥协的，他抱着对荒诞世界的嘲弄讽刺，抱着对自己命运的坦然承受，迈上了斩首台。

☆黑色幽默文学

第二次世界大战以后，西方涌现出一批青年作家，他们以否定一切的态度观察世界，对战后西方各国的政治宣传、道德宣教深恶痛绝，却又无法找到合理、可行的出路。精神上的危机诱发他们或者沉沦于肉欲放纵，或者希冀于参禅悟道的虚无主义，求得一时的发泄与解脱。在美国，青年作家们放大了存在主义"自由选择"的消极一面，作出"沉沦就是出路"的大胆选择与恶性试验，他们追求绝对的自由与生物学意义上的刺激与满足，认为堕落就是解脱、沉沦就是解放；他们躲进超现实的环境中去寻求神秘主义的灵感，擅长在吸食大麻的快感与滥交的眩晕中，以内倾视角来与自己的灵魂对话，以沉沦、脱俗的态度表达对主流社会价值的不满，对病态的社会进行病态的反抗，因而被称作"垮掉的一代""愤怒的一代"[1]。

---

[1] 谢南斗等：《二十世纪西方文学史》，南海出版社2006年版，第231页。

20世纪50年代起，这种文学流派四分五裂，与法国的存在主义哲学结合后，孕育出"黑色幽默"这一具有顽强生命力的分支，并从美国文学界蔓延至整个西方，对现代乃至当代文学产生了深远影响。最终促成"黑色幽默"流派定型化的大背景，是20世纪50年代的"美越战争"，饱经战火蹂躏的美国作家对战争抱有极其强烈的憎恶感，对美国战后频频引起或者参与的一系列对外战争表示强烈抗议。囿于国内的高压政治，他们无法通过公开、正常渠道表达自己的意见，遂借助这种文学形式来一抒胸臆。这是一种用喜剧笔法来表现悲剧思想的文学流派——"黑色"特指人们无法拒绝、只能接受的残酷而滑稽、荒诞的客观现实；"幽默"则是具有意志自由的个体，对这种可怕的现实所发出的阴沉绝望的笑声。幽默加上黑色，就成为一种展现绝望精神的戏谑，故被称之为"绞刑架下的幽默"或者"大难临头时的幽默"。

该派作家以性格粗犷豪放、情感落拓不羁著称，具有以下特征：第一，热衷于宣传"存在主义是一种人道主义"，竭力反对以各种理由发动的战争，并运用荒诞和幽默的笔触来嘲笑政治、法律乃至整个社会；他们不仅彻底否定现存的社会价值理念，而且彻底否定现存的社会体制，强调这种胡作非为、恣意践踏个体生命价值的社会体制的存在本身就是一种荒谬——它混乱不堪，自相矛盾，像一个庞大的完全失控的机器一样疯狂地运转，并由此给人们带来了无数的灾难。在这一点上，"黑色幽默"派作家很好地继承并发展了以卡夫卡为代表的表现主义文学，以及以加缪为代表的存在主义文学所希冀表达的思想与精神。第二，"黑色幽默"派作家着力塑造了一批"反英雄"的人物形象。这类反英雄的人物性格，与传统小说中的英雄完全相反，他们既不具备先天的英雄气质，也缺乏后天的英雄业绩；他们在生活中找不到自己的坐标，随波逐流，被轻视、被操纵、被压迫，然而却顽强地生活着。他们在绝望的境遇中爆发出肆无忌惮的大笑，他们的智慧幽默里饱含着哀伤辛酸与阴沉惨恻，他们在愤世嫉俗中养成了冷嘲热讽的精神气质，他们于痛苦郁闷中看透世事，变得玩世不恭。

制度化的疯狂：约瑟夫·海勒与《第22条军规》

约瑟夫·海勒（Joseph Heller，1923—1999年）的作品《第22条军规》（1961年），是"黑色幽默"文学的代表作。小说的虚拟背景是"第二次世界大战时期"，指代意义却是当时的"美越战争"。故事发生在美国的一支空军中队，主人公尤索林要求停止飞行任务、复员回国，因而与部队的法律之间产生了龃龉，二者的冲突构成了小说的主要情节。通过尤索林的遭遇，反映了法律制度的疯狂与荒诞，表现出西方人对人类处境的困惑之情。

> **知识链接**
>
> 约瑟夫·海勒，美国"黑色幽默"派代表作家，出生于纽约市布鲁克林一个犹太移民家庭。第二次世界大战期间曾任空军中尉。战后进入大学学习，1949年在哥伦比亚大学获文学硕士学位后，任《时代》和《展望》等杂志编辑。1958年开始在耶鲁大学和宾夕法尼亚大学讲授小说和戏剧创作。

主人公约翰·尤索林上尉是美国陆军第27航空队B–25轰炸机的领航员兼投弹手。战争爆发伊始，尤索林以维护正义的满腔热忱参军，在战斗中英勇杀敌，屡立战功。然而，随着战争发展的深入，当尤索林目睹了种种疯狂、残酷、荒诞的真相，开始质疑自己的选择与行为的价值。当尤索林看到亲爱的伙伴们一批批牺牲时，内心十分恐惧，遂以玩世不恭的态度来掩饰对战争的恐惧与憎恨。他没有其他军官病态的升官欲和大发战争财的投机技巧，唯一的希望就是"活着回家"。绝望中，尤索林开始装病逃进医院，并决定以当场"发疯"来回应军医对其"白白浪费时间"的戏谑，但这一切均为徒劳。因为根据第22条军规："只有疯子才能获准免于飞行，但必须由本人提出申请；同时又规定，凡能意识到自己精神有疾病而提出免飞申请的，属头脑清醒者，应继续执行飞行任务。"第22条军规还规定，"飞行员飞满上级规定的次数就能回国，但它同时又说，"你必须绝对服从命令"，因此，上级可以不断给飞行员增加飞行次数。屡屡碰壁的尤索林

图 12-4　剧集《第 22 条军规》海报

终于明白:"里面只有一个圈套,就是第22条军规。"百般无奈下,尤索林不得不使出最后绝招——在一次战斗任务中,他抛弃飞机做了逃兵,跳伞逃到中立国瑞典。[1]

  故事发生在第二次世界大战结束前最后几个月,地点为意大利皮亚诺扎岛美国空军基地,情节在两个相互对照的背景下交错展开:一个是航空中队陷于炮火、硝烟与鬼门关中的战争生活;另一个是罗马城里,休假军官同妓女厮混迷醉的都市生活。同时,小说亦安排了两条线索:一条是主人公尤索林在第22条军规的压迫下痛苦不堪、最后走向"反英雄"的精神蜕变;另一条是后勤军官米洛在第22条军规的庇护下,赚得个金银满钵、成为社会名流的发迹史。很明显,通过战场与休假地、战士与军官的穿梭对比,小说的主题揭示了整个军队秩序的"疯狂"与"错位"。为了深化这一主题,作品还生动地刻画了两位崇拜权力、丧失人性的官僚典型。一位是基地司令卡斯卡特上校,他是专制与暴力的化身。美国空军军令明确规定,飞行员完成三十二次飞行任务,就可以不再执行任务;为博得上司欢心,卡斯卡特数次将飞行上限任务增加。当最终飞行任务增加到八十次时,许多优秀的飞行员由于疲劳过度和心理失常而殉职遇难,他们由活蹦乱跳、俊美健康的小伙子转瞬间变成了一块块矮小冰凉的墓碑。另一个恶魔式的人物是谢司科普夫中尉,他同样官瘾十足,踩着士兵的血肉与呻吟向权力的高位攀爬。为了在阅兵式上一鸣惊人、获得嘉奖,他竟然将合金钉子钉进士兵们的股骨,再用粗铜丝将士兵的手腕一排排固定下来,保持队列整齐划一、步调一致。这种残忍毒辣的手段简直骇人听闻、令人发指。具有讽刺意味的是,卡斯卡特上校与谢司科普夫中尉最终均如愿以偿,爬上了荣耀的权力宝座。

  我们可以注意到,整部作品虽然以第二次世界大战期间美国空军一个飞行中队的人物与事迹为题材,却并未正面描述战争情形。海勒曾言,他在作品中希冀表达的,是人类个体在该种"有组织的混乱"与"制度化的疯狂"的世界中产生

---

1 参见〔美〕约瑟夫·赫勒:《第二十二条军规》,南文、赵守垠、王德明译,上海译文出版社1981年版。

的一种颇具荒诞感的绝望[1],目的是对社会既定体制与运行规则灭绝人性的本质的谴责。作品借"第22条军规"作为蔑视人性、捉弄人性、摧残人性的残暴与专制的象征,暗示着种种蜕化为社会个体生命中无所不在、无所不能的乖戾力量;它们表面上看来荒诞可笑,事实上却由表及里透着一股令人绝望的死亡气息,能够置人于死地,令人无法摆脱、无法逾越。主人公尤索林是整个荒谬体制的受害者,面对如此怪诞、残酷的生存环境,他不得不时时发出绝望的大笑。他是一个"小人物",深感对这样一个疯狂的世界无能为力,除了服从命令、遵守规则别无选择;但是,一旦他发现自己的同情心、正义感、是非标准与空军军部的价值取向相左,就果断背叛后者、着手探索自己的求生之路——抛弃一切荣誉,逃往一个理想化的和平国家——瑞典。尤索林是一个浸透着存在主义意识的"反英雄"形象,他身兼批判现实主义的积极因素与"垮掉的一代"的消极因素,最终完成了反英雄化的过程,成为一名"反英雄"典型。这部小说是一出疯狂的喜剧,但喜剧效果中又浸透着浓重的黑色,尤索林面对死亡的恐惧之情、面对疯狂规则与制度的绝望之感,尤为使人心情沉重。

《第22条军规》的素材来源于海勒参加第二次世界大战的亲身经历,它不仅是一部历史小说,更是一部当代社会寓言。作品中,"第22条军规"不仅在军队享有至高无上的地位,作为强权与疯狂的象征,它甚至已经如瘟疫般渗透进社会的每一个角落。例如,空军基地的美国飞行员们在营房里受尽"第22条军规"的恶气,但当他们在罗马度假时,又立刻转身将"第22条军规"施加到更为弱势的人物身上——这些美国大兵嫖了妓女后非但不给钱,还把妓女"像拍打苍蝇"一样笑骂着踢出门。更为可笑的是,当飞行员尤索林爱上了罗马妓女露西亚娜,并提出结婚时,露西亚娜却大不以为然地回绝:"嫁人当然可以,但是如果有人要娶我,他一定是疯了;而如果那人疯了,我可不能嫁他。"这种颠倒混乱、令人啼笑皆非的逻辑,恰恰承自"第22条军规"之精髓。

---

[1] 参见〔美〕约瑟夫·赫勒:《第二十二条军规》,南文、赵守垠、王德明译,上海译文出版社1981年版,序。

如今,"第22条军规"(Catch 22)已确定为英文中的惯用语,意思是"法律、规则或实践上的一个悖论,不管你做什么,你都会成为牺牲品"[1]。事实上,"第22条军规"本身就是文明社会中一种高度的抽象与集中的聚集体,象征着冥冥中统治世界的怪诞力量。它变化无穷、莫测高深,本质却是一个"放之四海而皆准"的圈套,代表着一种永远无法摆脱的困境。这种圈套与困境,正代表着第二次世界大战后西方人对所谓人类规则与秩序的真切感受。

弗里德里希·迪伦马特的黑色幽默作品

弗里德里希·迪伦马特(Friedrich Dürrenmatt,1921—1990年),是第二次世界大战后最著名的德语作家,也是著名的犯罪小说家。在其整个创作生涯中,迪伦马特始终以饱满的激情与幽默的笔锋,关注着正义这一永恒的主题,尤其是当正义误入歧途、难寻出路之时。

> **知识链接**
>
> 弗里德里希·迪伦马特,出生在瑞士伯尔尼州的科诺尔丰根的一个牧师家庭。曾获德国曼海姆城颁发的席勒奖、瑞士伯尔尼市颁发的文学奖、意大利广播剧大奖等。代表作有《老妇还乡》《物理学家》《诺言》《抛锚》等。

一桩预先张扬的谋杀案:《老妇还乡》

《老妇还乡》(1956年)是迪伦马特最具代表性的剧作之一,赋予了迪伦马特世界性的声誉。它讲述了一个与人之黑暗本性紧密相关的集体谋杀案。

六十二岁的亿万富婆科莱安准备还乡的消息,带给她的故乡——居伦,一

---

[1] 参见《格林斯大词典》(《Collins English Dictionary》),1961年分卷。

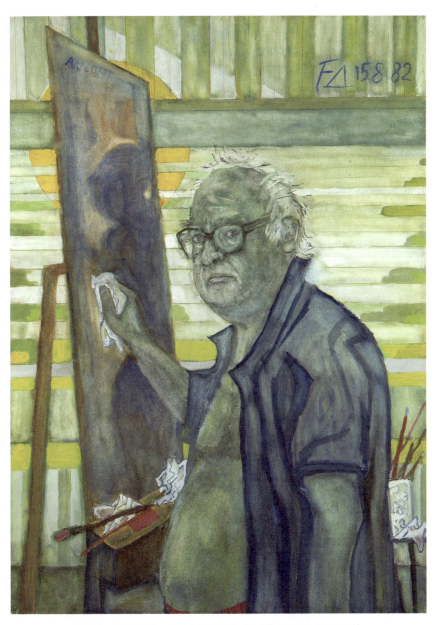

图 12-5 《老妇还乡》,〔瑞士〕弗里德里希·迪伦马特(Friedrich Dürrenmatt)

个贫穷的小城以无尽欣喜。全城人都觉得日子有了盼头,因为只要慷慨的科莱安"小指头拨一拨",就会使这个可怜的小城起死回生。但大家却不明白,科莱安早已不是四十五年前的纯真少女,她此番回乡的唯一目的就是报复。科莱安对欢迎她的全市民众承诺,她决定捐献给居伦城十个亿,条件是必须为自己讨回公道——四十五年前,科莱安与居伦城的伊尔热恋并怀孕,但伊尔抛弃了她,并制造伪证逼迫科莱安远离家乡、沦为娼妓。历经沧桑的科莱安最终凭着姿色嫁给一位石油大亨。科莱安激动地声称,只要伊尔死亡,无论是谁干掉他,整个居伦城就能得到这十亿巨款。面对如此凶残、荒唐的犯罪教唆,居伦城的全体居民发出指责与唾弃,市长亦代表全体市民拒绝接受这样的捐款。但科莱安安静地微笑着,她很了解自己的乡亲,因此稳操胜券。潜移默化中,居伦城居民的生活方式在发生着奇妙的变化。人们纷纷到伊尔的店里赊账买最好、最贵的东西,所有的人都用赊账的办法来改善生活,仿佛伊尔如今的生命是拜他们的慷慨与正义所赐。这一切在沉默中发生的剧烈变化,令伊尔感到恐惧,他的生意逐渐萧条凋敝,他的生活日益入不敷出;他跑到市长与警察那里寻求保护,但是遭到礼貌的拒绝;他惶恐地意识到,自己正在成为整座城市的敌人。无奈之下,伊尔预备乘火车逃离这座城市。此刻全城人都跑出来、围住他,以愤怒的目光为他"送行";市长甚至无言地递给伊尔一把装了子弹的手枪。伊尔愤怒了,他孤注一掷地决定召集公民大会,让全城人审判他。最后,激烈辩论中的伊尔因心脏衰竭而死——他总算死在了居伦城。科莱安信守承诺,开了一张十亿元的支票递给市长,心满意足地带着一具装着伊尔尸体的棺材飘然离去。[1]

这部舞台剧中,迪伦马特以简洁老到的笔触塑造了小城人物的雕塑群——科莱安的骄奢霸气与无穷魅力,伊尔的想入非非与惊恐失措,居伦城市民的虚伪拜金与背信弃义,一幕幕悲喜交融的场面轮番上映。舞台上,漫不经心的欢笑中,全城人冷静而理智地杀死了一个未被判处死刑的人;舞台背后,在黑色幽默的衬托下,迪伦马特敏锐地撕开小城居民善良与正义的面具,彰显那涌动着罪恶与贪

---

[1] 梗概及引文来源于〔瑞士〕迪伦马特:《老妇还乡》,叶廷芳、韩瑞祥译,人民文学出版社2008年版。

婪的灵魂——数十年前，小城居民听信伊尔的谎言，将科莱安扫地出门，以正义的面孔逼良为娼；数十年后，科莱安同样利用小城居民的固执、贪婪与愚昧，对伊尔反戈一击，以兵不血刃的方式复仇并获得了最终的胜利。伊尔当年不过是玩弄了科莱安的感情与肉体，他对自己始乱终弃的行为并不在意，亦未悔过，却万万没想到，四十多年后，科莱安会要了他的命。

在这部风格独特的剧目中，在科莱安与伊尔爱恨情仇的故事中，居伦城居民扮演的角色并不光彩——迪伦马特似乎为人类的灵魂设计好了精密严酷的陷阱，希望探求人类群体性道德与良心在金钱、权力的诱惑之下到底有多大的坚守力；他希望窥视到在法律缺席的情形下，以贪欲、私利、冷血为主导的群体性舆论，能否成功地完成这桩精美的谋杀案。迪伦马特的实验结果是悲哀的，这部短剧从人性深处断然否定了道德与法律所具有的"规制行为、约束欲望"的功能；当年人们以"公序良俗"的名义将少女科莱安冷酷地驱逐出城，数十年后却以"迟到的正义"为幌子将伊尔集体谋杀。为卑劣的动机寻找堂而皇之的借口，为个体的黑暗欲望寻求群体的庇护，只有如此，人们心中仅剩的羞耻感与罪恶感才会荡然无存。这就是迪伦马特的悲观结论，他坚信，犯罪现象是普遍存在的，每一个人均是潜在的犯罪者，虽然有时是一种超越法典意义的罪恶。

来自上帝的玩笑：《诺言》

《诺言》（1958年）讲述了一位坚守诺言、追求正义的警官在职业生涯中的尴尬境遇。

一个小贩发现了一位被蹂躏后杀害的小女孩的尸体，立刻报警。探长马泰依对两个人许下了诺言：首先答应保护报警小贩的人身安全，其次答应女孩的母亲，要将罪绳之以法。然而，小贩因为承受不了警察局的审讯压力，屈招自己是凶手，并于狱中自杀。同时，马泰依探长交了好运，遇到了出国高就的机会。但他在即将上飞机前改变了主意——他决定信守诺言，为小贩的死赎罪，并将真正的元凶抓住。根据多年的经验与缜密的推理，马泰依探长在一个来往货车的交通枢纽处盘下了一个加油站,并且邀请妓女海勒和她的九岁女儿来一起居住。他希望利用跟遇害女孩长得相似的海勒的女儿,来引诱据他分析属于精神病态的杀手上钩。他的推理非常准确,杀人犯也确实准备再次作案——海勒女儿娇小丰满的身躯刺激、诱发了他的犯罪欲望,马泰依的承诺将很快变为现实。然而命运却给马泰依开了一个大玩笑——凶手在赶来作案的途中、与加油站一步之遥时,遭遇车祸横死。[1]

可以看到,该部作品聚集了"黑色幽默"的所有特质元素,凸显了人类在荒诞世界中的荒谬境遇。作品所涉及的奸杀情节、冤狱情节等,毫无疑问可以引起读者的阅读兴趣,迪伦马特却并未在上述噱头上泼墨描述,而是笔锋一转,以一名优秀警员的良心守则与默默坚守做铺垫,带领读者进入另一条蹊径,去探索人之善良本性与命运之坎坷无情之间的激烈对撞。日复一日,年复一年,马泰依探长的等待与搜寻,逐渐演变为缺乏理性的行动,在别人眼中,他已成为一个半疯癫的狂人。他经常守候街角,等待那永远无法再现的杀人犯,而他的诺言亦永远也无法兑现。事实上,无论马泰依探长的正义感如何强烈,调查推理多么缜密,抓捕计划怎样细致,都抵抗不了命运的嘲弄——命运轻而易举地粉碎了一个执着于正义、坚守诺言的优秀警探的全部理想与人生信念。

阅读这部作品,面对荒诞的人生与荒诞的命运,面对屡次被命运戏弄却依然无怨无悔、执着坚韧的俗世英雄,人们带着泪水的笑声中,饱浸着对马泰依探长以卑微力量抗拒强大命运的高贵气质的赞赏与尊敬。

死亡游戏:《抛锚》

中篇小说《抛锚》(1956年),为迪伦马特赢得了巨大声誉。作品通过一次因抛锚事故引发的夜宿游戏,于荒诞与幽默中探讨了关于犯罪与刑罚的严肃话题,暗示着"全体之罪"言论的正确性,揭示了人类蕴含在一般生活中的平庸的邪恶。

一位深受犬儒主义影响的纺织品推销员塔拉普斯,在公务途中遭遇汽车抛锚,请求在村子边一位单身老者家借宿。老者热情地邀请他参加晚上的私人聚

---

[1] 梗概来源于〔瑞士〕弗·迪伦马特:《迪伦马特小说集——诺言》,张佩芬译,上海译文出版社1985年版。

会。聚会开始后，塔拉普斯了解到参加人士包括他的主人（一名前法官），另外还有一名前检察官、一名前律师和一名前刽子手。这四位老者均已退休，虽已年至耄耋，却依然痴迷于他们奉献终生的法律职业——他们在法官家定期举行聚会，虚拟重演了历史上一幕幕著名的刑事案件。更为刺激的是，与废除死刑的瑞士刑法不同，这个特殊的法庭保留了死刑制度。塔拉普斯坚信自己是个诚实善良的生意人，没有任何犯罪行为，甚至连违法行为都没有，除了无聊之中"每个男人均会犯的过错"。塔拉普斯感到很刺激，不知他们将以何罪名对他进行审判。检察官安慰他道："不要担心，罪名总可以找到。"

老人们并不急于开始审判程序，大家在欢乐友好的气氛中享受着菜肴美酒，聊起塔拉普斯在此借宿的原因，自然引出了抛锚事故，再由抛锚探讨到汽车的品牌。当塔拉普斯骄傲地向老人们炫耀自己的豪车时，老人们显现出极大的关注，试探性地询问他的经济情况。于是塔拉普斯得意地提起自己不久前的晋升，原因是顶头上司的暴毙。老人们闻听此言，兴奋地围绕着桌子手舞足蹈——他们终于嗅到了犯罪的气息。望着这一群怪诞可笑的老人，塔拉普斯胸有成竹，他深信自己并无任何污点——上司的死亡是医学原因，与他没有任何瓜葛。随后，在老人们的鼓励下，塔拉普斯不顾一边律师对其屡次严正提醒，讲述了自己从贫民窟奋斗至今的辛酸经历，抱怨前任上司乖戾、霸道、吃独食的劣迹，将心中多年的郁闷与创业的艰辛，对这些和蔼、睿智、善解人意的老者一吐为快。他谈到了上司因为气度狭窄与生活无规律而罹患心脏病，甚至讲到了他为了报复上司而与上司夫人的私通行为——当然是她先引诱的他。老人们此时挥起手来尖叫着，兴奋地围着桌子跳舞，像孩子般地难以自制。律师迅速制止了塔拉普斯的演讲，警告他一定要小心。塔拉普斯谢绝了律师的好意，继续毫无顾忌地谈到上司不久前的暴毙，其原因"可能"是因为偶然知晓了夫人私通的传闻，心脏病发作；而传话人就是塔拉普斯的竞争对手——塔拉普斯明知他会向上司打小报告，却恶作剧般将这个秘密"无意间"泄露给他；这个热衷于告密的倒霉蛋在这次交易中没有得到任何好处——三个月后，塔拉普斯就接替了上司的职位，开上这部豪车。

短暂的沉默后，老人们欣喜若狂，开始举杯庆祝这桩"完美无缺的谋杀案"的诞生。检察官即兴发表了检控词，认为"发现了一桩成功逃脱国家刑法制裁的预谋杀人案"，并庄严地建议法官，对如此一件令人"惊讶、钦佩、尊敬"的罪行，理应判处极刑。老人们与塔拉普斯高兴地举杯欢庆，只有律师一人闷闷不乐，希望将塔拉普斯从死刑判决中拯救出来。此时的塔拉普斯陷入狂热的感动中，为受到这群知识渊博、有着体面职业、善解人意的老者的尊重、爱护、理解而喜悦；同时，对于自己已经干下了一桩完美的谋杀案的想法也越来越深信不疑；正是这桩完美的谋杀，使得自己往日的生活环境变得更为艰苦、性格更具英雄气概、行为亦更具价值。塔拉普斯屡次打断律师的辩护，甚至指责律师的辩护词侮辱了自己。他一再坚持自己是有罪的，是英勇、智慧的杀人犯。案件判决前，法官只问了塔拉普斯一个问题："上司死亡后，你再次与那位夫人幽会过吗？"塔拉普斯红着脸地承认："我与那个可爱的小女人之间再没有联络过……您知道……道德上，这似乎并不太合时宜。"法官听后开怀大笑，对塔拉普斯的坦率大加赞美，宣判塔拉普斯因一级谋杀罪被判处绞刑。此时，聚会达到了高潮，塔拉普斯眼含热泪、感谢老人们对他的理解、尊重与热爱，并加入四个老人的狂欢。

第二天清晨，四个仍然处于醉酒状态的老人，跟跟跄跄地闯入塔拉普斯的卧室，准备给他一个惊喜，也是参加聚会者的例行的美妙纪念品———一份措辞极其夸张的，才华横溢的，用了许多成语、法学学术用语、拉丁语、古德语的，以羽毛笔书写于羊皮纸上的死刑判决书。然而，他们被眼前的一幕吓傻了——塔拉普斯上吊自杀了。检察官朝着他那失去的朋友发出痛心、悲哀的呼喊："孩子，我的好孩子！你想到哪儿去啦？你毁了我们这个最美妙的晚会！"[1]

作品充分彰显了迪伦马特文学创作的独特风格，在这个虚拟、迷人、刺激的游戏中，隐藏着致命的陷阱，最终导致一位"罪人"自愿服法。与其说塔拉普斯死于这场荒谬的游戏，不若说他死于内心深处来自直觉的判决——塔拉普斯是心甘情愿地对自己执行死刑的。四位老者设计的游戏是新鲜有趣的，它引导游戏

---

1 梗概及本节所有引文来源于〔瑞士〕弗·迪伦马特：《迪伦马特小说集——抛锚》，张佩芬译，上海译文出版社1985年版。

者自愿、自由、主动加入；它以现实生活为摹本，却又尝试着突破现实生活的桎梏，将游戏者带入一个虚幻、完美的秩序中。但那四位老人又何曾预料到，他们"勇敢的""年轻的"小朋友塔拉普斯最终竟不愿重新回归混乱、卑下的现实生活，而是选择了永远留在秩序完美的游戏世界里。

在这场闹剧兼悲剧的背后，我们可以清晰地触摸到观念世界与物质世界之间的悖谬与分裂。这场虚拟的审判包含着现实司法过程中的一切要素，检察官将塔拉普斯的间断性叙述连贯为一个"卓越的预谋杀人行为"：塔拉普斯对残忍、粗俗、卑鄙的上司异常仇恨，认为是他挡住了自己的财路与升迁，于是将上司的太太当作犯罪工具，与之通奸并将事实故意透露给上司，导致上司的心脏病复发死亡，塔拉普斯完美地结束了罪恶的谋杀计划。一句话，检察官对塔拉普斯的有罪指控，完全是建立在其通奸行为的动机与工具性基础之上。而塔拉普斯的辩护人为他脱罪的理由也很充分、巧妙——他首先确定被告的品格无瑕，即使存在一些与宗教精神相悖的行为，但也是世俗社会所可以包容、无需法律介入规制的。他承认塔拉普斯具有希望上司死亡的念头，但被告仅仅是"想一想，或者诅咒几句"而已，并未将想法诉诸实施；超越这种思想的行为既不存在，也无证据。整篇辩护词侧重于被告只有"意淫之心而无强奸之行为"的客观现实，并一再反问："难道思想犯罪，诸如意淫，也必须定罪服法吗？"

可以看出，在这场游戏中，塔拉普斯的原始"供述"被不同身份者以不同立场、不同视角拆解重构，最终生成互具颠覆意义的结论——正如辩护人与检察官所持的截然相反的观点。两难之下，我们应当尊重塔拉普斯对叙述"原意"的解释；但可笑的是，连塔拉普斯本人都搞不懂自己的"原意"与事情的真相究竟如何。他本可以通过及时补充遗漏的细节，将案件尽量客观还原，或者将叙述的主观倾向进一步明朗化，因此解构检察官或者辩护人任何一人的解读路径；但他面对两种解释、两番论证、两个结论，却宁愿相信对他不利的一方。法官出场后，以一句"现在是否仍然保持着通奸关系"的看似漫不经心的询问，彻底击垮了被告，使得被告对自己的"罪行"更加深信不疑。此时，该案的发展趋向已经毫无悬念了。这不禁令我们联想到司法实践中对客观事实进行还原以及对法律条文进行解释时所遭遇的危机——企图精确地再现客观事实是非理性的，而带有不同倾向与目的的解释将产生迥异的结论。

当我们回过头来分析主人公的心理变动轨迹时，不难发现，塔拉普斯对四位老者丰富的联想能力、敏锐的洞察能力以及缜密的分析能力崇拜得五体投地，认为他们具有"从浓雾中辨别事物轮廓、从轮廓里推断事物真相、从真相中寻找事物本质"的本领；这一群有知识、有教养的老者，在塔拉普斯看来，犹如"古老的占星术师，像精通天上星星的秘密一样了解司法的奥秘"。如果我们进一步探讨，为何塔拉普斯如此强烈地要求对自己进行有罪判决，将会发现话语、知识与权力之间的微妙关系。当塔拉普斯被四位老者智慧的言辞、高雅的气质所俘获时，他已经落入了权力话语构建的圈套——若想进入上层名流的谈话圈，也成为像老者一样受人尊敬的人，就必须接受他们的语言习惯与知识背景。塔拉普斯于潜意识中试图脱离平庸市民的生活，希望得到老者们的尊重与理解，渴望被擢升到社会顶层的生存环境。老者们开口闭口谈论的，均是"罪行""赎罪""正义"等他在以往犬儒主义思想中从未思考过的深邃话题，他亦希望抵达自己以前从未奢望过的老人们的崇高境界。

可怜的塔拉普斯多年来一直过得懵懵懂懂、浑浑噩噩，在金钱享受与感官刺激之中疲于奔命；当"理性与正义"的光芒笼罩在他的头顶、温柔地触摸他时，他不得不舍弃自己的生命来换取永久的荣耀与崇高。正是这颗"向上、向善、向真"的心，促成了塔拉普斯"英雄般的壮举"——他从此不再是平庸卑下的小人物，不再是仰人鼻息的推销员，而是与那四位谈吐睿智、思想深刻的老人合为一体了。塔拉普斯是否真的有罪？那四位老者在这场真实的游戏中又扮演了怎样的角色？我们每一个人是否都是某种意义上的罪者？面对这些悬而未决的问题，迪伦马特并未骤下结论，作品开放性的结局包蕴着无穷的解读路径，也散发着强烈的"黑色幽默"文学气息——令所有的读者在含泪大笑之后，以恐惧的心理审视自我存在与周围环境之间的疏离与悖逆。

深度阅读

20世纪,两次世界大战与经济危机使得西方社会时刻处于动荡不安之中,各种社会思潮应运而生,在剧烈的社会变革中经受着实践的检验与涤荡,再也没有任何一种学说,能够像以往一样雄霸某一时期或者某一地域。

西方世界的发展动力基本建立在同一个前提之上——工具理性,公然宣称人可以将他人当作工具。[1]随着社会的进步,人们越来越意识到,启蒙思想家所提倡的"自由、平等与正义"不过是理论层面的幻想,当代社会的发展机制不仅以物质为基础,而且将人类作为生物体的全部的"原恶"与内心的阴暗面激发出来。这种原恶具有包含着理性的进攻性与侵略性,不仅表现为血腥暴力,而且时常于人类思想、情绪、意志中蛰伏,并随着外界诱因随时迸发。从19世纪"一切人反对一切人"的个人间的战争,升级为20世纪国家与国家之间的战争,充分说明了西方世界自文艺复兴时期建立起来的理性王国,陷入了疯狂的非理性状态,验证了18世纪末浪漫主义思想、19世纪批判现实主义思潮所深感忧虑的"由人性邪恶所引发的破坏力"的真实存在。如果说从19世纪开始,人们已经对人类善良的本性与天赋的理性产生怀疑的话,进入20世纪后,这种怀疑逐渐演变为一种确凿的事实存在与普遍的悲观失望。

20世纪自然科学的发展也强化了人类的非理性悲观情绪。诚然,自然科学在破除宗教蒙昧主义、推动人类掌握自我命运方面

---

[1] 参见〔美〕埃利希·弗洛姆:《健全的社会》,欧阳谦译,中国文联出版公司1988年版,第91页。

起到了决定性作用；但它并非万能，它的进步无法解决人类价值观的取向问题，它的理论也无法提供给人类正义、公平与爱的判断尺度，它的内涵更无从解决人类在精神、宗教、道德、伦理中的种种困惑与需求。恰恰相反，自然科学在20世纪加深了人们对非理性状态的危机感。例如，达尔文的生物进化论被斯宾塞引入社会学，形成社会达尔文主义，彻底否定了启蒙主义"人人生而平等"的宣言；柏格森与弗洛伊德在精神医学领域内的潜意识理论，使人们洞察了本能冲动后隐藏的一片黑暗丛林；而利用各种尖端科学制造的屠杀武器，更是在两次战争中击碎了"科学为人类造福"的幻想，人们于一片腥风血雨中，瞥到了自然科学在魔鬼手中所释放的另一种邪恶威力。

20世纪的经济、政治体制也在发生着深刻的变化，西方社会逐步由生产型经济向消费型经济过渡，人们贪婪地享用着一个多世纪以来向大自然疯狂攫取的各种资源所产生的丰硕成果。金钱依然是上帝，但此时人类在社会中的地位却发生了变化——他们不仅成了金钱的奴隶，也成了整个社会制度的奴隶。经济生产领域，大机器生产取代了人类的肢体与大脑；政府管理领域，机器般缜密严谨的科层制衍生了整个政府中非个体责任、非人性化管理模式的构建。此时的物质文明演变为人类继续发展的对立面，人的主体性丧失，被自己创造出的物质世界与政治制度彻底排斥出局。这一切都给人类带来了更深重的异化感、恐惧感，促使人们转向内心世界作形而上的探究。

哲学思想方面，对20世纪文学理论与刑法思想起至关重要影响的，是"非理性主义"思潮的萌芽与发展，与科学主义对峙而立。科学主义从纯客观、理性的角度认识世界，排除人为的主观因素，例如现代风行一时的分析哲学、结构主义等[1]。非理性主义则反对从理性出发认识世界，认为只有先验直觉才能把握宇宙真理。它谴责科学主义，认为其本质是一种典型的工业文明价值观，唯一追求的目标是效益最大化，拒绝、排斥情感，是一种冷冰冰的功利主义哲学。非理性主义要求突破工业文明的束缚，要求尊重自我，尊重人的情感，给人的情感世界留下空间，认为

1　分析哲学在20世纪30年代以后的英美哲学中一直居于主导地位。它是一种以语言分析作为哲学方法的现代西方哲学流派，包括逻辑经验主义和日常语言学派。特点有三：一是重视语言在哲学中的作用，将全部哲学问题归结为语言问题，认为哲学的混乱产生于滥用或误用语言，许多哲学争端都可以归结为语言问题的争端。强调语言对哲学的影响，重视对语言问题的研究，强调概念的明确性和推理的严密性。二是普遍重视分析方法。逻辑经验主义者十分强调形式分析或逻辑分析，即从纯粹逻辑的观点分析语言的形式，研究现实和语言的最终结构。三是反对建立庞大的哲学体系，主张在解决哲学问题时要从小问题着手。逻辑经验主义者强调要以自然科学，特别是数学和物理为摹本建立理论，使概念和论证达到自然科学般精确程度，利用数理逻辑作为主要研究手段，并建立了一套技术术语。但由于其片面强调哲学研究的科学性，把大部分甚至全部精力用于研究某些细小问题，忽视或者拒绝研究哲学基本问题，致使研究与现实社会脱节，流于纯粹学院式的窠臼。

　　结构主义是20世纪下半叶最常使用来分析语言、文化、社会的研究方法之一，主要探索一个文化意义是通过怎样的相互关系（也就是结构）被表达出来。特征有二：一是对整体性的强调。认为整体对于部分来说是具有逻辑上优先的重要性。任何事物都是一个复杂的统一整体，其中任何一个组成部分的性质都不可能孤立地被理解，而只能把它放在一个整体的关系网络中，即把它与其他部分联系起来才能被理解。结构主义方法的本质和首要原则在于，它力图研究联结和结合诸要素的关系的复杂网络，而不是研究一个整体的诸要素。二是对共时性的强调，即对系统内同时存在的各成分之间的关系，特别是它们同整个系统的关系进行研究。

一个社会的合理程度并不在于财富的多寡，也不在于社会成员物质享受的层次，而在于这个社会体制能不能保证人的个性全面发展；合理社会的基本价值尺度，首先在于该社会能否尊重个体人、爱护个体人。在非理性思潮中，有三位叱咤风云的人物——尼采、柏格森和弗洛伊德。

首先，弗里德里希·威廉·尼采[1]（Friedrich Wilhelm, Nietzsche, 1844—1900年）"重估一切价值"的超人理论成为当时主流哲学思想之一。尼采否定一切传统哲学，从而被学术界公认为非理性主义哲学的创始人。其主要理论是权力意志论与超人哲学，提出"强权即公理""权力意志是世界的基础"，要求人们根据权力资源的分配而重新估量一切价值，要张扬青年人特别是平民的权力意志。这种"打倒一切旧传统"的反叛思想，与西方的正统理念格格不入。尼采的"权力意志论"包括如下两点：第一，否定一切事物的客观规律，认为人的主观意志对客观事物具有决定意义，真理不过是权力意志的工具，是意志为自己的目的任意制造的，因而一切真理都是"人为的伪造与虚构"。第二，认为社会发展不均衡，人的发展也不均衡，因而社会上每一个人的权力意志的质和量均不相等。正因如此，人"生来就是不

---

[1] 弗里德里希·威廉·尼采，出生于普鲁士萨克森州洛肯村的一个乡村牧师家庭，父亲是威廉四世的宫廷教师，曾执教过四位公主，深得国王信任，母亲则是虔诚的清教徒。尼采是西方现代哲学的开创者，同时也是卓越的诗人和散文家。他最早开始批判西方现代社会，但其学说在当时却没有引起人们重视，直到20世纪，才激起深远的各色回声。后来的生命哲学、存在主义、弗洛伊德主义、后现代主义都以各自的形式回应着尼采的哲学思想。

平等"的。有的人权力意志质优量多，天生就是强者、上等人；有的人权力意志质劣量寡，天生就是下等人、弱者。这种质和量的不平等，构成了超人与常人的基本差别。

其次，非理性主义哲学的代表人离不开亨利·柏格森[1]（Henri Bergson，1859—1941年），其理论体系划分为直觉主义与生命哲学两大板块。直觉主义是柏格森理论的基石，提倡直觉、反对理性，认为直觉是一种先天能力，一种超理性、超感性的内心体验，它可以不经过科学分析就本能地、直接地把握生命本质和宇宙精神，因而直觉也就成为人们认识世界的一种主要途径。柏格森的生命哲学在20世纪前半叶也具有很强的冲击力。该学说包括三个方面：第一，提出生命是世界本原、存在基础与发展动力。宇宙的本质即生命，一旦失去了鲜活的生命，宇宙将毫无存在的意义。所以，宇宙的存在首先是生命的存在。他极力强调生命第一性，反对物质第一性，因而具有客观唯心主义的特征。第二，演绎出"意识产生生命、生命推动物质"的生命哲学公式。如此，生命也就由特质体变成了精神体，生命科学成为客观与主观唯心主义的混合体。第三，强调自我是生命存在的基本

---

[1] 亨利·柏格森，生于巴黎，父母均为犹太人。他从中学时代起便对哲学、心理学、生物学产生浓厚兴趣，尤其酷爱文学。1889年获哲学博士学位，1897年被聘为巴黎高等师范学校讲师，1900年起至20年代中期任法兰西学院哲学教授。1927年，因《创造的进化》一书被授予诺贝尔文学奖。瑞典文学院高度评价了柏格森的生命哲学在批判传统哲学的理性主义机械论和决定论，在解放人类思想方面的巨大意义。其对现代主义影响巨大的著述有《时间与自由意志》《物质与记忆》《创造进化论》《道德和宗教的两个来源》等。

形式，特别指出，自我处在世界中心，自然和社会处在自我外围，整个世界甚至整个宇宙都围绕着自我运动，因而"生命高于一切"变成了"自我高于一切"。可以看到，柏格森的生命哲学是人本主义的极端化，尽管该体系有着十分明显的缺陷，但是他强调尊重生命、尊重自我的精神深刻影响了文学作品的创作与刑法学思想的发展趋势。

最后，心理学研究对直觉本能、无意识的强调，也对现代主义思潮产生了重大影响。"无意识学说"是精神分析学说的精华与核心，代表人物是心理学大师西格蒙德·弗洛伊德[1]（Sigmund Freud，1856—1939年）。

弗洛伊德认为无意识包括人的求生本能和性本能，是人们无法控制的本能意识；它一般受到社会伦理、规范的压抑，只有做梦时才会毕露无遗。弗洛伊德的精神分析学说包括如下几个部分：第一，自由联想说。弗洛伊德认为正是人的欲望驱动着人的所有身体动静，而这种欲望存在于无意识领域。一旦该欲望受到忽略或者强制性压制，人类的精神状况即会发生紊乱。第二，心理结构三系统论。这是弗洛伊德的前期思想，认为人的思维结构包括三个层次——处于心理结构最上层的是意识，是对政治、法律、道德的心理反应，具有很强的社会性与

---

[1] 西格蒙德·弗洛伊德，出生于奥地利摩拉维亚省弗莱堡市的一个犹太商人家庭。后来成为奥地利精神病学家、心理学家、哲学家，开创了精神分析学说，对20世纪哲学、心理学研究作出了巨大贡献。

理性。处于结构中层的是下意识，本质上说，它是一种人生经验，其特点是可以通过回忆而被唤醒。其作用主要表现在两个方面：一是警卫功能，压制无意识；二是压制人的兽性本能，防止这类本能所导致的犯罪与破坏。处于心理结构最下层的是无意识，由人的原始冲动与被压抑的欲望组成，其核心是力比多（libido）[1]，其特点是"双不"，即不受理性支配，亦不可以用记忆召回，所以只能通过梦境才得以表现。无意识理论是精神分析学说的核心，弗洛伊德强调无意识是人类意识的起源和基础，人的一切精神活动最终都是由无意识决定的。第三，人格结构三我论。这是弗洛伊德的后期思想，认为人格由本我、自我和超我三部分组成——一是"本我"，是人类最原始的本能汇集，性本能则是"本我"的集中表现。"本我"隶属于快乐原则，即凡是令人快乐的事情都可以干，而不必顾忌什么社会规则、道德规范。"本我"为一切心理活动提供动力，从而构成人类心理活动的真正本源。二是"自我"，是思想意识的基本结构部分，就像大梁一样牢固支撑着人类心理结构的大厦。本质而言，"自我"由人类参与外部世界活动所积累的经验组成，"自我"隶属于现实原则，起着警卫作用，它限制

---

[1] 力比多亦称"欲力""性力"，精神分析术语。弗洛伊德1905年在《性学三论》一书中首次提出，力比多是指一种与性本能有联系的潜在能量。他把性欲与自我保存本能作了对比，并用"力比多"一词开始指性欲或性冲动，后扩展为一种"机体生存、寻求快乐和逃避痛苦"的本能欲望，是一种与死的本能相反的生的本能的动机力量。弗洛伊德把它看作人的一切心理活动和行为的动力源泉。

人、规范人，令人在法律道德许可的范围内活动。"自我"将"本我"放在现实条件下进行协调，它是穿了衣服、化了妆的"本我"。三是"超我"，即道德、宗教、法律一类社会制约力量。因为"本我"像熊熊烈火一样狂暴无比，力量太大，"自我"无法控制，所以需要"超我"来压制"本我"。第四，泛性论和"俄狄浦斯情结"（Oedipus Complex）。弗洛伊德认为，力比多是人类心理活动最基本的驱动力，是人们自小就拥有的一种性欲，抑或说它就是人最基本的原欲，并构成了人类精神力和生命力的原动力。这种心理能量时刻要求冲破法律、道德、宗教的压迫而得到宣泄，如果受到压抑就会让人罹患精神病。与泛性论相关的"俄狄浦斯情结"，体现为人类对父母复杂性爱关系的矛盾感情。令人称奇的是，弗洛伊德居然运用"俄狄浦斯情结"来解释社会与法律的起源[1]，认为人类具有两种本能：一种是生之本能，包括选择配偶、保护子女、创造财富、从事生产劳动和建设等，其最大特点是创造，因而创造即人之本性；另一种则是死的本能，包括侵略、破坏、自我毁灭、战争等，最基本的表现即破坏，这一点在孩子的恶作剧行为或成人的战争行为中表现得最为突出，例如有人竟然把

---

[1] 他认为，人类由原始社会发展到父权社会，大大强化了父亲的权力。恣意妄为的父亲将所有女子占为己有，把所有的孩子看成自己的私有财产，这就必然引起孩子们的强烈不满，所以孩子对父亲的仇恨是命中注定的。后来，儿子们联合起来造反，将父亲打死，然后煮熟了吃掉，从而完成了权力的更替。兄弟之间的组织与联合成立，国家产生。接着，兄弟们之间又发生了如何分配妇女和财产的问题，为了适应这种需要，人类社会也就产生了宗教和法律。

折磨人或者枪毙人作为一种快乐，这显然是死的本能最明显的表现。

20世纪，各种流派的文学思潮纷涌迭起，但主要仍然以批判现实主义与现代主义文学为主。此时的西方人普遍存在着因高度的物质文明所带来的深刻异化感、危机感以及人类生存状态中的非理性与荒诞感。现代主义文学将传统文学中业已表达过的理智与情感、理性与原欲、灵魂与肉体、善与恶等二元对立的文学母题推向极端，探询着一种非理性的人本意识。第二次世界大战后的文学更是热衷于追寻一种新的理性与上帝，对自我命运、价值、意义展开新的思考。

刑事古典学派在19世纪中叶前占据着刑法学理论中绝对的统治地位。该派学者擅长哲学思辨，热衷于对刑法理论模型的建构，自费尔巴哈开始，逐渐完成了对刑法学之基本概念、术语、原则的界定与完善，开创了一个以自由意志论为逻辑原点、行为主义为定罪理论核心、道义责任论为刑罚权根据的客观刑法学体系。19世纪中叶以后，随着社会矛盾的紧张激化以及自然科学的迅猛发展，古典学派理论不足以解释和应对西方刑事司法实践的需要，以自然科学为工具的刑事实证学派异军突起，与古典学派形成对峙局面。实证学派以生物的、自然的、社会的原因解释犯罪现象，首先向古典学派的意志自由论进行发难，继而建立起以意志决定为逻辑原点、以行为人主义为定罪理论核心、以社会责任论为刑罚权根据的刑法学体系。从19世纪后半叶一直到20

世纪初,是两种学派激烈争论的时期,同时也为二者提供了正视自我缺陷、完善理论的良好契机。进入20世纪,一直到第二次世界大战结束前,是古典学派与实证学派的冷静思考期。两派偃旗息鼓,开始对自己的理论基点、研究进路、方法论、理论的片面性以及与司法实践之间的龃龉状态进行深刻的反思,并在吸收对方合理之处的基础上对自己的理论体系进行翻新与修正。总体而言,20世纪的刑法思想的发展趋势为:

首先,刑法理论学说向折中性与综合性发展。第一,针对实证主义规范法学派将研究对象严格控制于实在法领域的机械性与局限性,贝林引入了评价理论。他认为当实证法出现漏洞进行弥补时,必须直接求助于主导价值观念。主导价值源自于社会,即所谓的"民众确信"。由此可见,贝林的实证法中已经接受了自然法,其法律概念通常要求有自然法意义上的指示,以此开启通往自然法的门户。贝林的评价理论结合了实证法与自然法的因素,中和了实证法与自然法的学术成果,具有一定的折中色彩。第二,关于行为主义与行为人主义的争执,韦尔策尔对行为刑法与行为人刑法给予折中处理,提出了目的行为论——在行为中参入"人"的因素,赋予行为某种志向、目的或意义,使得其区别于自然界的因果事件,在刑法评价中同时考虑行为和行为人因素。韦尔策尔认为,行为的价值内容取决于行为人特征,这种观点突破了刑法学局限于行为、行为人仅属于犯罪学的藩篱,而且超出传统主观主义与客观主义的对立,在行为人身上进行主客观两方面的考察。第三，关于"主观违法性"与"客观违法性"的对立，韦尔策尔以人本主义为基础，折中提出"人的不法性"理论，将主客观的不法要素集中于"人"来展开研究，提出犯罪的基础是行为无价值的理论。第四，关于责任领域的实证学派"社会责任"与古典学派"道义责任"的分歧，韦尔策尔以"人格责任"进行折中。他认为行为的决意只有一部分是由意识决定，另一部分则事先存在于"半意识或潜意识中"。介于灵魂深处与意识之间的"人格层"，支配着其"现行决意"。责任非难的首要对象是意志，经由意志实现对整个行为非难。第五，关于报应刑与功利刑（目的刑）的冲突问题，M. E. 迈尔以所谓的分配刑理论对其进行综合。他将刑罚发动分为三个阶段：立法阶段、量刑阶段、行刑阶段，分别对应一般预防主义、报应刑主义和特殊预防主义。第六，耶塞克在李斯特整体刑法学的基础上更是提出了刑法学与犯罪学统一研究，建立刑事诸科学的总体结构：既包括规范科学，也包括实证科学；既包括社会科学，也包括自然科学；既包括实体法学，也包括诉讼法学。

其次，主观主义色彩日益浓重。从20世纪初期到20世纪20年代，行为人主义在刑法思想中占主要地位，重视环境决定论，并对功利主义思想进行批判。两次世界大战期间，刑事实证学派的犯罪原因决定论、社会防卫论、犯罪人人格类型等学说被统治者歪曲利用，作为对外扩张、民族压迫甚至种族屠杀的理论依据。战后，新古典学派与社会学派的理论打破了非此即彼的局限，他们在不断修正自己学说的同时逐渐走向折中与融合。新古典学派产生了以人本主义为基础的目的行为论与行为无价值理论，均将行为人行为时的主观心理置于与行为同样重要的位置进行考评。目的行为论认为人的行为是目的性行为，在目的行为结构中，"目的性"处于支配地位。在责任领域内，新古典学派提出了"人格"责任，认为行为人人格错误构建是责任的根据，也构成了具体违法性行为的基础。因而责任是"对行为人的人格非难"，责任非难的首要对象是意志，经由意志实现对整个行为的非难。战后，在人道主义精神复兴的背景下，社会学派的新社会防卫论更是重视对人的主观思想的考察。例如安塞尔的防卫论主张重视犯罪人的人格调查，将人格因素贯穿于整个定罪、量刑以及执行过程中，主张容纳道义责任论，并赋之以更重要的地位——道义责任的承担是犯罪行为人回归社会的人性基础，以尊重犯罪行为人人格之方法刺激其对个人、家庭与社会的责任感，继而产生回归社会的欲望。

  最后，刑事政策逐渐成为各国刑法研究重心。西方刑法中，刑事政策思想的体系化肇始于刑事古典学派与近代学派的学术论战；第二次世界大战后，基于法国安塞尔所倡导的新社会防卫论，刑事政策理论与思想逐渐发展、成熟，成为连接犯罪学与刑法学刑事一体化思想的核心枢纽。关于刑事政策的精确概念与内涵、外延，西方法学界并无定论，但其涉及范围的广泛性是无可置疑的，它包括刑事立法政策、刑事司法政策、刑事执行政策。

从刑法观层面而言，刑事政策具有与社会态势基本同步、对社会需求监测灵敏、对舆情反应快速准确等柔性特征，可以很好地弥补刚性刑法典的僵化与滞后等缺陷，将特别预防与防卫社会作为刑法的主要任务和首要价值，在法制的框架内灵活地对待犯罪和罪犯，更有效地达到刑法工具性适用目的。司法实践层面上，刑事政策化是西方刑法发展的一种趋势。具体而言，刑法典的制定与司法适用均要受到当时刑事政策的影响与制约，从防卫社会的目的出发，通过法典编撰与司法适用，合理组织对犯罪的合理、迅速反应。进入21世纪的前十年，西方的刑事政策不仅作为一种思想体系，更是作为刑事一体化的实务操作指南，引导着席卷世界的刑法改革潮流。刑事立法方面，表现为犯罪圈的缩小，基于道德宗教领域的多种犯罪已经从刑法典中被剔除。刑事司法方面，主要表现为死刑废除、死刑慎用、刑罚宽和以及恢复性司法。刑罚执行方面，主要表现为刑罚替代方法与保安处分的运用以及行刑社会化的司法实践。

综上，20世纪后，刑法学思想历经20世纪初的纯粹的规范法学，逐渐向法社会学转换。两次世界大战后，历经战争对人权与自由、民主的极端蹂躏，保障个人尊严与权利的重要性被重新认识，罪刑法定主义与刑法的程序正义得到应有强调。此背景下孕育出多元的刑法思想，以保护弱势群体（主要是受害人）为主旨的恢复性司法观在西方各国实践中的适用，对犯罪人再社会化运作进程的关注、对人道主义精神的追求占据了空前强大的位置。

行走着的歌
——文学对刑法思想发展脉络的完美诠释

  以西方文学作品为镜像，从古朴粗犷、崇尚自然法则的远古时代一路走来，我们已经清晰地捕捉到西方刑法思想在孕育、发展、进化过程中所历经的数个关键性镜头——从训谕原罪、禁锢人欲的中古时代，到肯定原欲、释放人性的文艺复兴时期；从提倡公民义务与群体利益、重视规则与秩序的古典主义时期，到旨在开启人智、宣扬理性的启蒙思想时期；乃至近现代以来，西方刑法思想从向客观主义、理性精神的大步迈进，到向主观主义、感性世界的黯然退守，在极速发展的自然科学与风起云涌的哲学思潮的刺激与引导下，终于形成了多元观念之间全面冲撞、竞争、妥协、融合的局面。分裂与整合、蜕变与异化、衰亡与新生——在西方刑法思想所经历的每一次巨大变革的背后，我们均可以发现包蕴着相同主题的文学作品之身影。

  从文学作品对法学思想的观照来看，二者存在着显著的历时性差异——揭示法律生存危机的文学作品的出现在时间上往往先于刑法思想的变革。不仅如此，从各个时期流传至今的主流文学作品考察，西方文学作品在漫长岁月的积淀中，已经形成了对法律的批判传统（在每个历史阶段的末期，这种现象表现得尤为明显；甚至在同一历史时期，也有不同程度的波动与反复）——所谓的正典文学所传达出的更多声音是对实证法的挑战、质疑与抨击，而非支持、理解与赞美。换句话说，这些具有远见卓识的作品的问世亦是当时社会问题迭出、法律危机频露的综合指征之一。

作为刑法学专业的学生、理论研究者与实务操作者，从开始接触刑法基础知识，到各个阶段对刑法理论的不断理解与深化，继而以法学理论为指导开展各项法学实务工作，相信在我们的心目中，始终贯穿着一个难以释怀的疑问：我们当今所学习、所探讨、所运用的西方刑法学思想中，最大限度地包蕴着人类对自由、平等、正义的不懈追求，因而成为彰显人类文明结晶、代表历史进化方向的典范，也成为包括我国在内的东方民族法治建设的参考；然而，囿于研究视野的狭隘与学术积淀的浅薄，笔者所接触到的刑法学文献中，大多将对于西方刑法理论的各种话题探讨的范围界定于18世纪启蒙时期之后，这就使得笔者对西方刑法理论的演化史产生了错觉——在经历了擅断、蒙昧、残酷的宗教刑法之千年统治后，西方刑法于一夜之间绽放出近现代刑法理念的完美雏形。该结论的荒谬性显而易见，历史的发展是环环相扣的链条，人类社会每一进步阶梯中必然隐含着旧有文明的基因。但是，启蒙时期之前的西方刑法思想究竟历经了怎样的演化过程，启蒙时期刑法理念所彰显的进步人文观背后到底涌动着何种连绵而至的推动力，以及在特定时期的刑法思想与人文背景之间存在着如何错综复杂的关系？对这些疑问的探讨与解答，构成了本书所力图呈现的客观事实的最终旨归。

通过历史变迁视域中对西方刑法思想与文学思想的考察、分析与归纳，我们可以看到，西方刑法思想萌芽、发展、变革、进化，与以文学作品为载体的人文背景有着深厚的血缘关系。从文学作品对刑法学思想的镜像化反映可以看出，"法典"中的法与"行动"中的法总是具有差距。但这种差距并非空洞地存在，亦绝非法律进化过程中的陷阱，而是潜藏着无限能量与变革的空间，也是刑法专业人士与普通民众法律思想进行激烈交锋的平台。借助对这种交锋的分析，我们可以看到西方刑法思想是如何在世俗社会得以维持，以及历经不同层面、不同角度的解释与批判逐渐变得强大与坚固。

刻录远古时期人类社会生活图景的古希腊神话，充分彰显了童年时代的人类张扬个性、放纵原欲、肯定个体生命价值的人文特征，其中蕴含着根深蒂固的世俗人本意识，这种原欲型文化模式逐渐积淀为西方文明的两大源流之一。从西方刑法思想史角度考察，人类文明早期对侵害者的惩罚大多源于生物学意义的护种本能。古希腊城邦司法制度产生之前，以私力复仇为主的原始、朴素的报应观是解决纠纷与仇恨的通行法则。公元前6世纪左右，已经在自然状态下演化了千年之久的罪罚现象，逐渐进入西方人的理性思考范围，人们用生存环境的需要、自然法则的恪守等理由来求证城邦刑罚权的正当性，人类社会开始由荒蛮迈入文明。以普罗塔格拉、柏拉图、亚里士多德为代表的古希腊哲学家引导人类迈出了这伟大的一步。他们以朴素、直视的观点考察犯罪与惩罚现象，认为罪与罚就像江河湖海、山川草木、飞禽走兽般属于自然现象，鼓励人们将其当作大自然的一部分或者在大自然的延长线上加以把握，并引导人们重视家族利益、城邦利益、"与自然相一致"地生活。

希腊化时期，马其顿帝国击溃希腊城邦，文化中心亦转至两河流域，不同民族间开始混居，异质文化得以融合。马其顿的君主制摧毁了希腊民主制，市民参与国家管理的权利消失，维系整体利益的观念不复存在，价值重心亦由城邦移到个人——如何获得个人幸福成为哲学思想的重要课题。此时产生了与个人幸福、利益攸关的斯多葛学派（禁欲学派）与伊壁鸠鲁学派（快乐学派）。该理论所具有的涵摄力不仅对同时期的刑法思想颇有影响，而且辐射至若干世纪之后——18世纪的功利主义刑法思想与上述学派分享着共同的理论基石。

征服了希腊城邦的古罗马崇尚武力，追求社会与国家、法律与集权的强盛与完美。希腊在大小城邦被罗马人武力征服的同时，亦以其独特的民族魅力成功地对罗马进行了反征服——面对辉煌灿烂的古希腊文化，罗马人毫不掩饰其惊叹与崇敬之情。他们将希腊神话中的神祇巧妙地更改为罗马姓氏，借以开创了自己的民族神话；与希腊神话的灵动活泼相比，古罗马文学具有更强的理性精神和集体意识，具有庄严崇高的气质。刑法思想层面，罗马人以务实的精神承袭了古希腊人所尊崇的自然法观念；与古希腊刑法对私人领域介入较多之司法实践相异，古罗马刑法侧重于刑罚权对公领域的介入，《十二铜表法》被公认为是罗马成文法典之鼻祖，在第八表、第九表中，刑法由对个人、家庭的保护逐渐向宗教、城邦领域渗透。

无论形式还是内容均臻于完美的古罗马刑法并未能阻止罗马帝国的轰然坍塌。当时的欧洲人普遍认为，不可一世的罗马帝国的毁灭原因之一，是罗马人对古希腊原欲型文化极端化、片面化推崇，造成群体理性与个体原欲间制衡关系失调。[1] 此时是希伯来—基督教文学的鼎盛期。与希罗文学相反，它是一种强调群体本位、抑制原欲并肯定超现实之生命价值的宗教本位思想。这种抑欲型文化模式逐渐发展为西方文明的第二条源流。追寻理性生活的群体性心理需求为教会刑法思想的渗透与蔓延提供了良好的精神土壤——"强调抑制原欲、注重精神寄托、鼓励群体本位"的教会刑法逐渐发展为严密强大的逻辑体系，与罗马法、日耳曼法并列成为欧洲近代三大刑法渊源。[2] 随着教权执掌者对教谕的恣意解释与苛刑酷罚的滥用，人的主体性无限萎缩，上帝成为人的异己力量，人们对它的反叛也就在所难免，对新的文化模式的追寻成为历史发展之必然趋势，文艺复兴运动蓄势待发。

文艺复兴前期，古希罗文明与希伯来—基督教文明产生大规模的冲突、互补与融合，西方社会的整个基础价值面临着新的选择与缔造。历经文艺复兴的洗礼，被压抑已久的西方人终于冲破基督教之桎梏，从肉体到精神均酣畅淋漓地浸润于古希腊与古罗马文明的个性自由、心智自主之模式中。其中以彼得拉克、薄伽丘、拉伯雷作品的反叛色彩最为浓厚，这是一种对古希罗文明的回望与翻新。

---

1 参见〔英〕罗素：《西方哲学史》（上卷），何兆武、李约瑟译，商务印书馆1996年版，第549页。
2 参见〔法〕勒内·达维：《当代主要法律体系》，漆竹生译，上海译文出版社1984年版，序言。

在古希罗文明提倡个体主义与原欲精神的映衬下,教会刑法的擅断、残酷与对人性的悖逆成为众矢之的,刑法思想亦由教会把持的神性向世俗人性回落。文艺复兴末期,西方社会的群体心理再次萌发出向原欲型、放纵型文化模式涌动的迹象。旧伤未愈的欧洲人回首罗马废墟,心悸犹存,于惶恐之中再次寻找着理性制约。在新的理性文化思想尚未诞生的情况下,他们不得不再次匍匐于基督教思想的脚下。我们可以从文艺复兴后期莫尔、塞万提斯、莎士比亚的作品中体验到这种对原欲型文化的刻意回拨。文艺复兴是西方文化模式的重组时期,新的价值取向与精神内蕴使得西方社会的人文传统既吸纳了古希腊—古罗马文学的世俗人本意识,也囊括了希伯来—基督教的宗教人本思想,从而完成了"放纵原欲—禁锢人性—释放人性—原欲泛滥—理性回拨"之人文精神的转换。至此,西方完整意义上之"人文主义"思想积淀成型,它指引着其后数百年西方社会价值观的波动与变迁。

理性主义时期是西方文艺复兴向启蒙思想过渡的重要时期,自然科学的突飞猛进将彼岸世界的上帝从世俗世界中彻底驱逐。然而,面对着肉欲横溢、道德失范的社会现实,西方人于惶恐之中迫切寻找着世俗社会中的"上帝",企图以"皇权"代替"神权",来抵御原欲中蠢蠢欲动的"撒旦"。对理性与秩序的渴望使得国家利益、集体利益被幻化为至高无上的地位,对政治理性的追逐亦上升到前所未有的高度。体现在文学作品上,主要出现了英国的清教徒文学与法国的理性主义文学。前者提出了以"因信称义"为核心思想的宗教改革;后者则着重对个人义务与群体责任进行强调。此时的刑法思想中,"契约论"逐渐成形。无论是格劳秀斯、斯宾诺莎还是霍布斯与洛克,其"契约思想"中均包含以下三个要素:其一,公民自愿订立了"理性契约";其二,契约中权利的保存者与保护者是君主;其三,犯罪行为是对社会整体利益的破坏与侵犯。契约论的生成与人之本性密切相关,其理论假设前提是"人性本恶"而导致的自然社会的无序状态。由于人性固有的原恶,人类若想获得平静、安定的生活秩序,就必须以理智战胜情感、个人欲望服从于群体、国家、民族利益。这样,以个人义务、群体责任以及国家利益为核心的刑法思想逐渐萌芽、发展，强调以皇权代替教权，群体理性代替个体纵欲，成文法代替习惯法，刑法观念由宗教走向世俗。

启蒙思想时期，启蒙思想家的"理性"以天赋人权为理论核心，主张自由、平等、博爱，提倡教育与科学，这种"理性"根本上不同于17世纪崇尚君主王权和封建伦理的"理性主义"。启蒙思想文学是对"王权崇拜"狂热心理的反拨，体现着人类对彻底摆脱蒙昧、张扬人智、获取自由的追求与渴望。一批代表资产阶级利益的思想家，大力抨击阻碍资本主义发展的封建专制制度，批判中世纪以来身份的、擅断的、残酷的、神学的刑法，提出民主、自由、平等、天赋人权等口号，宣传从人性论出发的自然法，力图将刑法从皇权束缚下解放出来；倡导理性主义与功利主义，刑事古典学派得以创立。古典学派所提出的人类意志自由、社会契约理论、刑法与宗教分离、罪刑法定、客观主义、罪刑均衡、报应刑罚观等法学思想至今被西方刑法学奉为圭臬。但是，启蒙学者高举理性大旗，鼓舞与引导人们去探索、发现自然，解决当下的生存问题，却忽视了对人生的终极意义以及信仰、伦理与道德问题的思考。这种轰轰烈烈的科学启蒙运动背后的隐形人文缺失，已经引发了一些目光更为深邃、感触更为敏锐的启蒙学者的检讨与反思，包括卢梭、狄德罗、伏尔泰、孟德斯鸠等，他们的法学、哲学思想著作与文学作品中所表述的思想并不一致。在文学中，他们流露出更多的对启蒙理性带来的功利主义与价值低迷等负面结果的深切忧虑。总之，18世纪的启蒙运动实质上是"个性主义"的回归，是文艺复兴早期原欲型人本主义的延伸与发展。不同的是，文艺复兴时期的人本主义侧重人的感性欲望，启蒙运动时期的个性主义则强调人的智识。同样，正如文艺复兴末期的刑法思想最终走向世俗人本与宗教人本主义相融合的道路，启蒙运动后期的刑法思想亦包容着理性精神与宗教信仰的双重取向。

法国大革命之后，启蒙理性遭到质疑，理性主义与现实之间的差异使得西方人的目光从启蒙运动时期对外在世界的关注，逐步转向对内心宇宙的检视。人文思想由客观转向主观、由理性向感性退缩，浪漫主义思潮诞生。与此种思潮对应,此时期的刑法思想亦一改启蒙时期所追寻的纯粹的"客观主义",开始向"主观主义"迈进,注重探索行为人的精神世界,并尝试将主观与客观统一于近代刑法学体系的建构之中。无论是黑格尔以"绝对观念"为原点派生出的罪罚本质观,还是费尔巴哈以"心理强制说"为中心建立的刑罚论体系,或是边沁以"人之趋乐避苦的潜意识"为基础创立的立法原则,均将对行为主体内心世界的探索与规训提升到前所未有的高度。他们一方面继续坚持启蒙刑法学者的客观主义犯罪观与刑罚观,另一方面积极开拓刑法思想研究的主观主义疆域,赋予该时期刑法思想以崭新的内涵,为近代西方刑法的理论体系勾勒出初步轮廓。

19世纪,资本主义迅猛发展,人们对自然科学的崇拜与物质财富的追逐达到空前狂热的状态,"科学与理性"将上帝彻底驱逐出人类精神世界。由于自然科学的发达、学科方法论的推广,无论是文学还是刑法学均开始采用实证方法进行研究,思想整体向排斥价值判断色彩的客观主义倾斜。西方出现自然主义文学,主张用实验方法进行写作,强调绝对的客观性与真实性;刑法学领域,刑事实证学派诞生。实证学派包括人类学派与社会学派两个分支。前者完全运用自然科学观点与方法对犯罪与刑罚进行剖析,特别注重罪犯的生物学因素;后者则认为社会环境是人类个体实施犯罪行为的决定性因素。二者均对启蒙思想学者意志自由论产生怀疑,认为人的意志由生物学与社会学等领域内的诸多因素决定,主张对犯罪原因进行多层次、广角度的考察,研究重心亦由犯罪行为向犯罪行为人过渡,刑罚则由报应刑向目的刑、教育刑转变。

进入20世纪,两次世界大战给人类带来空前的灾难,人类相互残杀的惨烈现实摧毁了人们对科学与理性、自由与民主的全部幻想。西方人普遍存在着因高度的"科学理性"与"物质文明"带来的深刻异化感与危机感,再一次感受到现实生存空间的非理性与荒诞性。西方现代主义文学将理智与情感、禁欲与原欲、灵与肉、善与恶、罪与罚等二元对立的人文母题推向纵深,悲观主义与虚无主义盛行。20世纪50年代以后的信息时代,传统社会道德与价值观念受到全面质疑与挑战,人类社会步入多元文化并存时期,西方社会秩序与文化观念进一步发生重大演变，各种文明观念规范着不同族群的心理机制与行为模式。西方文学击碎了数百年来的统一流派模式，流派间的显著特征逐渐退隐，文学作品亦由传统的宏观叙事模式分裂为碎片式、私语式，从不同角度与相异旨趣出发，塑造着每个人心目中不同的"罪恶"与"救赎"图景。刑法思想层面，历经了两次世界大战对人权与自由、民主的极端践踏，保障个人尊严与权利的重要性被重新认识，罪刑法定主义与刑法的程序正义得到应有的强调。此背景下孕育出多维共竞的刑法思想，刑法各学派间的理论开始妥协、折中与融合，重视刑事诸科学的协调与合作：安塞尔的新社会防卫论与格拉马蒂卡的激进社会防卫论相互抗衡；韦尔策尔的目的行为论试图取代传统的因果行为论；在道义责任论与社会责任论长期对峙的格局中产生了具有折中色彩的人格责任论；由李斯特创立、耶塞克继承并发展的刑事诸科学协调合作的设想亦得到普遍重视。刑事政策方面，出于对个体生命的尊重，国际刑法学界开始对死刑的存废予以关注；对刑法谦抑思想的广泛认同与对异元文化的理解包容使得犯罪圈在世界范围内呈缩小趋势，同性恋、吸毒、卖淫、安乐死、堕胎、通奸、非自然性行为等基于人类道德、宗教层面的犯罪被逐渐清理出犯罪圈。传统刑法思想所蕴含的人文观念面临着又一次的价值重塑，西方刑法学也因此进入多元观念之间全面冲撞、竞争、融合的新时代。

通过对西方文学与刑法思想的对比考察，我们发现，西方刑法思想的发展轨迹与作为社会人文精神载体之一的西方文学作品之间存在完美的契合——西方文学作品对人类社会实然、应然状态的关注，时间上总是与相关刑法思想理论的形成大致同步、甚至在更多时候先于刑法意识的觉醒。至此，我们也许可以对本讲初始的困惑作出较为客观的解释——进入启蒙时代，西方刑法学家秉持着自由、平等、民主之精神向世界大声宣称"刑法的理想状态应当如此"；而同时期乃至先前数千年的文学作品却默默地诠释着"刑法的理想状态为何如此"，以及"如此理想"的刑法思想是历经了怎样艰难曲折的过程才凝练而成。文学作品在细腻刻画人之本性的同时，也深刻揭示了人类的意志、行为与社会控制之间的紧张关系。它们或隐含着特定时代中人们对刑法现象之古朴性的思考，或刻录着特定时期刑法思想的丰富信息；它们既反映了世俗社会对静态刑法规范与动态刑事司法的感性认识，又积淀着刑法制度在世俗社会中得以运行的心理基础。历史是一个环环相扣的链条，不是随机事件的无序堆积。西方刑法思想的孕育、发展与进化，拥有着深厚的文化底蕴的支撑。西方文明的两大源头，古希腊—罗马文明和古希伯来—基督教文明，是一切西方刑法思想的逻辑原点；而"放纵原欲、肯定个体生命价值的世俗人本意识"以及"抑制原欲、强调群体本位的宗教人本思想"则界定了西方刑法思想的进化框架。需要注意的是，在每一个历史发展阶段，文学思想都有一定的反复，亦即在世俗人本与宗教人本主义之间来回摆动，发展到某一精神的极限后，必然会有一定程度的回拨；而刑法学思想却保持着从主观主义走向客观主义、再到主观的发展趋势，越重视个体价值、越鼓励多元化发展、越提倡价值共融，刑法理论与刑事政策就越向主观方面倾斜。这种世俗人本主义与宗教人本主义之间存在着的自相矛盾之尴尬，也正彰显着西方传统文化所包蕴的辩证主义内核。正是这种矛盾的文化心理，使我们看到了被否定、被批判、被解构的旧有文化体系中，隐含着合理的、必然的、新文化重构所不可缺少的基因。

图书在版编目（CIP）数据

法学与文学公开课：来自原欲的呼唤/刘春园著. —北京：北京大学出版社，2021.2
ISBN 978-7-301-31103-5

Ⅰ.①法… Ⅱ.①刘… Ⅲ.①法学—研究 ②世界文学—文学研究 Ⅳ.①D90 ②I106

中国版本图书馆CIP数据核字（2019）第301264号

书　　名	法学与文学公开课：来自原欲的呼唤 FAXUE YU WENXUE GONGKAIKE：LAIZI YUANYU DE HUHUAN
著作责任者	刘春园　著
责任编辑	田鹤
标准书号	ISBN 978-7-301-31103-5
出版发行	北京大学出版社
地　　址	北京市海淀区成府路205号　100871
网　　址	http://www.pup.cn　http://www.yandayuanzhao.com
电子信箱	yandayuanzhao@163.com
新浪微博	@北京大学出版社　@北大出版社燕大元照法律图书
电　　话	邮购部 010-62752015　发行部 010-62750672　编辑部 010-62117788
印　刷　者	北京九天鸿程印刷有限责任公司
经　销　者	新华书店
	720毫米×1020毫米　32开本　13印张　376千字 2021年2月第1版　2021年2月第1次印刷
定　　价	79.00元

未经许可，不得以任何方式复制或抄袭本书之部分或全部内容。
版权所有，侵权必究
举报电话：010-62752024　电子信箱：fd@pup.pku.edu.cn
图书如有印装质量问题，请与出版部联系，电话：010-62756370